主编：宋大川

常务副主编：朱志刚

北京考古志

通州卷

李伟敏 著

上海古籍出版社

图书在版编目（CIP）数据

北京考古志. 通州卷 / 宋大川主编；李伟敏著. —
上海：上海古籍出版社，2019.4
ISBN 978-7-5325-9156-5

Ⅰ. ①北… Ⅱ. ①宋… ②李… Ⅲ. ①文物—考古—
概况—通州区 Ⅳ. ①K872.1

中国版本图书馆CIP数据核字（2019）第050604号

责任编辑：贾利民
装帧设计：严克勤
技术编辑：耿莹祎

北京考古志
通州卷

宋大川　主编　李伟敏　著

上海古籍出版社出版发行

（上海瑞金二路272号　邮政编码200020）
　（1）网址：www.guji.com.cn
　（2）E-mail：guji1@guji.com.cn
　（3）易文网网址：www.ewen.co

印刷：北京华联印刷有限公司

开本：889×1194毫米　1/16　　插页：24　印张：22.5
字数：517千字　　　　　　　　印数：1-800册
版次：2019年4月第1版　　　2019年4月第1次印刷
ISBN 978-7-5325-9156-5/K·2616
定价：258.00元

序

　　摆在我们面前的这部《北京考古志》巨著的内容,是经考古调查、勘探和发掘所确认的考古遗存,一般来说,可称之为《北京文物志》。但主编者或许是强调考古工作对认识这类考古遗存的考古学的作用,或许是认为"文物"这词的含义广于考古遗存,故称之为《北京考古志》。要知这一《北京考古志》讲述的内容,也就是北京市的考古遗存。

　　摆在我们面前的这部《北京考古志》巨著,依如下四个层面进行编写。这四个层面,就是这书的编写体例。

　　一是依北京市行政区划分卷,共计16大卷。

　　二是每卷依"概述"、"遗址"、"墓葬"、"其他遗存"、"考古研究"和"附录"几个板块,组成第二层面。

　　三是在"遗址"、"墓葬"和"其他遗存"之下,又分别依年代进行区分,形成第三层面。

　　四是在上述第三层面之下,再对所属考古遗存作出分述,构成第四层面。

　　除上述四个层面之外,还配备了图、照片和表。这样,可谓条块清晰,资料翔实,充分地表述了考古调查、勘探和发掘的成果。

　　摆在我们面前的这部《北京考古志》巨著,除了上述学术硬件外,还有软件,这就是各卷中的"概述"和"考古研究"。因为我一贯提倡学术自由,故在此不予以评论,但我认为:一是觉得有这些内容总比没有这些内容好;二是我相信各位著者总会认真对待这事,总会力图尽量地表述自己的研究成果,这当是一人之言,当有他自己的考虑,对学术研究,总会具有一定的参考价值;三是有了这软件,尤其是有了那些硬件之后,学术界还可进行自由讨论。要知只有通过自由讨论,学术才能走向繁荣和发展。

　　摆在我们面前的这部《北京考古志》巨著,有着这样的作用——

　　一是定将起到保护文物的作用。将这些文物以《北京考古志》的形式公之于世,将有利于文物行政部门,依照《中华人民共和国文物保护法》这部大法,保护好文物,也将促使有关部门严格依据《中华人民共和国文物保护法》这部大法,在这部《北京考古志》公布的文物所属地段及其周围策划动土或搞建设之前,认真考虑是否可在这里,和怎样以及如何在这里动土或搞建设。总之,这部《北京考古志》巨著之公布,夯实了北京市文物保护的基础。

　　二是也夯实了北京市考古学研究的基础,将推动北京市考古学的研究。

　　三是将上述两者连接起来,北京市的考古学研究将可得到持续的发展。

　　总之,这部《北京考古志》巨著之作用,不可谓之不大!

　　摆在我们面前的这部《北京考古志》巨著,是全国文物考古工作的首创。我诚恳热切盼望全国文物考古研究单位予以效法推广这项可誉之为文物保护和考古研究的基础工作。

张忠培

12—4—2 于小石桥戊辰

前　言

　　"国有史,邑有志"。中国自古以来就有编修史志的传统,三千多年来代代相承,使得中国成为世界文明古国中唯一的历史记载不间断的国家。方志作为一种记述特定时间和地域某一个方面或各个方面情况的资料性文献,是传承和彰显地域文化的一种重要载体,具有浓郁的地方特色。

　　古都北京历史悠久、文化灿烂,有着深厚的文化积淀,形成了独特的历史文化魅力。在挖掘北京历史文化名城的文化内涵、丰富首都城市的独特魅力方面,北京的考古工作者作出了自己的贡献。

　　从1927年周口店遗址的试掘开始,经过八十多年的努力,特别是最近二十多年卓有成效的工作,北京地区的考古工作已取得极其丰富的成就,发现并发掘了大量上至史前、下至明清时期的各种类型的遗址、墓葬等遗存。这些遗存广泛分布于北京的各个区县,是北京考古工作的重要收获,建立了北京地区的考古文化序列,见证了北京从最初的原始聚落发展到集中国传统文化之大成的明清皇城的沧桑巨变。周口店遗址揭开了北京地区人类历史的序幕,琉璃河遗址见证了北京古城建都3 000年的历史,镇江营与塔照遗址、丁家洼遗址、前后朱各庄遗址等是北京地区具有代表性的燕文化的遗存。延庆玉皇庙文化是一支以直刃匕首式青铜短剑等青铜遗物为代表的富有典型山戎文化特色的独立的考古学文化。门头沟东胡林墓葬发现的保存完好的古人类遗骸填补了北京地区自山顶洞人、田园洞人以来人类发展史的一段空白。平谷区发现的上宅文化是迄今确立的北京地区最早的有原始农业萌芽的史前文化。昌平张营遗址是北京乃至燕山南麓地区发掘面积较大、内涵较为丰富的一处青铜时代遗址,为研究燕山南麓特别是北京地区早期青铜文化的类型与谱系提供了翔实资料。昌平白浮村西周木椁墓随葬器物中的鹰首剑、马首剑、鹰首刀、铃首匕等直刃匕首式青铜短剑,以及管銎戈等的形制,具有强烈的北方草原青铜文化的特征,体现了中原青铜文化与北方青铜文化在北京地区的相互影响。

　　西城区发现了大量的分布密集的战国至西汉陶井群,说明今宣武门到和平门一带是汉代蓟城的城区所在。丰台区大葆台1号墓是目前国内发现的最大的西汉时期的"黄肠题凑"墓,为研究汉代贵族的丧葬礼制与墓葬形制演变提供了重要的实物资料。石景山区西晋华芳墓中出土的墓志说明,西晋时期蓟城的西垣当在今会城门村稍东一带,进一步印证"蓟丘"处发现的残破城址即西晋蓟城。丰台区史思明墓与房山区唐归义王李诗及其妻合葬墓的发现,为研究唐代的藩镇与羁縻州制度提供了史料。

门头沟龙泉务窑是现存唯一一处从辽代早期到辽末金初延续最完整的制瓷手工业遗址,证实了辽代陶瓷手工业的中心在辽的燕京地区,进而说明辽南部地区(燕云十六州)是辽代经济的中心。大兴塔林遗址是国内迄今为止发掘的最大规模的塔基遗址,该遗址印证了辽燕京地区佛教的发展和寺院的兴盛。丰台区发掘了金中都南城垣的水关遗址,首次获得了金代水利工程的建筑实物,填补了我国历史上金代水关建筑缺失的空白,同时也以实物资料印证了金中都南城垣的准确位置、走向以及部分河道的分布,丰富了我们对金中都都城建筑及工艺水平的认识。对金陵遗址的调查、发掘工作,填补了中国历代帝王陵墓考古的缺环,对研究金代陵寝制度以及金代社会、政治、经济、文化状况具有极其重要的意义。

西城区元大都和义门瓮城城门遗址中发现的门砧石上的铁"鹅台",是考古发现中仅见的实例,与《营造法式》上记的大型板门的铁"鹅台"形制完全一样。东城区玉河遗址发掘出的明清时期河道泊岸及东不压桥遗存,是北京中心城区唯一的古河道遗存,是研究北京历史水系规模、流向变迁的实证。

北京独特的历史地位造就了北京独特的文化魅力,而北京的方志则真实记录了北京历史发展的轨迹。北京地区现存的各种旧志多达百余种、千余卷,新编方志已出版300多部,成为北京地域文化的载体,为人们从不同角度认识北京提供了难以比拟的资料,在诠释北京历史文化名城的独特文化内涵、传承弘扬北京历史文化方面具有重要作用。

文献资料与考古资料构成了研究北京历史文化的两翼,但目前尚无一部反映北京各区县考古工作和考古遗存情况的志书。为此,北京市文物研究所秉承编史修志的优良传统,组织编撰了《北京考古志》,采用方志体例,依北京市现行的十六个区县分卷编纂,以卷统志,各卷中按考古遗存类型及研究分章,各章中按历史时段分节,节下再以遗存类型分目,对北京各区县的考古工作进行了认真梳理,全面、系统地反映了北京考古工作取得的成果,详细地记录和保存了北京自有考古工作以来各区县的各类考古遗存资料。该志书记述时间跨度大,内容全面丰富,图文并茂,既揭示了区县历史文化发展的共性特点,也体现了各区县独特的地域文化面貌,完整勾勒出北京地区考古文化的特有内涵和面貌特征。

《北京考古志》作为一部专门反映北京考古工作的大型志书,既能为深化北京地区的考古研究提供基础资料,也能为保护北京历史名城及古都城市历史遗迹提供历史借鉴和现实依据,同时还能以考古资料证文献之真伪,补文献之阙如,纠文献之不足,为北京史及其他学科的研究积累了大量实证资料。凭借各种考古资料,史学家可以重建和不断丰富北京地区文化发展的历史,充分发挥方志"资治、教化、存史"的功能。

本书是北京市文物研究所的集体科研成果,享有全部著作权。宋大川作为主编,策划了本书的选题,审定了本书的文稿;朱志刚作为常务副主编,负责本书的组织、联系、协调、实施、出版以及日常工作;程利与王燕玲负责本书各卷的考古遗迹图的制定工作;盛会莲负责本书的秘书及事务工作;本书各卷由李伟敏、盛会莲、王燕玲、张利芳、朱志刚、程利著。

著名考古学家张忠培先生为本书作序,这是北京市文物研究所的巨大荣誉。不愤不启,不悱不发。先生对本书的评价,激励着我们不断开拓学术视野,凝练深邃的考古学文化认识,提升和丰富学识素养,百尺竿头,更进一步。

编纂《北京考古志》是北京考古工作者的职责与义务,也是一项学术创新,但这一工作只是基于前人基础所作的新的尝试。不积跬步,无以至千里。社会就是在不断的尝试和创新中发展进步的,学术研究也唯有如此才能打开更广阔的空间。本书还有许多不足之处有待进一步探讨和深化,敬祈方家学者,多多教正。

宋大川

二〇一二年五月

凡　例

一、本志用辩证唯物主义和历史唯物主义的观点和方法,实事求是并比较全面、翔实、系统地记述北京地区考古遗存的调查、勘探、发掘及研究情况。

二、本志记述的时间上限追溯到北京有考古工作之始,下限原则上止于2011年年底,某些分卷略有下延。

三、本志记述的地域范围为2011年北京市行政区辖域范围,某些分志依其特定业务范围记述。

四、本志按北京市现行的十六个区县分卷编纂,以卷统志。各卷前设概述,末设附录。卷中按考古遗存类型及研究分章,各章中按历史时段分节,各节下再以遗存类型分目。

五、本志收有北京市考古遗存分布图、各区县考古遗存分布图、各遗存位置示意图、各遗存遗迹分布图及大量的遗存平剖面图和照片等图和图版。

六、本志在全面记述北京地区考古遗存的同时,也注意记述学界对考古遗存的研究及认识情况。

七、本志纪年,中华人民共和国成立以前采用中国历史纪年(同时括注公元纪年),其后采用公元纪年。

目　录

遗址线图目录

墓葬线图目录

遗址图版目录

墓葬图版目录

概　述

通州区位于北京市东南部,京杭大运河北端。区域地理坐标为北纬39°36′~40°02′,东经116°32′~116°56′,东西宽36.5、南北长48千米,面积906平方千米。西邻朝阳区、大兴区,北与顺义区接壤,东隔潮白河与河北省三河市、大厂回族自治县、香河县相连,南和天津市武清县、河北省廊坊市交界。全区设置4个街道、10个镇和1个乡。

通州区属华北平原东北部,地势较平坦。东南距渤海约100千米,西北距燕山山脉约70千米,主要由永定河、潮白河冲积而成。地势由西北向东南略有倾斜,海拔最高点27.6米,最低点仅8.2米,平均海拔20米。

通州区境内河渠纵横。潮白河、北运河、温榆河、坝河、通惠河、港沟河、小中河、中坝河、凤港减河、凤河、萧太后河、凉水河、玉带河等河流分别属于潮白河、北运河两大河系,多为西北—东南走向,总长240千米。

通州区属大陆性季风气候。春季干旱多风,夏季炎热多雨,秋季天高气爽,冬季寒冷干燥。年平均温度11.3℃,平均降水量620毫米。

通州区不仅地域辽阔、资源丰富,而且历史悠久。区内很早就出现人类活动,周武王灭商后封召公奭于燕,通州属之。春秋、战国时代,今通州区地属燕国。燕昭王(前311至前279年)时开拓北疆,置上谷、渔阳、右北平、辽西、辽东五郡,时渔阳郡当辖及今通州区地。秦仍属渔阳郡地。

西汉初年,通州地区已有路县建置,属渔阳郡,治所位于今通州区潞城镇古城村。王莽改路县名通路亭,属通路郡。东汉建立后,废王莽所改,恢复西汉旧称,但改"路"为"潞",始称潞县,流经附近的潮、白二河亦改名潞河。

三国时,潞县归曹魏版图,改属燕国(治蓟)。因曹魏省渔阳郡,故原渔阳郡属县均改隶燕国。西晋代魏,因魏旧制,潞县仍属幽州燕国。时至东晋,中原和北方广大地区陷入分裂和战乱之中,匈奴、鲜卑、羯、氐、羌等少数民族首领以及一些汉族军阀先后建立割据政权,史称"十六国"时期。其中后赵、前燕、前秦、后燕等四国先后统治幽州地区。

北魏之世,潞县之置仍旧,但县境则向北扩大。太平真君七年(446年),原在潞县北的安乐、平谷二县同时省入潞县。北魏潞县属渔阳郡,郡治雍奴(今武清县境)。北魏孝武帝永熙三年(534年),元魏政权分裂为东魏和西魏。东魏辖有幽州地区。潞县之置及所属仍北魏之旧。

隋文帝开皇三年(583年)十一月,"罢天下诸郡",废治于潞县的渔阳郡。渔阳郡废后,潞县

归幽州总管府管辖。隋炀帝大业元年（605年），"废诸州总管府"，幽州总管府亦废，只称幽州。大业三年四月，"改州为郡"，幽州遂改置涿郡。隋后期，涿郡领九县，潞县为其一。

唐武德元年（618年），"罢郡置州"，涿郡复称幽州，时潞县属幽州。武德二年，由渔阳（今天津市蓟县）徙渔阳郡治于潞县，不久后改曰玄（元）州，领潞、临泃（武德二年置，治所在今三河）、渔阳、无终（治所在今玉田县境）四县。贞观元年（627年），废玄州，又省临泃、无终二县，而以潞、渔阳二县改属幽州。开元四年（716年），析潞县东境置三河县，属幽州。至开元十八年析幽州而置蓟州（州治渔阳县）后，三河县割隶蓟州，而潞县属幽州不变。天宝元年（742年），幽州改为范阳郡，潞县仍属。乾元元年（758年），范阳郡复称幽州，潞县所属亦随之而改，以至唐终。

五代梁、唐之世，潞县仍为幽州属县。后晋天福元年（936年），契丹主册立石敬瑭为皇帝，石敬瑭便割幽、蓟等十六州予契丹，从此，潞县地改归契丹。

938年，契丹主耶律德光改年号曰"会同"，升幽州为南京，为陪都之一，又于南京置幽都府，属南京道。947年，建国号曰"大辽"，改元"大同"。辽开泰元年（1012年），更府名曰析津。有辽一代，潞县先后为幽都府和析津府属县。其间，潞县南境有一片辽阔的水面，称延芳淀。辽国每年春季在延芳淀进行大规模的狩猎活动。为了加强行政管理和方便春猎活动，辽圣宗太平年间（1021~1031年）遂就故霍村镇筑城置县，因县城在潞河之南，取县名曰潞阴，并析潞县南境为其辖土。

北宋时期，幽州属河北路，潞县隶于幽州。宋徽宗宣和四年（1122年），宋、金合谋灭辽，金以辽燕京之地予宋，换取北宋巨额岁贡。宋遂废辽南京道析津府，而改置燕山府路燕山府，时潞、潞阴二县俱归燕山府辖。宣和七年，地复入金。

金初，沿袭辽制未改，仍曰燕京析津府，潞、潞阴二县隶析津府不变，府归河北东路管辖。金海陵王（完颜亮）天德三年（1151年）三月，"诏广燕（京）城，建宫室"。同年四月，"诏迁都燕京"。至贞元元年（1153年）正式定都燕京，改名中都，称原析津府曰大兴府，并析原河北东路置中都路。此后，潞阴县直属于中都路大兴府。金天德三年，因潞县为漕运重地，遂新置通州于此，取"漕运通济"之义而命名。始为刺史州，兴定二年（1218年）升为防御州，领潞、三河二县。金代潞县隶于通州，州县同治，通州则隶于中都路。金代通州的始置和命名在通州的发展历史上是具有划时代意义的大事，标志着它作为北京水路门户地位的确立和兴起。

金末，为避蒙古军队的威胁，金宣宗贞祐二年（1214年），金室南迁汴京。次年，蒙古军队攻克中都。后置燕京路，总管大兴府，通州及所领潞、三河二县以及潞阴县等。元世祖中统五年（1264年），改燕京曰中都，原大兴府仍旧，时通州潞县及潞阴县当属中都路大兴府。至元十九年（1282年）置大都留守司。至元二十一年置大都路总管府。此后通州及所领潞、三河二县隶属于大都路总管府。而潞阴县先于至元十三年八月为潞州，割大兴府之武清、香河二县归州管辖，同时迁潞州治于武清县境之河西务。至正元年（1341年）四月，"罢潞州河西务"，潞州治所因此而北迁于今通州区东南之潞县村处。元代，由于南北大运河全线开通，漕运事业获得前所未有的发展，盛时每年有三四百万石漕粮经通州转输大都城，因此，通州的地位益加重要，成

为著名的漕运仓储重地。有元一代,先后在通州建有十六仓,并专设通州都漕运司衙门,掌管其事。

明洪武元年(1368年)闰七月,明将常遇春北伐克通州,元顺帝出逃上都。八月,明将徐达又攻占元大都,改名北平,并改元大都路曰北平府。同时省潞县入通州。此时,通、潞二州俱隶北平府,其中通州领三河县,潞州领武清、香河二县。洪武十年二月,省香河县入潞州,同时改宝坻县隶通州。洪武十二年,又将武清县由潞州所属改归通州。洪武十三年二月,香河县复置,改属北平府。由于潞州不再领县,遂于洪武十四年二月降格为潞县,改隶通州。至此,通州领有三河、武清、香河、潞县四县,属北平府不变。永乐元年(1403年)正月,以北平为北京,改北平府曰顺天府。此后通州及所领四县均属顺天。终明未改。

清初因明旧制。顺治十六年(1659年),省潞县入通州,时通州尚领三河、武清、宝坻三县,上统于直隶省顺天府。雍正三年(1725年)改武清县隶天津州,次年还属通州。雍正六年改三河、武清、宝坻三县直属顺天府,通州遂为散州,不再领县。此外,清初曾设通州兵备道。顺治七年,通州隶通密兵备道。顺治十四年又改隶通蓟兵备道。康熙八年(1669年),通州隶通永道,钱粮由通永道核转。康熙二十七年,通州属东路厅。刑名由东路厅核转。至乾隆十九年(1754年),钱粮亦归东路厅核转。

辛亥革命后,中华民国肇兴,改顺天府为京兆地方,同时改州称县,通州改名通县,属京兆。1928年废京兆,设北平特别市,后改北平市,但市域仅为北平城区和近郊区,通县则改隶河北省。1935年初,日本帝国主义扶植汉奸殷汝耕在通县成立伪"冀东防共自治政府"。1938年春,伪"中华民国临时政府"成立后,通县属伪河北省冀东道。1940年夏,改属伪"燕京道"。日本投降后,仍属河北省。

1948年底,通县全境解放。初于通县城关设通州市,通县人民政府迁驻张家湾。1949年通州市改为通县镇,为通县专区驻地。时通县专区辖通县、顺义、密云、怀柔、大兴、宛平、良乡、房山、蓟县、平谷、三河、香河和通县镇。这种建置延续至1951年。1952年通县专区辖县减少宛平。1953年11月政务院批准,撤销通县镇,改设通州市,由通县专区代管,仍为通县专区驻地,与通县同属通县专区。1954年固安县由保定专区划入通县专区。1955年新设大厂回族自治县,亦归通县专区管辖。1958年3月7日,国务院批准,将通县、通州市与顺义、大兴、良乡、房山等县划归北京市。同年4月28日,国务院批准,撤销通县专区,将原辖蓟县、平谷、三河、大厂、香河五县划入唐山专区,密云、怀柔划入承德专区,固安县划入天津专区。通县与通州市划入北京市后,二者合并,改名通州区,1960年2月改名通县。1997年4月撤销通县设立通州区。

一

通州区的考古工作始于中华人民共和国成立之后,60余年的考古工作取得了许多重要成果,其考古工作历程大体可分为三个阶段。20世纪50年代至80年代初期是通州区考古工作的起始阶段。1959年6月,通州区进行了第一次文物普查,对区内的古城址、古墓葬等进行了调查,建立了文物普查档案。1982~1983年,通州区进行了第二次文物普查。这一阶段还对村民建房及平整土地等施工过程中发现的古墓葬及窖藏进行了清理。这一时期通州区内发现的古代墓葬中除少数经正式发掘清理留下资料外,大多数均遭盗毁,且未经正式发掘清理,没有留下墓葬资料,仅收集少数出土器物或墓志。1964年8月,北京市文物工作队配合基建工程对德仁务村东南的大型砖室墓进行清理,出土有釉陶器、石尊与器物上的铜饰等文物。遗憾的是当时记录粗糙,未留下墓室平面图与影像资料。1965年徐辛庄镇大庞村发现唐高行晖墓,该墓为砖室墓,早年被盗,墓壁残存有壁画,出土墓志一合。1975年8月,三间房村发现2座金代长方形石椁墓,出土"故宣威将军石公墓志"一合。1978年4月,台湖公社唐大庄村发现金代墓葬,出土澄泥陶砚、青瓷碗、崇宁重宝钱。1983年5月,北京市文物工作队清理了德仁务村东南的另一座大型砖室墓,该墓曾被盗,收集有灰陶碗、盘、鸡、狗、楼等碎片及"货泉"、"五铢"铜钱数枚。1983年6月,梨园乡小街村东南发现一座唐代砖室墓,墓葬遭严重破坏,出土唐代孙如玉、孙封墓志。1983年在于家务乡东垡村西北土岗上发现一座战国时期竖穴土坑墓,出土战国灰陶网纹大口罐、侈口高领灰陶罐及青铜镞等。1983年在永乐店农场畜牧场发现一座东汉时期的砖砌多室墓。

20世纪80年代中期至20世纪末是通州区考古工作的持续发展阶段。随着文物保护意识的日渐增强,通州区考古工作取得一定成果,如1988年通州新城北街发现辽圣宗统和末期至开泰年间建造的辽塔地宫,出土石函一件。1991年5月,北京市文物研究所对西集镇郎府村发现的26座元代砖室墓进行清理,出土白釉褐彩瓷罐、盘,黑釉瓷碗、鸡腿瓶、灰陶罐及铜镜等器物。1993年,北苑街道帅府园胡同西口发现金代石椁墓,出土墓志一块。1972~1992年,宋庄镇菜园村发现古遗址,出土商周时期的斧、锄、凿、研磨器等磨制石器及细砂灰褐陶鬲等器物。1996年4月,通州新城内斗子营胡同东口南侧发现辽代石椁墓。1998年,北京市文物研究所对京沈高速沿线发现的古墓葬进行发掘,清理汉、唐、辽砖室墓10余座。1997年,通州区进行了第三次文物普查。1993和1995年北京市文物局分别公布东垡和里二泗为地下文物埋藏区。

进入21世纪后,通州区配合基建的考古发现越来越多,通州区考古工作进入了迅猛发展阶段。这一时期,北京市文物研究所为配合通州区各类基本建设开展的考古发掘项目多达80余项,发现了部分遗址及大量古墓葬,并公布了部分发掘简报,为通州区考古研究的开展积累了重要资料。2002年,北京八通线车辆段发现汉及辽宋墓葬40座、汉及辽代烧窑遗址14座。2010年11月~2011年4月,通州区运河核心区发现元明清河道遗址,明清时期通州古城墙遗址的东北角楼及北部城墙至瓮城遗址,通州东城墙及东门瓮城遗址,清代房址4处、清代窑址3座、汉墓2座、唐墓1座、明清墓38座。2012年5~8月,轻轨L2线通州段沿线发现唐代窑址及不同时期的大量墓葬,其中D1地块清理唐代窑址1座,清代墓葬6座;B4地块清理辽代墓葬5座、清代墓葬6座;B5地块清理唐代墓葬10座,辽金墓葬2座,清代墓葬35座;B3地块清理金墓1座、清墓7座;B1地块清理辽金墓1座,清墓19座;B2地块清理清墓38座;C1地块清理清墓15座。2016年,为配合北京城市副中心建设,北京市文物研究所在通州区潞城镇胡各庄村、后北营村、古城村等地开展考古调查、勘探和发掘,共勘探122万平方米,发掘4万余平方米,发现汉代路县故城城址及其周边的墓葬群,清理古代墓葬1 146座,出土各类文物万余件(套)。2000和2011年北京市文物局先后公布菜园村、小街、坨堤村、南屯村为地下文物埋藏区。

<h1 style="text-align:center">二</h1>

(一)史前及夏商周时期考古发现研究

通州区发现的史前及夏商周时期遗存较少,仅有1处化石出土点、1处遗址、2处窖藏及少量战国时期墓葬。

1974年冬,尹各庄村群众在开挖草木炭的过程中发现化石。1975年元旦,北京市地质局水文地质一大队草木炭组、中国科学院古脊椎动物与古人类研究所贾兰坡、袁振新、卫奇等同志在出土地点距地表约4米的泥炭层中又采集到部分化石,包括大量植物碎片、木屑,半化石的菱角、莲子、榛子和其他一些植物种子,大量的微体古生物化石,如介形虫等,脊椎动物化石,如鱼类、鸟类、啮齿类和偶蹄类等,以及无脊椎动物化石,如螺蚌等。根据目前资料,有学者初步认为泥炭层形成的年代大致是距今5 000~2 000年[1]。

1972~1992年,宋庄镇菜园村陆续出土有商周时期的石斧、锄、凿、研磨器等磨制石器和灰陶鬲,春秋战国时期的夹砂红陶深腹鬲,汉代红、灰陶片,北朝酱釉瓷罐、唐代白釉瓷片等。同时发现汉代砖井3眼,但破坏严重。根据出土器物分析,该遗址一直从商周时期延续到唐代[2]。

1981年12月,中赵甫公社砖瓦厂工人在中赵甫村西取土时发现青铜器,文物部门最终收集青铜鼎、球形敦、豆、匕、勺、匜等战国时燕文化青铜器42件。程长新根据形制与纹饰判断这批青铜器属战国中晚期,且中赵甫位于战国时燕国的范围内,为研究燕的历史提供了有价值的资料[3]。1965年,通州西门外杨庄西发现战国弧背式"匽"字刀币,总重约7.5千克。1966年2月,永顺镇红果园村西发现战国刀币窖藏,重约15千克,其中有尖首刀与"明"字刀,为战国时期燕国铸行的货币[4]。

通州区目前发现的战国墓葬主要有:东垡墓群位于于家务乡东垡村西北至东南走向的土岗上,1969年西北土岗出土青铜鼎、豆等;1983年村民建房施工过程中发现一座战国时期竖穴土坑墓,出土战国灰陶网纹大口罐、侈口高领灰陶罐及青铜镞[5]。晾鹰台墓群位于永乐店镇德仁

[1] 陈方吉:《北京东郊发现全新世化石地点》,《古脊椎动物与古人类》1976年第1期。
[2] 北京市文物局编著:《北京文物地图集》,科学出版社,2009年。
[3] 程长新:《中赵甫出土一组战国青铜器》,《考古》1985年第8期。
[4] 北京市通州区文学艺术界联合会、北京市通州区文化委员会编:《通州文物志》,文化艺术出版社,2006年。
[5] 北京市文物局编著:《北京文物地图集》,科学出版社,2009年。

务村西北至东南走向的土岗上,墓葬多数为竖穴土坑,出土有战国灰陶侈口高领圈足壶、夹砂红陶罐等[1]。山岗子墓群位于张家湾镇南火垡村西南土岗上,发现数十座竖穴土坑墓,出土有战国青铜戈、镞、镜、带钩、銮铃以及半圆山纹瓦当等[2]。2004年2~3月,北京市文物研究所在马驹桥镇凉水河北岸西环南路发现战国时期长方形竖穴土坑墓一座,直壁,平底,葬式为头南脚北的仰身直肢葬,随葬的矮裆陶鬲、陶簋和铁斧等与北京地区以往发现的战国时期墓葬的情况一致[3]。2012年12月~2013年4月,北京市文物研究所在通州区运河核心区5号地块二期项目占地范围内发现战国时期竖穴土圹墓3座[4]。2016年,北京市文物研究所在潞城镇胡各庄村等地发现多座战国时期瓮棺墓。

(二)汉代考古发现研究

迄今为止,通州区发现的汉代遗存包括城址、遗址、墓葬区和其他发现。

城址2处,即汉代路县故城和东汉雍奴县故城。汉代路县故城位于通州区潞城镇古城村,西北邻京秦铁路,北邻召里村,东邻后北营村,南邻胡各庄村。2016年,北京市文物研究所通过全面调查、局部钻探和小范围试掘,基本确定了路县故城城址的位置、范围、形制[5]。东汉雍奴县故城位于德仁务村晾鹰台。韩嘉谷根据文献及考古资料判断德仁务村城址为东汉雍奴县故城,指出西汉时期雍奴县故城位于今武清县大宫城,到北魏时期,雍奴县故城则为武清县丘古庄古城[6]。

重要遗址5处。1972~1992年间,宋庄镇菜园村发现菜园遗址,该遗址的年代从商周时期延续至晋唐时期,其中有汉代红、灰陶片,发现汉代砖井3眼[7]。2002年1~2月,北京市文物研究所在地铁土桥段发现汉墓37座,汉代窑址3座[8]。2006年10~11月,北京市文物研究所在通州月季园住宅小区发现汉代窑址1座,汉代墓葬10座[9]。2009年12月~2010年1月,北京市文物研究所在配合通州区宋庄安置房项目建设中发现汉代窑址1座,汉代墓葬3座[10]。2012年7~8月,北京市文物研究所在通州砖厂村发现汉代窑址5座[11]。

[1] 北京市文物局编著:《北京文物地图集》,科学出版社,2009年。
[2] 北京市文物局编著:《北京文物地图集》,科学出版社,2009年。
[3] 北京文物研究所编著:《北京亦庄考古发掘报告(2003~2005年)》,科学出版社,2009年。
[4] 北京市文物研究所:《通州区运河核心区5号地块二期项目Ⅲ-01至13、Ⅳ 01、04、06、07、10、11地块考古发掘报告》,未刊。
[5] 北京市文物局编著:《北京文物地图集》,科学出版社,2009年;《北京城市副中心的金名片——通州汉代路县故城遗址考古发掘取得重大收获》,《中国文物报》2017年2月28日。
[6] 韩嘉谷:《通县晾鹰台为东汉雍奴县故城东门旧址考》,《北京文博》2000年第4期。
[7] 北京市文物局编著:《北京文物地图集》,科学出版社,2009年。
[8] 北京市文物研究所:《北京地铁土桥车辆段墓葬、窑址发掘报告》,载宋大川主编:《北京考古工作报告(2000~2009)》(平谷、通州、顺义卷),上海古籍出版社,2011年。
[9] 北京市文物研究所:《北京市通州区武夷花园二期项目遗址考古发掘报告》,载宋大川主编:《北京考古(第二辑)》,北京燕山出版社,2008年。
[10] 北京市文物研究所:《通州区宋庄文化创意产业集聚区土地一级开发定向安置房项目考古发掘工作报告》,未刊。
[11] 北京市文物研究所:《通州砖厂村地块土地一级开发项目(C区)考古发掘报告》,未刊。

　　主要墓葬区17处。通州区在三次文物普查过程中先后发现了晾鹰台墓群[1]、山岗子墓群[2]、德仁务墓群[3]、铺头汉墓[4]、六合墓群[5]、里二泗墓群[6]、召里墓群[7]、垛子墓群[8]、坨堤墓群[9]等。1983年,永乐店农场畜牧场发现东汉砖砌多室墓6座,墓室顶部除侧室为船篷顶外,其他各室皆为盝顶。发掘者指出这样的多室墓在北京是首次发现[10]。2004年2～3月,北京市文物研究所在配合西环南路建设过程中发现汉墓8座。

　　2005年11～12月,北京市文物研究所在六环路天然气、成品油及航空燃油管线沿线发现汉墓7座[11]。2010年12月～2011年3月,北京市文物研究所在通州区运河核心区发现汉墓2座[12]。2011年8～9月,北京市文物研究所在通州砖厂村发现汉墓5座[13]。2012年12月～2013年4月,北京市文物研究所在通州区运河核心区5号地发现汉墓24座[14]。2013年3～5月,北京市文物研究所在宋庄C地块发现汉墓20座[15]。2016年,北京市文物研究所在潞城镇古城村、胡各庄等地发现大量战国至汉魏时期的墓葬,类型丰富,包括土坑墓、砖室墓、瓮棺葬、瓦室墓等。砖室墓的数量众多,形制多样,可分为单室、双室、多室墓,最多的墓室达8个。砖室墓以单墓道为主,仅有少数墓葬无墓道或为双墓道。墓葬以南北方向居多。砖室墓中出土的随葬品较为丰富,有陶器、铜器、铁器、铅器、骨器等。骨器之中,有一套算筹,可分为长、短两种,每根筹棍两端齐正,粗细大致均匀,是北京地区考古中首次出土的算筹实物。其中在胡各庄村发现62座汉代瓮棺葬,均为竖穴土圹,瓮棺均横向放置其内,均为南北向。儿童瓮棺葬的葬具以夹云母红陶和泥质灰陶器为主,器形有釜、瓮、罐等[16]。

　　通州区其他发现4处,均为钱币窖藏。烧酒巷钱币窖藏出土汉代五铢铜钱约1吨。北仪阁钱币窖藏出土汉代五铢钱数十公斤[17]。东石村钱币窖藏发现五铢铜钱约500公斤[18]。西定福庄钱

[1] 北京市文物局编著:《北京文物地图集》,科学出版社,2009年。
[2] 北京市文物局编著:《北京文物地图集》,科学出版社,2009年。
[3] 北京市文物局编著:《北京文物地图集》,科学出版社,2009年;北京市通州区文学艺术界联合会、北京市通州区文化委员会编:《通州文物志》,文化艺术出版社,2006年。
[4] 北京市文物局编著:《北京文物地图集》,科学出版社,2009年。
[5] 北京市文物局编著:《北京文物地图集》,科学出版社,2009年。
[6] 北京市文物局编著:《北京文物地图集》,科学出版社,2009年。
[7] 北京市文物局编著:《北京文物地图集》,科学出版社,2009年。
[8] 北京市文物局编著:《北京文物地图集》,科学出版社,2009年。
[9] 北京市文物局编著:《北京文物地图集》,科学出版社,2009年。
[10] 王武钰:《北京通县、房山等地汉墓》,《中国考古学年鉴(1984年)》,文物出版社,1985年。
[11] 北京市文物研究所:《六环路天然气、成品油及航空燃油管线工程考古勘探报告》,载宋大川主编:《北京考古工作报告(2000～2009)》(平谷、通州、顺义卷),上海古籍出版社,2011年。
[12] 北京市文物研究所:《通州区运河核心区Ⅴ-01、Ⅴ-02、Ⅳ-02、Ⅳ-03、Ⅳ-05、Ⅳ-08、Ⅳ-09地块考古发掘报告》,未刊。
[13] 北京市文物研究所:《通州砖厂村地块土地一级开发项目考古发掘报告》,未刊。
[14] 北京市文物研究所:《通州区运河核心区5号地块二期项目Ⅲ-01至13、Ⅳ 01、04、06、07、10、11地块考古发掘报告》,未刊。
[15] 北京市文物研究所:《通州区宋庄文化创意产业集聚区C地块一级开发项目考古发掘报告》,未刊。
[16]《北京城市副中心的金名片——通州汉代路县故城遗址考古发掘取得重大收获》,《中国文物报》2017年2月28日。
[17] 北京市文物局编著:《北京文物地图集》,科学出版社,2009年。
[18] 北京市通州区文学艺术界联合会、北京市通州区文化委员会编:《通州文物志》,文化艺术出版社,2006年。

币窖藏发现汉代五铢铜钱重约1吨[1]。

（三）晋唐时期考古发现

　　通州区已发现的晋唐时期遗存数量较少，主要遗存包括北齐长城遗址、窑址及墓葬。

　　通州境内北齐长城遗址位于通州永顺地区南关村一带。该段长城始建于北齐天保年间，现通州境内仅存窑厂村一段土岗，呈西北—东南走向，长约150米，基宽约15、残高4米[2]。

　　发现的窑址主要有：2007年8～9月，北京市文物研究所在配合北京新城基建项目中发现隋唐时期烧制砖瓦窑址1座，窑址平面呈甲字形，由操作间、火门、通风道和出渣口、火膛、窑室及窑床、排烟道组成[3]。2009年8月，北京市文物研究所在配合通州区马驹桥物流基地D-01地块建设工程中发现唐代窑址1座[4]。2009年12月，北京市文物研究所在通州区马驹桥物流基E-04地块发现唐代墓葬1座、唐代窑址11座[5]。2012年5～6月，北京市文物研究所在配合轻轨L2线通州段次渠站、垡渠南站、亦庄火车站D1地块建设过程中发现唐代窑址1座[6]。2013年3～5月，北京市文物研究所在配合通州区宋庄C地块工程建设中发现唐代窑址4座[7]。

　　通州区内已发现的晋唐时期墓葬主要有：潞城镇召里村西北发现汉至西晋时期砖室墓4座，张家湾镇坨堤村北发现唐墓4座。1965年，徐辛庄镇大庞村发现唐代砖室墓1座，出土墓志一合。1972年9月，通州土桥砖瓦厂内发现一座唐代单室砖墓，出土瓷质诗盒、诗碗，双耳陶罐与铜勺、铁熨斗等。1983年5月，于家务乡东垡村东北约200米处王家坨下发现唐墓1座。1991年，宋庄镇平家疃村东南发现唐代砖室墓5座[8]。进入21世纪后，北京市文物研究所在配合通州区基本建设工程中陆续发现唐代墓葬。如2004年2～3月，西环南路发现唐墓1座[9]。2006年10～11月，在通州月季园住宅小区发现唐墓1座，该唐墓已被严重破坏，整体情况不详，从残存部分来看，其墓葬形制与北京地区以往发现的唐代墓葬形制有别，但从随葬器物看，带双系、饼形足的瓷罐及附双耳的铁炉在以往唐代墓葬中亦有发现[10]。2009年8月，

［1］北京市通州区文学艺术界联合会、北京市通州区文化委员会编：《通州文物志》，文化艺术出版社，2006年。
［2］北京市文物局主编：《北京文物地图集》，科学出版社，2009年。
［3］北京市文物研究所：《北京新城基业发展有限公司文物考古发掘报告》，载宋大川主编：《北京考古工作报告（2000～2009）》（平谷、通州、顺义卷），上海古籍出版社，2011年。
［4］北京市文物研究所：《通州区马驹桥物流基地D-01地块项目考古发掘报告》，载宋大川主编：《北京考古工作报告（2000～2009）》（平谷、通州、顺义卷），上海古籍出版社，2011年。
［5］郭力展：《北京马驹桥物流基地E-04地块发掘简报》，《文物春秋》2010年第5期。
［6］北京市文物研究所：《轻轨L2线通州段次渠站、垡渠南站、亦庄火车站土地一级开发项目D1地块考古发掘报告》，未刊。
［7］北京市文物研究所：《通州区宋庄文化创意产业集聚C地块一级开发项目考古发掘报告》，未刊。
［8］北京市文物局编著：《北京文物地图集》，科学出版社，2009年。北京市通州区文学艺术界联合会、北京市通州区文化委员会编：《通州文物志》，文化艺术出版社，2006年。
［9］北京市文物研究所编著：《北京亦庄考古发掘报告（2003～2005年）》，科学出版社，2009年。
［10］北京市文物研究所：《北京市通州区武夷花园二期项目遗址考古发掘报告》，载宋大川主编：《北京考古（第二辑）》，北京燕山出版社，2008年。

马驹桥物流基地发现唐墓6座[1]。2010年5~6月，北京荣丰科技物流仓储占地范围发现唐墓2座[2]。2012年6~7月，轻轨L2线通州段B5地块发现唐代墓葬10座[3]。2012年6~7月，轻轨L2线通州段B4地块发现唐代砖室墓5座，墓道均为斜坡状，墓室有弧边方形、圆形和长方形三种，墓室内棺床占据一半或大部分空间，出土陶器、瓷器、铜器、铁器等随葬品28件。出土的三彩鸭形盂以唐代特征为主，发掘者据此推断墓葬的年代应该在唐末辽初时期[4]。2010年12月~2011年3月，通州区运河核心区发现唐墓1座，该墓早期盗扰严重，出土墓志表明墓主人为唐长庆四年幽州武清县主簿[5]。2012年12月~2013年4月，通州区运河核心区5号地块发现唐墓4座[6]。2013年3~5月，通州区宋庄C地块发现唐墓2座[7]。2016年，北京市文物研究所在潞城镇古城村、胡各庄等地发现唐墓97座，其中古城村南约600米处，发现唐成宗开城二年（837年）幽州潞县丞艾演墓，出土墓志一方[8]。潞城镇后北营村发现吕元悦及夫人合祔墓志[9]。

此外，1983年6月，在梨园乡北京土桥砖瓦厂小街村东南发现唐代孙如玉、孙封墓志铭[10]。

（四）辽金元时期考古发现

通州区已发现辽金元时期遗存主要包括遗址、墓葬和其他遗存。

通州区文物普查中发现与大运河相关的部分遗址，包括张家湾镇定福庄南发现大运河故道，台湖镇口子村至张家湾镇张湾村发现萧太后运粮河，新华街道女师胡同1号发现漕运司署。1981年，《北京历史地图集》编辑组的同志在牛堡屯乡的"大北关"、"小北关"、"前南关"、"后南关"四地调查，发现一处历史聚落遗址，堆积着很多辽金元时代的文物，最终确认此地为辽潞阴县故城址[11]。1988年12月，北京市文物研究所及通县文物管理处对宋庄电信局后院施工中发现的塔基地宫进行了清理，证实地宫为辽圣宗统和末期至开泰年间所造，所葬之人似为尼姑。该塔出土的石函极为精美，"是北京地区独见的刻有生肖、四灵的辽代石函，历史、艺术价值很高"[12]。

[1] 北京市文物研究所：《通州区马驹桥物流基地D-01地块项目考古发掘报告》，载宋大川主编：《北京考古工作报告（2000~2009）》（平谷、通州、顺义卷），上海古籍出版社，2011年。
[2] 北京市文物研究所：《北京荣丰科技物流仓储项目考古发掘报告》，未刊。
[3] 北京市文物研究所：《轻轨L2线通州段次渠站、堡渠南站、亦庄火车站（B5地块）土地一级开发项目考古发掘报告》，未刊。
[4] 北京市文物研究所：《北京通州次渠唐金墓发掘简报》，《文物春秋》2015年第1期。
[5] 北京市文物研究所：《通州区运河核心区Ⅴ-01、Ⅴ-02、Ⅳ-02、Ⅳ-03、Ⅳ-05、Ⅳ-08、Ⅳ-09地块考古发掘报告》，未刊。
[6] 北京市文物研究所：《通州区运河核心区5号地块二期项目Ⅲ-01至13、Ⅳ 01、04、06、07、10、11地块考古发掘报告》，未刊。
[7] 北京市文物研究所：《通州区宋庄文化创意产业集聚C地块一级开发项目考古发掘报告》，未刊。
[8] 《北京城市副中心的金名片——通州汉代路县故城遗址考古发掘取得重大收获》，《中国文物报》2017年2月28日。
[9] 鲁晓帆：《北京通州出土两方唐代墓志考释》（上、下），《收藏家》2017年第5期、第6期。
[10] 周良：《通州窑厂村北齐长城遗址》，《北京文博》2004年第3期。
[11] 尹钧科：《北京的地名与古代遗迹探寻》，《北京文博》1996年第2期。
[12] 周良、姚景民：《通县出土罕见辽塔地宫石函》，《北京文物报》1989年第6期。

2002年1~2月，北京市文物研究所在配合北京八通线车辆段项目建设过程中发现辽代窑址1处、辽代墓葬2座、宋代墓葬1座。其中2座辽墓均为砖砌单室墓，宋墓为竖穴土坑墓[1]。2006年8~9月，北京市文物研究所在配合北京经济技术开发区东部新区建设过程中发现辽金墓1座、辽金水井1眼[2]。2006年10~11月，北京市文物研究所在配合通州武夷花园二期项目建设过程中发现辽金时期水井2眼[3]。2009年12月，北京市文物研究所在通州区马驹桥物流基E-04地块发现清理辽金窑址1座[4]。2009年12月~2010年1月，北京市文物研究所在配合通州区宋庄安置房建设过程中发现辽金时期窑址1座[5]。2010年12月~2011年3月，北京市文物研究所在配合通州区运河核心区建设过程中发现辽金时期古井2眼[6]。

通州区已发现的辽金元时期墓葬主要有：1975年三间房发现2座金代石椁墓，均为火葬，其中一号墓出土墓志一合，墓主人为石宗璧。发掘者根据二号墓骨灰中发现银簪、坠饰等器物推测二号墓主应为女性[7]。1978年4月，唐大庄发现金代墓葬1座，墓葬形制不详，出土带有"鼎砚铭"的澄泥陶砚，陶砚是由河泥淘澄得极细后烧制而成的[8]。1985年，城关镇五里店西发现史氏墓，墓已毁，形制不详，出土墓志一块，首题"大金崔尚书小娘子史氏墓葬铭"[9]。1993年，北苑街道帅府园胡同西口发现金代石椁墓，出土墓志一方。周良根据文献考证墓主仲良为金代人，同时对墓内未见铜钱的现象进行分析，指出死者于金海陵王正隆二年之前改葬，因当时金朝还未曾造币，故没有本国铜钱随葬[10]。潞县镇南屯村南发现一处金代墓地，曾发现几座砖室墓[11]。1996年4月，通州新城内斗子营胡同东口南侧发现辽墓1座。宋庄镇后夏公庄东发现1处元代墓地。潞县镇南阳村南发现元代大兴府尹郭汝梅墓。西集镇郎府村西发现26座元代砖室墓，出土白釉褐彩瓷罐、盘，黑釉瓷碗、鸡腿瓶、灰陶罐及铜镜等器物[12]。2005年11~12月，北京市文物研究所在六环路天然气、成品油及航空燃油管线沿线发现辽金墓6座[13]。2006年3~8月，北京市文物研究所在京津磁悬浮铁路沿线发现辽金墓葬10座，均为竖穴土圹砖室墓，按墓室平面分类，有椭圆形2座、长方形7座、梯形1座。按有无墓道来分，带墓道的5座，不带墓道的5座。这些墓葬的用材

［1］北京市文物研究所：《北京地铁土桥车辆段墓葬、窑址发掘报告》，载宋大川主编：《北京考古工作报告（2000~2009）》（平谷、通州、顺义卷），上海古籍出版社，2011年。

［2］北京市文物研究所：《北京经济技术开发区东部新区经海路四、五标段工程考古发掘报告》，载宋大川主编：《北京考古工作报告（2000~2009）》（亦庄卷），上海古籍出版社，2011年。

［3］北京市文物研究所：《北京市通州区武夷花园二期项目遗址考古发掘报告》，宋大川主编：《北京考古（第二辑）》，北京燕山出版社，2008年。

［4］郭力展：《北京马驹桥物流基地E-04地块发掘简报》，《文物春秋》2010年第5期。

［5］北京市文物研究所：《通州区宋庄文化创意产业集聚区土地一级开发定向安置房项目考古发掘工作报告》，未刊。

［6］北京市文物研究所：《通州区运河核心区Ⅴ-01、Ⅴ-02、Ⅳ-02、Ⅳ-03、Ⅳ-05、Ⅳ-08、Ⅳ-09地块考古发掘报告》，未刊。

［7］刘精义、张先得：《北京市通县金代墓葬发掘简报》，《文物》1977年第11期。

［8］鲁琪：《通县唐大庄出土金代陶砚》，《文物》1981年第8期。

［9］周良：《通州今存石刻》，《北京文博》2001年第3期。

［10］周良：《通县发现金代石椁墓》，《北京文物报》第1993年第10期。

［11］北京市文物局编著：《北京文物地图集》，科学出版社，2009年。

［12］北京市文物局编著：《北京文物地图集》，科学出版社，2009年。

［13］北京市文物研究所：《六环路天然气、成品油及航空燃油管线工程考古勘探报告》，载宋大川主编：《北京考古工作报告（2000~2009）》（平谷、通州、顺义卷），上海古籍出版社，2011年。

普通，随葬品简单，推断当为平民墓[1]。2012年6~8月，北京市文物研究所在轻轨L2通州段发现9座辽金墓，其中B1地块发现辽金时期砖室墓1座[2]，B4地块发现辽墓5座[3]，B5地块发现辽金墓2座[4]，B3地块发现金墓1座[5]。2012年12月~2013年4月，北京市文物研究所在通州区运河核心区5号地块发现辽金墓13座[6]。2013年3~5月，北京市文物研究所在通州区宋庄C地块发现辽金墓5座[7]。2016年，北京市文物研究所在潞城镇古城村、胡各庄等地发现辽金墓葬28座、元代墓葬4座[8]。

　　通州区已发现的辽金时期其他遗存主要有：1958年8月，考古工作者在通州东门外发现一处辽金时代遗址，发现六鋬釜、榜、镰、手铲等铁器[9]。徐辛庄乡葛渠村出土辽同知昌武军节度使兼许州管内观察使李祐墓志[10]。通州城中发现元代同知漕运司赵公去思碑[11]。通州区天桥湾出土郑颉墓志[12]。1973年，新华街原花丝镶金嵌厂内发现铜佛版[13]。此外，还发现多处辽金时期钱币窖藏，如1982年西集镇金各庄村西发现1处辽代钱币窖藏[14]，1985年宋庄镇西赵村南口发现1处辽代钱币窖藏[15]，1989年马驹桥镇大葛庄村北发现1处金代钱币窖藏[16]，1985年通州旧城北部司空小区发现北宋或辽代窖藏[17]，1985年潞县镇南马庄村发现金代窖藏[18]。1991年梨园镇九棵树村出土金绿釉刻花瓷枕函[19]。1985年5月，永顺镇乔庄村发现元青釉狩猎纹碗[20]。1984年6月，通州旧城南关出土元绿釉历史人物纹碗[21]。1982年春，宋庄镇白庙村出土元钧窑天青釉大碗2只[22]。1994年6月，永顺镇小潞邑村北出土圆纽联弧铭文铜镜[23]。1997年5月，宋庄镇菜园村南

［1］北京市文物研究所：《京津磁悬浮铁路工程考古发掘报告》，载宋大川主编：《北京考古工作报告（2000~2009）》（平谷、通州、顺义卷），上海古籍出版社，2011年。
［2］北京市文物研究所：《轻轨L2线通州段次渠站、垡渠南站、亦庄火车站土地一级开发项目B1地块考古发掘报告》，未刊。
［3］北京市文物研究所：《轻轨L2线通州段次渠站、垡渠南站、亦庄火车站（B4地块）土地一级开发项目考古发掘报告》，未刊。
［4］北京市文物研究所：《轻轨L2线通州段次渠站、垡渠南站、亦庄火车站（B5地块）土地一级开发项目考古发掘报告》，未刊。
［5］北京市文物研究所：《北京通州次渠唐金墓发掘简报》，《文物春秋》2015年第1期。
［6］北京市文物研究所：《通州区运河核心区5号地块二期项目Ⅲ-01至13、Ⅳ01、04、06、07、10、11地块考古发掘报告》，未刊。
［7］北京市文物研究所：《通州区宋庄文化创意产业集聚区C地块一级开发项目考古发掘报告》，未刊。
［8］《北京城市副中心的金名片——通州汉代路县故城遗址考古发掘取得重大收获》，《中国文物报》2017年2月28日。
［9］北京市文物工作队：《北京出土的辽、金时代铁器》，《考古》1963年第3期。
［10］吴文、傅幸：《五十年北京地区发现的重要文字石刻》，《北京文博》2000年第1期。
［11］周良：《通州今存石刻》，《北京文博》2001年第3期。
［12］任秀侠：《辽郑颉墓志考》，《北京文博》2003年第4期。
［13］北京市文物局编著：《北京文物地图集》，科学出版社，2009年。
［14］北京市文物局编著：《北京文物地图集》，科学出版社，2009年。
［15］北京市文物局编著：《北京文物地图集》，科学出版社，2009年。
［16］北京市文物局编著：《北京文物地图集》，科学出版社，2009年。
［17］北京市通州区文学艺术界联合会、北京市通州区文化委员会编：《通州文物志》，文化艺术出版社，2006年。
［18］北京市通州区文学艺术界联合会、北京市通州区文化委员会编：《通州文物志》，文化艺术出版社，2006年。
［19］周良：《通县出土金代绿釉刻花瓷枕函》，《北京文物报》1992年第6期。
［20］北京市通州区文学艺术界联合会、北京市通州区文化委员会编：《通州文物志》，文化艺术出版社，2006年。
［21］北京市通州区文学艺术界联合会、北京市通州区文化委员会编：《通州文物志》，文化艺术出版社，2006年。
［22］北京市通州区文学艺术界联合会、北京市通州区文化委员会编：《通州文物志》，文化艺术出版社，2006年。
［23］北京市通州区文学艺术界联合会、北京市通州区文化委员会编：《通州文物志》，文化艺术出版社，2006年。

出土乳纽素面小铜镜及9枚"太平通宝"铜钱[1]。

（五）明清时期考古发现

通州区已发现的明清时期遗存主要是遗址和墓葬。

通州区历次文物普查中发现了潞县故城、通州故城、潞河驿码头遗址及皇木厂遗址[2]。2005年3月，北京市文物研究所对通州区清真寺遗址进行清理，发现清真寺帮克楼、沐浴房、更衣室、垂花门、影壁墙等遗址[3]。2005年5月，为配合张家湾南城门复建工作，北京市文物研究所对张家湾南城门遗址进行了考古发掘[4]。2006年12月～2007年6月，为配合京津高速公路第二通道公路建设，北京市文物研究所在王各庄村东部发现清代陶窑2座[5]。2006年8～9月，北京市文物研究所在配合北京经济技术开发区东部新区建设过程中发现清墓5座、明清时期井2眼[6]。2010年9～12月，北京市文物研究所在配合通州区运河核心区建设过程中发现清代房址4处、明清窑址3座、明清墓葬38座[7]。2010年11月～2011年1月，北京市文物研究所在配合通州区运河核心区IX-01至IX-04地块建设过程中发现元、明清时期古河道、古路遗迹，发掘者根据出土的陶器和瓷片推断，该古河道的使用年代应为元、明清时期，废弃于清晚期。根据东部古路包含物推测第三层古路形成于元时期，一、二层形成于明清时期。古河道、古路中出土的元明清时期的大量瓷片及陶片证明了该古河道在元、明清时期仍在使用，同时佐证了古河道两岸在元、明清时期的昌盛。发掘出土的元代双系尖底瓶、酱釉罐、钧瓷片、磁州窑残片以及大量的龙泉窑瓷片、青釉瓷片、白釉瓷片、青花瓷片等文物对古河道的历史研究具有重要的考古价值，也为通州古运河漕运的繁荣提供了重要的证据及珍贵的实物资料[8]。2011年2～4月，北京市文物研究所在配合通州区核心区V-06地块建设过程中发现通州古城墙遗迹的东北角楼和北部城墙及瓮城[9]。2012年12月～2013年4月，北京市文物研究所在配合通州区运河核心区5号地块二期项目建设过程中发现清代房址4座、明代窑址5座、清代窑址1座、清墓

［1］北京市通州区文学艺术界联合会、北京市通州区文化委员会编：《通州文物志》，文化艺术出版社，2006年。
［2］北京市文物局编著：《北京文物地图集》，科学出版社，2009年。
［3］北京市文物研究所：《清真寺部分遗址考古发掘完工报告》，载宋大川主编：《北京考古工作报告（2000~2009）》（建筑遗址卷），上海古籍出版社，2011年。
［4］北京市文物研究所：《张家湾城南城门考古发掘报告》，载宋大川主编：《北京考古工作报告（2000~2009）》（建筑遗址卷），上海古籍出版社，2011年。
［5］北京市文物研究所：《北京经济技术开发区东部新区经海路四、五标段工程考古勘探报告》、《北京经济技术开发区东部新区经海路四、五标段工程考古发掘报告》，载宋大川主编：《北京考古工作报告（2000~2009）》（亦庄卷），上海古籍出版社，2011年。
［6］北京市文物研究所：《北京经济技术开发区东部新区经海路四、五标段工程考古勘探报告》、《北京经济技术开发区东部新区经海路四、五标段工程考古发掘报告》，载宋大川主编：《北京考古工作报告（2000~2009）》（亦庄卷），上海古籍出版社，2011年。
［7］北京市文物研究所：《通州区运河核心区V-01、V-02、IV-02、IV-03、IV-05、IV-08、IV-09地块考古发掘报告》，未刊。
［8］北京市文物研究所：《通州区运河核心区IX-01至IX-04地块古河道考古发掘报告》，未刊。
［9］北京市文物研究所：《通州运河核心区V-06古城墙遗址考古发掘报告》，未刊。

30座[1]。

　　通州区已发现的明清时期墓葬较多。20世纪50至90年代，历次文物普查中发现的明清时期墓葬包括董政家族墓地、岳正墓、李庄简家族墓地、李卓吾墓、孙亨墓、戚斌墓、杭宗鲁墓、徐金墓、焦亮墓、五里店明墓、刘中敷墓、于朝墓、赵文麟家族墓地、王国俊墓、谢尊光墓、徐元梦墓、汪云章墓、国柱墓、肃迟墓、琉球国人墓地等。这些墓葬大多已遭破坏，墓葬形制及随葬器物等均不明，仅残留墓志或墓碑[2]。进入21世纪后，北京市文物研究所在配合通州区开发建设中发现并清理了部分明清时期墓葬。2004年2~3月，马驹桥镇凉水河北岸西环南路发现明墓3座、清墓1座[3]。2005年11月~12月，六环路天然气、成品油及航空燃油管线1标段碱厂村南段墓葬区发现3座清墓，2标段萧太后河南段墓葬区发现清代墓葬3座，2标段太玉园小区西段墓葬区发现清代墓葬2座，3标段通湖路北段墓葬区发现清代墓葬3座，3标段小庞村南段墓葬区发现清代墓葬4座[4]。2006年3~8月，京津铁路通州区半截河段、王各庄段和十八里店段发现明清墓葬13座[5]。2006年11月，通州区月季园住宅小区发现清代墓葬2座，均为长方形竖穴土坑墓，发掘者认为随葬器物中釉陶陶罐、青瓷罐、银簪、铜簪均与北京奥运场馆清理的清代墓葬中出土的同类器物形制相同或相近。葬具为木棺，底部铺置白灰、木炭块用以防潮。结合所出铜钱均为"乾隆通宝"推断，2座墓葬的年代为清前期[6]。2006年12月~2007年1月，通州区新华大街发现明清墓5座[7]。2007年7~11月，大稿村发现明墓2座、清墓6座。发掘者根据墓葬中出土带年号的铜钱对墓葬年代进行了分析，指出8座墓葬的年代历明末到清代晚期，但鉴于其他地区有的清代早期的墓葬也出土明末铜钱，而且在明清换代之际的一般小型土坑墓葬中，随葬陶瓷器形制多有类似之处，故此仅依铜钱断为明代的M6、M7两座墓葬，其年代下限或许可以进入清初。这8座墓葬均为竖穴土坑墓，形制较为简单，与北京海淀区、延庆县等地发现的同时期墓葬存在较多的相似之处，出土随葬器物类别较为丰富，其中还不乏做工精美的金银饰品。这批明清墓葬的发掘，进一步丰富了北京地区明清考古的内容，为我们深入了解本地区明清时期丧葬习俗及相关社会发展状况等提供了珍贵的实物资料[8]。2007年8~9月，新城基业项目占地范围内发现明清墓葬27座，均为竖穴土圹墓，南北向或东西向排列，依据内葬人数多寡，可分为单人葬墓、双人合葬墓、三人合葬墓及迁葬墓等几种类型。墓葬中出

[1] 北京市文物研究所：《通州区运河核心区5号地块二期项目Ⅲ-01至13、Ⅳ 01、04、06、07、10、11地块考古发掘报告》，未刊。
[2] 北京市文物局编著：《北京文物地图集》，科学出版社，2009年。
[3] 北京市文物研究所编著：《北京亦庄考古发掘报告（2003~2005年）》，科学出版社，2009年。
[4] 北京市文物研究所：《六环路天然气、成品油及航空燃油管线工程考古勘探报告》，载宋大川主编：《北京考古工作报告（2000~2009）》（通州卷），上海古籍出版社，2011年。
[5] 北京市文物研究所：《京津磁悬浮铁路工程考古发掘报告》，载宋大川主编：《北京考古工作报告（2000~2009）》（平谷、通州、顺义卷），上海古籍出版社，2011年。
[6] 北京市文物研究所：《北京市通州区武夷花园二期项目遗址考古发掘报告》，载宋大川主编：《北京考古（第二辑）》，北京燕山出版社，2008年。
[7] 北京市文物研究所：《通州科技大厦工程考古勘探报告》，宋大川主编：《北京考古工作报告（2000~2009）》（通州卷），上海古籍出版社，2011年。
[8] 北京市文物研究所：《北京市通州区大稿村明清墓葬发掘简报》，《北京文博》2010年第1期。

土的釉陶罐、银簪等器物是北京地区明清时期墓葬中常出器物，与北京其他地区明清墓葬的出土的同类器物形制基本相同，综合墓葬形制及墓葬出土铜钱推测此批墓葬应属于明代晚期至清代早期[1]。2008年9月，梨园镇魏家坟发现明清墓葬50座[2]。2009年7~8月，梨园镇半壁店旧村发现明代砖室明堂2座、墓葬22座，清代墓葬29座，发掘者认为此次发现的2座六角龟形砖室结构不是墓葬，而是明堂，其中明堂M27出土墓志方砖上的字迹已经不能辨识，仅根据其周围墓葬均为明代墓葬推测其时代为明代。明堂M34出土了具有明代中期典型特征的青花松竹梅石纹碗，由此判断其时代为明代中晚期[3]。2009年8~10月，通州区郑庄北部发现明清墓190座[4]。2009年12月~2010年1月，宋庄镇东南部发现清代墓葬36座[5]。2010年5~6月，马驹桥镇东南部发现清代墓葬3座[6]。2011年5~6月，通州马驹桥镇物流基地生活配套项目B地块（东区）发现明清墓葬41座[7]。2011年11~12月，通州马驹桥镇物流基地生活配套项目B地块（西区）发现清代墓葬243座[8]。2012年7~8月，通州砖厂村地块土地一级开发项目（C区）发现明清墓葬3座[9]。2012年6~8月，轻轨L2线通州段次渠站、垡渠南站、亦庄火车站土地一级开发项目占地范围内发现大量清代墓葬，其中B2地块发现清代墓葬38座[10]，B4地块发现清代墓葬6座[11]，B5地块发现清代墓葬35座[12]，B3地块发现清代墓葬7座[13]，B1地块发现清代竖穴土圹墓19座[14]，C1地块发现清代墓葬15座[15]，D1地块发现清代墓葬6座[16]。2013年3~5月，通州区宋庄C地块发现明墓3座、清墓36座[17]。2014年3月，通州新城0803-015A地块发现明

[1] 北京市文物研究所：《北京新城基业发展有限公司文物考古发掘报告》，载宋大川主编：《北京考古工作报告（2000~2009）》（平谷、通州、顺义卷），上海古籍出版社，2011年；北京市文物研究所：《通州新城基业项目墓葬发掘简报》，《北京文博》2009年第1期。

[2] 北京市文物研究所：《通州梨园久居雅园A区工程考古发掘完工报告》，载宋大川主编：《北京考古工作报告（2000~2009）》（平谷、通州、顺义卷），上海古籍出版社，2011年。

[3] 北京市文物研究所：《北京市通州区梨园镇半壁店旧村明清墓葬发掘简报》，《北京文博》2013年第4期。

[4] 北京市文物研究所：《北京市第8代薄膜晶体管液晶显示器件项目工程考古发掘报告》，载宋大川主编：《北京考古工作报告（2000~2009）》（平谷、通州、顺义卷），上海古籍出版社。

[5] 北京市文物研究所：《通州区宋庄文化创意产业集聚区土地一级开发定向安置房项目考古发掘工作报告》，未刊。

[6] 北京市文物研究所：《北京荣丰科技物流仓储项目考古发掘报告》，未刊。

[7] 北京市文物研究所：《通州马驹桥镇物流基地生活配套项目B地块（东区）土地一级开发项目考古发掘报告》，未刊。

[8] 北京市文物研究所：《通州马驹桥镇物流基地生活配套项目B地块（西区）土地一级开发项目考古发掘报告》，未刊。

[9] 北京市文物研究所：《通州砖厂村地块土地一级开发项目（C区）考古发掘报告》，未刊。

[10] 北京市文物研究所：《轻轨L2线通州段次渠站、垡渠南站、亦庄火车站土地一级开发项目B2地块考古发掘报告》，未刊。

[11] 北京市文物研究所：《北京通州次渠唐金墓发掘简报》，《文物春秋》2015年第1期。

[12] 北京市文物研究所：《轻轨L2线通州段次渠站、垡渠南站、亦庄火车站（B5地块）土地一级开发项目考古发掘报告》，未刊。

[13] 北京市文物研究所：《北京通州次渠唐金墓发掘简报》，《文物春秋》2015年第1期。

[14] 北京市文物研究所：《轻轨L2线通州段次渠站、垡渠南站、亦庄火车站土地一级开发项目B1地块考古发掘报告》，未刊。

[15] 北京市文物研究所：《轻轨L2线通州段次渠站、垡渠南站、亦庄火车站（C1地块）土地一级开发项目考古发掘报告》，未刊。

[16] 北京市文物研究所：《轻轨L2线通州段次渠站、垡渠南站、亦庄火车站土地一级开发项目D1地块考古发掘报告》，未刊。

[17] 北京市文物研究所：《通州区宋庄文化创意产业集聚区C地块一级开发项目考古发掘报告》，未刊。

代墓葬4座,清代墓葬8座[1]。2016年,北京市文物研究所在潞城镇古城村、胡各庄等地发现明清墓葬143座[2]。

　　通州区已发现的其他明清遗存有4处。张家湾镇皇木厂村旧址南部出土明代石权3件;1961年,永乐店镇永乐店村及漷县镇郭庄发现明代瓷器窖藏;1970年,张家湾镇张家湾村发现明代瓷器窖藏;1996年,梨园镇大稿村发现清代瓷器窖藏[3]。

[1] 北京市文物研究所:《通州新城0803-015A地块明清墓葬发掘简报》,《北京文博》2015年第3期。
[2] 《北京城市副中心的金名片——通州汉代路县故城遗址考古发掘取得重大收获》,《中国文物报》2017年2月28日。
[3] 北京市文物局编著:《北京文物地图集》,科学出版社,2009年。北京市通州区文学艺术界联合会、北京市通州区文化委员会编:《通州文物志》,文化艺术出版社,2006年。

第一章 遗 址

第一节 史前及夏商周时期遗址

一、菜园遗址

菜园遗址位于宋庄镇菜园村,为一高台地,原名南坨子,面积约7万平方米[1]。1972~1992年发现了部分磨制石器,种类有斧(图版一)、锄(图版二)、凿(图版三)、研磨器等(图版四),主要用于农业生产和日常生活。石斧呈梯形,器体厚重,齐锋、正刃,通体磨光,是用于砍伐树木的工具。石锄器体扁平,上部对穿圆孔以装柄,刃部有使用痕迹,是用于翻耕土地的工具。石质研磨器、石凿主要用于研磨食物及木材加工。菜园村还发现了属于大坨头文化的陶鬲,年代为商周时期。细砂灰褐陶鬲圆唇、卷沿,侈口,束颈,三袋足分别模制后连裆,裆底较矮(图版五)。

二、尹各庄化石遗存

尹各庄化石遗存位于通州区尹各庄。1974年冬,群众在开挖草木炭的过程中,在通县的尹各庄发现了丰富的动植物化石。1975年元旦,根据通县农林局的通知,北京市地质局水文地质一大队草木炭组、中国科学院古脊椎动物与古人类研究所贾兰坡、袁振新、卫奇等同志到出土地点进行观察,又采集到大量的化石。

尹各庄化石发现地点的地层分为两层,上层为淡黄色砂质黄土,厚度约0.2~0.4米,下层为灰黑色、黑色黏土和泥炭层,可见厚度约1.7米。黑色泥炭层中发现莲子、菱角、软体动物和脊椎动物遗骸,其中脊椎动物包括鱼类、鸟类和哺乳类。泥炭层底部还发现一颗比较完整的古树,长约60厘米,直径12厘米,表层已经炭化。经碳十四测定,古树距今4 990±120年。据此可以推断泥炭层形成年代大致是距今5 000~2 000年。此外,泥炭层中发现两件生产工具,一件是从梅花鹿头骨上砍下来的左角,角柄上的砍痕清楚,较为平滑,应为锐利的金属刃状物所砍。眉叉尖头也有削砍痕迹,表面磨得非常光滑,显然为长时间使用的结果。贾兰坡等认为鹿角是一种挖土工具,并称其为"角镐"。另一件工具为角制箭头,梃端残缺,现存全长66毫米,原材料为麋鹿的角。箭头断面呈椭圆形,尖头最宽10毫米,最窄处宽8毫米;尖头之下47毫米处的一侧有一横

---

[1] 北京市文物局编著:《北京文物地图集》,科学出版社,2009年。

裆,厚4毫米,横裆之下保留15毫米长的残桯。箭头全身刮磨光滑,刮削出来的纵纹明显,横裆是刻出来的,刻痕清楚。两件工具虽然出土于泥炭层或泥炭层之间的黑色黏土之中,但目前难以确定其年代。

由泥炭本身及其中的鱼类、水鸟遗骸的发现,可以证明距今12000~3000年(全新世早至中期)的通州一带为河流纵横、池沼广布的水泽之乡,气候温暖湿润。麋鹿的发现也证明了这一点。动物学者认为,麋鹿由于有宽大而能分开的蹄,也是适于泥泞之地行走、栖于沼泽地带的兽类[1]。

第二节 汉 代 遗 址

一、路县故城

据史籍记载,西汉初年,通州地区已有路县建置,属渔阳郡,取名"路",表道路四通八达之意。这是迄今所知通州域内设县建城之始。初始元年(9年)王莽改制,县名改称为"通路亭"。更始元年(23年),复名"路"。东汉建武元年(25年),因县依水,光武帝刘秀改县名"路"为"潞"。后渔阳郡治所也迁至潞城。建武二年二月,渔阳郡太守彭宠举兵叛汉,八月,刘秀派遣将军邓隆、祭遵率兵前往平叛。建武五年春,彭宠被杀,平叛将军祭遵入城诛烧,大火殃及城外,烧千余家。后郡治迁回渔阳。建武九年,上谷太守王霸建议利用温水(今温榆河)通漕济边,潞水漕运渐盛。因此潞城并未因郡治迁移而废,而是持续使用至清代。唐中宗李显神龙元年(705年),崇州、鲜州(安抚降唐奚族部落羁縻州)二州一并寄治于潞城内,至唐肃宗李亨至德元年(756年)方撤除。据乾隆《通州志》载:"潞县故城曰古城,在城东八里甘棠,周围四里,相传为前朝驻兵处遗迹,又似邑墟,或曰即潞县"。[2]乾隆年间通州学者刘锡信的《潞县故城考》载:"通州潞河东八里有古城,周围四里许,遗址约高五尺,东、西、北三面具存,惟南面近官道已成陆地,西北隅废堞独高丈余。"刘锡信结合《水经注》《后汉书·五行志》中的相关文献,考证通州潞河东八里的古城为汉潞县故城[3]。清光绪年间,城西北角楼台尚存残迹,北垣依旧,民国年间渐因村民挖土而减小。

2016年,为配合北京城市副中心建设,北京市文物研究所在今潞城镇古城村东北的考古工作中发现了汉代路县故城。路县故城位于通州区潞城镇古城村,西北邻京秦铁路,北邻召里村,东邻后北营村,南邻胡各庄村。潮白河在遗址东约6千米,由南向北流过,运潮减河位于遗址北部,自西向东汇入潮白河,北运河西距遗址约4千米。

路县故城地表已无城墙遗迹。通过勘探了解到城墙基址保存较为完整,平面近似方形,方向为北偏东约17度。北墙基址长606米,东墙基址长589米,南墙基址长575米,西墙基址长555米,总面积约35万平方米(图一)。城墙基址的残存高度约为1.9~2.5米,纵剖面为梯形,

[1] 陈方吉:《北京东郊发现全新世化石地点》,《古脊椎动物与古人类》1976年第1期。
[2] (清)高天凤修,金梅等纂:乾隆《通州志》卷一《封域·古迹》。
[3] (清)刘锡信:《潞城考古录》卷上《潞县故城考》,首都图书馆藏刻本。

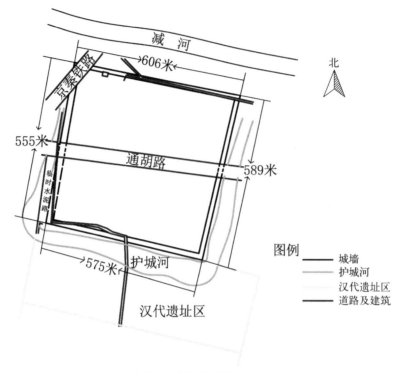

图一　路县故城遗址平面图

下宽上窄，底部宽约18米，顶部残存宽度约13~15米。墙基夯筑而成，夯层厚约0.1~0.2米，部分夯层的夯土内夹杂有植物的杆茎。城内的局部钻探表明，城址内普遍存在1~1.2米厚的汉代文化层。城内还发现了一条南北方向、东西宽度在89米的汉代道路遗存（图版六）。

在东、西、南城墙外约25~30米处发现城壕（护城河）遗存，其走向与相对应的城墙大体一致，宽度约30米（图版七）。另有两条与城壕密切相关的城内排水沟渠遗存。城内出土了两汉时期的陶豆、陶罐、瓦当、陶纺轮、铜簇（图版八）等。

东墙基址南部、南墙基址东部的护城河遗存外侧有大面积的汉代文化遗存，发现有密集的房址、灶、灰坑、道路、水井和瓮棺葬等，是城外的生活和生产区。出土的器物以两汉时期的陶器、陶片、瓦片数量最多，有山云纹半瓦当（图版九）、卷云纹瓦当、板瓦、筒瓦等，可判断器形的陶器有红陶釜、碗、盆、炭炉，灰陶豆、瓶、盆、器座，陶纺轮（图版一〇）等，还出土了铜器、铁器、石器和骨器等，大多残损，有铜刷、三棱铜镞、铜簪、铁锛、铁镢、铁钉等，铜钱有明刀、五铢、货泉、大泉五十（图版一一）、小泉直一。从遗迹和遗物判断，城壕与沟渠的使用年代不早于战国，废弃年代不晚于东汉。

以城址为中心，城外700米至2000米为半径范围内的胡各庄、辛安屯、召里、大台等地，都分布有数量众多的墓葬。它们主要为南北方向，排列有序，表明墓区是经规划建造的。墓葬的延续时间较长，以汉墓数量最多，类型多样，出土随葬品种类丰富。

汉代路县故城城址保存较为完整，其形制和大小符合黄河中下游地区汉代县城的规制，作为"凝固的历史"，它对探索汉帝国政体中幽燕乃至北方地区基层社会架构、管理机制、组织形式等均具有重要考古和历史价值，有助于认识秦汉时期郡县制的运行，填补了汉代县级城址考古的学术空白。路县故城也因此被评为2016年度全国十大考古新发现之一。

秦汉时期,北京是防御以匈奴为代表的强大北方游牧民族的重要地区,也是汉王朝与东北亚地区进行文化交流的前沿基地,经略该地区对于巩固秦汉帝国的国家安全有着举足轻重的作用。路县故城西守鲍丘河、沽河,与蓟城相对;正北直达渔阳郡城,处于连接两郡的节点,是水陆交通、东西往来、南北连接的咽喉之地。因此,路县故城在北京与周边地区文化、交通、经济、军事上都有着纽带作用,它的发现是北京作为早期中国北方地区政治中心、军事中心和交通中心的重要物证之一[1]。

二、雍奴故城

雍奴故城位于永乐店镇德仁务村。原土城城墙为夯筑,由城门口北侧的墙端向外接出一曲尺形的夯土墙,从正面遮挡住城门,出入通道在南侧。原土城的四面城墙皆已不存,但在东城墙南段还残留有土岗,从东城门到东南城角处不足300米。在贯穿村内的南北大道上,也可看出南城墙的位置。按照这些遗迹推测,原东城墙的整个长度约为500多米,正是一般汉代县城的规制。从台内填土中多有汉绳纹砖等遗物看,城址年代不晚于汉。城内文化堆积仅在城的东南部尚有残存,有的沟壑断面上还暴露出夯土基址的痕迹,城的西北部分遭破坏严重,文化层已被冲刷一空,留下了厚厚的流沙层。此城址北距潞县故城直线距离为56里,较《后汉书》所说的里程差10余里;东距泉州渠口约85里左右,基本接近《水经注》记载的里程。由潞县西20多里南流的沽河正应在城址西北面与西来的灅水会合。按年代、位置推测,此城址应为东汉雍奴县故城。现残存的东城门名曰晾鹰台,台高目测约六七米,从台侧剖面和台顶暴露的土质结构看,它是利用了原先的一座土城的东城门,加以改造堆筑而成的[2]。

三、菜园遗址

菜园遗址位于宋庄镇菜园村,1972~1992年出土汉代红、灰陶片,同时发现汉代砖井3眼,已被严重破坏[3]。

四、土桥遗址汉代墓葬与窑址

土桥遗址发现于北京八通线车辆段项目占地范围内,该项目位于通州区东南方向的土桥村,北邻京津公路103线,东邻张风路,南邻岗坟村,西侧为土桥村农田(图二)。

2000年10月16日~2001年11月,为了配合北京八通线车辆段建设,北京市文物研究所对该项目占地范围进行了考古勘探,共发现墓葬228座[4]。2002年1~2月,北京市文物研究所对该

---

[1]《北京城市副中心的金名片——通州汉代路县故城遗址考古发掘取得重大收获》,《中国文物报》2017年2月28日;郭京宁:《寻城记——北京通州汉代路县故城现身始末》,《北京青年报》2017年4月14日。
[2]韩嘉谷:《通县晾鹰台为东汉雍奴县故城东门旧址考》,《北京文博》2000年第4期。
[3]北京市文物局编著:《北京文物地图集》,科学出版社,2009年。
[4]北京市文物研究所:《北京八通线车辆段考古勘探报告》,载宋大川主编:《北京考古工作报告(2000~2009)》(通州卷),上海古籍出版社,2011年。

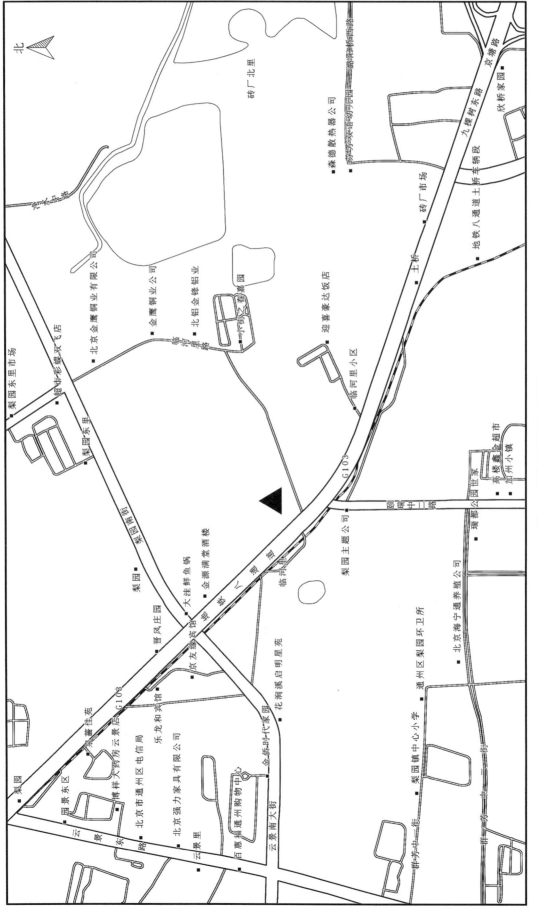

图二 土桥遗址位置示意图

项目占地范围内发现的古代墓葬和窑址进行了发掘,发掘面积共计1 696平方米,其中发掘古墓葬40座、烧窑遗址14座(图三)。40座古墓葬中,根据墓葬的形制和随葬品的种类,初步判断M18、M27为辽代,M35为宋代,其余墓葬均为汉代。14个窑址中Y13是辽代烧窑,Y5、Y12、Y14是汉代烧窑,其他烧窑因出土物不明无法判断时代[1]。

土桥遗址发现的汉代遗存包括墓葬和窑址。

(一)汉代墓葬

汉墓共37座,依墓葬形制可分为竖穴土坑墓和砖室墓两种类型,其中竖穴土坑墓10座、砖室墓27座。

竖穴土坑墓10座,以M7、M13为例。

M7为竖穴土坑墓(图版一二),平面呈甲字形,长7米,宽3.2米,深1.24米,出土陶器7件,铜钱1枚。

M13为竖穴土坑墓(图版一三),平面呈刀形,长7米,宽2.6米,深2.5米,出土陶器12件(图版一四)。

砖室墓27座,依墓室数量分为单室和双室墓两类。

单室墓按平面形状分为刀形和长方形两类,墓向有南北向和东西向两种。

刀形单室墓以M2为例,该墓为砖砌单室墓(图版一五),平面呈刀形,墓道东侧有一耳室。长6米,宽4.5米,深2.72米,出土陶器1件,银戒指1件。

甲字形单室墓以M11为例,该墓为砖砌单室墓(图版一六),平面呈甲字形,长7.5米,宽2.3米,深3.6米,出土陶器7件。

双室墓2座,即M39和M40。

M39为砖砌双室墓(图版一七),平面呈甲字形,墓底为四方形花纹砖铺地(图版一八),长11.4米,宽4.6米,深1.65米,出土有陶狗、陶鸡、陶鸟、石圭,铜钱22枚。

M40为砖砌双室墓(图版一九),平面呈甲字形,墓底为四方形花纹砖铺地(图版二○),长15米,宽7.7米,深1.72米,出土铜钱3枚。

(二)汉代窑址

汉代窑址3座,分别为Y5、Y12、Y14。

五、武夷花园月季园遗址汉代窑址与墓葬

武夷花园月季园遗址发现于通州武夷时代二期(月季园住宅小区)工程占地范围内,该工程位于潞城镇霍屯村附近,东邻东六环,南邻通胡大街,西邻紫荆园小区,北邻运潮减河,地理坐标为北纬39°55′84″,东经116°42′41″(图四)。

为配合通州武夷时代二期工程建设,2006年9月26日~10月23日,北京市文物研究所对该

---

[1]北京市文物研究所:《北京地铁土桥车辆段墓葬、窑址发掘报告》,载宋大川主编:《北京考古工作报告(2000~2009)》(平谷、通州、顺义卷),上海古籍出版社,2011年。

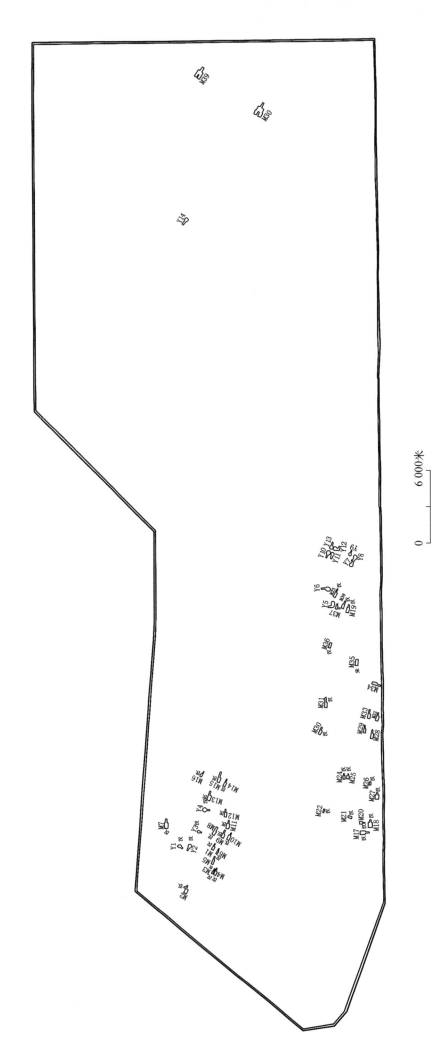

图三　土桥遗址墓葬、窑址分布平面图

0 　　　6 000米

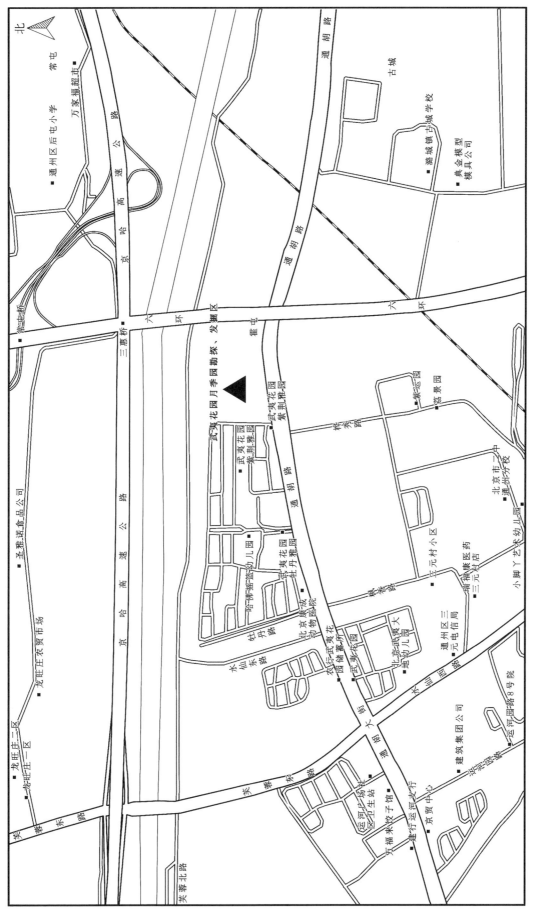

图四 武夷花园月季园遗址位置示意图

工程占地范围内进行了考古勘探,勘探面积共58 000平方米,共探明各类遗迹33处,其中墓葬
12座(汉墓10座、清墓2座)、烧窑1座、井3眼、坑15处、沟2条[1]。根据勘探结果,2006年10
月至11月,北京市文物研究所对发现的古墓葬、古窑址、古井实施抢救性的考古发掘,发掘面积
1 500平方米,清理墓葬13座、窑址1座、水井2眼(图五)。墓葬中汉代墓葬10座、唐代墓葬1
座、清代墓葬2座;又有汉代窑址1座,辽金至清水井2眼,出土了一批具有考古研究价值的珍贵
文物[2]。

　　武夷花园月季园遗址发现的汉代遗存包括窑址和墓葬,其中汉代窑址1座,汉代墓葬
10座。

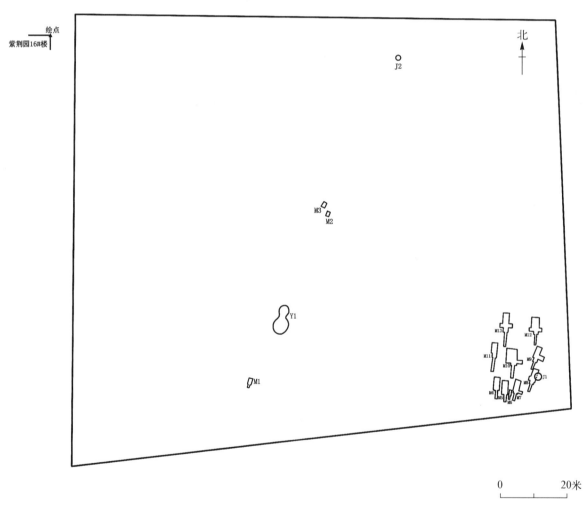

图五　武夷花园月季园遗迹分布总平面图

[1] 北京市文物研究所:《通州武夷时代二期(月季园住宅小区)工程考古勘探报告》,载宋大川主编:《北京考古工作报告
　　(2000~2009)》(通州卷),上海古籍出版社,2011年。
[2] 北京市文物研究所:《北京市通州区武夷花园二期项目遗址考古发掘报告》,载宋大川主编:《北京考古》(第二辑),北京
　　燕山出版社,2008年。

（一）汉代窑址

Y1位于发掘区的西南部，平面近椭圆形，地穴式，南北向，方向195°。顶部及窑门已被破坏。总长8.46米，宽3.64~4.2米。由操作坑、火门、火膛、窑室、烟道五部分组成（图六）。

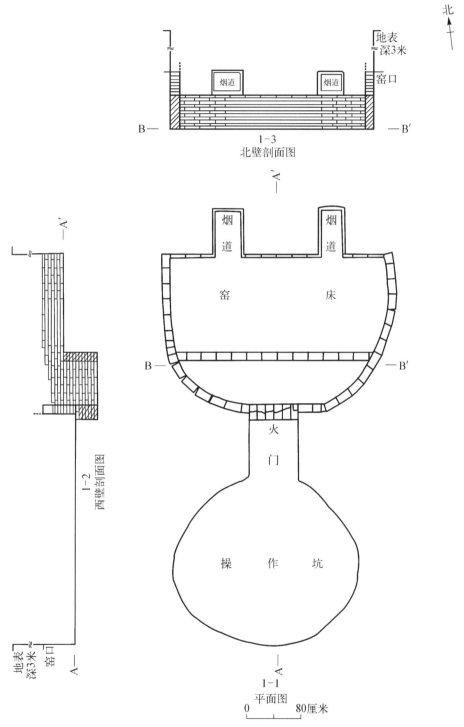

图六　武夷花园月季园Y1平、剖面图

操作坑位于火门的南部，平面呈椭圆形。东西长3.66米，南北宽3.2米，深0.60米。口部距地表2.9米。内填杂土及少量烧土块，土质松软。火门位于操作坑的北部、火膛的南部。形状呈长方形。上部已被破坏，残存底部。南北长1.46米，东西宽0.98米，进深0.6米。底部残留有六块平砖，砖长0.3、宽0.15、高0.06米，砖面有火烧痕迹。底部存有的踩踏面较硬，厚0.03~0.05米。火门内填土较杂，含有残乱砖块等，土质稍硬。火膛位于火门的北部、窑室的南部。平面呈半圆形，宽0.84米，深0.66米。东西两壁用青砖错缝平砌，共十一层，砖面有0.01米厚的烧结面，呈青灰色，大部分已脱落。底部有0.08~0.1米的黑灰结块。底距窑口1.08米，距地表3.56米。窑室位于火膛的北部。平面呈半圆形。顶部已坍塌，仅残存底部。东西长4.2米，南北宽3.88米。周壁用七层青砖错缝平砌。内填花杂土，含有乱砖块及红烧土块。后壁用砖竖砌一层，厚0.06米。窑床位于窑室的北部，呈长方形，东西长3.74~4.3米，南北宽2米。窑床南部用一排单砖东西向平铺，床面经火烧呈青灰色。床面距窑口0.42米，距地表3.42米。烟道位于窑室的北壁上，分东西两个烟道。上部均被破坏，残留底部。平面呈长方形，烟道周围经火烧较坚硬，厚约0.04~0.06米。东烟道位于北壁的东部，南北长0.92米，东西宽0.42米。底部呈斜坡状，用一层残砖平铺。西烟道位于北壁的西部，南北长0.9米，东西宽0.52米，底部呈斜坡状，北高南低，用一层残砖平铺。两个烟道间距1.46米。底距窑口0.1~0.3米，距地表3.1~3.3米。出土瓷碗残片1件。根据窑的形状、结构及窑内包含物，推断其为汉代烧砖所用的窑址。

（二）汉代墓葬

汉墓10座，皆为砖室墓（图七；图版二一），均遭到不同程度的破坏，墓葬由墓道、墓门、甬道几个主要部分组成。依墓葬形制可分为单室墓、双室墓、多室墓三种类型。

单室墓4座，编号分别为M4、M5、M6和M11，依墓葬平面形状又可分为刀形和甲字形两种类型。

刀形单室墓2座，M4和M11，以M11为例。

M11位于发掘区的东南部，南邻M4，东邻M10。坐北朝南，方向195°。为刀形单室墓，顶部已破坏至底，总长14.95米，由墓道、门洞、墓门、甬道和墓室组成（图八）。

墓道位于门洞的南部，呈长方形斜坡状。墓口距现地表0.3米，南北长7.5米，东西宽0.86~1.15米，底坡长7.76米，墓底距现地表2.44米。内填花土，土质稍松。

门洞位于墓门的南部，呈长方形，顶部已残，仅残留东西两壁，残高0.42米，砌法为一平一竖，东西宽1.36米，南北长1米。底部有二层铺地

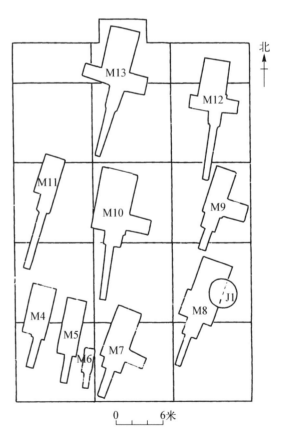

北

图七   武夷花园月季园汉代墓葬探方分布图

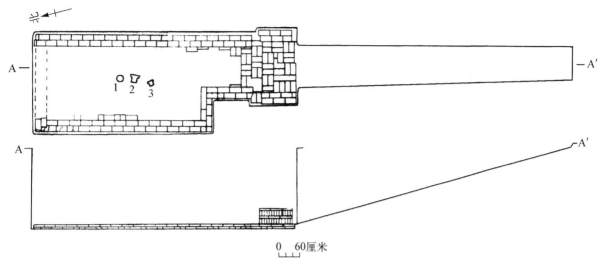

图八　武夷花园月季园M11平、剖面图

1、2. 陶壶口　3. 陶井

砖,铺法为两横两竖交替平铺。上层
砖南北残长0.3~0.46米,用砖规格为
0.3×0.15×0.06米。

　　墓门位于门洞的北部,由于破坏严
重,仅残留底部,残高0.06米,宽1.07米。

　　甬道位于墓室的南部,已破坏至
底,南北长1.52米。残留底部一层铺
地砖,铺法同前,宽同墓门。墓室位于
甬道的北部,平面呈长方形,已破坏至
底,南北长4.48米,东西宽1.97米,残高
0.12米。从西壁下露出的铺地砖看,应
该是先铺一层平砖,再在上边砌墙基。
墙基东西宽0.3米,用青砖南北向错缝平砌。

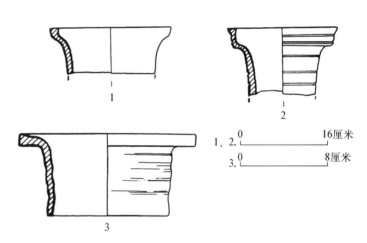

图九　武夷花园月季园M11出土器物

1、2. 陶壶口（M11∶1、M11∶2）　3. 陶井（M11∶3）

　　随葬品有陶壶口、陶井（图九）。

　　甲字形单室墓2座,M5和M6,以M5为例。

　　M5位于发掘区的东南部,为甲字形砖室墓,方向200°。总长9.13米,墓口距现地表3.8米,墓
底距现地表5.38米。由墓道、墓门、封门砖、棺床、墓室组成（图一〇）。

　　墓道位于墓室的南部,长方形斜坡状,长3.75米,宽0.85~1米,底坡长4米。内填花土,土质稍松。

　　封门砖及墓门位于墓道的北部、墓室的南部,顶部已塌落。墓门宽0.95米,残高1.3米。砌
法为一平砖一竖砖。封门砖东西长0.95米,南北宽0.32米,残高1.1米。砌法为一平砖一竖砖。
棺床位于墓室北部。平面呈长方形,南北向,南北长2.6米,东西宽1.75米,高0.2米。棺床上部

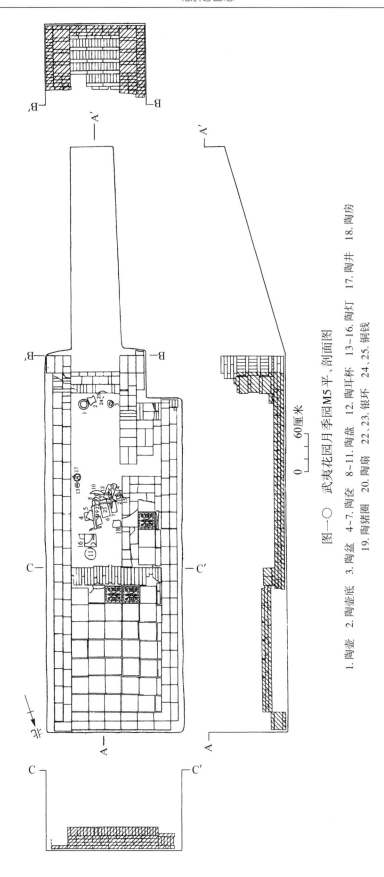

图一〇　武夷花园月季园M5平、剖面图

1. 陶壶　2. 陶壶底　3. 陶盆　4～7. 陶盆　8～11. 陶盘　12. 陶耳杯　13～16. 陶灯　17. 陶井　18. 陶房
19. 陶猪圈　20. 陶厕　22、23. 银环　24、25. 铜钱

铺有方形花砖,花砖边长0.32米。南部有一竖砖包边。西部有一祭台,南北长1.7米,东西宽0.75米,上部平铺方形花砖,高0.2米。

墓室位于墓道的北部,平面呈长方形,南北长5.38米,东西宽1.75米。墓顶及墓室四壁破坏至底,仅残存一层青砖。底部有铺地砖,共三层。铺法为两横砖两竖砖。墓内未发现人骨架,葬式葬具不明。

随葬品有陶壶、陶盆、陶奁、陶盘、陶耳杯、陶灯、陶灶、陶井、陶房、陶猪圈、陶扇陶瓮、银环、铜钱等(图一一)。

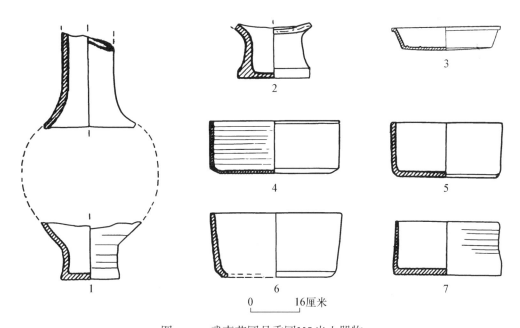

图一一 武夷花园月季园M5出土器物

1. 陶壶(M5:1) 2. 陶壶底(M5:2) 3. 陶盆(M5:3) 4~7. 陶奁(M5:4、M5:5、M5:6、M5:7)

双室墓1座,即M8。

M8位于发掘区的东南部,打破M9,为近中字形砖室墓,南北向,方向203°。墓室破坏严重,仅留少量底部残砖和铺地砖。南北总长14.12米,东西宽3.74~4.88米。由墓道、甬道、前室、后室组成(图一二)。

墓道位于甬道的南部,长方形斜坡状,南北长4.04米,东西宽0.72~0.98米,底坡长4.27米。墓口距原地表3.6米,墓底距原地表5.05米。在墓道中部偏南有两个脚窝,相距0.34米,脚窝南北长0.2米,宽0.18米,深0.1米。内填花土,土质稍松。

甬道位于前室的南部,呈长方形,已破坏至底,仅残存土圹。南北长2.08米,东西宽1.84米,高1.52米。

前室位于甬道的北部,形状呈长方形,东西长4.32米,南北宽3.28米。南部残留一东西向墙基础,宽0.37米,仅留一层平砖,错缝平砌。西北部砖基础东西残长2.04米。前室中部偏南残留有少量铺地砖。砖基础用砖长0.36、宽0.185、高0.075米,铺地砖长0.29、宽0.14、高0.055米。

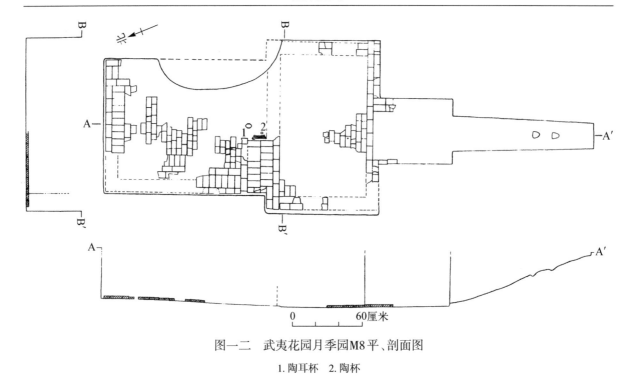

图一二　武夷花园月季园M8平、剖面图

1.陶耳杯　2.陶杯

后室位于前室的东北部，由于破坏严重，仅残存后室西南部和北中部一层铺地砖。铺地砖用青砖和青砖残块错缝平铺。铺地砖平面上沾满了黑灰。仅发现两根肢骨，葬具不明。后室南北长4.72米，东西残宽2.94~3.74米。东部被J1打破，墓室底部北高南低，深1.35~1.5米。

随葬品有陶耳杯、陶器足。

多室墓5座，编号分别为M7、M9、M10、M12、M13。依墓葬平面形状又可分为中字形和甲字形两种类型。

中字形多室墓2座，M12和M13，以M12为例。

M12位于发掘区的东南部，为近中字形砖室墓，南北向，方向190°。由于盗扰严重，墓室已残。墓口距现地表0.3米。由墓道、甬道、前室、后室、东耳室、西耳室组成（图一三）。

墓道位于甬道的南部，长方形斜坡状，南北长6.9米，东西宽0.8~0.84米，深2.3米，底坡长7.04米。内填花土，土质较硬。

甬道位于墓道的北部，长方形砖室三重券顶，已残，总长1.96米，前宽1.94米，后宽0.94~0.96米。两壁用青灰色条砖一平砖一竖砖砌筑。券顶高1.2米，用青灰色条砖并列起券。券顶上影壁长1.6米，宽0.2~0.26米，高0.24米，用残砖块呈人字形砌筑。甬道封门长1.12米，厚0.16米，残高1.4~1.5米，用青灰色条砖呈人字形和斜形砌筑。铺地砖共三层，用楔形砖两横砖两竖砖平铺。

前室位于甬道与后室之间，平面呈长方形，长2.54米，宽2.36~2.46米，四壁残高0.2~1.5米，用青灰色条砖一平砖一竖砖砌筑，墓底距现地表2.26米。铺地砖共三层，用楔形砖两横砖两竖砖平铺。

后室位于前室的北部，平面呈长方形，长2.64米，宽2.04米，四壁残高0.44~0.8米，墓底距现地表2.3米。前部有一甬道，已残，宽0.9米，进深0.84米，残高0.46~0.6米。砌法与前室相同。

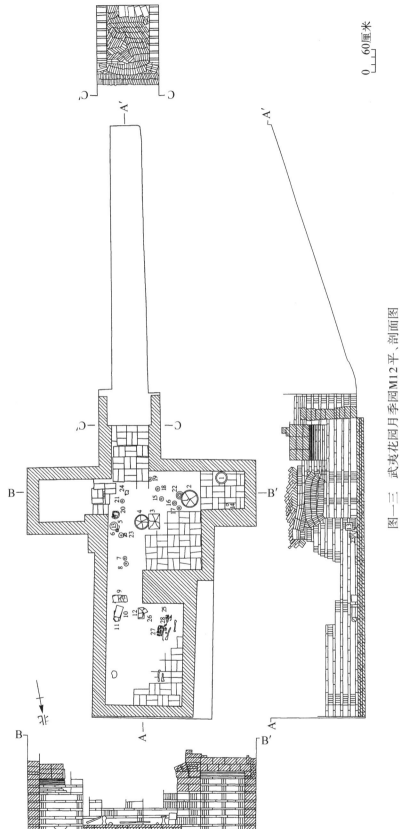

图一三 武夷花园月季园M12平、剖面图

1. 陶盆 2~4. 陶盘 5. 陶灶 6~8. 陶甑 9~13. 陶俎 14. 陶钵 15~19. 陶器盖
20. 陶井 21~23. 陶灯 24. 陶甬 25. 银环 26. 铜带钩 27. 铜饰 28. 铜钱

铺地砖共三层,用条砖两横砖两竖砖平铺。

东耳室位于前室的东部,长方形砖室券顶,低于前室0.12米,门宽0.9米,进深0.6米,券顶高0.86米,用条砖并列起券。耳室长1.2米,宽1.08米;券顶高1.5米,用楔形砖和条砖并列起券。券顶上影壁长2.08米,宽0.14~0.24米,高0.22~0.32米,用残砖块呈人字形垒砌。室内未发现铺地砖。

西耳室位于前室的西部,长方形砖室三重券顶,已残,低于前室0.12米,长1.12米,宽0.96~0.98米,券顶高1.32米。砌法同东耳室。铺地砖共三层,用条砖两横砖两竖砖平铺。

墓中仅在后室东北部和西部发现1个残头骨和几块肢骨,葬具葬式不明。

随葬品有陶盆、陶盘、陶灶、陶甑、陶奁、陶钵、陶器盖、陶井、陶灯、陶俑、银环、铜带钩、铜饰、铜钱等(图一四)。

甲字形多室墓3座,M7、M9和M10,以M7为例。

M7位于发掘区的东南部,为近甲字形多室墓,南北向,方向197°,因破坏严重,仅残留底部。南北总长11.8米,东西宽2.88~5.34米。由墓道、墓门、甬道、墓室、东耳室组成(图一五)。

墓道位于墓门的南部,长方形斜坡状,墓口距地表3.6米,长3.4米,宽0,87~0.93米,深0.9~1.76米。内填花土,土质稍硬。

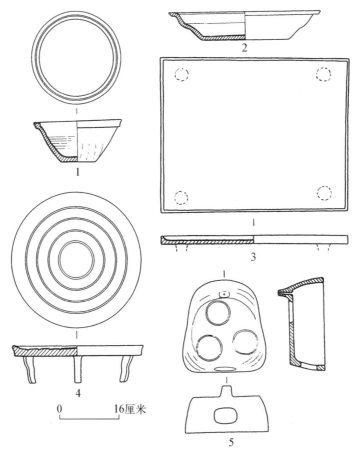

图一四　武夷花园月季园M12出土器物

1.陶盆(M12:1)　2~4.陶盘(M12:2、M12:3、M12:4)5.陶灶(M12:5)

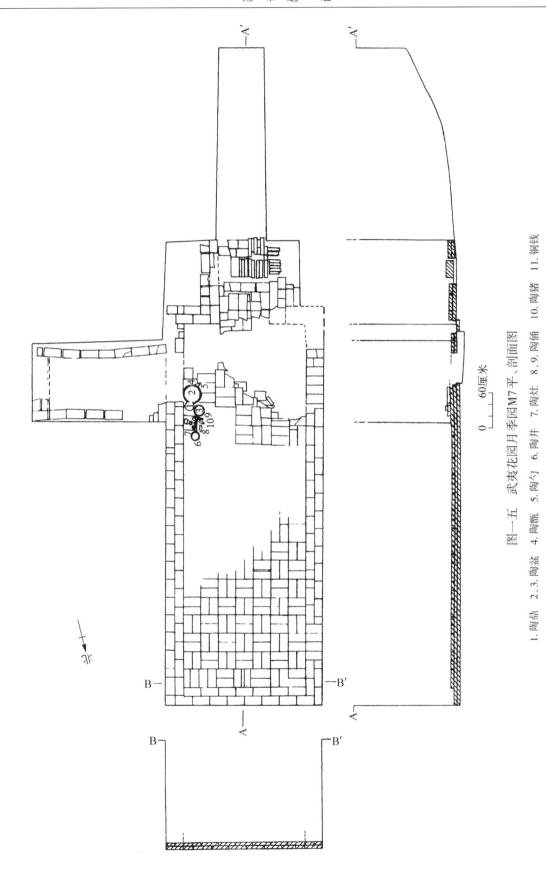

图一五 武夷花园月季园M7平、剖面图

1. 陶鼎 2、3. 陶盆 4. 陶瓿 5. 陶勺 6. 陶井 7. 陶灶 8、9. 陶俑 10. 陶猪 11. 铜钱

墓门位于墓道的北部,因破坏严重,券砖无存,宽0.92米,残高0.12米。门内残存三层封门砖,砌法为两平砖一竖砖。

甬道位于墓门的北部,因破坏严重,仅残存底部,近长方形,南北长1.5米,东西宽0.9~0.92米,残高0.14米。

墓室位于甬道的北部,平面呈长方形,南北长6.86米,东西宽2.88米,深1.96米。由于破坏严重,仅存底部两层砌砖,残高0.12米。砌法为青砖错缝平砌。墓室内有铺地砖三层,底部两层用青砖残块错缝平铺,上面一层用青砖两横砖两竖砖平铺。墓室内仅发现一肢骨,未见葬具。墓室内有倒塌土和淤土,土质粘硬。用砖长0.32、宽0.16、高0.06米。

东耳室位于墓室的东部偏南,呈长方形,东西长2.78米,南北宽1.46米。南北两壁仅残存两层砌砖,残高0.12米。由于破坏严重,南壁砖砌已变形,稍呈弧状。

随葬品有陶鼎、陶盆、陶甑、陶勺、陶井、陶灶、陶俑、陶猪、铜钱等(图一六)。

北京地区带有前、后室的砖室墓出现在东汉中期,此次发掘清理的10座砖室墓是东汉或稍晚时期常见的墓葬形制。墓葬平面多呈甲字形或中字形,建有斜坡状墓道。单室、双室和多室墓与

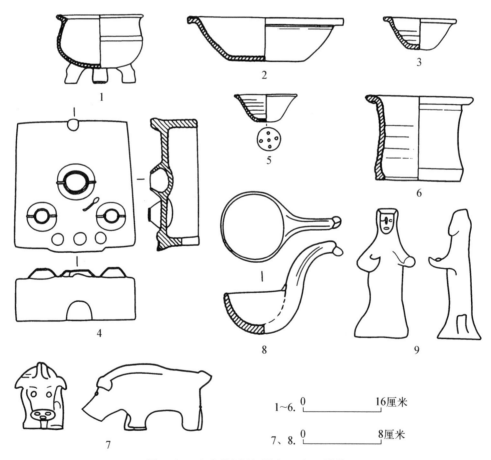

1~6. 0 ——————— 16厘米

7、8. 0 ——————— 8厘米

图一六　武夷花园月季园M7出土器物

1. 陶鼎(M7∶1)　2、3. 陶盆(M7∶2、M7∶3)　4. 陶灶(M7∶7)　5. 陶甑(M7∶4)　6. 陶井(M7∶6)
7. 陶猪(M7∶10)　8. 陶勺(M7∶5)　9. 陶俑(M7∶8)

平谷、顺义、房山等地区发现的砖室墓形制相同或相近。从随葬器物来看,墓葬出土的随葬品皆具有明显的东汉中晚期的特点,出土的杯、盘、奁、灶、仓、井、动物俑等与北京怀柔城北汉墓、平谷汉墓、顺义临河汉墓、房山岩上汉墓中出土的同类型器物形制相同或相近。其中,杯、盘、奁是东汉晚期常见的随葬器物,人俑、动物俑在东汉晚期已很盛行。在北京地区,圆头陶灶出现在东汉中期,方头陶灶出现在东汉晚期。墓中出土铜钱均为东汉五铢。故该批墓葬年代应在东汉中晚期[1]。

六、宋庄文化创意产业集聚区遗址汉代窑址与墓葬

宋庄文化创意产业集聚区遗址发现于宋庄文化创意产业集聚区土地一级开发定向安置房项目占地范围内,该项目位于宋庄镇的东南部,北邻宋庄镇政府南街,南邻宋庄文化区三街,西邻张采路,东邻宋庄文化区三路。

2009年11~12月,北京市文物研究所配合通州区宋庄文化创意产业集聚区土地一级开发定向安置房项目基本建设,对该项目占地范围进行了考古勘探,勘探面积122 430平方米,发现各类遗迹47处,其中古墓葬40座,烧窑1座,近代坑6个[2]。根据前期勘探结果,北京市文物研究所于2009年12月~2010年1月对发现的古代遗存进行了抢救性考古发掘,发掘面积640平方米,共清理汉代窑址1座,辽金时期烧窑1座,汉代墓葬3座,清代墓葬36座[3](图一七)。

宋庄文化创意产业集聚区遗址发现的汉代遗存主要包括窑址和墓葬。

(一)汉代窑址

汉代窑址位于发掘区的中西部,东邻M9,方向5°,开口于3层下,向下打破生土。平面近瓶形,坐南朝北,窑口距地表2.4米,南北长7.6米,东西宽0.7~2.4米,窑底距窑口0.7~1.3米。由操作间、火门、火膛、窑室四部分组成(图一八)。

操作间位于火门的北部。平面呈椭圆形,口底同大,四壁稍直,底部呈缓坡状。南北长2.9米,东西宽2.54米,深0.7~1.1米。内填花土,土质较硬,内含少量红烧土颗粒。南部与火门相连。火门位于操作间与火膛之间,由于破坏严重上部无存。东西宽0.7~0.95米,残高1.1米,进深0.75米。东、西两壁较直,底部较平,残留有红烧土痕迹。内填土呈灰褐色,土质疏松,内含有少量青灰及红烧土颗粒。火门底部残存有少量青灰及红烧土,红烧土厚约0~0.1米。火门向南与火膛相连。火膛位于火门的南部、窑室的北部。平面呈半圆形,东西宽0.95~2.05米,进深1.36米,深1.3米。底部较平,东、西两壁用细绳纹青砖平砌,由于烧制严重,砌砖大部分为残砖块。西壁残存有五层砌砖,东壁残存有六层砌砖。火膛的底部残留有青灰及红烧土,底部比火门低0.2米,比窑室底部低0.3米。火膛内填花土,土质较杂,含有较多的红烧土颗粒及烧结面残块。窑室位于火膛的南部。平面呈长方形,南北长2.6米,东西宽2.4米,深1.0米。四壁较直,平底,底

[1]北京市文物研究所:《北京市通州区武夷花园二期项目遗址考古发掘报告》,载宋大川主编:《北京考古(第二辑)》,北京燕山出版社,2008年;张智勇、刘风亮、郑旭生:《通州区武夷花园两汉和清代墓葬》,《中国考古学年鉴(2007年)》,文物出版社,2008年;张智勇、刘风亮、郑旭生:《北京通州发掘两汉和清代墓葬》,《中国文物报》2006年12月22日。

[2]北京市文物研究所:《通州区宋庄文化创意产业集聚区土地一级开发定向安置房项目考古勘探报告》,载宋大川主编:《北京考古工作报告(2000~2009)》(平谷、通州、顺义卷),上海古籍出版社,2011年。

[3]北京市文物研究所:《通州区宋庄文化创意产业集聚区土地一级开发定向安置房项目考古发掘工作报告》,未刊。

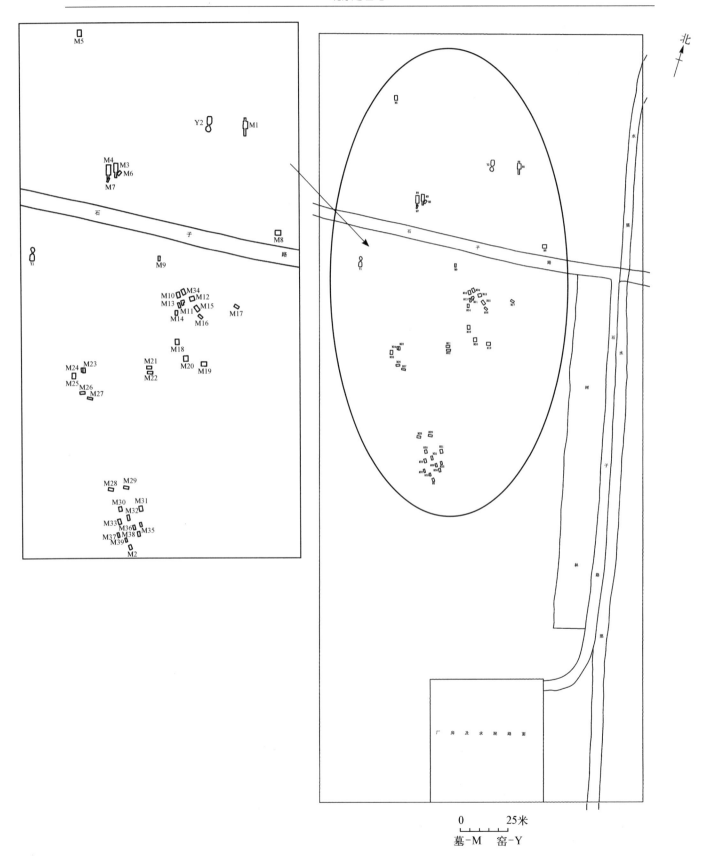

图一七　宋庄文化创意产业集聚区遗址遗迹分布示意图

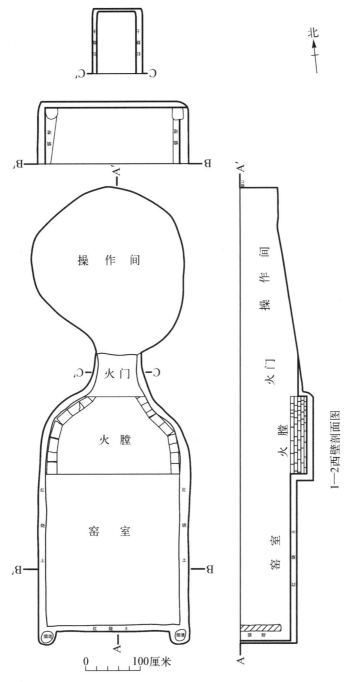

图一八　宋庄文化创意产业集聚区遗址Y1平、剖面图

部残留有青灰及红烧土,四壁残存有明显的火烧痕迹。在窑室南壁的东、西两角分别有一烟道,东侧烟道平面呈椭圆形,径长0.2米,烟道四壁较直,残留有烟熏痕迹,烟道与窑室间隔有0.1米生土;西侧烟道平面呈椭圆形,径长0.2米,烟道四壁较直,残留有烟熏痕迹。窑室内填土呈灰褐色,土质较杂,含有较多红烧土、灰炭颗粒及残砖等。东、西两侧烟道的底部高0.2米,宽0.2米,顶部呈弧形,向南延伸与窑室口部相连接。出土有青砖。

（二）汉代墓葬

汉墓3座，为M1、M3和M4。

M1位于发掘区的东北部，西邻Y2，方向185°。平面呈中字形，竖穴土圹墓，坐北朝南，口底同宽，墓壁较直。墓口距地表1.2米，南北总长8.1米，东西宽0.85~2.7米，墓底距墓口1.8米。由墓道、前室和后室三部分组成（图一九）。

墓道位于前室的南部，平面呈长方形斜坡状。南北长3.4米，东西宽0.85米，深0~1.8米，底坡长3.28米，坡度27°。两壁较直，底部较平，内填花土，土质内含残砖等杂物。前室位于墓道与后室之间，平面呈正方形。边长2.7米，深1.8米。东、西两壁较直，底部较平。内填花土，土质较杂乱，含残砖等，向北与后室相连。后室位于前室的北部，平面呈长方形。南北长2.0米，东西宽1.7米，深1.8米。周壁较直，底部较平。内填花土，土质较杂乱，含残砖等。未出土随葬品。

M3位于发掘区的西部，西邻M4，被M7打破墓道，方向180°，开口于②层下，墓道被M6打破，向下打破生土。平面呈甲字形，竖穴砖室墓，由于破坏严重，仅残留下部。坐北朝南，口底同宽，墓壁较直。墓口距地表1.3米，南北总长9.3米，东西宽

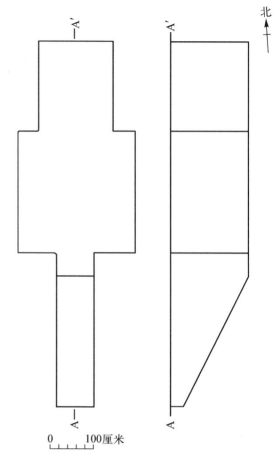

图一九　宋庄文化创意产业集聚区遗址M1平、剖面图

0.9~2.2米，墓底距墓口1.94米。由墓道、墓门和墓室三部分组成（图二〇）。

墓道位于墓室的南部，平面呈长方形斜坡状。南北长4.62米，东西宽0.9米，深0~1.94米，底坡长3.62米。两壁较直，内填花土，土质较硬。墓门位于墓道与墓室之间，顶部已破坏，仅残留底部少量砌砖。东西宽0.84米，进深0.42米，残高1.1米。东、西两壁用青砖呈一顺一丁相互错缝依次向上叠砌而成。墓门内残存有封门砖，用青砖呈人字形封堵，共残存三层。底部残存有约0.06米的垫土层，封门砖的下部为门槛，门槛底部用立砖或平砖呈东西向砌制，上部呈东西向平砌一层，门槛宽1.4米，高约0.2米。内填花土，土质较硬。向北与墓室相连。墓室位于墓门的北部，平面呈长方形，顶部已塌落仅残留下部。南北长4.3米，东西宽2.2米，深1.94米。周壁较直，底部较平。四壁残存高0.62米，用青砖一平一立砌制而成。底部残存有铺地砖，用青砖和青砖残块呈东西向横铺。内填花土，土质较硬。出土的随葬品有铜钱。

M4位于发掘区的西北部，东邻M6，被M7打破墓道，方向185°，开口于②层下，墓道被M7打破，向下打破生土。平面呈甲字形，为竖穴砖室墓，由于破坏严重仅残留土圹。坐北朝南，口底同宽，墓壁较直。墓口距地表1.2米，南北总长7.9米，东西宽0.8~2.7米，墓底距墓口2.3米。由墓道、甬道和墓室三部分组成（图二一）。

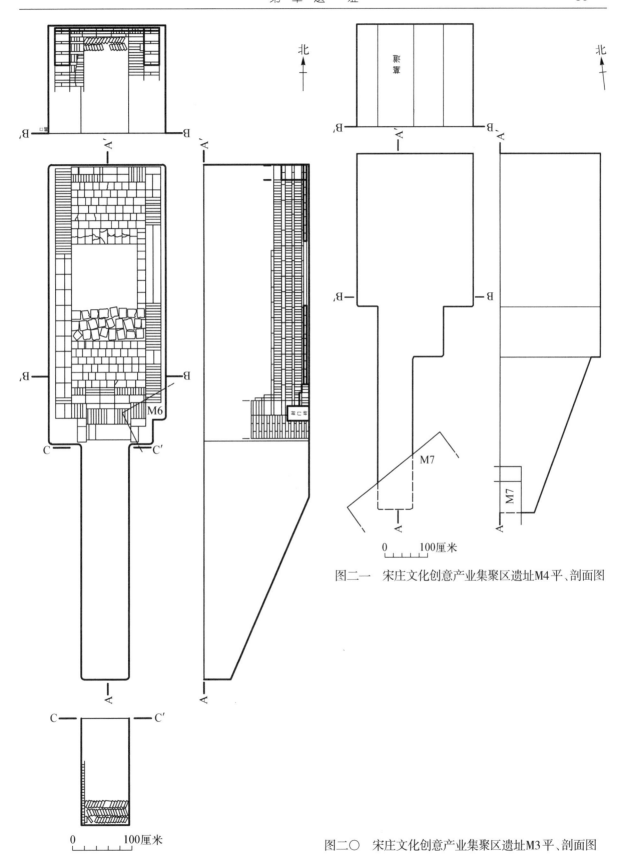

图二〇 宋庄文化创意产业集聚区遗址M3平、剖面图

图二一 宋庄文化创意产业集聚区遗址M4平、剖面图

墓道位于墓室的南部，平面呈长方形斜坡状。南北长3.4米，东西宽0.8米，底部距墓口0~2.1米，底坡长3.78米。两壁较直，内填花土，土质较硬。甬道位于墓道与墓室之间，顶部已塌落仅残留底部。东西宽1.5米，进深1.1米。甬道内砌砖已被破坏，仅残留土圹，底部较平。内填花土，土质较硬。向北与墓室相连。墓室位于甬道的北部，平面呈长方形，由于破坏严重砌砖无存。南北长3.4米，东西宽2.7米，深2.3米。土圹壁较直，底部较平。内填花土，土质较硬。未出土随葬品。

七、砖厂村C区遗址汉代窑址

砖厂村C区遗址发现于通州砖厂村地块土地一级开发项目（C区）占地范围内，该项目位于通州区中部，东邻砖厂南里，南邻九棵树东路，西邻客运通州总站，滨河南路从发掘区中部穿过（图二二）。

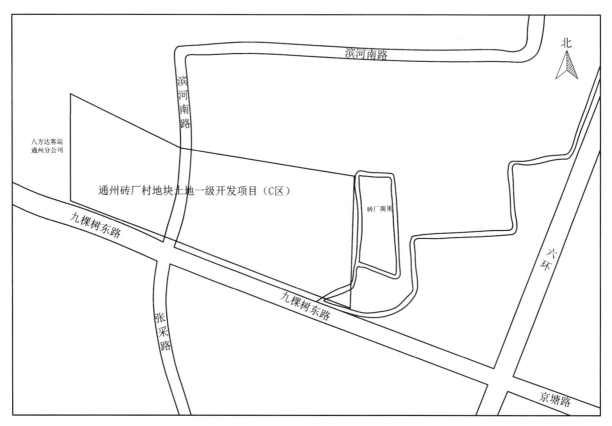

图二二　砖厂村C区遗址位置示意图

2012年5~6月，为了配合通州砖厂村地块土地一级开发项目（C区）建设，北京市文物研究所对该项目占地范围进行考古勘探，共发现各类遗迹50处，其中古墓葬9座，古窑址5座，近代墓葬2座，近代井13处，坑20个，沟1条。2012年7~8月，北京市文物研究所对勘探发现的古墓葬与古窑址进行了抢救性发掘，发掘面积共计约626.5平方米，清理汉代窑址5座，古墓葬9座，其中唐代墓葬6座，明清墓葬3座（图二三）[1]。

---

[1] 北京市文物研究所：《通州砖厂村地块土地一级开发项目（C区）考古发掘报告》，未刊。

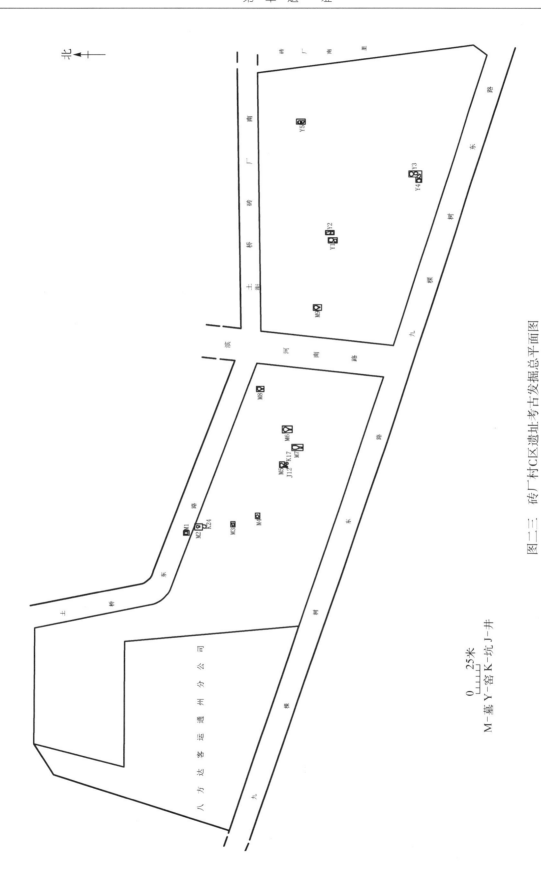

图二三 砖厂村C区遗址考古发掘总平面图

0 25米

M-墓 Y-窑 K-坑 J-井

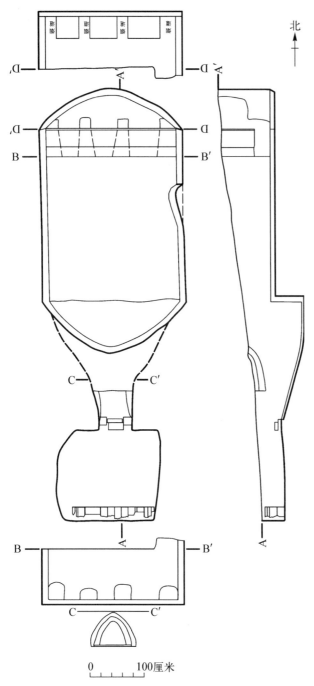

0　　　　　　100厘米

图二四　砖厂村C区遗址Y1平、剖面图

砖厂村C区遗址发现汉代窑址5座,编号为Y1～Y5。

Y1位于发掘区的中东部,东邻Y2,方向183°,开口于②层下,打破生土层,平面近似吕字形,南北向。窑口距地表0.9米,窑底距窑口0.9～1.1米,南北长7.52米,宽2.4米。由操作间、窑门、窑室、烟道等部分组成(图二四)。

操作间位于窑门的南部,平面近似圆角长方形,土圹东西长1.9米,南北宽1.6米,残深0.42～0.48米。南壁用青砖砌垒,残存四层,东西长1.5米,残高0.36米,砌垒方法为二竖二平,青砖规格为0.14×0.28×0.005米。内填花土,包含有烧土块、木灰、砖块等。

窑门位于火膛的南部,为半圆形,弧形顶残留0.6米,残高0.5～0.82米,进深1.38米,窑室四周被火烧成青灰褐色硬面。

火膛位于窑室的南部,为半圆形,东西长2.4米,南北宽0.82米,深1.5米,底为青灰褐色烧结面,厚0.02米。内填花土,包含有大量的烧土块、砖块等,底部为草木灰、烧土壁等,厚0.05米。

窑床平面近似长方形,南北长2.6米,东西宽2.4米,高0.56米,底部平整,壁面竖直,均被烧成青灰色硬面,厚约0.08米。窑床上未发现遗物,北部底部东西两端及中间设有四处烟道门,宽约0.3米,高0.2～0.4米,进深0.42米。

烟道位于窑室北壁外侧,设有四个烟道,近方形,由东向西依次为:烟道①宽0.22米,残高0.4米;烟道②宽0.2米,残高0.4米,间距0.4米;烟道③宽0.2米,残高0.4米,间距0.5米;烟道④宽0.3米,残高0.4米,间距0.58米。4个烟道均为半圆形,东西长2.4米,南北宽0.6米,残高0.9米,推测4个烟道至窑室上部合并为1个烟道,窑壁厚0.12米,(清灰褐色结面)用草拌泥抹平,外围有红烧土。

Y2位于发掘区东部,东邻Y1,方向10°,平面呈吕字形,南北向,开口距地表1.1米,底距地表2.3米,南北长3.7米,宽2米。周壁均残损,由操作间、火口、窑室及烟道等部分组成(图二五)。

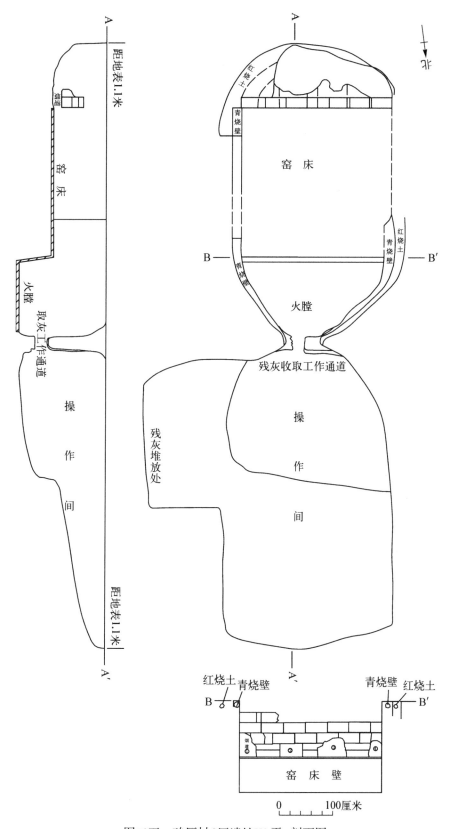

图二五 砖厂村C区遗址Y2平、剖面图

操作间位于窑室的北部,平面呈多边形,开口距地表1.1米,底距地表2.25~1.3米,南北长3.8米,宽2.1米,南部呈斜坡状。在操作间的东南角有一灰坑,位于火口东侧,南北长1.9米,宽1.2米,底距地表2.2米,初步推断为堆放残灰盆的地方。

火口位于操作间与墓室之间,现已损坏,残宽0.46米,下部仅残留一回收残灰的小通道,残宽0.2米,高0.15米。

窑室由火膛与窑床两部分组成,火膛位于窑床的北部,平面呈半弧形,顶残,口距地表1.1米,底距地表2.3米,底东西宽1.9米,南北宽0.95米。周壁为青烧壁,较坚硬,底部有红烧土及草木灰,厚0.1~0.2米,内填花土,夹杂有烧土块及青烧壁残块。窑床位于火膛南部,顶及壁均被破坏,口距地表1.8米,残宽2米,长1.9米,窑床底部烧结面厚0.05~0.08米。墙壁处残留有少量青烧壁,厚0.08~0.12米,红烧土厚0.1~0.25米。

烟道位于窑床的南部,由东向西依次排列有四处。烟道①位于窑室东南角,残高0.32米,上小下大,宽0.1~0.2米,周壁有红烧土,内填淤土及灰迹,向南延伸与烟道②、③、④相通,汇合于中部。烟道②东邻烟道①,西邻烟道③,残高0.2米,宽0.3米,向南延伸与烟道①、③、④相通,周壁有红烧土,内填淤土及灰迹。烟道③东邻烟道②,西邻烟道④,残高0.1~0.26米,宽0.38米,进深约0.32米,与烟道①、②、④汇合于中部,周壁有红烧土,内填淤土及灰迹。烟道④位于窑室西南角,东与烟道③相邻,残高0.23米,宽0.2米,进深约0.15米,向东延伸与烟道①、②、③汇合于中部,周壁有红烧土,内填淤土及灰烬。窑室后壁处用砖规整,残高0.45~0.56米。

Y3位于发掘区东部,南邻Y4,方向170°,南北向,由操作间、火口、窑室及烟道等部分组成。窑室穹窿顶已坍塌,现距地表1.3米,残长4.8米,残宽约2.2~4.2米,主要由火膛和窑床构成,窑壁均被毁,只残留一小部分烧结面(图二六)。

操作间位于窑室的东南部,平面呈长方形,开口距地表1.3米,底距地表2.1米,南北长3.6米,宽2.7米,东南部呈斜坡状。操作坑内填渣土,包含有大量近代垃圾及残砖块,被现代坑打破。

火口位于操作间与火膛之间,底距地表2米,残宽1.2米,长0.8米,内填杂土,含有大量烧土块、残砖碎块等。

窑室由火膛与窑床两部分组成,火膛位于窑室的南端,南与火口相接,平面呈半弧形,上部残,火膛底距地表2.3米,东西宽3.2米,南北长0~0.1米,平底,底部残存有大量草木灰及炭烧结块。火膛壁残高约0.4~0.5米,内为残砖砌成,外部涂泥成青烧壁,与火口相接处有圆弧形青烧壁及红烧土,分别厚0.25、0.12米,火膛内填杂土,包含有残砖碎块、红烧土块等。窑床位于火膛北,底呈圆形,窑壁及顶均残,只残留窑床部分烧结面,距地表1.3米。窑床的东部只残留南北长约2.2米,东西宽约2.7米的圆形烧结面,厚约0.05米。东北部残留有长1.3米,宽0.25米的红烧土。该窑上部为一现代渣土坑所叠压,窑壁被打破。

Y4位于发掘区东南部,东邻Y3,方向75°,因该窑被一条②层下开口的东西走向的沟打破,其形制结构不详,仅残留火膛和一条火道(图二七)。

火膛位于火道的东侧,平面呈半圆形,南北长3.24米,宽0.92米,残深0.44~1.24米,四壁均为青砖错缝平砌。西壁残存3~11层,高0.18~0.66米,北壁底部用青砖砌垒6层,以上为青砖褐色烧结

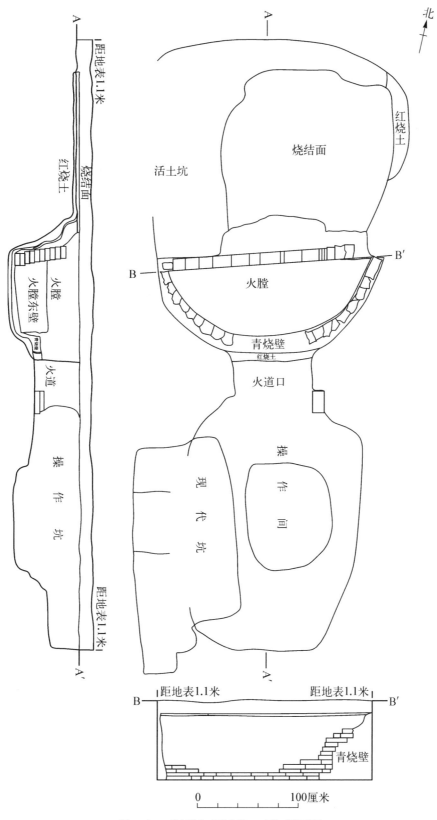

图二六 砖厂村C区遗址Y3平、剖面图

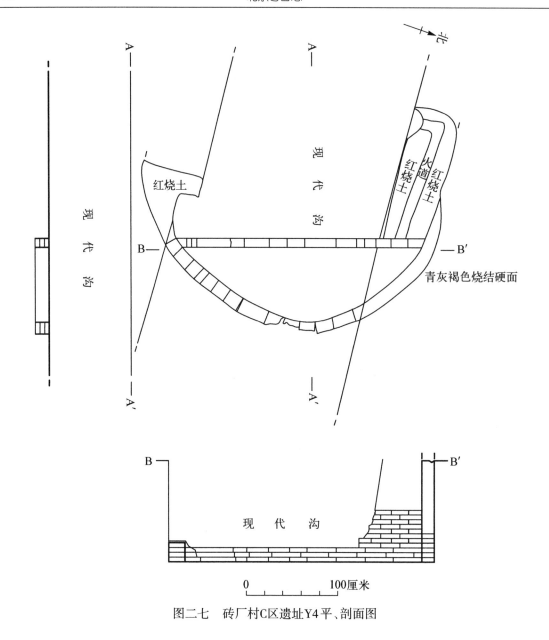

图二七　砖厂村C区遗址Y4平、剖面图

面,高0.16~0.18米,残深1.24米,内填砖块、烧土块和草木灰等,青砖规格为0.14×0.39×0.006米。

火道位于火膛的西侧北部,东西长1.44米,宽0.12米,残高0.12米。

Y5位于发掘区东部,方向180°,南北向,由操作间、火口、窑室及烟道等部分组成,窑室被现代坑打破,仅残留窑壁0~0.12米,距地表1.4米,残长1.6米,东西宽2.16米。窑室主要由火膛和窑床构成,内填花土,夹杂有大量烧土块及残砖块。

操作间位于窑室的南部,平面呈多边形,开口距地表1.04米,底距地表1.8米,南北长1.1~2.1米,宽0.8~2米,前低后高,东侧凹陷,内填花土,土质疏松,被一现代坑叠压打破(图二八)。

火口位于操作间北部,与火膛相连,火口已塌陷。

窑室由火膛与窑床两部分组成,火膛位于窑床南,平面呈半弧形,顶残,距地表1.04米,尖

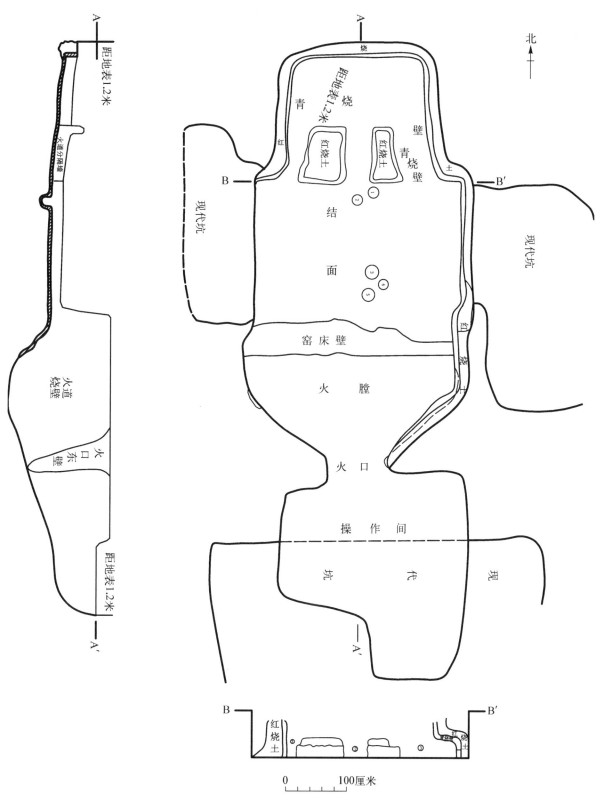

图二八 砖厂村C区遗址Y5平、剖面图

底,底距地表2.1米,东西宽0~2.2米。西壁塌陷,东壁残留少部分青烧壁,厚0.06米,外围为红烧土,厚约0.12~0.16米。底部有红烧土及残灰遗存,青烧壁较为坚硬,内填花土,夹杂有红烧土块及草木灰。

窑床位于火膛北部,底呈方形,四壁均遭损坏,仅残留东壁,高约0.15米,距地表1.54米,窑床底距地表1.68米,南北残长1.6米,东西宽2.2米。窑床底为厚约0.06米的青色烧结面,较完整。平面上前三后二不规则排列有柱窝,直径0.1~0.14不等,深约0.1~0.15米,内填花土,夹杂烧土块,用途不详。窑床前低后高,内填近代渣土,上部被一现代坑打破。

烟道共三处,位于窑床北壁下部,由东向西依次排列,均只残留底部,平面呈长方形,东西宽0.2~0.35米,进深0.54~0.56米,壁上有青烧壁及红烧土,上部被现代坑打破。

第三节　晋唐时期遗址

一、北齐长城遗址

北齐长城遗址位于通州永顺地区南关村一带。据《辽史》及《通州志》载:北齐文宣帝高洋为防北部强族契丹、柔然的侵犯,于天保六年(555年)发夫180万筑长城,自幽州夏口(今昌平南口)东南至恒州,全长900余里,并于天保八年又在长城内修筑一道土长城,西北—东南走向,经今通州境约30里。

乾隆《通州志》记载:辽史顺州南有齐长城,齐天保中所筑。沈括曰:幽州东北三十里有望京馆,东行稍北十里余,出古长城,即此。今通州长城迤北接顺义,则即北齐天保中所筑长城矣。潞县、武清二志俱载境内有古长城[1]。

据乾隆年间通州学者刘锡信的《通州长城考》载,州城西北四里有古长城遗址。迤北连接顺义,南近通惠河北岸而止,逾河而南,复间存一段。又变而东西横亘,再南为州西门外入都孔道。乾隆年间出土的唐贞元年间故莫州长丰县令李君(丕)墓志铭载"屹然孤坟长城之东"[2]。

20世纪80年代,据通州文物部门实际踏察,自今通州旧城南门外窑厂村至张家湾镇皇木厂村,中经蔡家坡、北三间房、小街诸村,断断续续存在着一道长约6千米的条形土岗。在这道土岗的东侧,曾出土了三块唐代墓志,志文中都称这一条形土岗是"长城"。其中唐孙如玉墓志出土于梨园镇小街村南土桥砖瓦厂,志文中"东有潞河通海,西有长城暮山"的记载,清楚说明了潞河与长城的位置关系。同样出土于土桥砖瓦厂的孙封墓志有"左潞水兮右长城"的说法,与孙如玉墓志反映的情况相近。墓志表明古长城应该位于砖瓦厂西侧不远处。据调查,现仅存窑厂村一段土岗,呈西北—东南走向,长约150米,基宽约15、残高4米,应为记载中的北齐长城遗迹[3]。

[1](清)高天凤修,金梅等纂:乾隆《通州志》卷一《封域·古迹》。
[2](清)刘锡信:《潞城考古录》,首都图书馆藏刻本。
[3]北京市文物局编著:《北京文物地图集》,科学出版社,2009年。

二、新城基业遗址隋唐窑址

新城基业遗址发现于北京新城基业投资发展有限公司占地范围内。该项目位于北京市通州区东部,北邻通胡大街,东邻三元村小区,南邻东果园小区,地理坐标为北纬39°52′45″,东经116°39′50″(图二九)。

为配合新城基业投资发展有限公司项目建设,2007年8月~9月,北京市文物研究所对该项目占地范围进行了考古勘探及发掘。勘探面积约9.5万平方米,在勘探过程中共发现各类遗迹17处,其中窑址1处、井2眼、坑14个[1]。随后,北京市文物研究所对该项目占地区域进行了抢救性考古发掘,清理隋唐窑址1处,明清时期墓葬27座[2]。

新城基业遗址发现的隋唐遗址为窑址1处。

该窑位于探区的中部偏南,平面呈甲字形,窑顶已坍塌,中部被现代坑打破,方向300°,总长9.3米,开口于⑥层下,距地表2米,由操作间、火门、通风道和出渣口、火膛、窑室及窑床、排烟道等部分组成。

操作间位于火门的西部,呈长方形,东西长2.3米,宽1.82米,东壁与火门连接,东壁用青砖平砌,南北两壁为竖穴土圹,西部有一长方形梯状坡道,坡道长3.1米,宽1.1~1.4米。

火门位于操作间和窑室的中部,券顶已坍塌。火门为青砖砌制,残高0.83米,宽0.64米,进深0.94米,下部残存高0.23米,宽0.4米的烧土封火墙,部分被现代坑打破。火门高于操作间底部0.45米,低于窑床面0.15米。

通风道和出渣口位于火门的下部中心,呈长沟槽状。长0.94米,宽0.1米,高0.42米。西部与操作间相通,东部与火膛相通,烧窑时可起通风之用,也可能用来清除火膛内的灰渣。

火膛位于窑室内的底部,窑床的西部,呈椭圆形。南北长2.6米,宽0.8米,低于床面0.7米,底部较小,周壁用青砖砌制。

窑室位于火门的东部,呈半圆形。南北径长3.4米,东西宽2.65米。周壁残高1.05米,后壁为直壁,窑室上部已坍塌无存。周壁用青砖平砌,底部有一层竖砖,北壁部分坍塌,但有修补痕迹,经火烧呈青烧结面,看不清青砖的痕迹。

窑床位于窑室底部,床面平整,用青砖砌制。南北长3.4米,东西宽1.82米,床面为红色烧结面,厚0.03~0.05米。窑床中部少部分被现代坑破坏,周壁经火烧呈青烧结面。用砖规格为0.36×0.18×0.05、0.36×0.16×0.045米两种。

排烟道位于窑室的后壁,由烟道和烟囱并排组成,共7个,相互间距0.2米。烟道口位于后壁的下部,与床面平行。为竖穴长方形,口部用砖平砌,口高0.2米,宽0.16~0.18米,向内进深0.32米,与烟囱相通。烟囱呈方形竖直,边长0.16~0.18米,均为土圹结构。烟囱周围红烧土厚0.05~0.1米。

窑室内上部堆积0.15~0.25米厚杂花土,含有少量烧土块,土质湿、较松软,下部堆积内含有

[1] 北京市文物研究所:《北京新城基业投资发展有限公司工程考古勘探报告》,载宋大川主编:《北京考古工作报告(2000~2009)》(平谷、通州、顺义卷),上海古籍出版社,2011年。
[2] 北京市文物研究所:《北京新城基业投资发展有限公司工程考古发掘报告》,载宋大川主编:《北京考古工作报告(2000~2009)》(平谷、通州、顺义卷),上海古籍出版社,2011年。

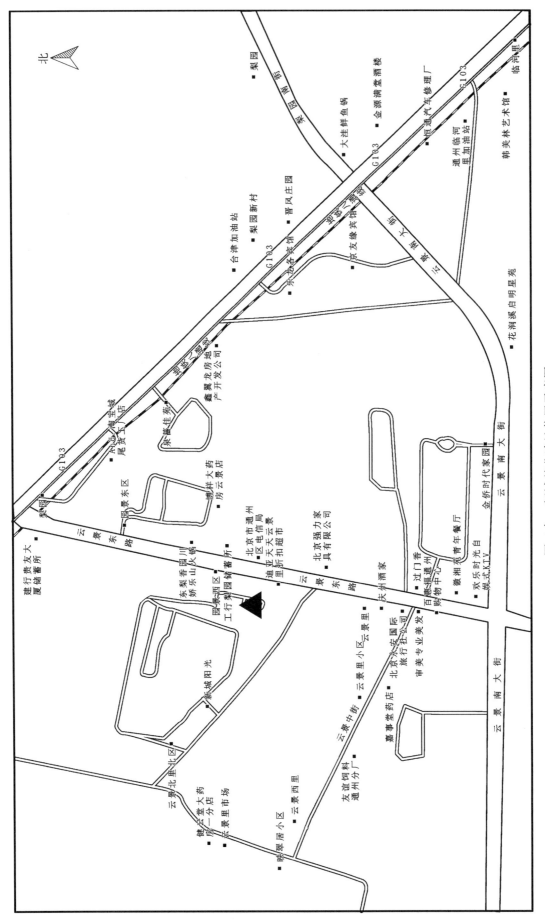

图二九　新城基业遗址位置示意图

大量红烧土块、残砖块等。火膛内有大量板瓦残片和少量残砖块，并出有泥质瓦当及红陶盆口沿残片，底部有0.3米厚的草木灰。

根据窑的形状、结构及包含物，发掘者初步判断该窑应是隋唐时期烧制砖瓦的窑。

三、马驹桥物流基地D-01地块遗址唐代窑址及墓葬

马驹桥物流基地D01地块遗址发现于通州马驹桥物流基地D-01地块项目占地范围内。该项目位于北京市通州区的西南部，东邻融商四路，南邻兴贸三街，西邻融商五路，北邻兴贸二街（图三〇）。

2009年6~7月，为配合通州马驹桥物流基地D-01地块项目基本建设，保护地下文物，北京市文物研究所对该项目工程占地范围进行了考古勘探。勘探面积约为58 000平方米，共发现各类遗迹21处，其中墓葬9座、窑址1座、井2眼、坑9个[1]。2009年8月，北京市文物研究所对通州马驹桥物流基地D01地块项目占地范围内发现的古代遗存进行了抢救性考古发掘，发掘面积295平方米，共清理唐代窑址1座，唐墓6座（图三一）[2]。

（一）唐代窑址

Y1位于发掘区东北部，西邻M3，方向190°，开口于①层下，打破生土层。平面呈不规则形，坐北朝南，由操作间、窑门、火膛和窑室四部分组成（图版二二）。

操作间位于窑室的南部，东部被现代垃圾坑打破，仅残留西部。南北长3.2米，东西长2.4米，深0.34米。内填杂花土，土质疏松。

窑门位于窑室与操作间之间，长2.6米，宽0.56米，残高0.7米，用青砖平砌而成，可以起到进风之用。

火膛位于窑室的南部，呈半圆形，南北长1.2米，火膛底部较平，残留有草木灰等，包含物有外素内布纹板瓦等。

窑室位于操作坑的北部，平面近似椭圆形，上顶无存.东西长2.8米，南北宽3米，残高0.2米。窑床较平，窑室周壁及底部经火烧呈烧结硬面，厚0.02~0.04米，内填黄土及红烧土颗粒，土质较松，包含物为外素内布纹板瓦等，在窑室的北壁设置有三个烟孔，长0.12米，宽0.08米，呈长方形，分布在北壁上。

该窑址的发现，丰富了人们对该地区唐代窑址形制、结构、特点的了解和认识，为今后研究该时期的历史提供了珍贵的实物资料。

（二）唐代墓葬

M1位于发掘区的东南部，东邻M3，方向190°，开口于①层下，打破生土层。平面呈甲字形，竖穴砖室墓，南北向。墓口距地表0.15米，墓底距地表1.8米，南北总长5.3米，东西宽3.2米。由墓道、墓门和墓室三部分组成（图版二三）。

[1] 北京市文物研究所：《通州马驹桥物流基地D01地块项目考古勘探报告》，载宋大川主编：《北京考古工作报告（2000~2009）》（平谷、通州、顺义卷），上海古籍出版社，2011年。
[2] 北京市文物研究所：《通州马驹桥物流基地D01地块项目考古发掘报告》，载宋大川主编：《北京考古工作报告（2000~2009）》（平谷、通州、顺义卷），上海古籍出版社，2011年。

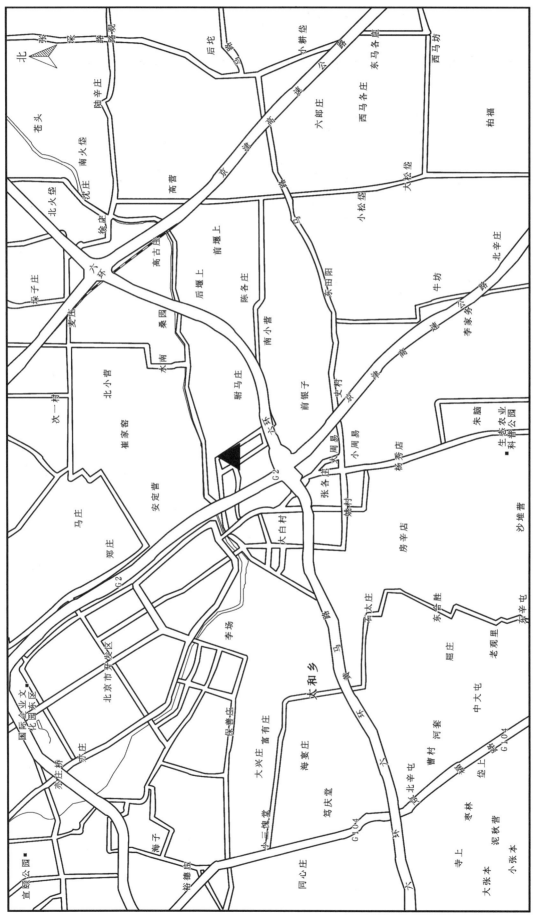

图三〇　通州马驹桥物流基地 D-01 地块项目位置示意图

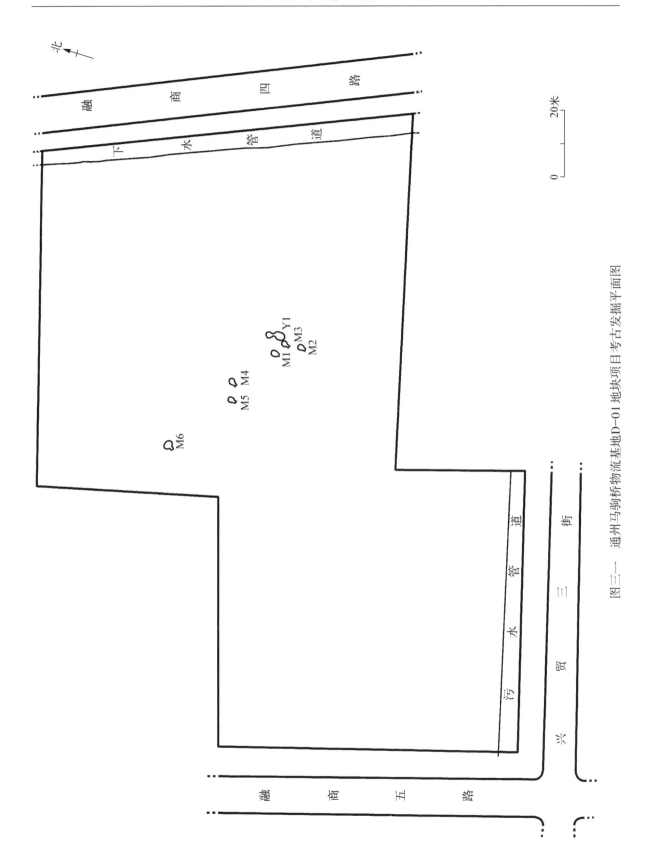

图三一 通州马驹桥物流基地D-01地块项目考古发掘平面图

　　墓道位于墓室的南部，平面呈长方形，南北长1.93米，东西宽1.3~1.68米，深0.6~1.28米。墓道南部设两步台阶，第一步台阶宽0.9米，高0.6米；第二步台阶宽1.04米，高1.08米，第二步台阶北端与墓门相连。墓道内填灰褐色土，土质较松软，含有少量炭灰。

　　墓门位于墓道的北部，其北部与墓室连接。东西宽0.7米，高1.27米，进深0.58米，底部用青砖一立三平呈南北向顺砌，以上用青砖二平一立呈东西向顺砌，顶部为拱券，拱券上部用一层平砖呈南北向平砌叠压在拱券上部，用于加固和装饰墓门，加固平砖的上部为一层东西向单砖，该砖的南部向外凸出约0.02米，墓门的东、西两侧边沿紧邻墓道北部东、西两壁各有一排竖立砌砖，砌砖向外凸出墓门0.02米，竖砌砖上部为两竖排，下部为一竖排，墓门上部残存一排东西向砌砖和墓门两侧边沿竖砖均向外凸出0.02米，应为装饰墓门而用。墓门内残存有7层立砌封门砖，砌法为底部用一层立砖呈南北向立砌，砖的上部为6层斜立砌砖，斜立砌砖相互交错呈"人"字形封堵。用砖规格为0.36×0.18×0.06米。

　　墓室位于墓门的北部，顶部已坍塌无存，平面呈略弧状的长方形，土圹南北长2.8米，东西宽3.2米；墓室南北长2.4米，东西宽2.28米，残存高0.64米。墓室周壁用青砖两平一立围砌而成，墓室上部为三层单砖平砌。墓室内设置一折尺棺床，东西向棺床长1.5米，宽1.48米，高0.36米；南北向棺床长1.04米，宽0.78米，高0.36米。棺床上部较平，外侧边缘有一排平砖，呈顺向平砌，用于加固棺床所用，该层砖下部为壶门，壶门呈灯笼状，东西向共分布5个，南北向分布3个，壶门上部宽0.08~0.12米，下部宽0.18~0.2米，高0.3米，向内凹0.06米。棺床上填土中残存有少量骨架残块，性别不详。内填灰褐色花土，土质较松，含有较多的乱砖块。墓室内用砖规格为0.36×0.18×0.06米，为细绳纹砖。出土随葬品有黄釉执壶、红陶罐、白瓷碗、灰陶罐、铜钱。

　　M2位于发掘区的东南部，北邻M3，方向200°，开口于①层下，打破生土层。平面呈椭圆形，竖穴砖室墓，南北向。墓口距地表0.15米，墓底距地表1.8米，南北总长6.48米，东西宽3米。由墓道、墓门和墓室三部分组成（图版二四）。

　　墓道位于墓室的南部，平面呈长方形，南北长2.6米，东西宽0.66~1.3米。墓道南部设5步台阶，台阶长、宽、高相同，长0.7米，宽0.4米，高0.2米。墓道内填黄灰色花土，湿软，含有少量炭屑。

　　墓门位于墓道的北部，北部与墓室连接，东西宽1.3米，高1.6米，进深0.76米。用青砖二平一竖砌制而成，顶部为拱券，拱券的顶部用一层平砖呈南北向顺砌，墓门中部有一盗洞，墓门内用青砖残块及碎砖封堵。用砖规格为0.36×0.16×0.06米。

　　墓室位于墓门的北部，平面呈椭圆形，土圹南北长2.9米，东西宽3.0米；墓室内南北长2.75米，东西宽2.5米，残存高1.5米。周壁用青砖二平一竖砌制而成。墓室内设置一折尺棺床，长2.5米，宽1.2米，高0.28米，西侧棺床边沿用青砖顺向平砌一层包边，其他部分被严重破坏，墓室内未发现骨架。出土随葬品有砖灯。

　　M3位于发掘区的东北部，西邻M1，方向185°，开口于①层下，打破生土层。平面呈椭圆形，竖穴砖室墓，南北向。墓口距地表0.15米，墓底距地表1.56米，南北总长5米，东西宽2.9米。由墓道、墓门和墓室三部分组成（图版二五）。

　　墓道位于墓室的南部，平面呈长方形，长1.28米，宽1米，深1.71米。墓道内设两步台阶，第一步台阶长0.5米,宽0.5米,高0.3米;第二步台阶长0.5米,宽0.4米,高0.3米。内填花土,土质疏松。

墓门位于墓道的北部,被严重破坏。残存高1.38米,宽1.2米,进深0.58米。墓门内下部和上部用青砖呈横向错缝平砌封堵,中部用青砖残块封堵。

墓室位于墓门的北部,平面呈椭圆形,土圹南北长3.1米,东西宽2.9米,墓室内南北长2.8米,东西宽2.44米,残高0.86米。周壁用青砖两平一竖砌制而成。墓室内设置一折尺棺床,东西长0.8~2.44米,南北宽1.45~2.8米,残高0.3米。棺床内是黄色生土,棺床的外侧用青砖包边,外砌三层砖,第一层为竖铺围绕棺床周围,第二、三层为横铺。墓室内仅见极少量肢骨。出土随葬品有白瓷执壶、陶盘、铜饰。

M4位于发掘区的中部,西南邻M5,方向200°,开口于①层下,打破生土层。平面形状近甲字形,竖穴砖室墓,南北向。墓口距地表0.4米,墓底距地表1.6米,由于破坏较为严重,仅残存土圹。南北总长5.6米,东西宽2.9米。由墓道和墓室两部分组成(图版二六)。

墓道位于墓室的南部,平面呈长方形,南北长1.6米,东西宽0.9米,深0.2~1.2米。墓道南部设三步台阶,第一步台阶宽0.6米,高0.2米;第二步台阶宽0.25米,高0.2米;第三步台阶高0.2米,宽0.55米,其北部与墓室相连,墓道内填花土,土质较松软。

墓室位于墓道的北部,平面呈略弧的长方形,南北长4米,东西宽2.9米,深1.2米,由于破坏严重,周壁砌砖无存,砌筑方法不详。墓室内设置一折尺棺床,东西长1.04~1.95米,南北宽2.2~4米,残存高0.1米,上部较平,边缘砌砖无存。墓室内填花土,土质较松,含有较多的残砖块,有少量骨架残块。未发现随葬品。

M5位于发掘区的东北部,东邻M4,方向190°,开口于①层下,打破生土层。平面呈椭圆形,竖穴砖室墓,南北向。墓口距地表0.15米,墓底距地表1.6米,南北总长5.8米,东西宽3.5米。由墓道、墓门和墓室三部分组成(图版二七)。

墓道位于墓室的南部,平面呈长方形,南北长1.5米,东西宽1.05米,深1.05米。墓道南部设三步台阶,台阶大小相同,长1米,宽0.4米,高0.3米。墓道内填灰褐色土,土质较松,包含有碎砖,墓道北部与墓门相连。

墓门位于墓道的北部,由于破坏严重,仅残留右侧墓门砌砖,宽1.3米,残高1.05米,进深0.54米,用青砖两平一竖顺砌而成。用砖规格为0.36×0.18×0.06米,无封门砖。

墓室位于墓门的北部,平面呈椭圆形,由于破坏严重仅残留北壁和东壁砌砖。土圹南北长2.8米,东西宽3.5米,残高1.05米,北壁和东壁均用青砖二平一竖砌制而成。墓室内设置一折尺棺床,东西长1.0~2.8米,南北宽0.7~3.0米,残高0.38米。棺床边沿分别用青砖纵、横铺制包边,包边砖的下侧有用青砖砌制的壶门3个,壶门宽0.18米,长0.4米,向内凹0.06米,周围形成月牙形状,床上无铺地砖及骨架。用砖规格为0.36×0.18×0.06米,为细绳纹砖。出土随葬品有白瓷碗、陶盘、陶罐。

M6位于发掘区的西北部,东南邻M4,方向195°,开口于①层下,打破生土层。平面呈椭圆形,竖穴砖室墓,南北向。墓口距地表0.4米,墓底距地表1.9米,南北总长5.98米,东西宽3.8米。由墓道、甬道和墓室三部分组成(图版二八)。

墓道位于墓室的南部,南北长1.8米,东西宽1.6~2.28米。口部平面呈不规则形,墓道内设两步台阶,第一步台阶长0.78米,高0.4米;第二步台阶长0.7米,高0.2米,该台阶向下0.9米往北为墓门前平台,其北部与墓门相连。墓道内填花土,土质较松。

甬道位于墓道的北部,北部与墓室相连,南北进深0.96米,东西宽0.7米,残高0.42米。东、西两壁残存有少量砌砖,底部砌法为南北向平砖砌制,上部为南北向立砖顺砌,最底部四层平砖,每层内凹0.02米形成棱角,各别砌砖上残存有红颜色痕迹,其墓门正视砌法与甬道内相同,底部为四层平砖呈东西向平砌四层,每层向内收0.02米,四层平上部为一层东西陶立砖,墓门东西宽0.7米,残高与甬道同为0.42米,墓门外边沿东西宽2.14米,墓门底部残存一层封门砖,砌法为南北向顺砌封堵。

墓室位于甬道的北部,上部平面呈椭圆形。东西径长2.86米,南北径长2.7米,残存高1.14米。由于破坏严重,仅残存东壁与西壁少量砌砖,其砌法底部用两层平砖围砌,两层平砌上部为仿木结构砌法。由甬道内东边向内叙述,紧邻甬道边为一排立砖,做成仿木灯擎,花纹砖北部为立砖竖砌5排,形成立柱,立柱砖南北两侧的砌砖有各宽约0.02米的斜面,用于装饰立柱,立柱的北部为假门,呈方形,边长0.36米,假门的砌法为中间用两块立砖立砌,四周各有三层平砖所砌,三层条砖由外向内凹0.02米,用以装饰假门,假门上部残存两个斗拱,斗拱上部为檐砖,檐砖上饰有一排约0.02米见方的假椽。上部为墓室砌砖,砌法为相互错缝平砌,假门的北部有一方形平台,边长0.7米。该平台的砌法为南部用平砖呈南北向平砌,共残存4块整砖,北部为两个东西向平砌。该平台共残存两层砌砖,平台砌砖的北部有一砖筑假桌,砌法为四周各有一排顺砖,由外向内凹约0.02米,宽0.18米,高0.24米,假桌的北部为假凳,呈方形,边长0.18米,砌法与假桌相同,其规格比假桌较小,砌法为四周各一排顺砖向内凹约0.02米。墓室内北部设置一棺床,呈半圆形,东西长2.86米,南北宽1.44米,残高0.54米,棺床的上部较平,铺砖被破坏无存,棺床南边沿砌法为底部向上呈东西向平砌两层为圭脚,圭脚上部从第三层开始,依次为下枋、下枭、壶门,下枋、下枭向上依次内收0.02米,壶门呈灯笼形,宽0.18米,高0.18米,向内凹0.06米,共有8个壶门,壶门上部为一排东西向平砌砖,平砌砖仅残存东半部。由于墓室西壁被严重破坏,仅残存棺床以下砌砖。根据发掘情况来看,两壁的砌筑方法应与东壁相同,该墓葬内的砌砖规格为同一种砖,规格为0.36×0.18×0.06米,为条纹砖,墓室四周砌砖上残存红色痕迹。出土随葬品有酱釉盏、砖灯、铜簪。

四、马驹桥物流基地E-04地块遗址唐代窑址及墓葬

马驹桥物流基地E-04地块遗址发现于通州区马驹桥物流基地E-04地块占地范围内。该地块位于通州区马驹桥镇的东北部,四周为待建路及未命名的沥青路,北距北小营村约2.8千米(图三二)。2009年12月5日~26日,北京市文物研究所与山西大学为配合通州区马驹桥物流基地E-04地块基本建设,对工程占地范围内发现的古代墓葬和窑址进行了抢救性考古发掘,共清理唐代墓葬1座、唐代窑址11座、辽金窑址1座(图三三)[1]。

通州物流基地E-04地块遗址发现的唐代遗存包括唐墓1座、唐代窑址11座。

[1] 郭力展:《北京马驹桥物流基地E-04地块发掘简报》,《文物春秋》2010年第5期。

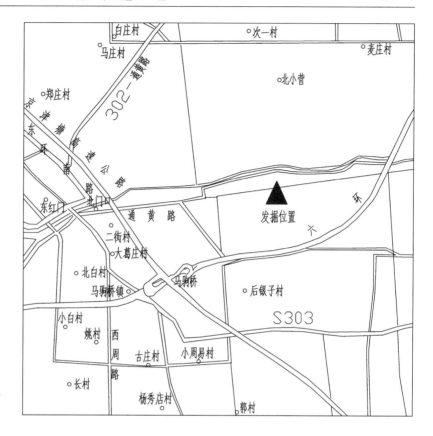

图三二 马驹桥物流基地E-04
地块位置示意图

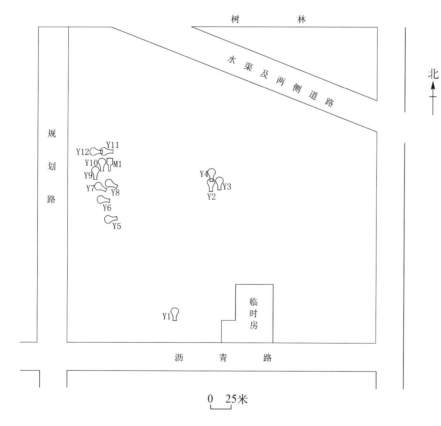

图三三 马驹桥物流基地
E-04地块遗迹分布
示意图

0 25米

（一）唐代墓葬

M1位于发掘区的中部，南邻Y8，方向180°，开口于②层下，打破生土层。该墓平面近刀形，为砖砌单室墓，由墓道、墓门、墓室组成。

墓口距地表0.5米，墓底距墓口1米，整个墓葬南北长5米，东西宽0.66~1.8米。墓道位于墓室的南部，呈斜坡状，坡长1.7米。墓道南北残长1.76米，东西宽0.52~0.58米，深0.5米。

墓门位于墓室的南部，与墓道相连。顶部已坍塌，仅残留底部，东西宽0.7米，残高0.34米。墓门内有封门砖，规格为0.34×0.16×0.05米，砌法为平砖错缝砌制，残存三层。砖上有粗绳纹（图三四）。

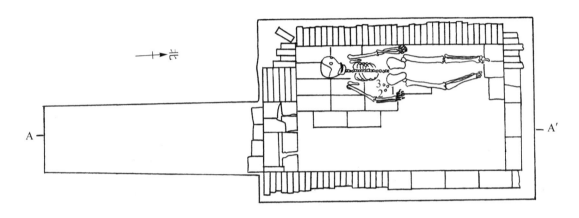

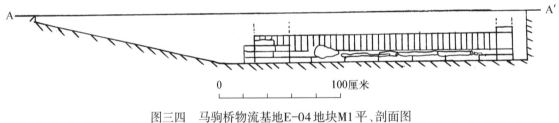

图三四　马驹桥物流基地E-04地块M1平、剖面图

1~3. 铜饰

墓室位于墓道的北部，平面呈长方形，南北长2.1米，东西宽1.25米。墓室墙体为残砖所砌，顶部已被破坏，仅存底部，残高0.28米。墓底西部南北向平铺一层青砖，宽0.8米。在铺地砖上部放有一具骨架，头向南，面向西，仰身直肢，骨架保存较差。随葬品均位于墓主人骨盆东侧附近，出土有铜饰4件。

从形制上判断，出土铜饰应为铜带饰之类的装饰品，有四种形式，长方形带銙、方圆形尾銙、带扣、圭首形带銙各1件（图三五）。

（二）唐代窑址

共清理唐代窑址11座，均为半地穴式。编号为Y1、Y2、Y4~Y12，根据烧窑排烟系统构造的不同，可分为A、B两型。

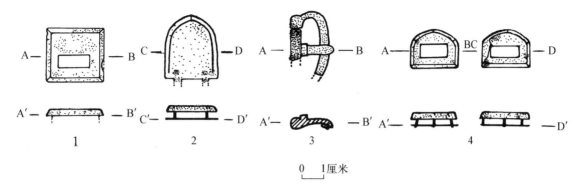

图三五　马驹桥物流基地E-04地块M1出土铜饰

1.长方形带铐　2.方圆形铐尾　3.带扣　4.圭首形带铐（均为1/2）

A型为烟道型，即直接在窑室后壁挖数目不等的条状沟槽作为排烟的烟道。这一类窑有Y1、Y4、Y10、Y11、Y12。

Y1位于发掘区的南部，南距公路约30米，西距规划路125米，方向170°，开口于②层下，打破生土层，距地表0.8~1米。该窑平面形状呈凸字形，南北向，由操作间、窑门、窑室（火膛、窑床）、烟道组成，总长6.9米，宽1.16~4.04米。窑室底部距口部0.2~0.9米，顶部被破坏（图三六）。

操作间位于窑室的南部，平面呈椭圆形，南北长3.7米，东西宽1.5米，深0.9米，坑内填土为黄色花土，含少量残砖碎瓦片。坑底部较平。窑门位于操作间北部，火膛的南部，窑门被破坏后残存土圹宽0.96~1.1米，高0.7米。窑门内填花土，内包含残砖块，底部有草木灰。南部与操作间之间有一斜坡高0.2米，窑门底部较平。窑室平面略呈梯形，由火膛和窑床组成。窑室内前部为火膛，后部为窑床。火膛位于窑门的北部，窑床的

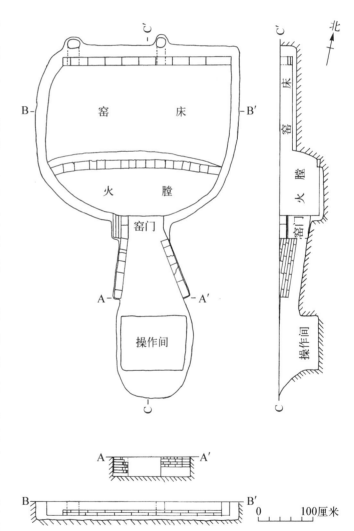

图三六　马驹桥物流基地E-04地块Y1平、剖面图

南部，形状为月牙状，北部与窑床相连，南部与窑门相接。火膛被破坏后残存土圹，底部的中间较低。底部为白灰色硬面，有大量的草木灰堆积，厚约0.05~0.06米。窑床位于火膛的北部，烟道的

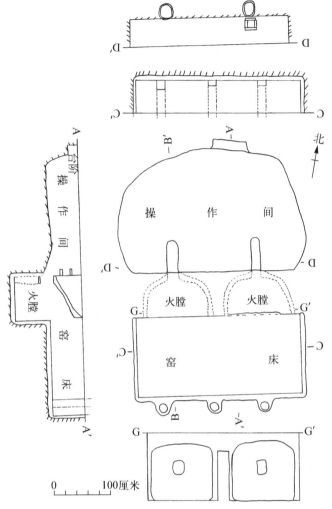

图三七　马驹桥物流基地E-04地块Y10平、剖面图

南部,东西长3.64米,南北宽1.8米。两侧窑壁上部残存0.2米。窑床底部为青色,硬面厚0.06~0.1米。窑床北部由青砖平铺砌制而成,砖长0.36米,宽0.16米,厚0.06米。烟道位于窑室的北部,分为东西两个。西烟道位于窑室西壁,平面呈椭圆形,南北长0.5米,宽0.3米,残高0.2米,内填红烧土,底部有烟灰的痕迹。外圈红烧土厚约0.2米。东烟道位于窑室北壁偏东,平面呈椭圆形,南北长0.5米,东西宽0.3米,残高0.2米,内填红烧土,底部有烟灰的痕迹。外圈红烧土厚约0.2米。

窑内堆积较杂,被破坏后残存红烧土,在火膛内出有少量白瓷片、素面板瓦片、绳纹残砖块。

Y10位于发掘区的西部,北邻Y11、Y12,方向335°,开口于②层下,打破生土层。该窑平面呈吕字形,南北向。窑口距地表0.8米。南北总长5.04米,宽3.6~3.9米,主要由操作间、窑门、窑室(火膛、窑床)和烟道组成(图三七)。

操作间位于窑门的北部,形状呈半圆形。坑底距坑口0.6~0.7米,东西长3.6米,南北宽2.28米。坑内填土较杂,包含有残砖块、板瓦片。南半部有少量的草木灰,底部为白色生土。在坑的东北角有一级台阶,东西长0.8米,宽0.2米,高0.2米。

窑门共有东、西两个,位于操作间的南部,火膛的北部。西窑门及火道:火道位于窑门的北侧,南北长0.78米,宽0.25米,底部为斜坡形,北高南低通向窑门。窑门位于火道的南侧,形状为椭圆形,高0.3米,宽0.25米,进深0.15米。周壁有厚0.03~0.05米的红烧土。东火道及窑门:火道位于窑门的北侧,南北长0.78米,宽0.2米,底部为斜坡形,北高南低通向窑门。窑门位于火道的南端,形状近圆形,高0.3米,宽0.2米,进深0.15米。在窑门的上部有用残砖砌制的方洞,长0.16米,高0.16米。青砖宽0.16米,厚0.06米。

窑室平面略呈长方形,由火膛和窑床组成。窑室内前部为火膛,后部为窑床。火膛位于窑门的南侧,窑床的北侧,分为东西两个。西火膛保存完好,上部与东火膛连为一体。上部呈弧形,底部呈半圆形。火膛上壁呈青色,厚0.2~0.24米。内填淤土,含有残绳纹砖块,底部草木灰较厚,厚约0.15~0.18米,底部硬面厚约0.1米。东火膛上部南端被破坏,形状呈圆弧形,底部为半圆形。上壁呈青色,厚0.2~0.24米。火膛东西宽1.16米,口底同宽,向北进深0.9米,内填淤土,包含有砖块、板瓦片。底部草木灰较厚,约0.15~0.18米,周围红烧土壁厚约0.1米。窑床位于火膛的南部,烟道的北部。顶部已坍塌,残存红烧土硬壁。呈长方形,窑床距窑口0.7米,东西长3.16米,南北宽1.44米。室内填土较杂,含有青色烧结块、红烧土块、残砖块。

烟道位于窑室的南部,共有3个,为暗烟道。西侧烟道底呈长方形,残高0.2米,宽0.18米。上部呈圆形,直径0.18米,距中间烟道1.14米,底距口0.7米。中烟道位于窑床的中间,底径为0.16×0.16米,洞内填土较黑,壁有烟熏的痕迹,上部呈圆形,直径为0.16米,残高0.7米。该烟道距东烟道1.14米。东烟道位于窑床东壁0.78米,底径呈方形,口径为0.16×0.16米。上部直径为0.16米。洞内填土为红烧土,底部有少量的黑土。洞壁有烟熏的痕迹,烟道残高0.7米。

窑内填土较杂,含有残砖块、板瓦片、青色烧结块、红烧土块、草木灰。

Y11位于发掘区的西部,西部被Y12打破,南邻Y10,方向120°,开口于②层,打破生土层。该窑平面呈凸字形,东西向。窑口距地表1.4米,窑底距窑口0.2~1.4米,窑总长7.2米,宽1~3.32米,主要由操作间、窑门、窑室(火膛、窑床)、烟道组成,窑室顶部和火膛上部塌落,窑室的西部被Y12的操作间打破(图三八)。

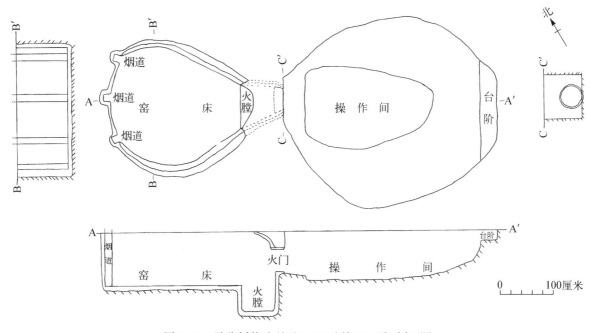

图三八 马驹桥物流基地E-04地块Y11平、剖面图

操作间位于窑门的东部,形状呈圆形,东西3.28米,南北3.88米。坑内中间稍低,坑底距坑口0.3~1.3米。在坑的西部、窑门东部0.5米处有东西长3米,南北宽0.4~1.86米的坑,稍深,东端为斜坡状。中间距坑口1.3米。西端有齐台高0.1米,窑门东0.5米处较平。在坑的东部有台阶一步,东西长1.04~1.76米,高0.25米。坑内填土较杂,含有残砖块、红烧土,西部出有少量的青色烧结块。

窑门位于操作间的西侧,火膛的东部,形状呈半圆形。上部距窑口0.4米,直径为0.5米,周壁红烧土厚0.04米,向火膛进深0.2米,底部为生土。

窑室平面略呈不规则方形,由火膛和窑床组成。窑室内前部为火膛,后部为窑床。火膛位于窑门的西部,窑床的东部,形状呈半圆形。西部与窑床相连,东部和窑门相接。上部硬壁被破坏后向东残进深1米。火膛西部宽1米,东西宽1米(至中间),火膛距窑床0.6米。底部草木灰较厚,约0.1~0.15米。硬壁因火温较高,呈青蓝色,厚0.08~0.1米,红烧土厚0.1~0.15米,底距口1.8米。窑床位于火膛的西部,烟道的东部。平面呈椭圆形,东部较窄,窑床距窑口1.2米,底厚0.06~0.1米,东西长0.8~2米,南北宽2.32米,底东部呈青灰色,西半部呈红色,硬壁厚0.06~0.1米,红烧土厚0.1~0.15米。室内填土较杂,含有青色烧结块、红烧土、残砖块、板瓦片。

烟道位于窑床的西部,有三个,底距口1.2米,均为明烟道。三个烟道均宽0.16米,进深0.16米,间距中间之南为0.8米,中间之北为0.7米。烟道底部有烟熏过的痕迹,洞内填土为淤土。

窑室填土较杂,包含青色烧结块、红烧土、残砖块、碎瓦片及石块。

Y12位于发掘区的西部,向东打破Y11,南邻Y10,方向95°,开口于②层,打破生土层。该窑平面呈凸字形,东西向。窑口距地表0.76米,窑底距窑口0.7~0.8米,总长8.4米,宽1.8~4.5米。窑主要由操作间、窑门、窑室(火膛、窑床)、烟道组成,其中券顶窑门已塌落,上部被破坏(图三九)。

操作间位于窑门的东部,平面呈椭圆形。南北4.75米,东西4.56米,坑底距口0.7米,底部较平,为黄白色生土。操作间东部叠压在Y11窑室的西部。坑内填土为黄色花杂土,土质较松软,含有少量的残砖、碎瓦片。

窑门位于操作间的西侧,火膛的东部。窑门已被破坏,残存土圹,门宽0.56米,残高0.8米,门内填土较杂,含有残砖、青色烧结块、红烧土、草木灰,门底部较平。

窑室平面略呈梯形,由火膛和窑床组成。窑室内前部为火膛,后部为窑床。火膛位于窑门的西部,窑床的东侧。平面呈半圆形,西部与窑床相连,东部和窑门相接。火膛保存较完好,东西宽0.7米,南北长0.92~1.76米。在烧时火温较高,烧壁较硬,呈青蓝色,厚0.1米。底部含草木灰较多,厚约0.1~0.15米。窑床位于

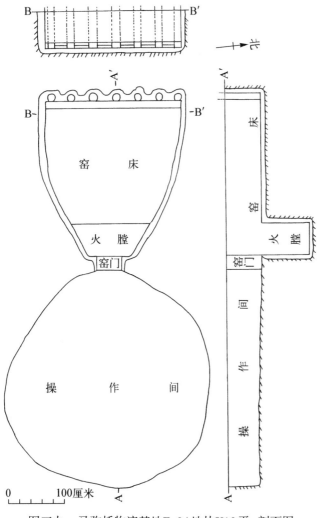

图三九　马驹桥物流基地E-04地块Y12平、剖面图

火膛的西部,烟道的东部。窑床长2.5米,宽1.76~3.02米,底部的东部为青灰色,西半部为红色,厚约0.1米。窑床所在窑室顶部塌落后残存烧壁高0.7米,后壁已脱落。

烟道位于窑室的西部,共分7个,为暗烟道,底呈方形,上部呈圆形。烟道间距为0.3~0.32米,洞均为0.12×0.16米。洞内填土为白色杂土,含有红烧土,有烟熏的痕迹,洞壁较硬。

窑室填土为黄色花土,包含红烧土、青色烧结块、草木灰、残砖块、碎瓦片。

B型为烟室型,即在窑室后侧另建一烟室,两者之间以土墙相隔,其底部有烟道使两室相通。这一类窑有Y5、Y6、Y7、Y8。

Y5位于发掘区的西中部,北邻Y6,方向80°,开口于②层下,打破生土层。该窑平面呈吕字形,东西长8.7米,南北宽2.8~3.26米,主要由操作间、窑门、窑室(火膛、窑床)、烟道组成(图四〇)。

操作间位于窑门的东侧,平面呈半圆形,东西长3.3米,南北宽3.76米,深0.3~1.8米。坑内填土较湿,含有少量的残砖块。坑的东部有台阶4级,第一级南北长0.5~2.18米,宽0.1~0.5米,高0.3米;第二级南北长2.18~2.72米,宽0.3米;第三级南北长2.72~3.16米,宽0.4米,高0.3米;第四级南北长3.16~3.26米,宽0.2~0.6米。四级台阶底部为生土,局部有脚踏的痕迹。

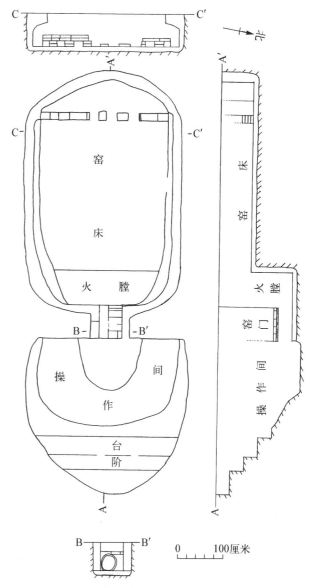

图四〇 马驹桥物流基地E-04地块Y5平、剖面图

窑门位于操作间的西部,火膛的东部,窑门破坏后残存宽0.7米,高0.6米,进深0.7米。门的周围填土较杂,含有残砖、碎瓦片、青色烧结块、红烧土。向下0.2米处见有一层平砌的封门砖,用砖规格为0.36×0.16×0.06米。平砖下出有窑门形状的圆形堆积,直径为0.3米,四周有0.04米的烧结块,窑门底距窑口1.6米。

窑室平面略呈圆角方形,由火膛和窑床组成。窑室内前部为火膛,后部为窑床。火膛位于窑门内西部,窑床的东部,形状为半圆形,西部与窑床相连,东部与窑门相接。火膛使用时间较长,壁面已成青色,南北长2.32米,深0.9米。底部存有大量的草木灰,厚约0.08~0.1米。窑床位于火膛的西侧,烟道的东边,窑室顶部已坍塌,现存壁高0.9米,窑床东西长3.16米,南北宽2.68米。底部的东半部呈青蓝色,西半部呈红色。窑床已被水浸泡,较软,底厚约0.1米。窑室四周红烧土较厚,约0.16~0.2米。

烟道位于窑床的西部,单砖错缝平砌,共8个,南北两端的较小,宽0.16米,高0.12米,其他6个均宽0.18~0.2米,高0.12米。南北两端向壁内进深0.2米。洞内见有烟熏的痕迹。在烟道的西部有较大的烟道,形状呈半圆形,南北长2.6米,宽0.05~0.7米。烟道上部现存残高0.9米。周围红烧土较厚,约0.12~0.18米。

窑室内填土较杂。火膛内出有灰陶片、红陶片、残砖块、瓦片、灰陶盆口沿。

Y7位于发掘区的中西部,南邻Y6,北邻Y8,方向95°,开口于②层下,打破生土层。该窑平面呈吕字形,东西向,窑口距地表1.2米,窑底距窑口1~1.4米。窑东西总长7.9米,南北宽0.26~3.55米,主要由操作间、窑门、窑室(火膛、窑床)、烟道组成。窑室和操作间被现代沟打破,残留底部(图四一)。

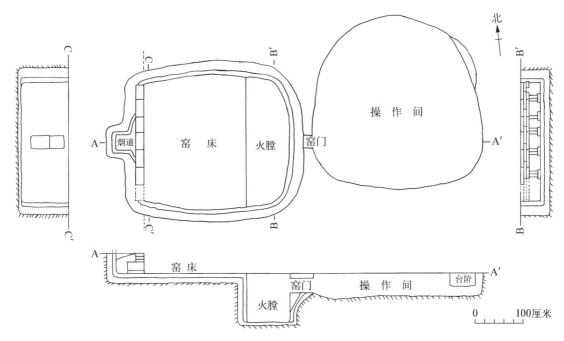

图四一　马驹桥物流基地E-04地块Y7平、剖面图

操作间位于窑室的东部,平面形状近圆形,南北长3.55米,东西宽3.6米,深0.46~0.52米。在操作间的东北处有一级台阶,形状为弧形,长1.2米,宽0.15米,深0.26米,下面和操作间底部相连。操作间底较平,壁为斜坡状,西部和窑门相连。

窑门位于操作间的西部,火膛的东部,宽0.26米,高0.3米,进深0.48米。窑门底部下面呈斜坡状,坡长0.4米,与火膛下部相连,窑门四周已烧成硬壁,为青色。

窑室平面略呈圆角方形,由火膛和窑床组成。窑室内前部为火膛,后部为窑床。火膛位于窑床之东,平面形状近半圆形,南北长2.7米,东部为弧形,宽0.92米,西壁较直,残存高1米,火膛四周硬壁厚0.08米。火膛底部较平,硬面厚0.06米。窑床位于火膛之西,东西长2.2米,南北宽2.4~2.8米。南北为弧形,上部已被破坏,残留底部。窑室壁为青色,硬壁厚0.08~0.1米,硬壁外有红烧土,宽0.15~0.2米。窑床西部和烟道相连。

烟道位于窑室之西,烟道墙体南北长2.4米,残高0.42米,厚0.18米。下端有烟道6个,烟道高0.24米,宽0.25~0.35米,砌法为一平一竖砌成。烟道上部为平砖错缝所砌。6个烟道向西,组合为一个大烟道。大烟道形状近方形,东西长0.4米,南北宽0.32米,烟道壁为蓝色硬壁,残高0.4米,壁厚0.08米。烟道底部较平,向上0.3米为弧形。该烟道用砖规格为0.36×0.18×0.06米,砖上有绳纹。

窑室填灰褐色土,土质较硬。

此外,Y2、Y9的排烟系统破坏严重,结构不清,未分型。

窑址内多出土砖、瓦等建筑材料,陶、瓷质的生活用具数量较少。建筑材料计有砖、瓦两类,出土数量较多。砖有斜绳纹长方砖、直绳纹长方砖、沟纹砖三种形制。出土瓦类遗物数量较少,主要是筒瓦。出土瓷器种类及数量均较少,并且均已残。瓷器器形仅有白瓷碗一种,1件;陶器器形仅有陶盆一种,1件。

五、轻轨L2线通州段D1地块遗址唐代窑址

轻轨L2线D1地块遗址发现于轻轨L2线通州段次渠站、垡渠南站、亦庄火车站土地一级开发项目D1地块占地范围内。该地块位于通州区西部,东邻口小路,南邻潞西路,西邻东小路,北邻京津高速公路(图四二)。为了配合轻轨L2线通州段次渠站、垡渠南站、亦庄火车站土地一级开

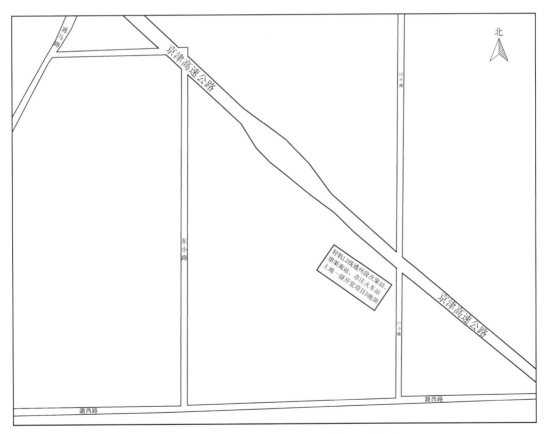

图四二 轻轨L2线通州段D1地块位置示意图

发项目D1地块项目的顺利进行,2012年5~6月,北京市文物研究所对该地块进行了全面的考古勘探,共发现各类遗迹10处,其中古墓葬6座,古窑址1座,近代墓3座。2012年7月,北京市文物研究所对该地块范围内的古墓葬、古窑址进行了抢救性发掘,发掘面积共计约300平方米,发现清代墓葬6座,唐代窑址1座[1]。

　　唐代窑址Y1位于发掘区的东北部,方向75°,东西向,坐西朝东,平面近似甲字形,保存较差。窑口距地表0.35米,由操作间、火道、火膛、窑床、烟道五部分组成(图四三)。

　　操作间位于火道的西部,平面呈长方形,东西长2米,南北宽1~1.1米,内填花土,土质疏松,内含红烧土块、青灰砖块、瓦片等。西端有一台阶,高0.32米,宽0.4米,操作间底部不平,底部距上口0.8米。

　　火道位于操作间的东部,与火膛连接,火道宽0.28米,长0.36米,与火膛相连接处为残砖黄泥所砌。火道双壁砌砖高0.3米,该处宽度为0.12米,上部为规格是0.34×0.16×0.006米的盖道砖。

　　火膛位于窑床的西部,四壁均为青灰硬壁,南北长2.26米,东西宽0.62米,底部距口1.14米,内填花土,土质较松,内含青灰砖块、瓦片、红烧土块等,底部残留较多的草木灰。

　　窑床位于烟道的西部,底与四壁均为青灰硬壁,平面呈长方形,东西长3.2米,南北宽2.4米,内填花土,土质较松,内含青灰砖块、瓦片、红烧土块等,窑床挡墙为弧形,底距口沿0.32米。

　　烟道位于窑床东部,由北向南设有两个烟道,其东部设有长方形散烟处,长1米,宽0.35米,深0.8米。烟道①南北两壁均用立砖(残)作烟道边,上部用残砖作盖,烟道高0.24米,宽0.18米,进深0.26米。烟道②南北两壁均用立砖(残)作烟道边,上部用残砖作盖,烟道高0.2米,宽0.17米,进深0.26米。

六、宋庄文化创意产业集聚区C地块遗址唐代窑址与唐墓

　　宋庄文化创意产业集聚区C地块遗址发现于通州区宋庄文化创意产业集聚区C地块一级开发项目占地范围内。该项目位于通州区东北部,东邻该项目B地块,西邻东六环,北邻京榆路。2013年3~5月,为配合通州区宋庄文化创意产业集聚区C地块一级开发项目建设,北京市文物研究所对该项目占地范围内的古代遗存进行了考古发掘,发掘面积共计3 737平方米,清理各类遗迹70处,其中唐代窑址4座、墓葬66座,墓葬中包括汉墓20座、唐墓2座、辽金墓5座、明墓3座、清墓36座(图四四)[2]。

　　宋庄C地块遗址发现的唐代遗存包括窑址与墓葬。

　　(一)唐代窑址

　　唐代窑址4座,编号分别为Y1~ Y4。

　　Y1位于发掘区的中部,T3017探方的东北部,T3018探方的西北部,T3117探方的东南部,

---

[1]　北京市文物研究所:《轻轨L2线通州段次渠站、垡渠南站、亦庄火车站土地一级开发项目D1地块考古发掘报告》,未刊。
[2]　北京市文物研究所:《通州区宋庄文化创意产业集聚区C地块一级开发项目考古发掘报告》,未刊。

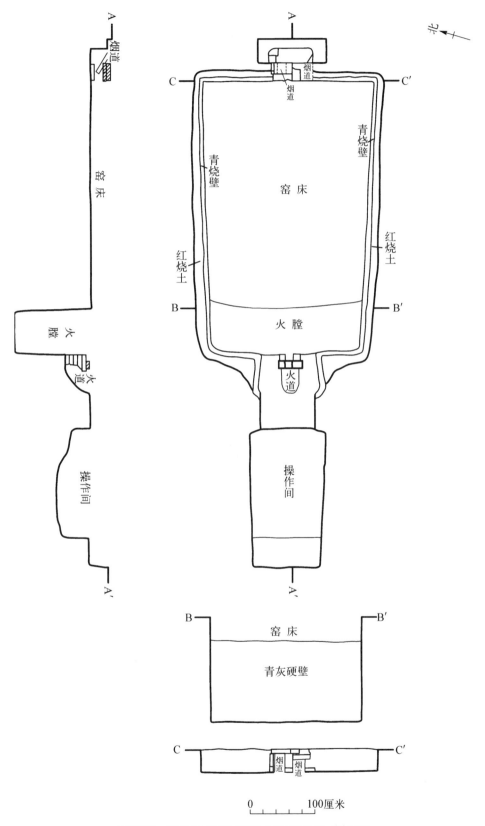

图四三 轻轨L2线通州段D1地块Y1平、剖面图

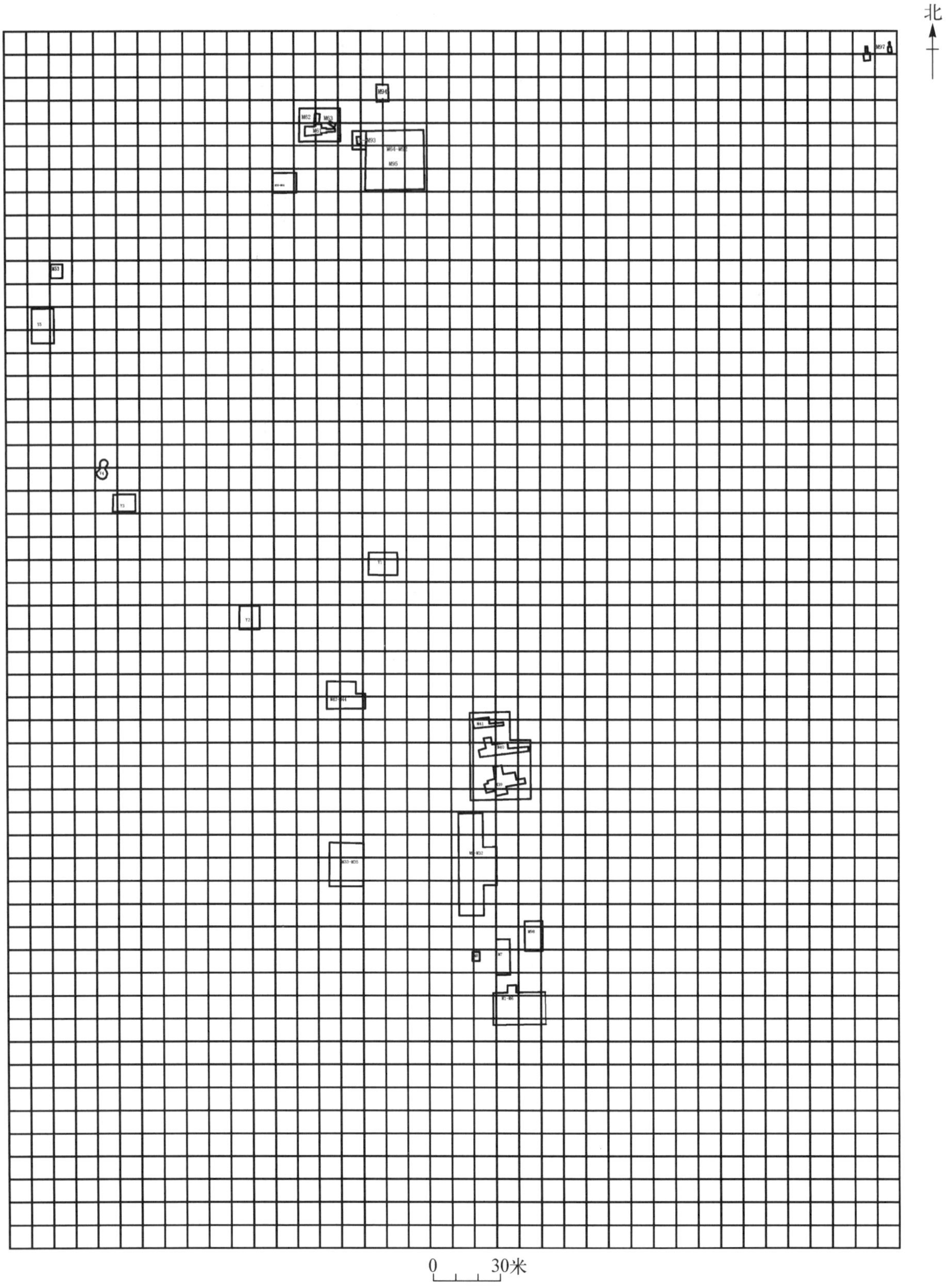

图四四　宋庄文化创意产业集聚区C地块考古发掘平面图

T3118探方的西南部，方向280°，开口于③层下。平面近似马蹄状，顶部已被破坏，仅残存底部。总长8.5米，宽2.4~4.5米，窑底距窑口0.18~0.78米。由操作间、火门、火膛、窑床、烟道组成。

操作间位于火门的东部。平面近似椭圆形，上口长5.5米，宽4.5米；底部长5.28米，宽3.98米，深0.3~0.7米。周壁较斜，底部呈东高西低状。内填灰褐色土，土质较松，含有少量的炭灰，向西与火门相连。

火门位于操作间的西部，火膛的东部。火门顶部已被破坏，仅残存底部。进深0.34米，宽0.96米，高0.5米。火门的周壁残存有清晰的红烧土痕迹。火门底部用青砖平铺砌筑，砖规格为0.36×0.16×0.06米，为素面青砖。火门的西部即为火膛。

火膛位于火门的西部，口部平面近似半圆形。南北长0.96~2.4米，东西宽0.86米，火膛底部距窑床底部0.6米，底部较平，残存有少量的白沙及草木灰痕迹，周壁烧结面已脱落。火膛东、西两壁均用青砖平铺砌筑，其西壁的北段部分砖墙已被破坏，残留南段部分较好。内填灰褐色杂土，土质较硬，含有青色烧土块、红烧土块、炭灰及少量的素面砖残块，向西即为窑床。

窑床位于火膛的西部，顶部已被破坏，仅残存底部。平面呈近似梯形，南北长2.4~3.3米，东西宽1.94米，底距口0.18米。底部较平，周壁较直，周壁有清晰的烧结面，烧结面厚0.1米，窑床内填土与火膛内相同，向西即为烟道。

烟道共2个，分别位于窑床西壁的南、北两侧。顶部均已被破坏，仅残存底部，平面近似方形，边长0.4米，口距底0.18米，且烟道的东壁与窑床相通，烟道内有清晰的烧结面，内填灰褐色杂土，土质较松，含有红烧土及炭灰颗粒。

Y2位于发掘区的中部，T2811探方的中东部，T2812探方的西北部，东邻Y1，方向280°，东西向，开口于③层下，窑口距地表1.8米。平面呈近似铲状，顶部已被破坏，仅残存底部。总长6.9米，宽2.7~3米，窑底距窑口0.9~1.8米。由操作间、火门、火膛、窑床、烟道组成。

操作间位于火门的西部。平面近似椭圆形，底部近似长方形，上口长3米，宽2米；底部长1.7米，宽1.1~1.3米。操作间的周壁较斜，底部较平。内填灰褐色土，土质较松，含有少量的炭灰，向东与火门相连。

火门位于操作间的东部，火膛的西部。火门保存较好。进深0.34米，南北宽1米，高1米。顶部为弧形，火门的周壁残存有清晰的红烧土痕迹。火门的底部有一斜坡状的通风口，通风口长0.18米，宽0.16米，接近火膛处南、北两侧残存有砌砖，砌法为立砌，顶部呈东西向平砌一大块整砖。通风口内填黑褐色土，土质较松，含有较多的炭灰渣，底部红烧土厚约0.1米。经清理，通风口砌砖规格为0.34×0.16×0.06米。砖面为粗绳纹，火门的南部即为火膛。

火膛位于火门的西部，口部平面近似半圆形，底部略方，南北上口长2.45米，东西上口宽0.96米；底部南北长2.4米，东西宽0.76米，火膛底部距窑床底部0.9米，底部较平，残存有少量的白沙及草木灰痕迹，火膛四周的烧结面已脱落。内填灰褐色杂土，土质较硬，含有青色烧土块、红烧土块、炭灰及少量的粗绳纹砖残块，向东即为窑床。

窑床位于火膛的东部，顶部已被破坏，仅残存底部。平面近似正方形，东西长2.7米，南北宽2.7米，口部距地表0.9米。底部较平，周壁较直，周壁有清晰的烧结面，烧结面厚0.1米，窑床内填土与火膛内相同, 向东即为烟道。

烟道位于窑床的东壁。烟道的中部为一主烟道, 主烟道的南、北两侧各有一小烟道孔, 主烟道平面近似椭圆形, 南北长0.96米, 东西宽0.6米, 由上至下呈竖立直烟道, 两侧的烟道宽0.18~0.2米, 高0.18~0.2米, 由两侧向内呈斜坡状与主烟道相连, 主烟道内有清晰的烧结面, 内填灰褐色杂土, 土质较松, 含有红烧土及炭灰颗粒。

Y3位于发掘区的西部偏北, T3305探方的东部, T3306探方的西部, 北邻Y4, 方向280°, 东西向, 开口于③层下, 窑口距地表3.5米。平面近似近长方形, 由于被破坏而顶部无存, 仅残存底部。总长8.88米, 宽4.2米, 深0.6~1.6米。由操作坑、火门、火膛、火床、烟道等组成。

操作间位于火门的西部, 平面近似不规则形, 东西长4.47米, 南北宽1.64~4.2米, 深0.95米。西北部被近代井打破, 底部稍平, 另在操作工作面、在操作坑的西南侧设一斜坡, 坡宽0.05~1.6米, 坡长2.56米。内填灰褐色土, 土质较松, 含有少量的炭灰。

火门位于操作间的东部, 由于破坏严重, 未留火门痕迹。在火门的中下部清出一些斜坡状的通风口, 东西残长0.6米, 宽0.2米, 由西向东斜坡而下, 斜坡长0.55米, 通风口的南、北用残砖块垒砌, 残高0.12米。通风口内填黑褐色土, 土质较松, 含较多的炭灰渣, 底部为红烧土, 厚0.04米。

火膛位于火门的东部, 平面近似长方形, 口大底小。南北口长2.87米, 东西口宽0.66米; 底部南北长2.87米, 东西宽0.48米, 深0.95米, 底部较平, 残存有少量的白沙及草木灰。火膛四周为青烧结面, 烧结面厚约0.02~0.04米。内填灰褐色杂土, 土质较松, 含有青色烧土块、红烧土块、炭灰等, 火膛东为窑床。

窑床位于火膛的东部, 顶部已被破坏, 仅残存底部, 平面近似长方形, 东西长2.58米, 东端宽2.32米, 西端宽3米。底部较平, 周壁较直, 周壁上的青烧结面已脱落, 残高0.6米, 残存的烧结面厚0.04米, 红烧土厚约0.08~0.14米。窑床内填土与火膛内相同。另在火床的东北部残留两排青砖, 砖规格为0.34×0.16×0.06米(单面施勾纹)。由此可见, 此窑应是烧砖所建。

烟道位于窑床的东壁。中部有一个主烟道, 主烟道南、北两侧各一个小烟道。主烟道平面近似椭圆形立筒式, 南北长0.53米, 宽0.28米, 高0.6。烟道口位于东壁底部, 口南北宽0.23米, 高0.2米, 进深0.42米, 北侧烟道南距主烟道1.08米, 平面近似椭圆形立筒式, 南北长0.28米, 宽0.22米, 高0.6米。烟道口位于窑床东壁北端, 底部口宽0.2米, 高0.22米, 进深0.32米。南侧烟道, 北距主烟道1.27米, 平面近似圆形立筒式, 直径为0.23米, 高0.6米。烟道口位于窑床东壁南端底部, 口宽0.2米, 高0.22米, 进深0.36米。烟道内有烧土面, 内填灰褐色杂土, 土质较松, 含有红烧土, 土质较松。

Y4位于发掘区的西北部, T3405探方的西北部, T3505探方的西南部, 东南邻Y3, 方向280°, 南北向, 开口于③层下, 窑口距地表3.85米。平面近似长方形半地穴式, 由于被破坏而顶部无存, 仅残存底部。总长8.88米, 宽3.22米, 深0.5~1.65米。由操作坑、窑门、火膛、窑床、烟道组成。

操作间位于火门的北部, 平面近似椭圆形, 南北长4.16米, 东西宽3.16米, 深1米。东、西壁稍斜, 北壁为斜坡状, 斜坡长1.6米, 内填灰褐色土, 土质稍松, 含有少量的炭灰, 向南与火门相接。

火门位于操作间的南部, 火膛北侧, 南北进深0.36米, 东西宽0.84米, 高0.74米, 顶部为弧形。火门内壁残留有青烧壁,外侧周边也残留有红烧土痕迹,青烧壁厚约0.15米,红烧土厚约0.08~0.12米。火门底部偏中有一个鼓风口,鼓风口南北长0.66米,内宽0.12~0.2米,由北向南斜坡状而下,斜坡长1.18米。风口接近火膛边,口部残留有砌砖,砌法为用残砖块东西向平砌一层。风口南端深0.58米,内填炭灰渣。

火膛位于火门的南部,平面近似长方形,上口东西长3.22米,宽0.64~0.83米;底部东西长3.28米,宽0.55~0.7米,深1.15米。火膛口部南部用青砖和青砖残块呈东西向平砌一层,用砖规格为长0.34~0.36×0.18×0.06米。底部较平,火膛四周为青烧壁,南壁较斜。内填灰褐色杂土,土质稍硬,含有残砖块、青色烧壁块、红烧土块、炭灰等,向南为窑床。

窑床位于火膛的南部,顶部已被破坏,仅残存底部,平面近似长方形,东西长3.2米,南北宽2.76米,窑床高于火膛底1.15米。周壁较直,周壁上的青烧结面严重脱落,凹凸不平。三个烟道的东侧边上都残留有砌砖。从残留情况看,这些砌砖是为了加固窑壁而制的。窑壁残高0.5米,红烧土厚约0.08~0.12米。窑床内填土和火膛内相同。

烟道位于窑床的南壁。中部有一个主烟道,东、西两侧各一个小烟道。主烟道平面近似椭圆立筒式,径长0.36米,高0.5米。烟道口位于南壁中底部,口宽0.22米,进深0.52米,高0.23米。东侧小烟道西距中部主烟道口0.93米,平面近似椭圆立筒式,直径0.2米,高0.5米。烟道口位于南壁东端底部,口宽0.2米,进深0.64米,高0.23米。西侧小烟道东距主烟道0.82米,平面近似椭圆立筒式,径长0.2米,高0.5米。烟道口位于南壁西端底部,东距主烟道口0.95米,口宽0.2米,进深0.62米,高0.15米,三个烟道内均为红烧土面,内填灰褐色土,含红烧土块,土质较松。

(二)唐代墓葬

唐代墓葬2座,编号分别为M5、M49。

M5位于发掘区的中南部,T1716探方的东南部,T1616探方的西北部,西北邻M6,方向175°,南北向,开口于③层下,墓口距地表2.2米。为青砖砌制的近似球拍状单室墓,墓室被严重盗扰,顶部已全部塌落,仅残存底部少许砌砖。土圹总长10.5米,宽1.25~5.2米,墓底距墓口2.25米。由墓道、墓门、墓室三部分组成。

墓道位于墓门的南部,平面近似长方形斜坡状,南北长5.2米,东西宽1.25~2.3米。东、西壁较直,底坡长4.84米。在墓道的北部与墓室的南部有一个宽0.8米的平台,平台向上0.25米为斜坡至墓底。内填为黄褐色土,土质较松,含有少量的残碎砖块。墓道北部与墓门相连。

墓门位于墓室的南部,由于破坏严重,结构不详。墓门东西宽1.2米,南北进深1.06米,残存高1.17米。墓门外侧东、西两端用三块立砖向外凸出约0.06米,用以装饰墓门。立砌砖下部南、北两侧各有一个长0.34米,宽0.17米,高0.12米的砖砌门墩。墓门的东、西壁用青砖呈二平一竖砌制。根据发掘情况,立砌砖大部分为残砖。墓门外侧用白灰粉饰,由于破坏严重,白灰墙皮已脱落,白灰墙皮上有粉红色颜料装饰,图案不详。墓门内残存有封门砖,用青砖南北向呈人字形立砌封堵,墓门向北即为墓室。用砖规格为0.34×0.17×0.06米,单面施纹条砖。

墓室位于墓门的北部,平面近似圆形。口部土圹长4.2米,宽5.2米;墓室内长3.54米,上宽3.3米,底宽3.5米。墓室周壁由底部向上稍微向内收敛,四角各有一个砖砌立柱。该立柱各用四块立砖立砌而成,边缘处为圆弧面。该立柱宽约0.24米,向墓室内凸出约0.06米。墓室内砌法为用青砖二平一竖砌筑。根据发掘情况,立砌砖大部分为残砖。墓室北部的土圹有一个高0.8米,长3.7米,宽0.4米的生土台。生土台平面为弧形。

墓室内有一个折尺形的棺床,棺床表面较平,南北长1.76米,东西宽0.92米,高0.63米。棺床表面用青砖砌制,并有壶门装饰,壶门形状呈灯笼状,宽度为0.3~0.48米,高0.34米,向内凹0.06米,壶门及棺床表面残存有少量白灰墙皮,由于破坏严重,大部分白灰墙皮已脱落。室内用砖规格与墓门砖相同。

出土随葬品有铜勺、铜簪、铜钱、白釉瓷碗、酱釉瓷碗、小陶罐。

M49位于发掘区的北部,T5117探方的东南部,T5118探方的西南部,方向176°,南北向,开口于③层下,墓口距地表2.4米。为青砖砌制的近似甲字形单室墓,由于被破坏而顶部无存。土圹总长5.35米,宽1.06米,墓底距墓口0.66米。由墓道、墓门和墓室三部分组成。

墓道位于墓门的南部,平面近似长方形斜坡状,南北长2.95米,南端宽0.7米,北端宽0.78米,深0.14~0.6米,底坡长2.98米。内填花土,土质稍硬。

墓门位于墓道的北部,由于被破坏而券顶无存,仅残留底部。东西宽0.33米,进深0.18米。东、西壁用青砖东西向平砌,残高0.1~0.17米。用砖规格为0.34×0.18×0.06米。墓门北侧为墓室。

墓室位于墓门的北部,平面近似梯形。南北长1.94米,北端宽0.38米,南端宽0.58米。东、西、北三壁用青砖错缝平砌五层,再开始起券,券顶砖仅残留一层,券顶砖出墙0.03~0.05米,墙砖残高0.06~0.34米。用砖规格同墓门砖。墓室底部用青砖和青砖残块随意铺地。室内经清理未发现葬具与骨架,仅在墓门外清出两个小陶罐,内填花杂土,含残砖块,土质稍松。

出土随葬品有陶罐。

第四节　辽金元时期遗址

一、潞县故城遗址

遗址位于潞县镇潞县村,始建于辽代,沿用至清。通州南部的延芳淀,地势低洼,历史上河流交汇、湖泽广布。在辽代,潞县南境曾形成了一个方圆数百里的湖泊,是为延芳淀。《辽史·地理志》载:"延芳淀方数百里,春时鹅鹜所聚,夏秋多菱芡。国主春猎,卫士皆衣墨绿,各持练锤、鹰食、刺鹅锥,列水次,相去五、七步。上风击鼓,警鹅稍离水面。国主亲放海东青鹘擒之。鹅坠,恐鹘力不胜,在列者以佩锥刺鹅,急取其脑饲鹘。得头鹅者,例赏银绢。国主、皇族、群臣各有分地。"辽代帝后在延芳淀进行的这种弋猎活动,每年春季举行一次。这样一来,延芳淀周围居民渐聚,村落增多。随着辽代延芳淀周围地区人口增聚、村镇发展,为了加强行政管理和方便春猎活动,辽圣宗太平年间(1021~1031年)遂就故霍村镇筑城置县,因县城在潞河之南,取县名曰漷阴,并析潞县南境为其辖土。元至元十三年(1276年)八月,漷阴县升为漷州,割大兴府之武清、香河二县归其管辖,同时迁漷州治于武清县境之河西务。至正元年(1341年)四月,"罢漷州河西务",漷州治所因此而北迁于今通州区东南之漷县村处。明洪武十年(1377年)二月,省香河县入漷州。洪武十二年,又将武清县由漷州所属改归通州。洪武十四年二月,由于漷州不再领县,遂降格为漷县,改隶通州。顺治十六年(1659年),省漷县入通州。

1981年,《北京历史地图集》编辑组的同志在牛堡屯乡的"大北关"、"小北关"、"前南关"、"后南关"四地调查,在这几个村之间发现一处聚落遗址,堆积着很多辽金元时代的文物,最后确认这里就是辽漷阴县故城址[1]。

二、通县辽塔地宫遗址

辽塔地宫遗址位于通州宋庄原电信局后院。1988年12月10日,通县宋庄电信局后院施工时发现塔基地宫,北京市文物研究所及通县文物管理处对塔基进行了清理[2]。

此辽塔地宫平面呈圆形,直径约5米,外缘为勾纹条砖所砌,内部为勾纹方砖所垒,三层之下正中是两层6厘米厚的长方形青石板,再下为条砖所砌地宫。宫内置青砂岩棺形子母石函。其盖呈覆斗形,扁梯柱体,露面抛光,长114厘米,大端宽83厘米,小端宽79厘米,厚11厘米,顶面线刻宝相花;四坡面线刻十二生肖,其后两面各有二生肖,其间镌"前""后"两字,左右两侧面各有四生肖。每个生肖均为人面僧服捧云板,头顶鼠、牛、虎、兔、蛇、马、羊、猴、鸡、狗、猪等形象,线条简练逼真。四边窄立面线刻缠枝牡丹。其身为一石凿成,四立面外抛光,外高39、内深27厘米,长、宽、厚各与盖同。前后面各线刻卷云纹宝相花,两侧面各线刻舞龙,线条柔和生动(图四五)。

图四五 辽塔地宫石函纹饰

函内装满清水,清理骨灰时发现底层散置的铜钱百余枚,上有唐"开元通宝"、北宋"至道"、"咸平"、"祥符"等字样。还有定窑小白瓷盘1件、水晶念珠1串、翡片2枚、小水晶卧兔1只。

[1]尹钧科:《北京的地名与古代遗迹探寻》,《北京文博》1996年第2期。
[2]周良、姚景民:《通县出土罕见辽塔地宫石函》,《北京文物报》1989年第6期。

经考证,此塔地宫为辽圣宗统和末期至开泰年间所造,所葬之人似为尼姑。

三、土桥遗址辽代墓葬及窑址

土桥遗址发现的辽代遗存包括辽代墓葬及窑址,其中土桥遗址发现辽墓2座、宋墓1座和辽代窑址1座[1]。

（一）辽、宋墓葬

辽墓2座,M18、M27,均破坏较严重,方向都是南北向,均为砖砌单室墓,平面呈甲字形,棺床和墓北壁相连,且都有壸门,随葬有陶、瓷器。宋墓为竖穴土坑墓葬,青灰墓底,在东部骨架的头部上方发现一个残陶罐,还出土了铜钱和铜簪。

M18为砖砌单室墓,平面呈甲字形,长7米,宽3.8米,深1.2米,出土瓷碗1件,陶器4件（图版二九）。

M27为砖砌单室墓,平面呈甲字形,长6.5米,宽3.4米,深1.75米,出土陶器1件（图版三〇）。

M35为竖穴土圹墓,平面呈长方形,长3.2米,宽2米,深0.9米,出土陶器1件,铜簪1枚,铜钱15枚。

（二）辽代窑址

辽代窑址1座,Y13。Y13位于探区北部,平面呈椭圆形,长6.5米,宽3.2米,深1.2米,开口于①层下。

四、安定营村遗址辽金水井及辽墓

安定营村遗址发现于北京经济技术开发区东部新区经海路四、五标段工程占地范围内。该项目位于马驹桥镇东北部,安定营村东南部,西邻京津塘高速公路（图四六）。为配合北京经济技术开发区东部新区经海路四、五标段工程建设,2006年8~9月,北京市文物研究所对工程占地范围进行了发掘,清理古墓葬6座,古井3眼。其中辽金墓1座,清墓5座,辽金水井1眼,明清水井2眼（图四七）[2]。

安定营村遗址发现的辽金遗存为辽金水井及辽墓。

辽金水井1眼,为圆形竖穴土圹砖券井（图四八）,出土铜器1件,酱釉瓷罐1件,堆积物包含铁器残片、残砖块、残铁水勾、白瓷片、残石磨盘、缸、瓮及木桶残片等。

辽金墓为长方形竖穴土坑砖室墓,东西向,由祭台和墓室组成（图四九）。墓壁砌法为残砖块错缝平砌,墓底砌法为用条砖两竖一横平铺。墓室内未发现人骨架及随葬品,根据墓葬形制推测其为辽金墓。

---

[1] 北京市文物研究所:《北京地铁土桥车辆段墓葬、窑址发掘报告》,载宋大川主编:《北京考古工作报告(2000~2009)》（平谷、通州、顺义卷）,上海古籍出版社,2011年。

[2] 北京市文物研究所:《北京经济技术开发区东部新区经海路四、五标段工程考古发掘报告》,载宋大川主编:《北京考古工作报告（2000~2009）》（亦庄卷）,上海古籍出版社,2011年。

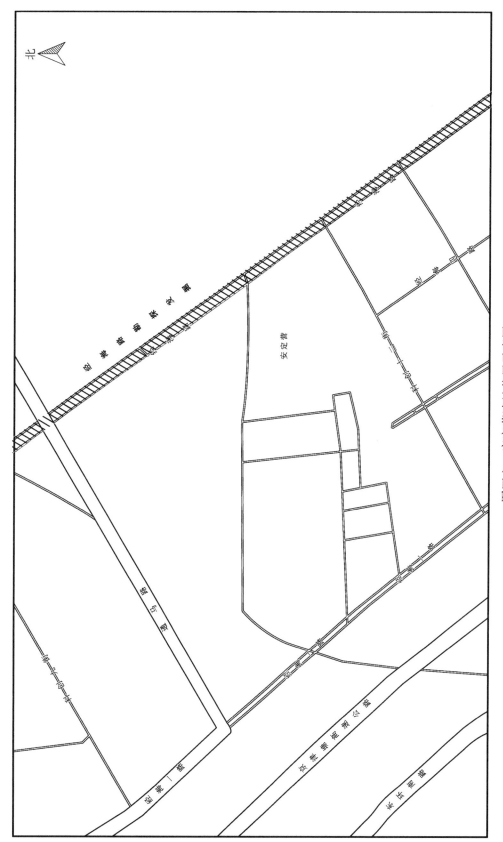

图四六 安定营遗址位置示意图

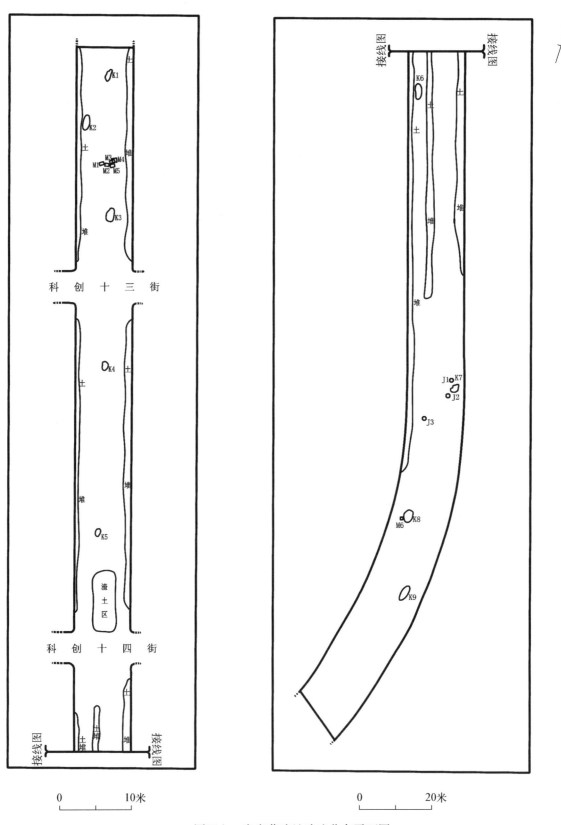

图四七 安定营遗址遗迹分布平面图

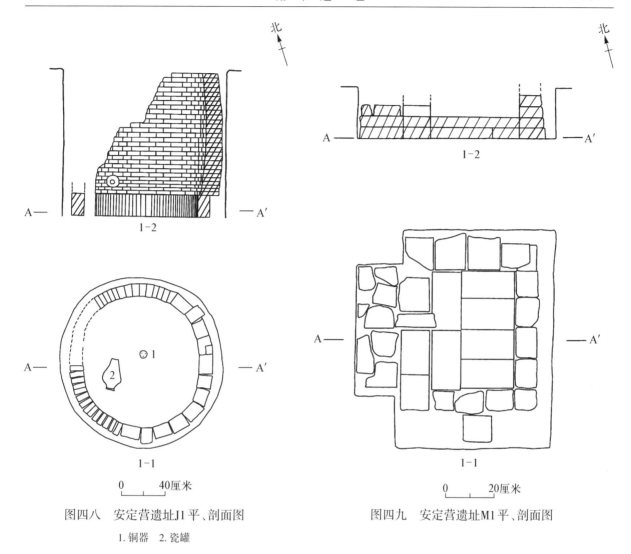

图四八 安定营遗址J1平、剖面图
1.铜器 2.瓷罐

图四九 安定营遗址M1平、剖面图

五、武夷花园月季园遗址辽金时期水井

武夷花园月季园遗址发现的辽金遗存为辽金水井[1]。

辽金水井2眼，J1、J2。

J1位于发掘区的东南部，为圆形竖穴土圹砖券井，口小底大。口部距原地表3米，井底距原地表6.3米。口径0.87米，土圹径3.2米，底部圹直径3.72~3.88米，井内径1.14~1.18米。井周壁用青砖残块错缝平砌，井壁有水锈，厚0.15~0.2米。井内填灰褐色杂土和沙土，上部含大量残砖块和残瓷片，深2米时土质湿粘（图五〇）。

井内出土陶圈足器1件。泥质红陶，口部与上腹部残缺，斜直壁，矮圈足。残泥质红陶器1件，下腹部与底部残缺。敞口，圆唇，平沿，直腹。口径15厘米，残高2.8厘米。瓷罐1件，下腹

---

[1] 北京市文物研究所：《北京市通州区武夷花园二期项目遗址考古发掘报告》，载宋大川主编：《北京考古》第二辑，北京燕山出版社，2008年。

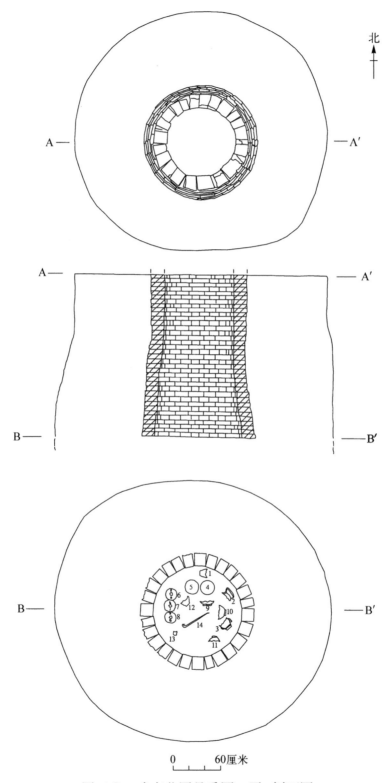

图五〇　武夷花园月季园J1平、剖面图

1.陶圈足器　2.残陶器　3.瓷罐　4、5.瓷碗　6~8.鸡腿瓶
9~11.瓷碗底　12.瓷罐底　13.瓷圈足器　14.铁钩

部与底部残缺。直口,圆唇,平沿,沿下有
一周凸棱,微束颈,斜肩,肩附双錾耳,弧
腹。通体施浅绿釉,绿中泛黄。瓷碗2件,
敞口,圆唇,腹壁斜收,矮圈足。其中1件
内外壁施黑釉,上有放射状兔毫,釉呈黄
褐色,有垂釉痕迹;圈足未施釉,底部露
胎,墨书一"马"字。口径18.4厘米,残高
8厘米。另1件外壁上不施黑釉,下部至
圈足施一层薄釉,呈黄褐色,底部露胎,内
壁施黑釉,上有放射状兔毫。口径18.4厘
米,圈足径6.4厘米,残高8.6厘米。鸡腿
瓶3件。其中2件敛口,圆唇,下有宽沿,
束颈,溜肩,肩附对称双錾耳,长直腹近底
部斜收,高脚,小平底。内外壁施浅绿釉,
底部露胎,胎呈黄褐色。瓷碗底3件,口
部与上腹部残缺。斜弧壁,矮圈足。其中
1件内、外壁施青白色釉,外壁上面青花纹
饰残,内壁饰两周青花弦纹,底有一露胎
涩圈。足径9.6厘米,残高3.2厘米。另1
件内、外壁施白釉,灰白胎,胎质坚硬,内
壁残留两个支钉痕,底为施釉。足径6.2
厘米,残高6.2厘米。瓷罐底1件,口部
与上腹部残缺。斜弧壁,矮圈足,胎呈灰
褐色,胎质坚硬。瓷圈足器1件,口部与

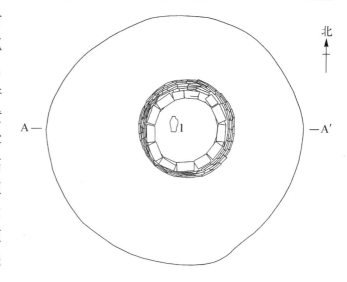

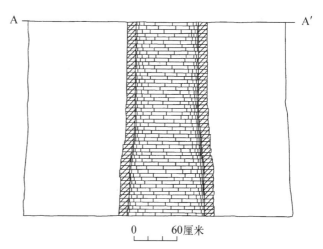

图五一 武夷花园月季园J2平、剖面图
1.鸡腿瓶

腹部残缺。高圈足,平底,内、外施黑釉,底部露胎。铁钩1件,两端弯曲,近"S"形,上有黄色
锈迹。

J2位于发掘区的北部偏东,圆形竖穴土圹砖券井,口小底大。井的上部基槽已被挖掉,现
存井口距原地表2.8米,井底距原地表6.04米。井内径1.1~1.16米,井壁厚0.14米,井外径
4.1~4.4米。井壁较光滑,下部壁向外敞,底部直径1.4米。周壁用青砖错缝平砌。井内填黄
褐色泥土和沙土,较净,质松软湿粘(图五一)。

J2出土鸡腿瓶1件。敛口略残,方圆唇,下有宽沿,束颈,溜肩,长弧腹近底部斜收,高脚,小
平底。下腹部施四道凸弦纹。内、外壁施一层釉浆水,呈红褐色。口径3.9厘米,腹径9.2厘米,
底径5厘米,高17.3厘米(图五二)。

发掘者根据井内堆积及包含物并结合井的结构特点分析,井应为辽金时期的饮用水井,延
续至清代时期。

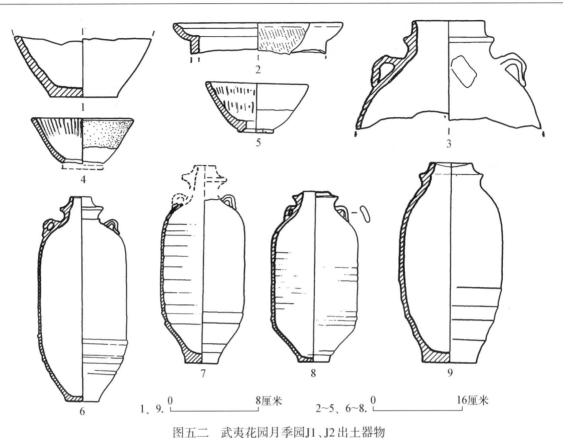

图五二　武夷花园月季园J1、J2出土器物

1.陶圈足器（J1：1）　2.残陶器（J1：2）　3.瓷罐（J1：3）　4、5.瓷碗（J1：4、J1：5）

6~8、9.鸡腿瓶（J1：6、J1：7、J1：8、J2：1）

六、马驹桥物流基地E-04地块遗址辽金窑址

马驹桥物流基地E-04地块遗址发现的辽金时期遗存为辽金窑址1座，编号为Y3[1]。

Y3位于发掘区的中部，西邻Y2，方向180°，开口于②层下，打破生土层。该窑平面呈吕字形，南北向，由操作间、窑门、窑室（火膛、窑床）组成，南北总长8.5米，东西宽0.8~4.83米，窑口距地表0.4米，窑底距窑口0~1米。

操作间位于窑门的南部，平面呈椭圆形，口部东西长3.9米，南北宽3.54米，距地表0.4米；底部东西长3.64米，南北宽2.05米，四壁较斜，残存深1米。在窑门的南部，操作间的东西两侧，残存有南北向单砌砖各1排，南北长0.84米，用以加固和装饰窑门。西侧残存平砌砖4层，东侧残存5层，砖大部分为残砖块，存少量6条绳纹砖，砖的规格为0.58×0.18×0.06米。操作间内填土为灰褐色花土，土质较松。

窑门位于操作间的北部，即火膛和操作间之间，南北进深0.56米，东西宽0.8米，残高0.7米，顶部已被破坏，仅残存底部。窑门的东西两侧用残砖块平砌而成。由于破坏严重，砖大部分残

---

[1] 郭力展：《北京马驹桥物流基地E-04地块发掘简报》，《文物春秋》2010年第5期。

碎,仅残存红烧土痕迹。窑门的底部较平,残存较多的红烧土和草木灰。

窑室平面略呈圆角方形,由火膛和窑床组成。窑室内前部为火膛,后部为窑床。火膛位于窑门的北部,即窑门和窑床之间,口部距地表0.4米,平面呈半圆形,南北宽0.9米,东西长4.38米,深1米。底部较平,四壁用青砖立砌而成。由于破坏严重,砌砖严重脱落。火膛内填土较杂,土质较硬。

窑床位于火膛的北部,口部距地表0.4米,平面呈半圆形,四壁破坏无存,东西残长4.83米,南北宽3.5米,底部较平,呈青灰色烧土底。窑床、火膛、窑门四周残存红烧土宽0.1~0.15米,厚0.1米左右。窑床上部填黄褐色土,夹有红烧土颗粒。

七、宋庄文化创意产业集聚区遗址辽金窑址

宋庄文化创意产业集聚区遗址发现的辽金遗存为辽金窑址1座[1],Y2。

Y2位于发掘区的北部,东邻M1,方向190°,开口于②层下,向下打破生土。平面呈凸字形,坐北朝南,窑口距地表1.2米,南北长6.9米,东西宽0.9~2.6米,窑底距窑口1.9米,由操作坑、操作间过道、操作间、火膛、窑室五部分组成(图五三)。

操作坑位于操作间过道的南部,平面呈椭圆形,口大底小,四壁稍斜,底部较平。上口南北长2.4米,东西宽2.2米,深1.5米;底部南北长2.3米,东西宽2.0米。内填灰褐色杂土,土质较乱,内含较多布纹瓦片、少量釉瓷片以及少量的残砖块(6条勾纹)。根据发掘情况推测,该操作坑应为窑室内放置废料所用。操作坑的北部与操作间过道相连。

操作间过道位于操作间与操作坑之间,平面近方形。东西宽0.9~1米,进深1~1.06米,高1.5~1.9米。底部由南向北为一斜坡,斜坡向北有一台阶,台阶的北部为平底,与操作间底部为一平面。台阶高0.3米,操作间过道残存高1.5~1.9米,东、西两壁较平。内填灰褐色花土,土质较杂,内含少量布纹瓦片、残砖块。操作间过道向北与操作间相连。

操作间位于窑室与操作间过道之间,平面呈长方形。东西长2.2~2.32米,南北宽0.95~1.0米,高1.9米。周壁较平,底部较平。内填灰褐色杂土,土质较硬,含有少量青灰及少量红烧土颗粒,底部残留少量青灰。操作间向北与火膛相连。

火膛位于操作间与窑室之间,共清理出2个,为分述方便由东向西编号为火膛A和火膛B。火膛A位于窑室的东南部,口部平面呈圆形。径长0.4米,深0.4米,底部呈弧形,周壁残存有红烧土痕迹,底部残存有青灰及红烧土。内填青灰褐色杂土,土质疏松,含有较多的红烧土及青灰。该火膛的北壁口部与窑室东侧3条南北向烟道相连接。火膛B位于窑室的西南部,口部平面呈圆形。径长0.4米,深0.4米,底部呈弧形,周壁残存有红烧土痕迹,底部残存有青灰及红烧土。内填青灰褐色杂土,土质疏松,含有较多的红烧土及青灰。该火膛的北壁口部与窑室西侧3条南北向烟道相连接。两火膛的南侧口部两端分别有一块残立砖。

窑室位于火膛的北部,平面呈长方形。南北长2.3米,东西宽2.32~2.6米,底部距窑口1.7~1.9米。周壁较直,底部较平。底部有南北向烟道6条、东西向烟道1条及北壁上烟道,南北

[1]北京市文物研究所:《通州区宋庄文化创意产业集聚区土地一级开发定向安置房项目考古发掘工作报告》,未刊。

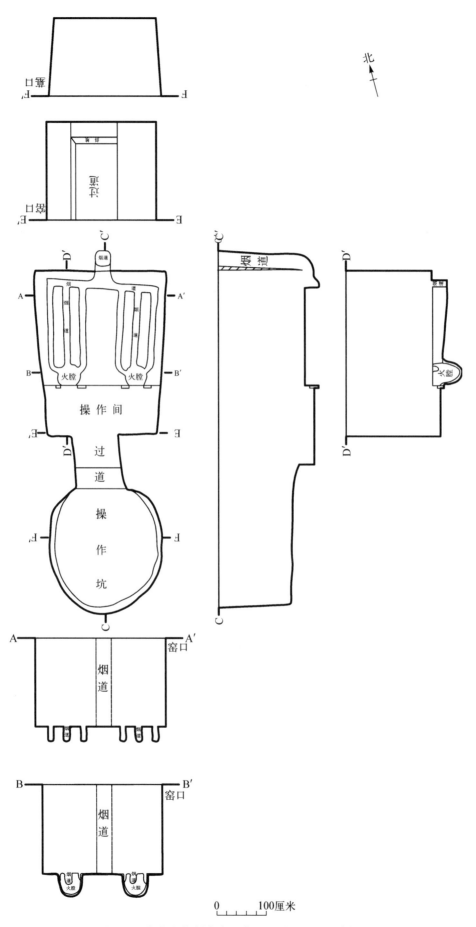

图五三　宋庄文化创意产业集聚区遗址Y2平、剖面图

向烟道每3条为一组,分别与火膛A和火膛B相连。南北向烟道北部分别与东西向烟道和窑室北壁烟道相互贯通,形成相互连接状。南北向与东西向烟道宽0.12米,深0.2~0.3米,底部呈弧形,烟道两侧残存有明显烟熏痕迹。烟道内填灰褐色灰土,土质疏松,含有少量布纹瓦片及红烧土。窑室内填灰褐色杂土,土质较乱,含有少量布纹瓦片及红烧土颗粒。北壁上烟道平面呈椭圆形,径长0.3米,深1.7米,呈直立状,南壁与窑室间隔有0.1米的生土,该烟道为窑室的总出烟孔。根据发掘情况,窑室内所有烟道经过该烟道向外排出。烟道内填灰褐色灰土,土质疏松,含有少量红烧土颗粒及青灰。窑室底部残存有0.02米的烧结面。出土的遗物有陶片、青砖、骰子。

此次辽金窑址的发掘,使我们对辽金窑址的形制、结构、特点有了更进一步的了解和认识,为研究该时期的烧窑工艺提供了珍贵的实物资料。

八、通州运河核心区Ⅴ-01~Ⅳ-09地块遗址辽金古井

通州运河核心区Ⅴ-01~Ⅳ-09地块遗址发现于通州运河核心区Ⅴ-01、Ⅴ-02、Ⅳ-02、Ⅳ-03、Ⅳ-05、Ⅳ-08、Ⅳ-09地块占地范围内。该地块位于通州区西北部,北邻通顺路,东接滨河北路,南至通惠河(图五四)。为了配合通州区运河核心区Ⅴ-01、Ⅴ-02、Ⅳ-02、Ⅳ-03、Ⅳ-05、Ⅳ-08、Ⅳ-09

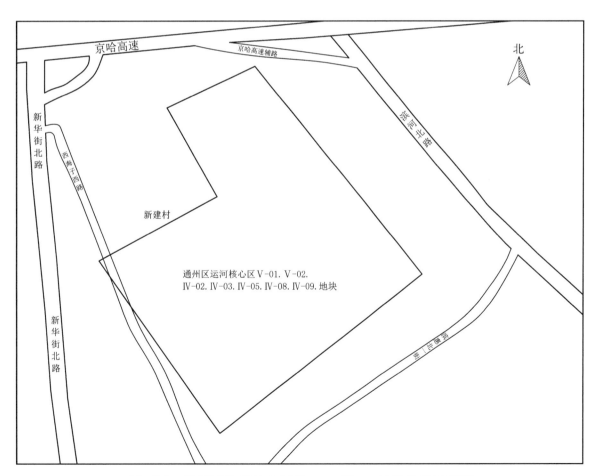

图五四 通州区运河核心区Ⅴ-01~Ⅳ-09地块位置示意图

地块开发建设,2010年12月~2011年3月,北京市文物研究所对该地块前期考古勘探中所发现的古代墓葬、古窑址、房址进行了抢救性考古发掘,发掘面积共计约4 577平方米,发掘出清代房址4处,古窑址3座,墓葬41座,井3眼,其中Y1、Y2为明清砖窑;Y3为明清瓷窑;M1、M2为汉代土圹墓;M3为唐代砖石墓;M4~ M41为明清竖穴土圹墓葬[1];J1、J2为辽金时期水井。

J1、J2位于发掘区的中南部,均为圆形竖穴砖圈井,用青砖加泥土错缝平砌而成,应为饮水用井。

J1开口于②层下,上部已被破坏,井体呈圆锥形,上口径1.45米,底口径1.68米,残深径4.1米。井体内有三条"腰带",为卧砖结构。第一条呈斜卧,向内出2~3厘米;其余两条均为卧式平砖结构,和井体处于同一表面。该井为辽金时代。

J2用青砖加泥土错缝平砌而成,开口于②层下,时代为辽金时代。

九、京杭大运河遗址[2]

京杭大运河北起北京(涿郡),南到杭州(余杭),途经北京、天津两市及河北、山东、江苏、浙江四省,贯通海河、黄河、淮河、长江、钱塘江五大水系,全长约1 794千米。京杭大运河是由人工河道和部分河流、湖泊共同组成的,全程可分为七段。

京杭大运河北京段始凿于隋大业四年(608年),隋炀帝下令开凿北起涿郡蓟(今北京)的永济渠,其上游为桑干水,现无存。辽代在萧太后主持下,于统和二十二年至二十七年(1004~1009年)在通州和辽南京间开凿一条运河,后世称为萧太后运粮河。金迁都燕京后,于世宗大定十一年(1171年)开凿金口河,在永定河东岸建金口闸,东行入中都北护城河,与萧太后河相连,入通州北潞水。

元建大都后,非常重视漕运,于至元十六年(1279年)开凿坝河,上源引玉泉山水经高梁河入积水潭,向东到通州城北接温榆河,河道长约28千米,沿途建有7坝,是大都至通州的北线运河。至元二十八年开凿通惠河,并引白浮泉及西山诸水入积水潭,东南出文明门,至张家湾东南李二寺(今里二泗)入北运河,长约78千米。积水潭上源白浮瓮山河长约42千米,积水潭以下为通惠河,东南流至通州城北入北运河,全长约34千米。自广源闸起,河上修建有11处控水设施,共24闸。这两条河是北运河的两大支流,也是大都至通州的两条重要运道。

明宣德七年(1432年)改建北京城,通惠河被圈入皇城中,城内不通航,遂改东便门外大通桥为起点,通惠河改称大通河,长约25千米。明代时通惠河与坝河经常因河道淤浅,闸、坝损坏而断航。明、清两朝改行驳运,施行水陆并运制。清顺治年间(1644~1661年),恢复漕运。清代历朝皇帝均重视治理大运河,成效显著。咸丰五年(1855年)黄河大改道,运河由盛转衰。光绪二十六年(1900年)京津铁路通车,北京段运河遂废。民国时期,北运河基本没有通航能力。中华人民共和国成立后,党和政府对北运河水系进行了重新疏通,使其成为现今首

[1] 北京市文物研究所:《通州区运河核心区Ⅴ-01、Ⅴ-02、Ⅳ-02、Ⅳ-03、Ⅳ-05、Ⅳ-08、Ⅳ-09地块考古发掘报告》,未刊。
[2] 国家文物局主编:《中国文物地图集(北京分册)》,科学出版社,2008年。

都的重要排水系统及景观河。自元代起,通州为运河的北部起点,南来的漕粮等无论是海运还是漕运,都经北运河至通州再向都城转运。因此,通州至今遗留了很多与运河有关的遗迹。

（一）大运河故道

位于张家湾镇定福庄南。秦汉利用古沽水一段运粮济边。金建中都于燕京（今北京）,疏治潞水开辟漕运,并于通州制造战船经此南伐。元建大都于燕京,明、清亦建都于此,京师漕粮、物资多经京杭大运河抵京,此为其中一段。清嘉庆十三年（1808年）北运河改道,此处成为遗迹,尚能运盐至皇木厂盐厂,故俗称小盐河。1958年开发运河故道为渔场,发现沉船一艘。故道尚存一段,约2千米。皇木厂码头遗址出土有元至明前期的各种瓷片万余件。

（二）萧太后运粮河

位于台湖镇口子村至张家湾镇张湾村。传说辽时由萧太后主持开凿,用以转运海漕之粮济南京（今北京）,后辽代帝王走水路至延芳淀游猎亦经此河。该河原西起辽南京东门（今宣武区大、小川淀胡同一带）,东至高丽庄（今张家湾城东）入潞水（今北运河故道）。今流经通州区段尚存9 000米,河床平均宽31米,河底平均宽8米,是主要排灌河道。立禅庵村东苇塘是当年的码头遗址。

（三）通惠河通州段

位于张家湾镇土桥村至皇木厂村,至元三十年（1293年）由郭守敬主持开凿。至明成化间屡次疏浚。嘉靖七年（1528年）巡仓御史吴仲力主重开通惠河,将其河口自今张家湾北移至通州城北,原河下游段遂废,尚存土桥村至皇木厂村尾段约1 000米。原通惠河最后两座闸即广利上、下闸,上闸遗址尚存,下闸因明嘉靖四十三年抢修张家湾城时拆用石料而无存。

（四）漕运司署

位于新华街道女师胡同1号。元至元（1264~1294年）时,于通州城东北角处设置漕运司署,管理南粮转运大都城、通州十三仓及修浚大运河通州段事,明代改设通密兵备道署,清代易作通永道署。坐北朝南,三进大院带跨院,东邻北运河。光绪二十六年（1900年）八国联军侵占通州,毁于火。仅存铁狮子、香炉座等,现移置于区博物馆前。

第五节　明清时期遗址

一、潞县故城

辽时所设潞阴县沿用至明清时期,但县名和归属多变,已见前述。据乾隆《通州志》载:"潞旧无城。明正德初知县郭梅筑土城,周二里许。嘉靖二十二年,巡按阎委、通州州同陈㞟增修,上加女墙,四门,作楼高一丈二尺,上阔一丈,下稍倍之,周三里。三十五年,知县吕哲重修,题其四门,北曰拱阙,南曰迎熏,东曰临津,西曰通都,岁久倾圮。万历四年,霸州兵备道钱藻详准奏修,工未竣。霸州兵备道曹当勉、知县李子擢、宋祉相继修葺,甃以砖石,建南北门二,南曰迎熏,北曰巩京,东西开小门二,凡门各设小楼,周围六百二十三丈,高一丈八尺,顶阔一丈一尺,底阔二丈二尺,女墙高五尺,壕深一丈,阔二丈五尺。万历三十七年,因久雨,知县艾友芝修。崇祯八年,知县涂应召劝民捐修,增高五尺,阔五尺。国朝顺治十一年,水冲城之西南北三面皆圮。十六年,县裁入通,守备徐达略加修葺,现在西北两门坍塌,周围城垣亦多倾圮,惟东南两门,虽城门朽坏,规制犹存。"[1]光绪《通州志》载:"同治七年,捐筑土城周四里。"[2]

中华人民共和国成立后,潞县故城城墙渐被拆毁无存,现仅存西、南两面护城河,长约800米,宽7~10米[3]。

二、通州故城

北齐天保八年(557年),渔阳郡治与潞县治分别自雍奴(今天津市武清县)、今三河市城子村并迁于今通州旧城北部区域(大成街北侧),以西、南、北滨高梁河,东滨温水、潞水,而修筑城垣,自然河流作护城河。唐高祖李渊武德二年(619年)在潞县城中设置玄州署,领潞、三河二县。后唐天成三年(928年)幽州刺史赵德钧为抵御契丹侵扰,重筑潞县城垣。金天德三年(1151年)在潞县城中设置通州衙署,领潞、三河二县。城垣年久失修,至元代时,只在城址上树篱寨而已。

据《通州志》载,明洪武元年(1368年)闰七月,燕山侯孙兴祖督军士修通州城,整修后的城垣位于潞河西岸,整座城池由砖石砌筑,周围九里十三步,高四丈六尺。城门四座,东门名通运,西门曰朝天,南门曰迎薰,北门曰凝翠,城门上各有城楼。整座城池"峻整严固,屹然为京东巨镇"[4]。明景泰元年(1450年)九月,为保通州粮仓所贮粮食不落敌手,户部奏请以镇守及巡仓官在通州城外修筑城堡以保护粮仓。因筑城事起仓促,加之明政府忙于北京保卫战,故仅在通州城外兴建土堡一座以护大运西仓。景泰二年正月,景泰帝诏命工部右侍郎王永寿前往通州负责在土堡外砌筑砖石。总督粮储太监李德、镇守都指挥陈信负责实施在土堡基础上兴建通州新城。据(嘉靖)《通州志略》记载,新城高三丈二尺,周围八里,东连旧城西南面,西面为门二,一曰南门,一曰西门,亦各有楼[5]。正德六年(1511年),都察院右副督御史、顺天巡抚李贡以通州乃"国储所在"为由奏请增修通州城池。武宗命户部左侍郎邵宝、兵部左侍郎李浩、工部右侍郎夏昂率僚属前往通州协助增修,"新城旧基,增筑五尺,其外为砖,内实以土,上复为垛墙六尺有咫,而长广皆如其数。又为敌台,其西南为瓮城,重门悬桥,皆旧所未有"。正德十六年,通州东门楼毁于火灾。万历二十二年(1594年),户部郎中于士廉监督通州仓政。他巡视通州护城壕时发现壕沟内无水,认为可引通惠河水进入护城壕,这样护城壕不仅变成护城河,还可通漕舟,遂将此事上报户部尚书杨褣。杨褣又将此事奏请朝廷,神宗同意了杨褣等

[1](清)高天凤修,金梅等纂:乾隆《通州志》卷二《建置·城池》。
[2](清)高建勋等修,王维珍等纂:光绪《通州志》卷二《建置·城池》。
[3]北京市文物局编著:《北京文物地图集》,科学出版社,2009年。
[4](嘉靖)《通州志略》卷二《建置志·城池》。
[5](嘉靖)《通州志略》卷二《建置志·城池》。

人的提议。疏浚工程始于万历二十二年三月,至万历二十四年三月竣工。完工后的护城河"长三千三百余丈,加深二尺许,广视深四倍之,建闸一,桥四"[1]。乾隆三十年(1765年),直隶总督方观承重修通州新、旧二城,将旧城西面城墙拆去一百八十二丈,周围实长二千七百七丈五尺,并添建女墙高一丈六尺。旧制城根宽二丈三尺,将城顶减去三尺,净宽二丈,形势相称。所有裹皮城垣,全行改砌沙滚砖墙。墙外皮粘补系通永道玉神保、知州万廷兰承修。改建后的通州新、旧城合而为一,共为五门,各建重楼。旧城通运、迎薰、迎翠三门名,新城望帆云表、尺五瞻天二门名,俱仍其旧[2]。道光十七年(1837年),御史李熙龄奏修通州城,因未能筹集足够的维修款项暂停。咸丰三年(1853年)九月,因通州城垣坍塌过多,且敌楼门扇亦有损坏缺残之处,仓场侍郎全庆等奏请整修城池。经查勘,其时通州城垣周围计长二千七百余丈,里外城身倒塌共计一千一百余丈,已占整个城垣周长的十分之四。如果一律修整,工程浩大,需费甚巨,非仓促之间所能办理。因此全庆等奏称将里坯坍塌处所及城楼海墁、垛口等工程暂行缓修,仅选择了其外坯坍塌段落及里外倾圮缺口,约计三百余丈并损破城门二十四扇及甕口等。修缮工程由通州士绅程杰、李右文、丁鹤皋、李焕文董其事,兼管府尹贾桢筹款兴修。重修后的通州新南门题曰灌辅,西门题曰神京左辅[3]。

20世纪50~80年代,通州城墙被陆续拆除。现仅存北垣近西端一段夯土及墙基和塔北残垣长约300米,残存最高6米[4]。

2010年12月,为配合通州区运河核心区建设,北京市文物研究所在对该项目占地范围进行的考古勘探中发现了古城墙遗迹。2011年2月~4月,北京市文物研究所对发现的古城墙遗迹进行了抢救性发掘,发掘面积约2 400平方米,发掘区域包括通州古城墙遗迹的东北角楼及北部城墙至甕城[5]。

通州古城墙遗址西邻北大街,北邻通惠河,东邻滨河路(图五五),发现了北城墙、甕城、东城墙等(图五六、五七)。

(一)北城墙

北城墙自东北角楼向西至围墙总长89.3米,宽10~2.1米,残高0.8~3.1米。城墙基脚用大块青石以白灰膏刮浆错缝垒砌,下宽上窄,每层留台内收,剖面呈梯形。基脚以上改用青砖,建筑结构与基脚相同,也为逐级留台内收。北城墙从角楼西侧向西7.2米处向南有5.2米的拐角,底部用青石板垒砌,南拐角处用小青砖横平错缝逐层内收成梯形,北部用大砖二次修补,大砖压在小砖之上。从7.2米处向西19米处向南有6.3米的马面,马面把北城墙东部分成两个部分,中间用杂土回填,经过夯实,夯层明显。马面墙基均用大块青石垒砌,南侧墙的北侧用青石板垒砌。该墙由东城墙内壁向西4米处开始建造,墙基残长24米,南壁内侧用小青砖垒砌,参差不齐,还

[1](康熙)《通州志》卷二《建置》。
[2](清)高天凤修,金梅等纂:乾隆《通州志》卷二《建置》。
[3](清)高建勋等修,王维珍纂:光绪《通州志》卷二《建置》;卷一〇《艺文》。
[4]北京市文物局编著:《北京文物地图集》,科学出版社,2009年。
[5]北京市文物研究所:《通州运河核心区V-06古城墙遗址考古发掘报告》,未刊。

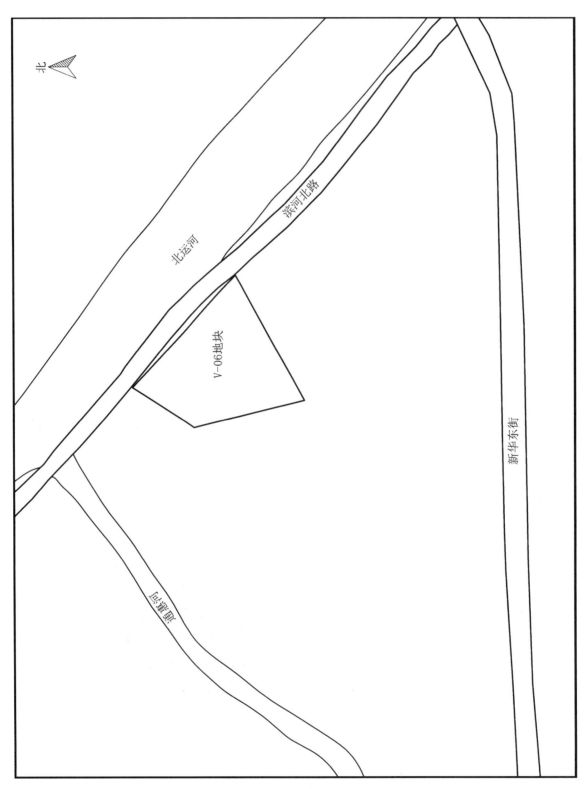

图五五　通州运河核心区V-06古城墙遗址发掘区位置示意图

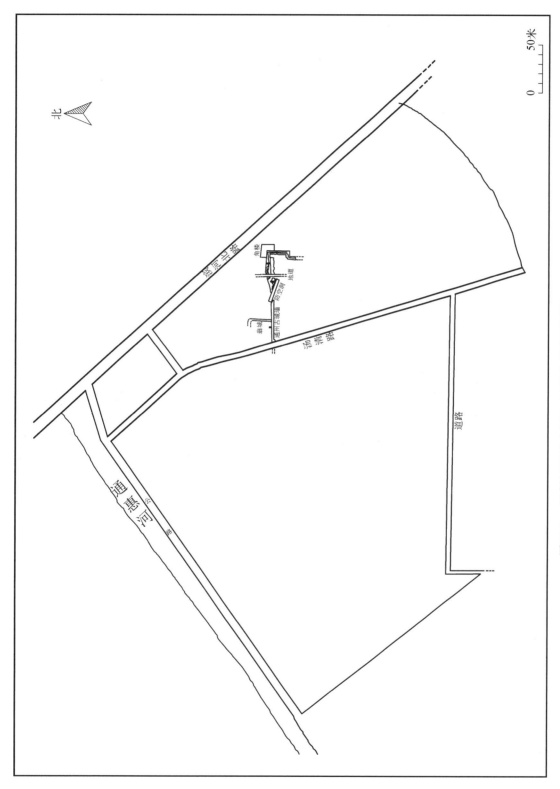

图五六 通州运河核心区V-06地块发掘平面图

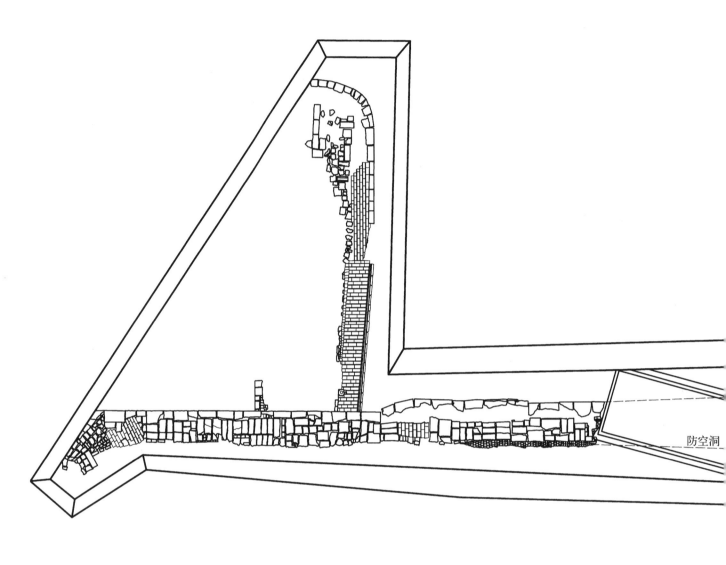

防空洞

图五七　通州古城城墙平面图（带探沟）

北

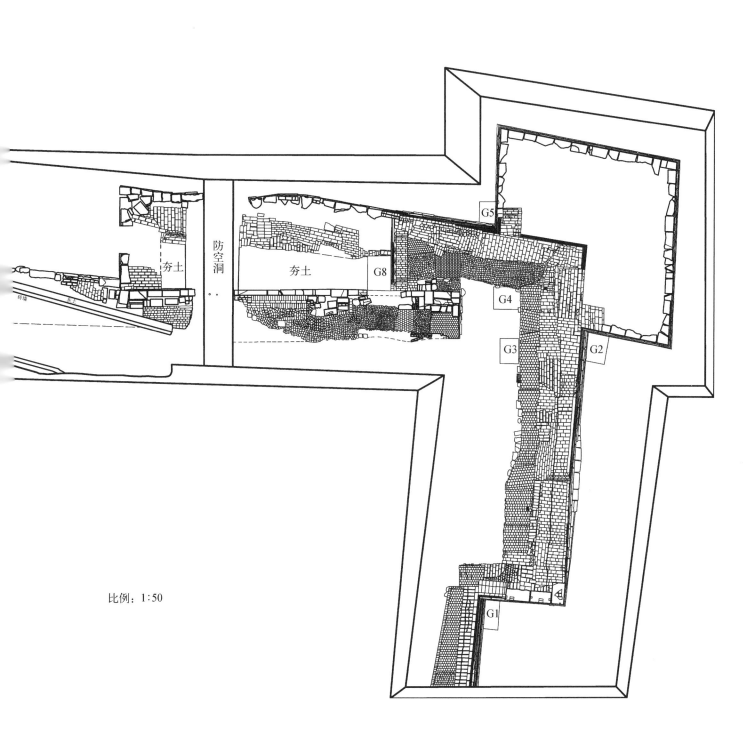

防空洞

夯土

夯土

砖墙

夯土

G5

G8

G4

G3

G2

G1

比例：1:50

加有个别沟纹砖,用泥浆平面错缝随意垒砌而成。从角楼西侧向西18.5米处有一防空洞,南北横向贯穿城墙,将城墙基破坏。紧靠该防空洞西侧又有一防空洞,东西向贯穿城基,破坏城墙约长21米,西部城基保存较完整,残高0.2~0.5米(图五八)。

(二)瓮城

瓮城位于北城墙以西77.8米处,并向北延伸21米处呈弧形向西延续。该墙与主墙交接处以北15米处保存较好,基脚用青石条铺砌基地,墙身外侧用长47、宽22、厚12厘米的青砖横平错缝逐层内收,并留有台阶成梯形。内侧用小青砖与泥浆垒砌,内侧参差不齐,底部有凌乱的石块,墙体残高1.75米,底宽2.6米,顶部宽1.4米。瓮城东墙北部仅有一层石条,外侧规整,内侧铺砌凌乱,用大小不等的石块随意垒砌,拐角向西4米至围墙,西部叠压在围墙与北大街之下,没有进行发掘(图五九)。

(三)东城墙

角楼南侧向南18.6米处向西5.5米筑有马面,又向南延长6米,再向南因有树未发掘。北部墙基底部宽4.8米,南部宽3米,墙顶部宽2.2~4.8米,外墙基底用青石条错缝垒砌成梯形,南部侧面用薄石条垒砌,墙身东壁用长46、宽22~25、厚10厘米的青砖横平错缝逐层内收垒砌成梯形。中间青砖长36、宽23、厚10~14厘米,垒砌方法为一层横向,一层纵向,用白灰膏刮浆。东墙内壁用小青砖和泥浆垒砌,内壁参差不齐,从底部60厘米向上逐层向外扩宽。内壁基脚下有一行石板,铺砌凌乱(图六〇)。

(四)城墙下堆积

经发掘发现城基以下均用砖渣、瓦渣层层夯实,较硬。由于解剖沟内见水无法向下挖掘,以下堆积情况不详。在北城墙防空洞打破处向下发掘,发掘至距地面6.5米处见黄褐色冲积土,北墙下用砖渣和杂土各一层,逐层夯打,共18层。南墙下仅有两层,砖渣和杂土各一层,以下部分至解剖沟底部均用杂填土夯实,夯层明显高低不平(图六一、六二)。

(五)出土遗物

采集的出土物有青花瓷片、元白釉瓷片、元龙泉釉瓷片、辽金酱釉瓷片。另采集有纪年砖两块,砖长46、宽20、厚10厘米,砖为素面,其中一块纵侧面模印"四十七年窑户于宣作头张现造"字样,另一块砖字迹不清;东城墙处墙砖发现有五块青砖有铭文,砖长47、宽22、厚10厘米,砖面为素面,纵侧面模印"田金造"字样;北城墙基脚下青石表面也有字迹,如"柒百四十三"等字样。

(六)通州东城墙及东门瓮城遗址

通州东城墙及东门瓮城遗址东邻北运河(图六三)。2011年4月,为了配合通州区运河核心区Ⅷ-09、Ⅷ-10、Ⅷ-11、Ⅷ-12地块项目基本建设,北京市文物研究所对该项目占地范围进行了全面的考古勘探,实际勘探面积约113 826平方米,在探区内发现各类遗迹共7处,其中古城墙遗迹3处,河道1条,路1条,井1眼,坑1个(图六四、六五)[1]。

---

[1]北京市文物研究所:《通州区运河核心区Ⅷ-09、Ⅷ-10、Ⅷ-11、Ⅷ-12地块考古勘探报告》,未刊。

古城墙遗迹1位于Ⅷ-10、Ⅷ-11、Ⅷ-12地块的东部,南北走向,长约365米,宽4~6米,深0.8~1.5米见城砖,城墙砖残高1.2~2.6米,以下为石条基础,保存较好,开口于①层下。

古城墙遗迹2位于城墙Ⅷ-11地块中,平面呈凸字形,疑为城墙马面,长约24米,宽约6米,深0.8米见城砖及石条基础,保存较好,开口于①层下。

古城墙遗迹3位于Ⅷ-09地块中,发现部分城墙及瓮城,城墙北端与Ⅷ-13地块中的城墙相接,长约85米,宽4~6米,深0.9~1.2米见砖、石条。

瓮城位于该段城墙南端东侧。瓮城基础宽约13米,探区内瓮城北墙东西长约36米,南墙东西长约26米,瓮城东墙出探区。为了探明瓮城迹象的完整,对该地块以外的瓮城部分也进行了勘探,勘探的迹象表明瓮城平面呈长方形,连接完整。该地块中城墙遗迹现象保存较好,开口于①层下。

此次勘探中所发现的古城墙遗迹与Ⅷ-13地块所发现的古城墙迹象连接完整。依据史料记载,该段城墙应为通州古城的东城墙和东门的瓮城所在,城墙基础保存尚好,为研究通州古城墙的形制提供了难得的考古学依据。

三、潞河驿码头遗址

潞河驿码头遗址位于中仓街道东关大桥西端偏南50米。潞河驿于明永乐间建于通州城东门外偏南大运河西畔,为水陆驿,既有马,又有船,是北京地区独具特色的驿站。外国使节走水路入京回国多于此转乘马、船,礼部官员接送于此。清康熙年间,驿站南移至张家湾城南通运桥南端偏西,此处驿站废去,但驿亭与水驿码头尚存。驿码头遗址东距运河西岸近30米,距现地面约10米,花岗岩条石砌垒,2004年春因铺过河管道发现,取土竖井正凿其上,露出石壁,两端尚掩,长度不明。此码头遗址西侧即是潞河驿处[1]。

四、皇木厂遗址

皇木厂遗址位于张家湾镇皇木厂村东北,为区文物保护单位。明永乐五年(1407年)朱棣拟迁都北京,着手营建帝都,遂诏令工部伐取湖广川蜀等地珍贵木材,转入运河,但因通惠河淤浅,又有数闸相阻,不便航运,即于此择地置厂,由水运来京的木材,均储放在此,称皇木厂。嘉靖六年(1527年)通惠河经过修浚,通州至张家湾间运河通航,南来的皇木可直达通州城下,即于通惠河口北侧再建皇木厂。至光绪二十六年(1900年),京津铁路通车,北运河停航,皇木厂停用,成为遗址。皇木厂长、宽约100米,四周围以砖墙,设东、西大门,有官兵值守,掌握皇木厂出入收发。民国年间,厂内建筑被拆除,现存墙基及东门铺地金砖一块,边长1米余。尚存古槐一株,为当时管理木厂官吏所植,高约20米,胸径1.5米,主干粗矮,枝叶茂盛[2]。

[1]北京市文物局编著:《北京文物地图集》,科学出版社,2009年。
[2]北京市文物局编著:《北京文物地图集》,科学出版社,2009年。

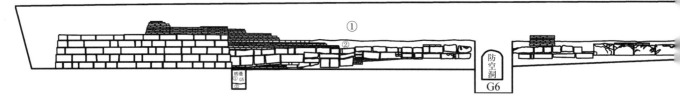

图五八　通州古城北城墙北壁正视图

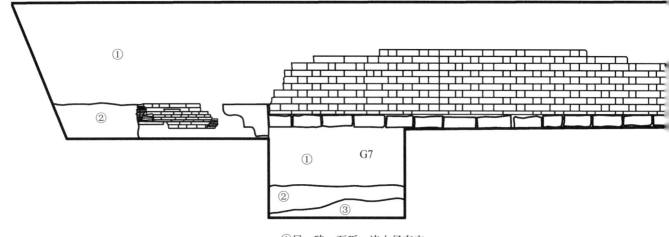

①层：砖、瓦砾、渣土经夯实

②层：红褐色夯土

③层：深褐色夯土

图五九　通州古城瓮城城墙东壁正视图

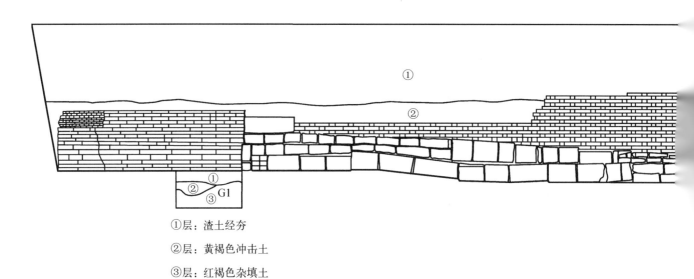

①层：渣土经夯

②层：黄褐色冲击土

③层：红褐色杂填土

图六〇　通州古城东城墙外侧正视图

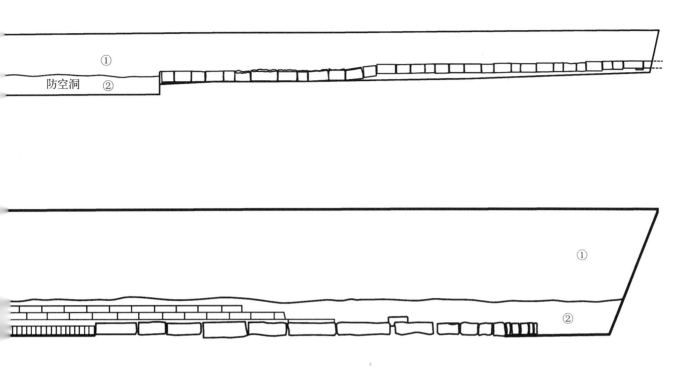

防空洞 ①②

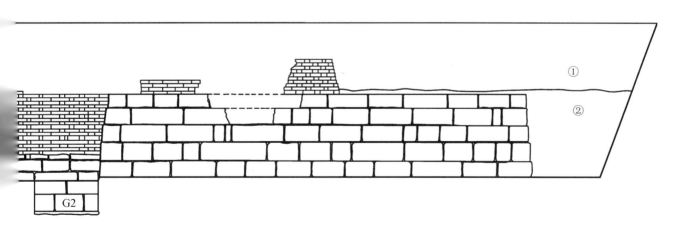

G2

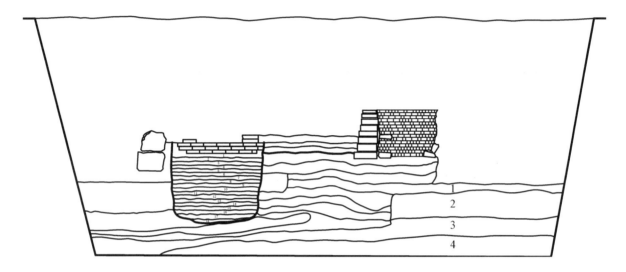

图六一　通州古城G6东壁正视图

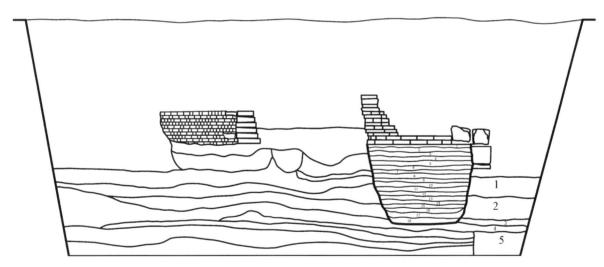

图六二　通州古城G6西壁正视图

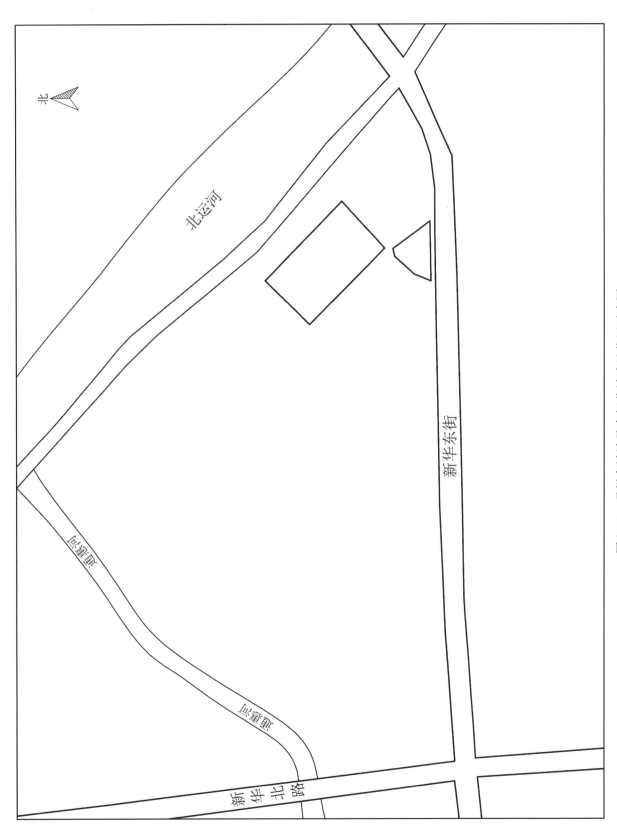

图六三 通州东城墙及东门瓮城遗址位置示意图

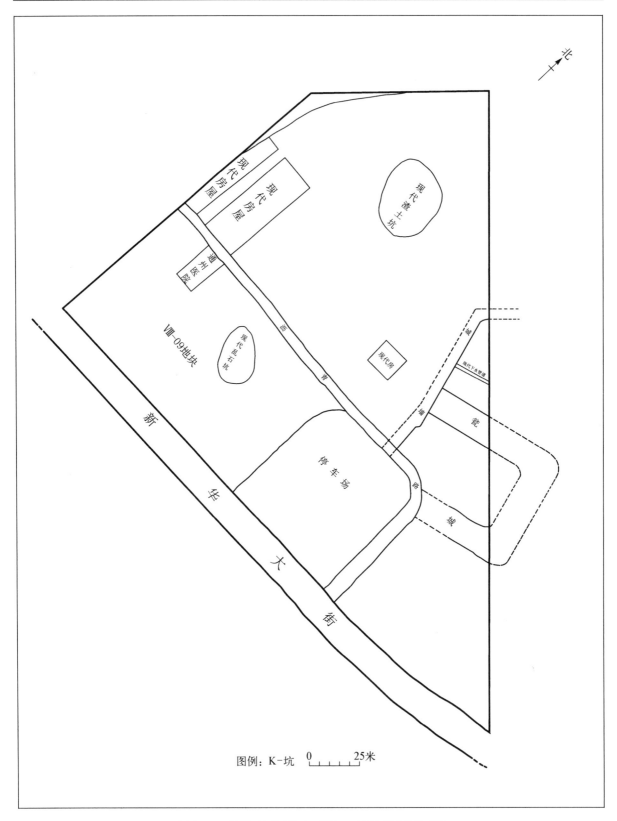

图例：K-坑　　0 ⌐_⌐_⌐ 25米

图六四　通州区运河核心区Ⅷ-09地块勘探平面图

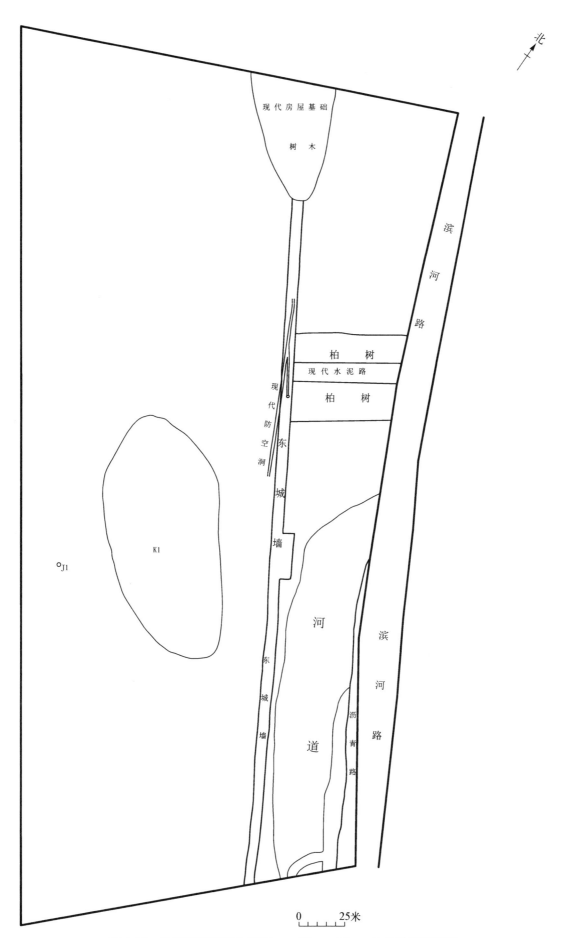

北

现代房屋基础

树木

滨河路

柏树

现代水泥路

现代防空洞

柏树

东城墙

K1

○J1

河道

滨河路

东城墙

沥青路

0　　　　25米

图六五　通州区运河核心区Ⅷ-10、Ⅷ-11、Ⅷ-12地块勘探平面图

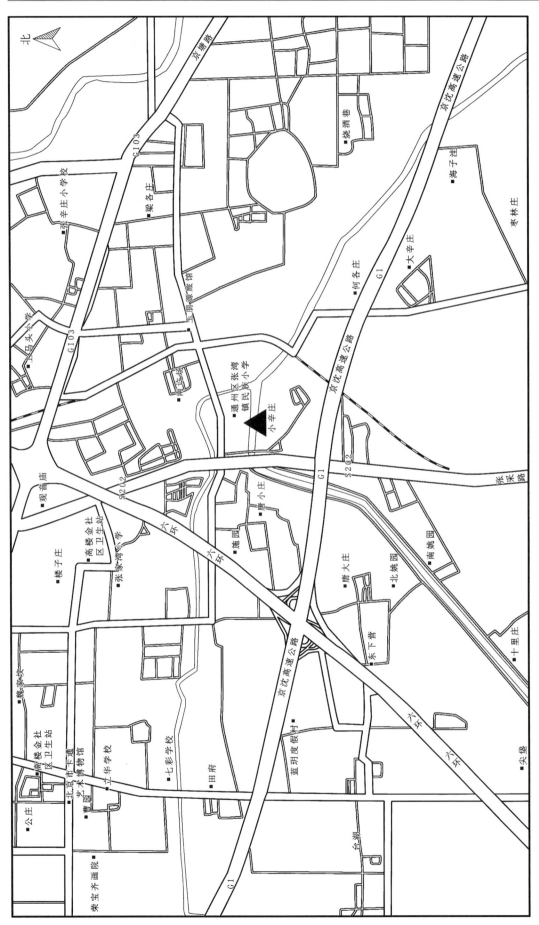

图六六 通州清真寺遗址发掘位置示意图

五、通州清真寺遗址

清真寺遗址位于通州区东部，东邻清真胡同，北邻通州民族小学（图六六）。2005年3月28日～3月31日，为配合通州区清真寺二期复建工程，北京市文物研究所对清真寺帮克楼、沐浴房、更衣室、垂花门、影壁墙等遗址进行了考古发掘，发掘面积约200平方米，共清理出帮克楼、沐浴房、更衣室、影壁墙4处建筑基址（图六七）[1]。

帮克楼位于清真寺院内中部，西距正殿4.25米，北距讲经堂8.53米。坐西向东，方向92度。该遗址被严重破坏，只残留底部基础，平面呈正方形，边长为6.25米；由东、西两门，四周基础，8个磉礅和散水组成（图版三一）。

东门因被严重破坏，未发现残留痕迹。西门位于遗址西侧，南北宽1.8米，进深0.9米，基础西侧踏跺仅残留衬石，东距基础边缘0.23米，南距台基西南角1.9米，衬石南北残长2.04、宽0.4、厚0.08米。南端有凹槽，长方形，南北长0.37、宽0.3、深0.01米；北端凹槽距南端凹槽1.42米，南北残长0.16、宽0.25米。垂带、踏跺均被破坏。

四周基础宽1.74～1.8米，建在同一夯土层上。东西基础结构相同，先采用大小不等、规格不同的青砖块、土加白灰在夯土平面上错缝垒砌0.48米，内收0.12米再用规格为0.3×0.14×0.06米的青砖、土加白灰错缝垒砌。外用厚为0.15～0.18米的石条包边，基础内用大小不等、规格不同的残砖、土加白灰所填，残深1.21米。两基础下为夯土，厚0.81米，分7层，每层厚0.08～0.11米，第一、二层为三合土，再向下为回填土加白灰夯筑。南北基础结构相同，用大小不等的残砖块、土加白灰在夯土平面上垒砌，砌制0.32米时内收0.1米，再用规格为0.3×0.14×0.06米的青砖、土加白灰错缝垒砌，砌制7层砖，至0.53米时上平放石条；南基础残留两层，地面以上残高0.2～0.25米。北基础被严重破坏，残深0.74～0.85米，基础内用大小不等的残砖、土加白灰所填。两基础下夯土用回填土加白灰所夯筑，厚0.64米，共分5层，每层厚0.1～0.14米。

磉礅8个。磉礅1位于台基东北部，东北角距北基础边1.1米，距东基础边1.22米，正方形状，边长0.61米，青砖、土加白灰砌制，砖规格为0.3×0.15×0.06、0.28×0.14×0.06米。磉礅2位于台基东南部，北距磉礅1为2.17米，形状大小结构同上。磉礅3位于台基的西南部，东距磉礅2为2.63米。该磉礅被严重破坏，只残留底部痕迹。磉礅4位于台基的西北部，东距磉礅1为2.73米，形状结构同磉礅1。磉礅5、6被严重破坏，只残留底部痕迹。磉礅5位于台基的西北角，磉礅6位于台基的东北角。5、6相距3.83米，都为长方形，东西长1米，宽0.85米。磉礅7位于台基的东南角，和磉礅6相距4.25米，残留底部痕迹，为长方形。南北长1米，宽0.95米。磉礅8位于台基的西南角，与磉礅7相距4.03米，残留底部，底部是一个石磉。长方形，东西长1米、宽0.8米，中间有一圆孔，直径0.3米，内填三合土。该房基内填土为回填杂土。

散水被严重破坏，只残留基础南部散水，东西残长4.75、宽0.5米，用青砖砌制，外用青砖包

[1] 北京市文物研究所：《清真寺部分遗址考古发掘完工报告》，载宋大川主编：《北京考古工作报告（2000～2009）》（建筑遗址卷），上海古籍出版社，2011年。

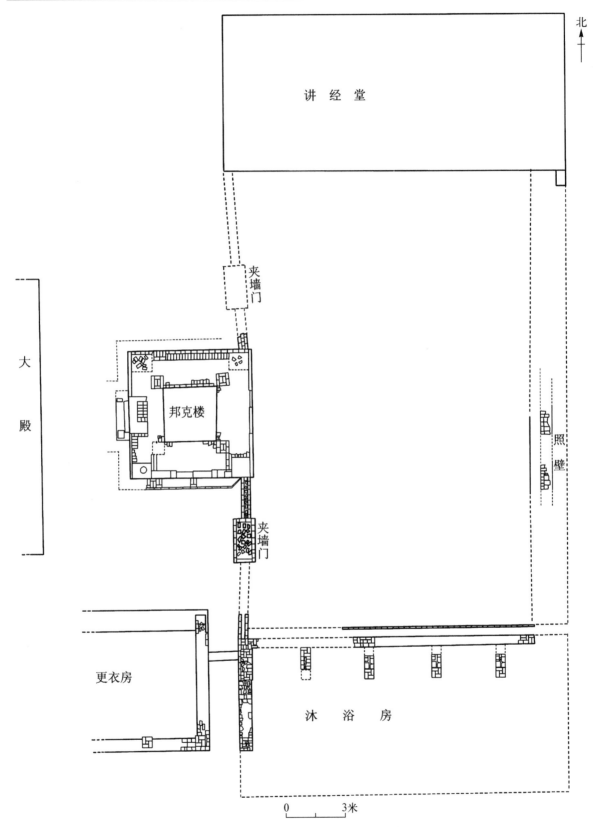

图六七　通州清真寺部分遗址平面分布图

边,砖规格为 0.3×0.14×0.06 米。

帮克楼南侧围墙:位于帮克楼与沐浴房中间,南北长 7.95 米,南端与沐浴房西北角相连,北端与帮克楼东南角相连,为夹心墙,宽 0.45 米,残高 0.65 米,用青砖加青灰和白灰错缝垒砌、包边,内填残砖块,砖规格为 0.3×0.14×0.06 米。

夹墙门基础位于帮克楼南侧围墙偏北,长方形,南北宽 2.1、东西长 1.08、残深 1.15 米,四周用单砖包边,内填残砖块。帮克楼北侧围墙、夹墙门应与南侧对称,因不具备发掘条件,故未做清理(图六八;图版三二)。

沐浴房位于帮克楼的东南部,北距讲经堂南台基边 22.6 米,西距更衣房东墙基 1.5 米,坐南向北,方向 2 度。基础破坏严重,平面呈长方形,东西长 15.7、南北宽 7.63 米,只残存北墙基和西墙基,东、南两基础均被近代基础破坏,未留痕迹。另在该基础平面上,残留 6 个磉礅(图六九;图版三三)。

北基础东西残存长 15、宽 0.45、残深 0.7 米,采用青砖加青灰错缝垒砌,砖规格为0.3×0.14×0.06 米。西基础南北残长 5.4、宽 0.65、残深 0.53 米。该基础为夹心基础,外用青砖砌边,内填大小不等的残砖块,用砖规格同上。

磉礅 6 个,1~5 为双磉礅,两磉礅相距 0.65 米。磉礅 1 位于房基础东部北边,西距磉礅 2 为2.75 米,北端磉礅被破坏,残存南端,正方形,边长 0.45 米,用青砖土加白灰砌制,用砖规格为0.3×0.15×0.06 米。磉礅 2 西距磉礅 3 为 2.9 米,北端磉礅被破坏,残存南端,形状结构同磉礅 1。磉礅 3 西距磉礅 4 为 2.67 米,北端被破坏,残存南端,结构同磉礅 1。磉礅 4 西距磉礅 5 为 2.7 米,南端被破坏,残存北端,形状结构同上。磉礅 5 东距磉礅 4 为 2.7 米,形状结构同上。磉礅 6 北距磉礅5 为 2.83 米,方形,边长 0.65 米,用大小不等的残砖块、土加白灰砌制。以上基础均建在同一夯土平面上。夯土厚 0.3 米,分三层,每层厚 0.08~0.12 米。第 1 层为三合土,以下两层用回填土加白灰所夯筑。

四周散水被严重破坏,只残存北基础外部分散水,东西残长 8.5 米,散水内铺砖,大多已被破坏,只残存散水外包边砖,砖规格为 0.27×0.13×0.06 米。沐浴房内为近现代杂填土。

更衣室位于沐浴房西侧,东距沐浴房西墙基 1.5 米,坐南向北,方向 2°,平面呈长方形,东西残长 5.3 米、南北宽 6.6 米。基础西半部被压在近代基础下,无法清理。从该基础东半部情况看,残存东基础、南基础和北基础(图版三四)。

东墙基础南北长 6.6 米,宽 0.61 米。该基础为夹心基础,用大小不等的残砖块、土加白灰错缝垒砌,基础北端用规格为 0.3×0.14×0.06 米的青砖加青灰错缝垒砌。北端基础外有一块石条包边,长 0.9、厚 0.11 米;墙心内填大小不等的残砖块,残高 0.45 米。南墙基础东西残长5.3、宽 0.61 米。该基础用大小不等的残砖块、土加白灰砌制。该基础上残存两个磉礅。磉礅 1位于房基础东南角,距东基础边缘 0.25 米,距南基础边 0.2 米,平面呈正方形,边长 0.45 米,采用青砖、土加白灰砌制,砖规格为 0.3×0.15×0.06 米,磉礅 2 东距磉礅 1 为 2.25 米,大小结构同磉礅 1。北基础破坏较严重,只残留基础下夯基,东西残长 3.65 米,宽 1 米。影壁墙位于遗址东部,西距帮克楼东台基边 14.5 米,南北残长 3.8、残宽 0.2~0.4 米,残深 0.55 米,用大小不等的残

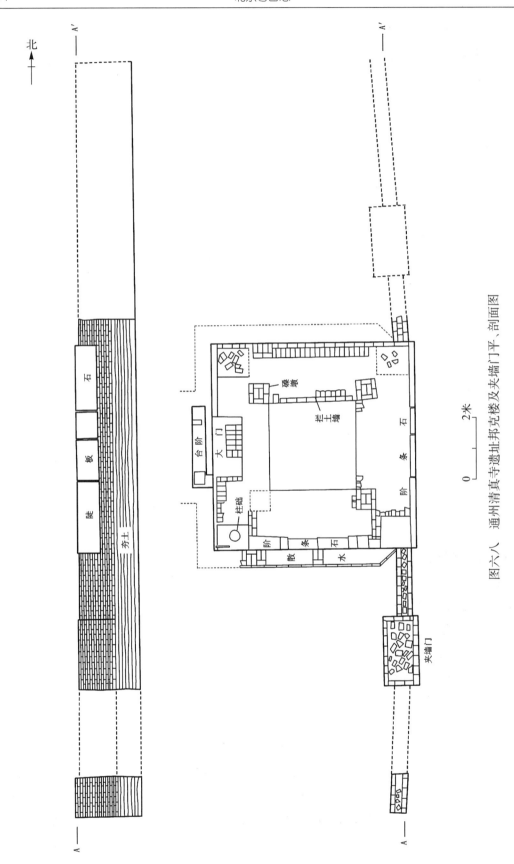

图六八　通州清真寺遗址邦克楼及夹墙门平、剖面图

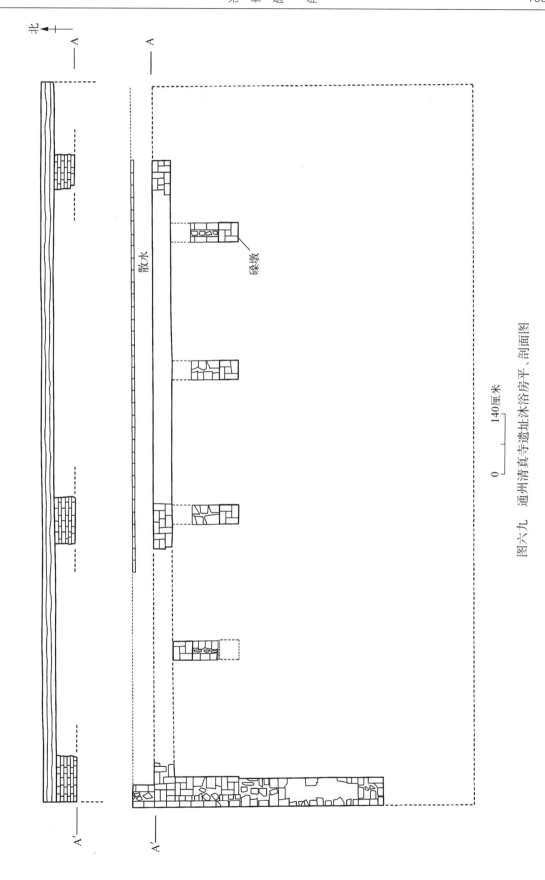

北

散水

磉墩

0　　140厘米

图六九　通州清真寺遗址沐浴房平、剖面图

砖块、土加白灰所砌。基础下为夯土,夯土残宽1.1、厚0.65米,共分6层,每层厚0.1~0.12米,夯土第1层为三合土,其余为回填土加白灰所夯筑。影壁墙南北应各有一垂花门,现已被破坏,未留下痕迹。

从清理出的建筑基础的形制、建筑方法和建筑用料来看,这些遗址为清代遗存。这次发掘获得的资料,对研究清真寺建筑的布局、形制和年代具有重要意义,也为下一步的复建工作提供了科学依据。

六、张家湾城南城门遗址

张家湾是元代开凿的通惠河、萧太后河和凉水河(明代又称浑河)汇入白河处,自张家湾以下,运河水量充沛,水势较大,利于航运。明代前中期,漕船经运河北上至张家湾后,运河难以通航,因而各种漕运物资皆在张家湾转运,"凡四方之贡赋与士大夫之造朝者,舟至于此,则市马僦车,陆行以达都下,故其地水陆之会而百物之所聚"[1],张家湾因此成为运河北端漕运枢纽。明嘉靖四十三年,顺天府尹刘畿以边警请筑张家湾城。工部议准,敕府丞郭汝霖、通判欧阳昱等监筑。周围九百五丈有奇,厚一丈一尺,高二丈余,内外皆甃以砖。东南滨潞河,西北环以壕,为门四,各有楼,又为便门一,水关三,中建屋若干。万历三十三年修,四十年知州杨忠裕修,崇祯四年修。国朝以来,间有修葺。现在多圮,惟城门启闭如旧[2]。

张家湾城南城门遗址位于通州区张家湾镇张家湾村南侧萧太后河的北岸,正对运通大桥(图七〇)。2005年5月,为配合张家湾南城门复建工作,北京市文物研究所对遗址进行了考古发掘,发掘面积150平方米[3]。

张家湾南城门现状破损严重,宽13米,进深7.8米。东侧门墩残高1.2米。城墙内侧门墩破坏十分严重,外层条石已没有,只剩下内部青砖白灰基础,砖规格为0.47×0.24×0.13。西部门墩上部已被破坏,只剩一层边石和基础。门墩北部被配电室破坏(图七一)。

门道位于城门中央,长7.8米,前端宽4米,后端宽4.8米,门洞2.4米处设置有城门,门柱础保存良好,柱础石长1.1米,宽0.7米,呈方形,下部凿一海窝,直径0.21米。门道内铺有条石,大部分被破坏。

门道两侧的城门基础前宽后窄,前宽4.5米,后宽4.1米,长7.8米。四周用石条白灰砌,中部用青砖白灰填砌,两侧对称,门前有散水石一排与门前的铺地石相连。

城门前的铺地石和通运桥的铺面石连接。城门两侧与城墙连接,城墙宽3.6米,两边用砖砌0.97米宽的墙,中部填土夯实,夯迹不明显。在西墩城墙内侧有踏步石,残长2.9米,宽2.15米,台阶已被破坏,台阶间距不清。

[1](清)高天凤修,金梅等纂:乾隆《通州志》卷一〇《艺文》。
[2](清)高建勋等修,王维珍等纂:光绪《通州志》卷二《建置·城池》。
[3]北京市文物研究所:《张家湾城南城门考古发掘报告》,载宋大川主编:《北京考古工作报告(2000~2009)》(建筑遗址卷),上海古籍出版社,2011年。

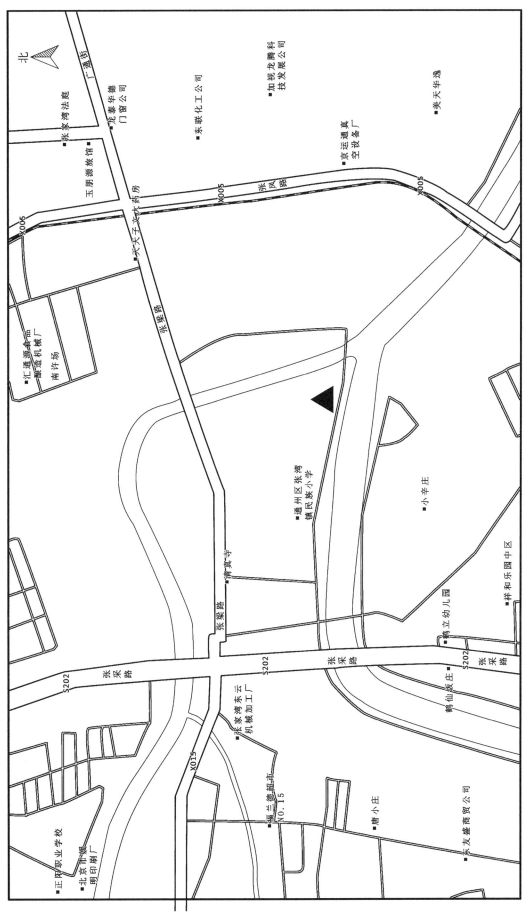

图七〇 张家湾城南城门遗址位置示意图

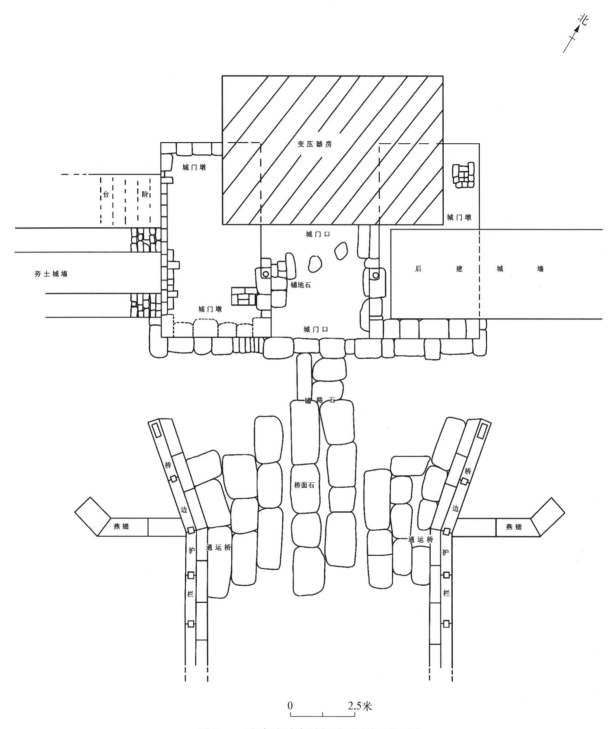

北

变压器房

城门墩

台

阶

城门墩

城门口

夯土城墙

铺地石

城门墩

后　建　城　墙

城门口

铺　路　石

桥面石

桥

边

桥

边

燕翅

护

栏

通运桥

通运桥

护

栏

燕翅

0　　　　2.5米

图七一　张家湾城南城门遗址发掘平面图

七、安定营遗址明清时期古井与墓葬

安定营遗址发现的遗存包括墓葬与古井。

（一）清墓

清墓5座，均为长方形竖穴土坑墓，东西向[1]。

M2南邻M3（图七二），方向75°，长方形竖穴土圹墓，墓口距地表0.3米，墓底距地表0.9米。墓室东西长2.2米，宽1.0米。四壁较直，墓底平坦。内填花土，土质略硬。内置单棺，（已朽）棺长1.9米，宽0.68~0.8米。棺内骨架保存较差，头东足西，面向不详，为仰身直肢葬。随葬品有铜钱等。

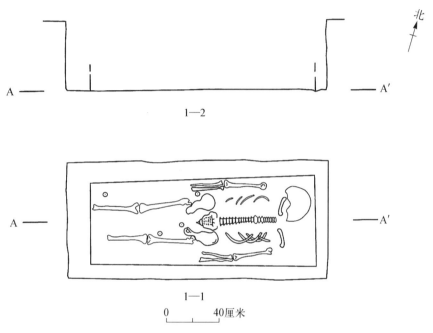

图七二 安定营遗址M2平、剖面图

M3南邻M2（图七三），方向80°，长方形竖穴土圹墓，墓口距地表0.3米，墓底距地表1.5米。墓室长2.4米，宽1.7~1.8米。内填花土，土质略硬。内置双棺，（已朽）北棺长1.7米，宽0.58~0.7米；南棺长1.62米，宽0.6~0.64米。两棺内骨架保存一般，头东足西，为仰身直肢葬。随葬品有铜簪3、耳饰和铜钱。

M4西邻M5（图七四），方向90°，长方形竖穴土圹墓，墓口距地表0.3米，墓底距地表0.9米。墓室长2.6米，宽1.92米。内填花土，土质略硬。内置双棺，北棺（已朽）长1.96米，宽0.6~0.7米；南棺长1.98米，宽0.58~0.62米。两棺内骨架保存一般，头东足西，为仰身直肢葬。随葬品有铜簪（残）、铜耳饰和铜钱。

---

[1] 北京市文物研究所：《北京经济技术开发区东部新区经海路四、五标段工程考古勘探报告》《北京经济技术开发区东部新区经海路四、五标段工程考古发掘报告》，载宋大川主编：《北京考古工作报告（2000~2009）》（亦庄卷），上海古籍出版社，2011年。

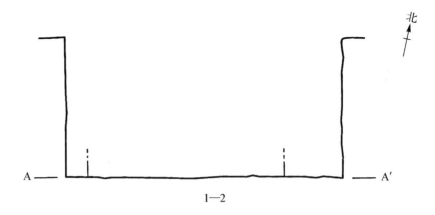

北

1—2

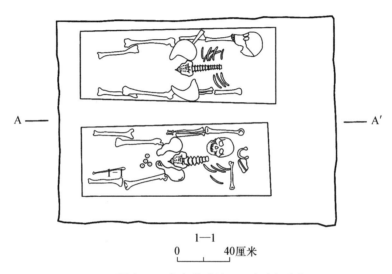

A ——　　　　　　　　　　—— A′

1—1

0　　　40厘米

图七三　安定营遗址M3平、剖面图

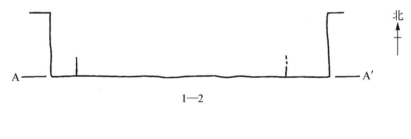

北

1—2

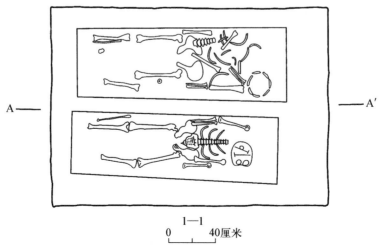

A ——　　　　　　　　　　—— A′

1—1

0　　　40厘米

图七四　安定营遗址M4平、剖面图

　　M5东邻M4（图七五），方向78°，长方形竖穴土圹墓，墓口距地表0.3米，墓底距地表1.0米。墓室长2.38米，宽1.14~1.2米。内填花土，土质略硬。内置单棺（已朽），棺长1.9米，宽0.6~0.7米。棺内骨架保存较差，头东足西，面向不清，为仰身直肢葬。随葬品有铜簪（残）和铜板。

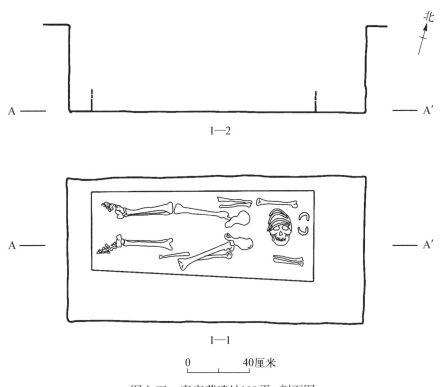

图七五　安定营遗址M5平、剖面图

　　M6南邻M3（图），方向80°，长方形竖穴土圹墓，上部被M2打破。墓口距地表0.3米，墓底距地表1.2米。墓室长2.46米，宽1.6米。内填花土，土质略硬。墓室内未见葬具及人骨架。初步推测该墓为搬迁墓，无随葬品。

　　（二）古井

　　明清时期古井2眼，均为椭圆形竖穴土圹井。

　　J2为竖穴土圹，椭圆形，井口距地表0.5米（图七六）。口径1.34~1.56米，井清理了2米（由于安全问题，未清理到底）。井壁较直，略光滑，壁面未发现工具加工痕迹。井内填土为黑褐色，质较软，内含素面板瓦片、残砖块、石块、白色釉瓷片、灰褐色陶片等。

　　J3为竖穴土圹，椭圆形，井口距地表0.5米（图七七）。口径1.1米，井清理2.0米（由于安全问题，未清理到底）。井壁较直，略光滑，壁面未发现工具加工痕迹。井内填土根据土色不同分为两层：第①层为黑褐色粘土，厚1.2米，土质较软，内含石块、素面板瓦片、白色釉瓷片、酱色釉瓷片等；第②层为黄色淤土层，厚0.8米，土质略松，包含物较少。以上两层为井废弃后形成的堆积。

　　根据井的形制、结构及井内出土物初步推测，J2、J3为明清时期。

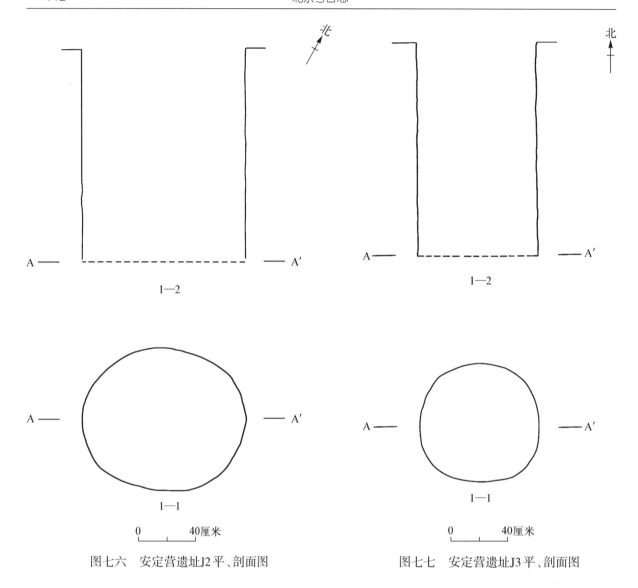

图七六　安定营遗址J2平、剖面图　　　　图七七　安定营遗址J3平、剖面图

八、通州运河核心区Ⅴ-01～Ⅳ-09地块遗址明清房址、窑址与墓葬

遗址发现的明清时期遗存包括房址、窑址、古井及墓葬[1]。

（一）房址

房址位于发掘区的中北部，均是青砖筑造，有院、房屋、大门（F2、F3破坏严重，没有发现院和大门），均开口于①层下，打破②层，因地势建造。房基采取"夹心式"墙体和桑礅相结合的方法用青砖筑成，夹心墙内外均用青砖错缝平砌而成。F1、F2、F3均是民用住宅。

F1位于发掘区北部，西南—东北向，大门位于F1的北部，面阔三间，面向东北，中间为明间，两边为暗间，前有廊子、庭院，南部设有灶房。F1长18.25米，宽7米，残高0.4米。

F2位于F1的东部，毁坏严重，从残存墙基迹象可看出房面向东北，中部有三间，南北各有一

---

[1] 北京市文物研究所：《通州区运河核心区Ⅴ-01、Ⅴ-02、Ⅳ-02、Ⅳ-03、Ⅳ-05、Ⅳ-08、Ⅳ-09地块考古发掘报告》，未刊。

灶，其他不详。F2长16.5米，宽4.75米，墙基残高0.35米。

F3位于F1、F2的南部，共三期，一期毁坏严重，从残存的遗迹现象可看出房面向东北，前设有廊子；二期被严重破坏，仅存一道"7"字形的残墙；三期也被严重破坏，仅存一层西南—东北走向的残墙。

F4位于发掘区中部，共两期。早期为两院，即西院和东院，后期把早期的东西两院稍加改建合二为一。早期，西院坐西面东，面阔五间，前为庭院，南北长17.9米，宽11.8米；东院从残存遗迹中可看出坐西面东，西部为上房五间，南北配房三间，中间是庭院，东西长18.5米，宽17.9米。后期，坐西向东，分为前院和后院，其建筑结构未变，东西长36.4米，南北宽17.9米。

（二）窑址、古井

窑址3座，位于发掘区东南部，均开口于①层下，打破②层。

Y1已遭破坏，平面呈马蹄形，坐西向东，现残存有火膛、窑室、操作间等部分。该窑应为烧制砖瓦之用。

Y2已遭破坏，平面呈圆形，坐西向东，现残存有火膛、窑室和部分操作间。该窑应为烧制砖瓦之用。

Y3已遭破坏，整体呈馒头状，坐南向北，现残存有窑室和操作间，操作间平面呈正方形，东西墙壁上各有一个壁龛。该窑为烧瓷的窑。

清代古井1眼。开口于①层下，时代为清。

J3位于发掘区的中南部，为圆形竖穴砖圈井，用青砖加泥土错缝平砌而成，应为饮水用井。

（三）明清墓葬

明清墓葬38座，大部分位于发掘区西南部，M30位于中西部，均开口于①层下，打破②层。墓葬均为长方形竖穴土圹墓。墓葬区内地表较平坦，渣土较深，墓葬较浅。很多墓已被扰乱，少数墓葬无葬具。根据葬具数量的不同分为单棺、双棺两种形式，墓葬方向较乱。双棺合葬墓仅有M4，其余37座均为单棺墓（M5~M41）。有棺木的墓葬为M5、M8、M9、M11~M14、M13、M14、M18、M20~M23、M25、M27~M41；无棺木的墓葬为M6、M7、M17、M19、M26；迁葬墓为M15、M24；幼儿墓为M16。叠压打破关系较多，M5叠压在M34、M35上，M16、M17叠压在M41上，M6、M21叠压在M39上，M25叠压在M33上，M22叠压在M32、M38上，M29叠压在M37上，M8打破M7。

此次发掘的遗迹现象多且丰富，年代跨度较大。从清理出的房址遗迹看，均为清末时期居住用房。烧窑形制偏大，紧邻运河且位于古城墙之外，砖、瓷窑俱在，推断应为当时百姓烧制生活用具的窑址。明清墓葬分布集中，打破关系与叠压关系较为复杂，随葬品简单，由此推断应为当时社会平民的埋葬区。

九、通州运河核心区古河道遗址

通州区运河核心区古河道遗址发现于通州区运河核心区IX-01至IX-04地块项目占地范围内。该项目位于通州区，东邻滨河路，北邻新华大街，西邻西上园住宅小区，南邻上营村（图七八）。

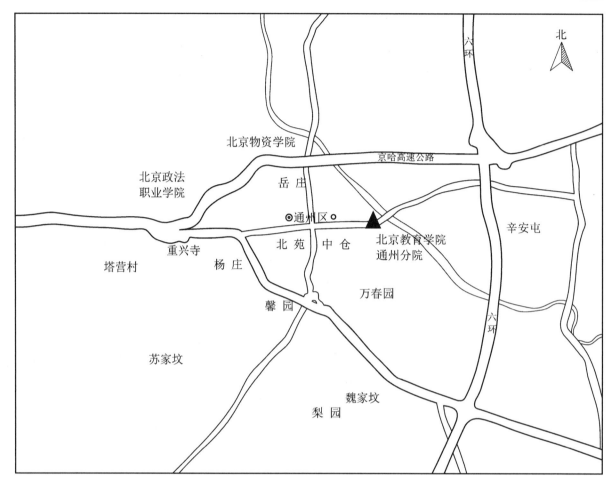

图七八　通州区运河核心区古河道位置示意图

2010年11月~2011年1月，为了配合通州区运河核心区IX-01至IX-04地块项目工程建设，保护地下文物，北京市文物研究所对该项目占地范围内发现的古河道、古路遗迹进行了考古发掘，发掘区东西长87.5米，南北宽45米，发掘面积3 937.5平方米[1]（图七九）。

为探明古河道及古路的详细资料，在探方区域分别挖东北—西南向的两条解剖沟进行发掘。解剖沟长87.5米，宽11米。南边为Ⅰ号解剖沟，北边为Ⅱ号解剖沟，解剖沟发掘深度距地表7.5米。在解剖沟东边发掘深5.3~5.5米时发现古河道东岸的路面，路宽12~12.5米，东侧出发掘区；在解剖沟西边发掘深5.3米时发现古河道西岸的路面，路宽6.6~8米，西侧被现代沥青路面叠压。河道东西宽66.3米，南北向延伸出发掘区，河道在距地表7.5米深处，不断有渗水无法下挖（图八〇）。

解剖沟内发现古河道一条，河道东西两侧各有古路一条。

古河道呈东北—西南走向，河道开口于②层下，距地表5.3~5.5米。东西宽66.3米，已发掘深度为7.5米，因河道底部不断渗水，土质湿软，无法发掘。河床中包含物有贝壳、瓷片、石

---

[1]　北京市文物研究所：《通州区运河核心区IX-01至IX-04地块古河道考古发掘报告》，未刊。

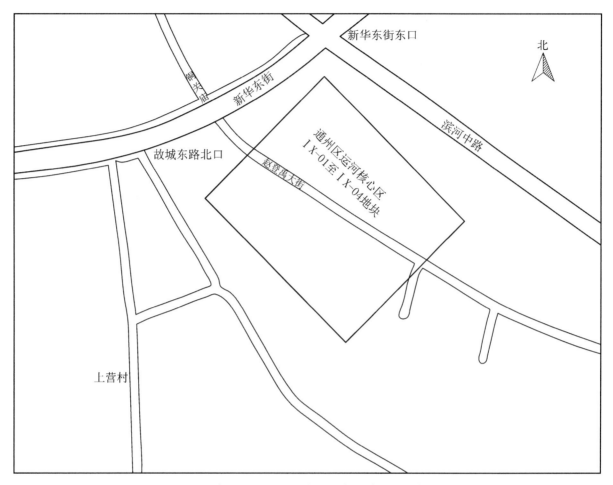

图七九　通州区运河核心区古河道勘探区位置示意图

栏杆等。

　　解剖沟东部古路编号为L1，东北—西南走向，开口于②层下，距地表5.3~5.5米。已发掘路宽12~12.5米，东侧出发掘区，叠压在围墙下面未发掘，路面土质较硬，踩踏面明显，踩踏面厚约5厘米，可分为三层（图八一）：

　　第一层：厚约0.3米，土质坚硬，层次明显，包含有青花瓷片、灰渣、砖渣、瓦渣。

　　第二层：厚约0.3米，距路面0.6米，土质坚硬，层次明显，包含有青花瓷片、灰渣、砖渣等。

　　第三层：厚约0.25~0.3米，距路面0.85~0.9米，土质坚硬，层次明显，包含有少量白釉瓷片、砖渣、灰渣。

　　解剖沟西部古路编号为L2，东北—西南走向，开口于②层下，距地表5.3米。已发掘路宽6.6~8米，西侧被现代沥青路面叠压未发掘，路面土质较坚硬，仅有一层，厚约0.3米，踩踏面明显，厚约5厘米，包含有砖渣、灰渣、瓷片等。

　　根据发掘工作中出土的陶器和瓷片推断，该古河道的使用年代应为元、明清时期，废弃于清晚期。据包含物推测，东部古路第三层形成于元时期，一、二层形成于明清时期。

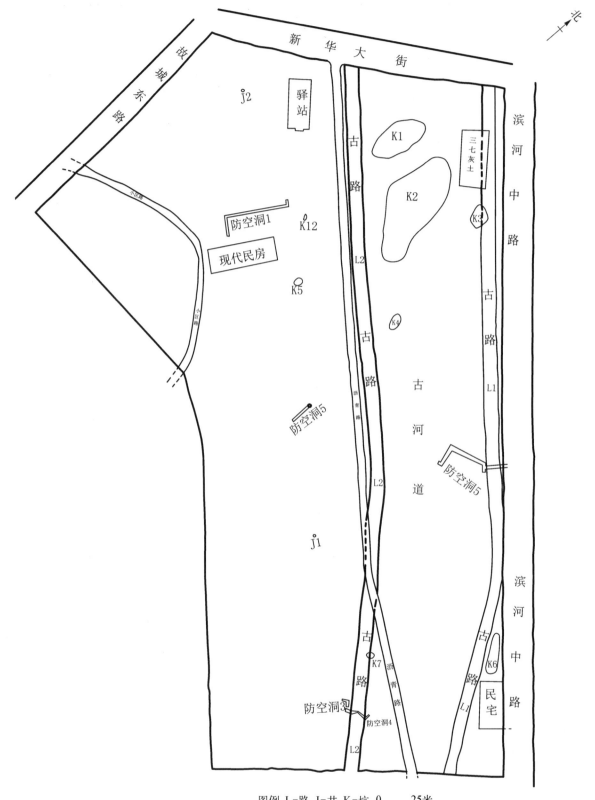

图例 L-路 J-井 K-坑　0 ⊢⊢⊢⊢⊢ 25米

图八〇　通州区运河核心区古河道勘探平面图

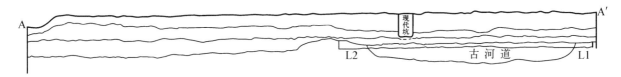

图例：L-路 比例 1:200

图八一 通州区运河核心区古河道勘探区地层剖面图

一〇、通州运河核心区5号地块二期遗址清代房址、明清窑址与墓葬

运河核心区5号地块二期遗址明清遗存发现于通州区运河核心区5号地块二期项目Ⅲ-01
至13，Ⅳ-01、04、06、07、10、11地块。该地块位于通州区的西北部，北邻通燕高速，西邻新华北
路，南邻通惠河。（图八二）

2012年12月~2013年4月，为了配合通州区运河核心区5号地块二期项目建设，保护地下
文物，北京市文物研究所对该地块占地范围内发现的古代遗存进行了发掘，发掘面积共计4 750
平方米，清理古代各类遗迹88处，其中清代房址4座；窑址7座，其中明代窑址5座、清代窑址1

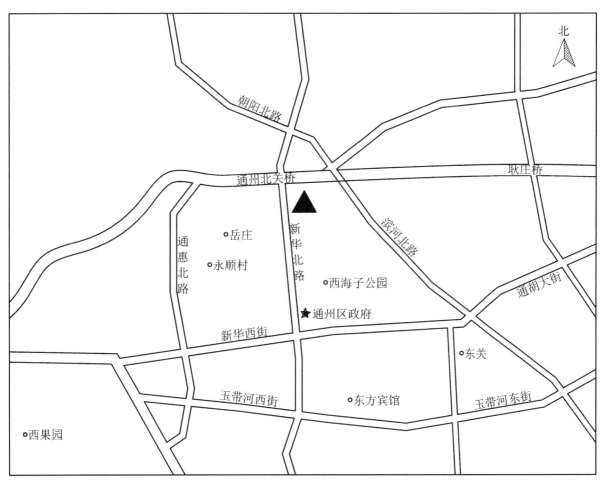

图八二 通州运河核心区5号地块二期遗址位置示意图

座、不明时代窑址1座;清理墓葬77座,其中战国墓3座、汉墓24座、唐墓4座、辽金墓13座、明墓2座、清墓30座、时代不明的墓葬1座[1]。

运河核心区5号地块二期项目遗址发现的明清遗存包括清代房址、明清窑址与明清墓葬。

（一）清代房址

清代房址4座,编号分别为F1—F4。

F1位于发掘的东北部,由北向南跨三个探方,分别为T0403、T0303、T0203,方向355°。开口于①层下,口距现地表0.25~0.35米,因遭破坏,平面呈长方形,南北长27米,东西残宽16米。基础现残存东、南、北各一条。东基础呈南北向,长27米,宽1.7~1.75米;北基础呈东西向,长16米,宽2.8~3.55米;南基础仅残存长1.6米,残宽1.45米。在该房址的基础内共发现5个磉墩,这5个磉墩呈南北向,有序排列,由于遗址被严重破坏,磉墩大小稍有差别,基本为1.5×1.5米,平面近似方形。这排磉墩距东墙基0.8米,现由南向北依次按排列编号进行叙述:1号磉墩距南基础3米,2号磉墩距1号磉墩2.55米,3号磉墩距2号磉墩2.7米,4号磉墩距3号磉墩2.5米,5号磉墩距4号磉墩2.3、距北基础1.85米。这座房屋遭严重破坏,基础仅剩余一部分,且结构断续。东、南、北三条基础采用瓦砾、黄褐色土及少量白灰掺和夯实而成。基础现存夯土厚0.7~0.75米,共分三层,每层厚0.2~0.25米,夯质密实、坚硬,分层明显。5个磉墩现存夯层不一,分3~4层,每层厚0.2~0.35米。初步推断此房址为明清时期房址。

F2位于发掘区的东北部,由西向东,从T0502延伸至T0502东扩方,由北向南,从T0502、T0502东扩方延伸至T0402、T0403内,方向0°。开口于①层下,口距现地表0.1~0.3米。平面近似长方形,东西长10.8米,南北宽6.4米,基础保存基本完整。南部部分利用F1的北基础,部分夯土采用黄褐色土掺和白灰夯实而成。夯质密实、坚硬,分层明显,夯土厚度0.2~0.25米。基础宽窄不等,在0.6~0.75米,基础东西向有两条,南北向有四条,由西向东第2条基础的南部被M61打破,其余三条较完整。初步判断该房址为清代时期房址。

F3位于发掘区的中东部,从T0302探方内向东延伸,被现代垃圾沟打破,方向355°。开口于①层下,口距现地表0.15~0.25米。平面近似长方形,东西长10米,南北宽5.4米。根据北墙基现残存长9.4米,南基础现残存长7.6米,南北向基础现残存4条,保存基本完整,每条长5.4米,基础宽0.6~1米。北基础东部残存有青砖基础,长6.7米,第一层砖厚0.11米,用青砖残块砌制。残存基础全部采用黄褐色土掺和少量白灰夯实而成。夯质密实、坚硬,分层明显,夯层厚0.25米,南部基础已被破坏,夯土已不存在。根据遗迹现状,初步判断其为清代时期房址。

F4位于发掘区的东南部,由南向北跨5个探方,分别是T0101、T0102、T0103、T0201、T0202。开口于①层下,口距现地表0.25~0.3米。因遭严重破坏,平面呈长方形,东西长18.2米,南北宽16.25米,现仅残存东基础和南基础。东基础呈南北向,现残存长16.25米,宽1.3米;南

---

[1] 北京市文物研究所:《通州区运河核心区5号地块二期项目Ⅲ-01至13、Ⅳ 01、04、06、07、10、11地块考古发掘报告》,未刊。

基础现残存长18.2米，宽1.8米。在南基础以北、东基础以西残存有6个磉墩，编号排列为1~6号，这6个磉墩分为南北两排，南面一排4个磉墩，北面2个形成一排，这两排磉墩的排距和各磉墩间的间距距并不一致。南排4个磉墩编号为1~4号，北排2个磉墩编号为5号和6号。南排由东向西依次为1~4号，1号磉墩距南基础2.8米，距东基础2.5米；2号磉墩距南基础2.7米，与1号磉墩之间的间距是2.6米；3号磉墩距南基础2.6米，距离2号磉墩2.45米；4号磉墩距南基础2.6米，与3号磉墩之间的间距是2.9米。北排由西向东分别为5号与6号磉墩，5号磉墩南距2号磉墩2.6米；6号磉墩南距1号磉墩2.4米，6号磉墩与5号磉墩之间的间距为2.6米。该房址基础遭严重破坏，每个磉墩大小不一，1号磉墩呈方形，边长1.5米；2号磉墩呈长方形，东西长1.45米，南北宽1.25米；3号磉墩呈方形，边长1.4米；4号磉墩呈方形，边长1.4米；5号磉墩呈长方形，南北长1.7米，东西宽1.5米；6号磉墩呈长方形，南北长1.7米，东西宽1.45米。残存的基础和磉墩采用瓦砾、黄褐色土及少量白灰掺和夯实而成。基础夯土厚0.7~0.75米，共分三层：第一层厚0.35米，第二层厚0.2米，第三层厚0.2米，夯质坚硬。磉墩夯土厚0.75~0.8米，共分三层：第一层厚0.3米，第二层厚0.25米，第三层厚0.25米，分层明显，夯质坚硬。另外，该房南部残存有青砖包边，包边砖呈东西向，用青砖残块砌制，距南基础0.5~0.7米，东西长8.2米，南北宽0.4~0.8米，残存高度0.5~1.0米。根据遗迹现状，初步判断其为清代时期房址。

（二）明清窑址

明清窑址6座，其中明代窑址5座、清代窑址1座。

明代窑址5座，编号分别为Y1、Y2、Y3、Y4、Y5。

Y1位于发掘区的西南部，南邻Y2，方向90°，开口于①层下。平面近似"8"字状，由于被严重破坏窑室顶部已坍塌，仅存底部。东西长10.6米，南北宽3.4~5.7米，残存高1.5~2.9米。窑室周壁红烧土较厚，最厚处0.5米，窑室底部东西长9.9米，南北宽2~5.4米，整个窑体呈斜壁平底。由操作间、火门、窑室和烟道组成。

操作间位于火门的东部，平面近似椭圆形。发掘口部东西长4.9、底部东西长4.2米，口部南北宽1.3~3.4、底部南北宽2米。斜壁平底，内填花土，土质较杂，内含红烧土颗粒、炭灰、素面残砖块、布纹瓦片等。位于火门处操作间的南、北两壁残存有砌砖，用素面残青砖相互错缝平砌而成，南壁残存长1.8米，残高0.8米，北壁残存长0.7米，残高0.66米。根据发掘情况推测，该砌砖可能用以加固操作间的火门两侧，残砖规格为0.36×0.18×0.07米。操作间向西即为火门。

火门位于操作间的西部，顶部已被破坏仅残存底部少量砌砖。火门剖面呈三角状，东西长1.5米，南北口部宽0.14、底部宽0.2米，深1.3米，底部略宽与口部。火门的南、北两壁用素面青砖和青砖残块相互错缝平砌而成，上部残存有3层封砖，火门口部南、北两侧各有一排较规律的砌砖，砌砖间距0.6米，东西进深0.6米。根据发掘情况推测，火门上部封砖以上的砌砖可能为火口。用砖规格为0.36×0.17×0.07、0.23×0.2×0.013米。火门向西与窑室内的火膛连接。

窑室位于火门的西部，口部平面近似圆形，口大底小，斜壁平底，顶部已坍塌残存底部。东西口部长4.8、东西底部长4.7米，南北口部宽5.7、南北底部宽5.46米。窑室周壁有清晰的烧结面，烧结面外有红烧土，厚0.5米左右。窑室由火膛和窑床组成。火膛位于火门与窑室之间，平面近似船状，东西口部长2、底部长1.8米，南北口部宽5.1、底部宽5米，斜壁平底，火膛的四周残存有黑色烟熏痕迹，西壁用青砖残块相互错缝平砌而成，残砖规格为0.23×0.2×0.13米。内填黑褐色草木灰，较疏松，内含少量红烧土颗粒、残砖块。火膛向西与窑床相连，窑床平面近似月字状，南北口部长5.7、底部长5.4米，东西口部宽2.8、底部宽2.9米。斜壁平底，底部四周残存有烧结面，内填红褐色土，土质较硬，内含少量残砖块、布纹瓦片。窑室向西与烟道相连。

烟道位于窑室内窑床的西侧，总体平面近似长方形，南北长2.86米，东西宽0.62米。烟道的东壁用青砖砌制，底部有7个方形小孔，小孔规格为0.18×0.18米，个别为0.2×0.23米，每个方孔间距0.18米。烟道内部有三条东西向的隔墙，将烟道隔成四个方形出烟孔，口部烟孔规格为0.5~0.78米，底部7个小孔向内汇总形成四个出烟孔，向上直达窑室的顶部。烟道用砖规格为0.18×0.07米，均为残砖。烟道的西壁有清晰的青色烧结面。烟道内填红褐色烧土，土质较硬，内含有少量残砖块。

Y2位于发掘区的西南部，北邻Y1，方向90°，开口于①层下。平面近似"8"字状，由于被严重破坏窑室顶部已坍塌，仅存底部，口大底小，斜壁平底。东西长10.6米，底部总长9米，口部南北宽2.9~5.5米，底部宽2.16~4.4米，残存高1.6~2.9米，周壁红烧土厚约0.25米左右。主要由操作间、火门、窑室和烟道组成。

操作间位于火门的东部，口部平面呈不规则形。发掘口部东西长4.2、底部东西长3.3米，口部南北宽2.9、底部南北宽2.15米，残高1.6米。斜壁平底，内填花土，土质较硬，内含红烧土颗粒、炭灰、素面残砖块、布纹瓦片等。位于火门处操作间的南、北两壁各残存有一排东西向的砌砖，单砖平砌，该砌砖大部分为残砖。根据发掘情况，南侧残存7层砌砖，北侧仅残存2层，应为装饰或加固火门所用。砌砖规格为0.37×0.18×0.08米。操作间向西与火门相连。

火门位于操作间的西部，顶部已被破坏仅残存底部砖。火门剖面呈三角状，东西长1.3米，南北口部宽0.16米，高1.3米。火门的两壁用素面青砖和青砖残块砌制，底部呈斜坡状。火门的上部有一个0.85米的南北向缺口，该缺口具体作用有待确定。火门内填土为灰褐色草木灰，土质较松，含有较多的炭灰颗粒。火门内砌砖规格为0.38×0.20×0.08米。火门西侧即为窑室。

窑室位于火门的西部，顶部已被破坏，仅残存底部，口部平面呈圆形，口大底小，斜壁平底。东西口部长5.1、东西底部长4.4米，南北口部宽5.5、南北底部宽4.4米。窑室周壁有清晰的烧结面，烧结面外有红烧土，厚0.25米左右，最厚处达0.4米。窑室由火膛和窑床组成。火膛位于窑床的东部，平面近似船状，斜壁平底，南北口部长3.9、口部东西宽1.8米，底部东西宽1.7米。火膛的四周用青砖残块相互错缝平砌而成，火膛的底部较平，残存有清晰的青灰痕迹，火膛底部距窑床1.3米。内填黑褐色草木灰，较疏松，内含少量红烧土颗粒、残砖块。火膛向西与窑床相连，窑床位于窑室内火膛的西部，窑床平面近似月字状，东西口部长3.3、底部东西长2.6米，南北口部宽5.5、底部宽4.4米，残高1.6米。口部较大，底部较小、平，底部四周残存有烧结面，内填红褐色土，土质较硬，内含少量残砖块、布纹瓦片。窑室内火膛砌砖规格与火门相同，窑室向西与烟道相连。

烟道位于窑室内窑床的西侧，总体平面近似长方形，南北长2.6米，底部长2.4米，口部宽0.7

米,底部宽0.6米。烟道的底部高于窑床底部0.1米左右。烟道的周壁有清晰的青色烧结面,由于烟道破坏较为严重,仅残存底部痕迹,其形状结构不详。烟道内填土与操作间相同,烟道壁的红烧土厚0.25米左右,从剖面上看烟道呈口大底小的倒梯形结构。

Y3位于发掘区的西南部,南邻Y4,方向95°,开口于①层下。平面呈不规则形,由于被严重破坏窑室顶部已坍塌,仅存底部,窑室中部及火门被近代坑破坏。东西长11米,南北宽4.1~7.3米,窑口距窑底0.3~1.6米。由操作间、火门、窑室和烟道组成。

操作间位于火门的东部,平面呈近似"7"字状。东西长4.6米,南北宽7.3米,口部距底部0.4~1.1米。在火门处有一圆形坑,径长1.6米。操作间为斜壁平底,内填花土,土质疏松,内含红烧土点。在操作间北侧有3层砌砖,用素面残青砖相互错缝砌制,残砖规格为0.2×0.2×0.08米。在砌砖的东端开始向北侧倾斜,形成"7"字状。操作间向西即为火门。

火门位于操作间的西部,与操作间相连,剖面呈三角状,东西长1.86米,南北宽0.1~0.15米,高1.52米。火门的南、北两壁用残青砖相互错缝平砌而成。火门底部呈斜坡状,残存有0.06米的红烧土。火门内填灰褐色草木灰,较疏松,内含少量红烧土点。残砖规格为0.18×0.37×0.08米。火门西侧砌砖的上部有一层南北向封口砖,均为残砖,规格与西侧砌砖相同。火门向西即为窑室。

窑室位于火门的西部,平面近似圆形,顶部已坍塌残存底部,东西长4.56米,南北宽4.1米,窑口距窑底残存0.3~1.6米。窑室周壁有清晰的烧结面,烧结面外有红烧土,厚0.2米左右。窑室的中部被近代坑破坏。窑室由火膛和窑床组成。火膛位于火门的西部,平面近似船状,上部被现代坑破坏,仅残存底部,南北长3.4米,东西宽1.66米,残高0.8米,火膛底部距窑床1.3米,火膛底部为平底,周壁有清晰的烧结面,西壁用残青砖砌制,内填青灰色草木灰,较疏松,内含少量青砖残块、红烧土点。火膛向西与窑床相连,残砖规格为0.13×0.2×0.08米。窑床位于火膛的西部,平面近似月字状,底部已被破坏仅残存底部。窑床的东端有一宽约4.4米的现代坑,西侧被一长方形现代坑破坏,长2.1米,宽1米,深0.35米。窑床南北长4.1米,东西宽2.3米,残高0.3米。周壁红烧土厚0.2米左右,内填红褐色红烧土,土质较硬,内含少量残砖块。

烟道位于窑室的西壁,平面近似长方形,烟道中部被一近代坑破坏,南北长2.3米,东西宽0.4米,残高0.3米。由于被严重破坏其结构形式不详。

Y4位于发掘区的西南部,北邻Y3,方向90°,开口于①层下。由于被严重破坏窑室顶部已坍塌,仅存底部少许,操作间中部和窑室的南部分别被近代坑破坏,其平面结构不详。东西残长6.4米,南北宽4.1米,窑口距窑底0.1~1.7米,周壁红烧土厚约0.2米。由火门、窑室和烟道组成。

火门位于火膛的东部,剖面呈三角状,东西长1.86米,上部宽0.06米,下部宽0.15米,高1.7米。火门的南、北两壁用残青砖相互错缝平砌而成。火门底部呈斜坡状,残存有厚0.06米的红烧土。火门内填灰褐色草木灰,较疏松,内含少量红烧土点。残砖规格为0.47×0.23×0.13、0.23×0.11×0.13米。火门向西与窑室内火膛相连。

窑室位于火门的西部,平面近似圆形,顶部已坍塌残存底部,东西长4.1米,南北宽4.1米,窑口距窑底0.1~1.7米。底部较平,窑室周壁有红烧土,厚0.2~0.25米左右。窑室由火膛和窑床组成。火膛平面近似船状，南北长 3.5 米，东西宽 1.38 米，火膛底部距窑床底部 1.5 米。火膛底部为平底，残留有少量青灰，周壁用青砖残块砌制而成，火膛南部被近代坑破坏。内填青灰色草木灰，较疏松，内含少量素面青砖残块、红烧土。窑床位于火膛的西部，平面近似月字状，东西长 2.72 米，南北宽 4.1 米，窑床口部距底部 0.1~0.2 米。底部平整，周壁有清晰的烧结面，外围红烧土厚 0.2~0.25 米，内填红褐色红烧土，土质较硬，内含少量残砖块、布纹瓦片。窑室的后壁即为烟道。窑室内用砖与火门相同。

烟道位于窑室的西壁，南部被近代坑破坏，仅残存北部，平面近似长方形，东西残长 0.45 米，南北残宽 1.2 米，残高 0.11 米。由于窑室被严重破坏，其烟道的结构形式不详，烟道的西壁有清晰的烧结面，外围红烧土厚 0.15 米左右。烟道内填红褐色烧土，土质较硬。

Y5 位于发掘区的西南部，东北邻 Y4，方向 90°，开口于①层下。平面近似"8"字状，由于被严重破坏窑室顶部已坍塌，仅存底部，操作间被近代坑破坏，仅残留东南部少许。东西残长 7.1 米，南北宽 4.8 米，窑口距窑底 0.9~2.5 米，周壁红烧土厚 0.2~0.3 米。由操作间、火门、窑室组成。

操作间位于火门的东部，大部分被破坏，仅残留少许，其形状不详，残存平面近似三角状。东西长 1.6 米，南北宽 3.5 米。根据发掘情况，底部为弧底斜壁，内填灰褐色土，土质疏松，内含红烧土点、炭灰点及少量青花瓷片。操作间西部与火门相连。

火门位于操作间的西部，顶部被近代坑破坏，仅残留底部。东西长 1 米，南北宽 0.16 米，高 1.5 米。底部呈斜坡状平底，火门的南、北两壁用青砖和残青砖相互平砌而成。火门上部有一宽约 1.5 米的缺口。火门内填灰褐色土，内含草木灰，土质疏松，斜坡底部有厚约 0.05 米的红烧土。用砖规格为 0.38×0.2×0.09、0.38×0.23×0.13 米，均为素面。

窑室位于火门的西部。平面近似圆形，顶部已坍塌仅残留底部。东西长 4.53 米，南北宽 4.8 米，残存高 0.9~2.5 米，窑室周壁红烧土厚 0.2~0.3 米。窑室由火膛、窑床和烟道组成。火膛位于火门与窑床之间，平面近似船状，南北长 4.4 米，东西宽 1.6~1.7 米，底部距口部 2.5 米，西壁用青砖残块砌制而成，底部为平底。内填较多草木灰，内含少量青砖残块、红烧土颗粒。窑床位于火膛的西部，平面近似月字状，东西长 2.83 米，南北宽 4.8 米，底部距口部 0.9 米。周壁较直，平底。周壁与底部有清晰的烧结面，窑床内填红褐色红烧土，土质较硬，内含少量残砖块、布纹瓦片等。烟道位于窑室的西壁，平面近似长方形，其砌法底部有 5 个相连的方形气孔，倾斜向上与主烟道汇合，形成主烟道。主烟道平面近似椭圆形，长 0.5 米，宽 0.4 米，底部气孔宽 0.18 米，残高 0.13 米，每个气孔相互间距 0.18~0.2 米，主烟道内有清晰的烧结面。内填红烧土颗粒，内含残砖块。用砖规格与火门相同。

窑室的西北部有一个东西向的长方形晚期坑，口部平面近似长方形，东西向，口部东西长 2.76 米，南北宽 0.97 米，底部距口部 1.2 米，周壁较直，平底。东端设有 3 步台阶，由底向上第一步台阶宽 0.15 米，高 0.15 米；第二步台阶宽 0.15 米，高 0.4 米；第三步台阶宽 0.6 米，高 0.35 米，向东打破窑室后壁。在该坑的南侧有一宽 0.96 米的耳室，耳室宽 0.96 米，进深 0.6 米，高 0.9 米，耳室底部低于坑底部 0.2 米。耳室内填灰褐色土，土质疏松。根据发掘情况，该坑应晚于烧窑，其具体用途不详。

清代窑址1座，编号为Y7。

Y7位于发掘区的中部，西邻M44，方向192°，开口于①层下。平面近似"8"字状，由于被严重破坏窑室顶部已坍塌，仅存底部。南北向，窑口距地表0.4米，南北长3.4米，宽1.63米。由操作坑、出灰口和火膛组成。

操作坑位于火门的南部，平面近似不规则状，南北长2.2米，东西宽1.1~1.63米，深0.38米。内填杂脏土，土质较硬，含少量红烧土颗粒。

火门位于操作坑的北部，北与窑室相连，宽0.34米，残高0.13米，深0.12米。其东、西壁均为红烧土硬壁。

窑室位于火门的北部，平面近似圆形，南北长0.98米，东西宽0.95米，残高0.11米。周壁为红烧土硬壁，近圆底，周壁红烧土厚0.1米。内填红褐色杂土，土质较硬。

（三）明清墓葬

明清墓葬32座，其中明代墓葬2座，清代墓葬30座。

明代墓葬2座，编号分别为M24、M57。

M24位于发掘区的西北部，东南邻M22，方向11°，开口于①层下。平面近似长方形，竖穴土圹单棺墓，南北向。墓口距地表0.4米，南北长2.4米，东西宽1.1~1.2米，墓底距墓口1.4米。内填花土，土质疏松。内葬单棺，棺长1.84米，宽0.53~0.58米，残高0.1米。棺内骨架保存较差，头北足南，面向下，仰身屈肢葬。未出土随葬品。

M57位于发掘区的东南部，T0102探方的东南部，方向10°，开口于①层下。平面近似长方形，竖穴土圹单棺墓，南北向，中部被现代垃圾坑打破。墓口距地表0.3米，南北长2.1米，东西宽0.9米，墓底距地表0.88米。内填花土，土质疏松。内葬单棺，棺残长0.36米，宽0.48米。棺内残存少量下肢骨，头北足南，面向、葬式不详。出土随葬品有铜钱、酱釉罐。

清代墓葬30座，编号分别为M7、M8、M9、M16、M17、M19、M23、M25、M26、M27、M33、M34、M37、M38、M45、M47、M48、M56、M58、M59、M60、M61、M63、M64、M65、M68、M69、M70、M71、M75。以M56、M58为例。

M56位于发掘区的东南部，T0102探方西南部，方向5°，开口于①层下。平面近似长方形，竖穴土圹单棺墓，南北向。墓口距地表0.3米，南北长2.48米，东西宽0.8米，墓底距地表1.04~1.24米。内填花土，土质疏松。内葬单棺，棺长1.82米，宽0.4~0.48米。棺内骨架保存较完整，头南足北，面向上，仰身直肢葬。出土随葬品有酱釉罐。

M58位于发掘区的东部，T0203探方的东部，方向350°，开口于①层下，打破F1。平面近似长方形，竖穴土圹双棺合葬墓，南北向。墓口距地表0.3米，南北长2.6米，东西宽1.95~2米，墓底距地表1.1米。内填花土，土质疏松。内葬双棺，东棺长1.75米，宽0.7~0.8米，棺内骨架仅残留下部，头北足南，面向不详，直肢葬；西棺长2.0米，宽0.7~0.8米，棺内未发现骨架，仅残留棺痕。出土随葬品有酱釉罐、铜钱。

第二章 墓　葬

第一节　夏商周时期墓葬

一、东垈墓群

东垈墓群位于于家务乡东垈村西北至东南走向的土岗上，土岗长约300、宽约50、高近5米。1969年在西北土岗出土青铜鼎、豆等。1983年村民建房施工过程中发现一座竖穴土坑墓，东西向，长2.1、深1.6米，墓底距地面0.9米，宽不明。出土战国灰陶网纹大口罐、侈口高领灰陶罐及青铜镞等，土岗顶部散见夹砂红陶片[1]。

二、晾鹰台墓群

晾鹰台墓群位于永乐店镇德仁务村西北至东南走向的土岗上，土岗原长约500、宽约80、高约7米。墓葬多数为竖穴土坑墓，少数是长方形砖室墓。出土有战国侈口高领圈足灰陶壶、夹砂红陶罐[2]。

三、山岗子墓群

山岗子墓群位于张家湾镇南火垈村西南的土岗上，土岗南北长约150、东西宽约80、高约1.5米。有数十座竖穴土坑墓与数座砖室墓。出土有战国青铜戈、镞、镜、带钩、銮铃、半圆山纹瓦当等[3]。

四、西环南路墓葬区战国墓

西环南路墓葬区发现于马驹桥镇凉水河北岸。2003年11月，为配合北京市经济技术开发区西环南路基本建设，北京市文物研究所对工程占地范围进行了考古勘探，勘探面积4.5万平方米，共发现各类遗迹现象25处，其中古墓葬14座。2004年2~3月，北京市文物研究所对发现的古代墓葬进行了抢救性发掘，共清理墓葬14座，其中战国墓1座，汉墓8座，唐墓1座，明墓3座，

[1] 北京市文物局编著：《北京文物地图集》，科学出版社，2009年。
[2] 北京市文物局编著：《北京文物地图集》，科学出版社，2009年。
[3] 北京市文物局编著：《北京文物地图集》，科学出版社，2009年。

清墓1座[1]。

西环南路墓葬区发现战国墓1座,M6。

M6位于开发区西环南路东段的中部,墓向180°(图一)。竖穴土坑墓,直壁,平底。平面呈长方形,南北长2.40米,东西宽1.40米,深1.20米。单人葬,骨架保存较完整,头南脚北,仰身直肢葬。随葬品置于头部南侧,共3件,有铁斧(图版一)、陶鬲(图版二)、陶簋(图版三)(图二)。

铁斧为铁质,范铸而成。双侧开刃,向上渐束腰,楔形銎。通长10厘米,宽9厘米,厚2.5厘米。陶鬲为夹砂灰陶,手工加轮制而成。敞口凹折沿,方唇束颈,小折肩,弧腹,底部

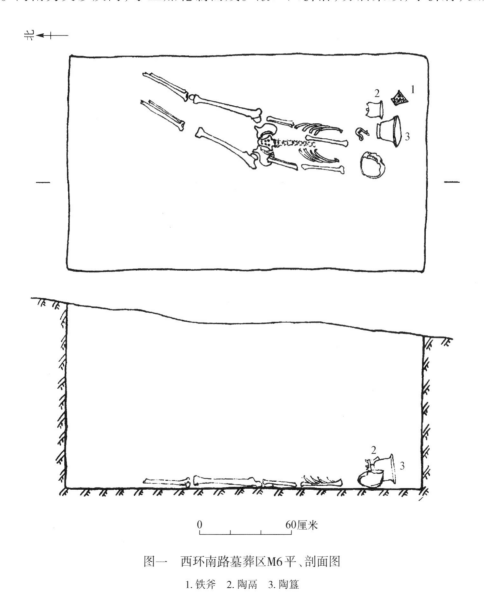

图一 西环南路墓葬区M6平、剖面图

1.铁斧 2.陶鬲 3.陶簋

[1] 北京市文物研究所编著:《北京亦庄考古发掘报告(2003~2005年)》,科学出版社,2009年。

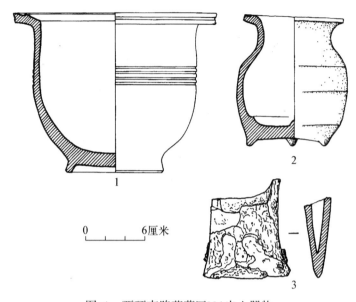

图二　西环南路墓葬区M6出土器物

1.陶簋（M6:3）　2.陶鬲（M6:2）　3.铁斧（M6:1）

有三个乳钉形足，矮裆。通高13厘米，口径10.5厘米，腹径13.1厘米，足高0.7厘米；陶簋为泥质灰陶，轮制而成。口微敞，折凹沿，方唇上饰凹旋纹。身腹，喇叭状圈足，内底微凸。通高15.8厘米，口径21.2厘米，腹径17.2厘米，足径10.3厘米。墓中出土陶鬲与天津地区战国晚期墓葬中出土的"三足器"形制相似，同类形制的陶鬲也多见于河北易县燕下都中晚期的文化层和灰坑中，据此判断，这座墓葬的年代应该是战国晚期，为北京地区战国时燕文化墓葬[1]。

五、通州运河核心区5号地块二期遗址战国墓葬

通州运河核心区5号地块二期项目遗址发现战国墓葬3座，编号分别为M2、M20、M212[2]。

M2位于发掘区西北部，西邻M1，东邻M3，方向0°，开口于③层下。平面近似长方形，为竖穴土圹单棺墓，南北向。墓口距地表0.6米，南北长2.8米，东西宽1.2米，墓底距地表2.9米。在墓室北壁上置一壁龛，东西宽1.2米，进深0.2米，高0.8米，壁龛东部放置2件三足红陶罐。内填花土，土质疏松。内葬单棺，棺长2.1米，宽0.58~0.65米，残高0.1米。棺内骨架保存较差，头北足南，面向东，仰身直肢葬。出土随葬品有2件三足红陶罐。

M20位于发掘区西北部，西邻M21，方向13°，开口于③层下。平面近似长方形，为竖穴土圹单棺墓，南北向。墓口距地表0.6米，南北长2.8米，东西宽1.24~1.54米，墓底距墓口2.02米。墓室北壁上置一壁龛，距墓底1.02米，宽0.52米，进深0.22米，高0.5米，龛内放置三足红陶罐2件。内填花土，土质疏松。内葬单棺，棺长1.76米，宽0.46~0.53米，残高0.12米。棺内骨架保存较差，头北足南，面向不详，仰身直肢葬。出土随葬品有2件三足红陶罐。

M21位于发掘区西北部，东邻M20，方向15°，开口于③层下。平面近似长方形，为竖穴土圹单棺墓，南北向。墓口距地表0.5米，南北长2.8~3.04米，东西宽1.56~1.64米，墓底距墓口2.4米。内填花土，土质较硬。在墓室内北部有生土二层台，二层台宽0.24米，高0.8米。内葬单棺，棺长1.92米，宽0.54~0.6米，残高0.2米。棺内骨架保存较差，头北足南，面向东，侧身屈肢葬。出土随葬品有三足红陶罐。

---

[1] 北京文物研究所编著：《北京亦庄考古发掘报告（2003~2005年）》，科学出版社，2009年。

[2] 北京市文物研究所：《通州区运河核心区5号地块二期项目Ⅲ-01至13、Ⅳ01、04、06、07、10、11地块考古发掘报告》，未刊。

第二节 汉 代 墓 葬

一、晾鹰台墓群汉墓

据前述,该墓群的时代延续至汉代。

二、山岗子墓群汉墓

据前述,该墓群的时代延续至汉代。

三、德仁务墓群

德仁务墓群位于永乐店镇德仁务村东南500米,地面有三个封土堆,俗称"三大冢",呈西北—东南向弧形排列,相距十余米,占地约7 000平方米。冢高近6米,直径40米。1959年,北京市第一次文物普查时,市文物工作队考古专家刘之光先生率3人小组进行调查,并且据墓冢上散布的陶片断定其为汉墓群。1959年7月24日,通州区人民委员会公布其为通州区文物保护单位。1963年,西北首冢大砖墓遭彻底破坏,未留下任何资料。1964年8月1日,文物工作队为配合基建工程对中间砖墓进行清理。墓室分前室、后室、中室、左耳室、右耳室。此墓历史上被盗,仅出土有釉陶器、石尊与铜饰等文物。当时记录粗糙,未留下墓室平面图与影像资料。"文革"中,西二冢被毁。1969年,东冢遭破坏。1983年5月,市文物局派马希桂先生率队对此墓行清理。现存东端古冢封土,东西25、南北24、残高5米,为半地下砖室墓。南向,双墓道,共17室。墓壁皆一陡二伏相间砌法。墓道与甬道券顶,墓室四角攒尖顶,耳室盝顶。墓室墓道均墁模印乳钉菱形图案方砖,耳室墁素面方砖。东路墓道长4.7、宽0.92、高1.5米;穿堂一,东西向,长3.12、宽0.94、高2.4米;甬道串连墓室三,前者平面方形,边长3.2、高3.3米,中者平面边长3.3、高3.9米,后者平面不方,横3.25、纵3.55、高4.2米;前墓室东壁辟耳室二,东西向,其南侧者长2、宽1.35、高2.3米,北侧者长2.9、宽1.5、高2.6米;中墓室东壁亦辟耳室二,亦东西向,其南侧者长3.1、宽2.2、高2.6米,北侧者长3.3、宽2.5、高3.3米。西路墓道长4.85、宽0.9、高1.5米;穿堂一,同东者;甬道串连墓室二,平面略呈长方,前者纵3.2、横3.05、高3.55米,后者纵3.25、横3.3.4、残高1.2米(顶被挖土破坏);前墓室西壁辟耳室二,东西向,南侧者长1.8、宽1.3、高2.3米,北侧者长3、宽1.5、高2.6米;后墓室西壁辟耳室一,亦东西向,长3.5、宽2.3、残高1.5米(顶毁);又北壁辟耳室二,南北向,东侧者长3.4、宽1.7、高3米,西侧者顶毁,长、宽与东侧者对等。东路前、中二墓室与西路前、后二墓室对称,各有甬道相通,前者长3.85、后者3.75米,中间各穿天井一,南北向,长3.1、宽0.95、高2.3米。墓室折肩至顶,绘有红、白二色云纹和雷纹。乃先绘在砖上,再按设计拼砌。清理中发现该墓在历史上曾三次被盗,但均不在墓道处,而在西侧耳室侧顶处。清理中仅收集一些灰陶碗、盘、鸡、狗、楼等碎片及"货泉"、"五铢"铜钱数枚。墓室已原地保护。其年代为东汉时期[1]。

四、铺头汉墓

铺头汉墓位于台湖镇铺头村西南,在一南北向长条形土岗中发现1座砖室墓。南北向,通长15.24、宽7.26米,但早年被盗一空。墓道后为东西长、南北窄的前、后墓室,有甬道相通。后室北侧并列二南北长、东西窄的耳室,俱盝顶。墓室保存基本完整。其年代为东汉时期[2]。

五、六合墓群

六合墓群位于宋庄镇六合村东,《通州志》称其为赵德钧抵抗契丹入侵所堆虚粮台。西北—东南走向排列有8座大封土堆,"文革"期间被毁,其下为汉代砖室墓,均被破坏。西北第一个封土堆最大,面积约2 000平方米,存高约4米,下为多室砖墓,已破坏四室,尚存二耳室。出土青铜带钩以及陶楼、壶、罐、俑等大量残片。墓群年代为汉时期[3]。

六、里二泗墓群

里二泗墓群位于张家湾镇里二泗村南400米,《通州志》称其为"殉良三冢"。有封土三座,东西排列,每座周长近100米,存高8米余。"文革"期间被毁,下为大型砖室墓。在三冢附近又发现单室和多室砖墓20余座,出土有泥质红陶狗、鸡、俑与灰陶悬山顶仓房、井架、盘口高领圈足壶及乳钉回字纹墁地方砖等。墓群年代为汉时期[4]。

七、召里墓群

召里墓群位于潞城镇召里村西北,发现4座砖室墓,墓室一为穹窿顶,其余为盝顶。出土有铁剪、大口灰陶罐及青瓷瓶等。墓群年代为汉至西晋时期[5]。

八、垛子墓群

垛子墓群位于台湖镇垛子村北,分布于土岗上,高近3米,面积约3万平方米。发现有砖室墓与土坑墓,出土有汉代"五铢"铜钱与夹砂红陶罐、泥质侈口高领圈足灰陶壶等器物以及大量红、灰陶片。墓群年代为汉时期[6]。

[1] 北京市文物局编著:《北京文物地图集》,科学出版社,2009年;北京市通州区文化委员会、北京市通州区文学艺术界联合会编:《通州文物志》,文化艺术出版社,2006年。
[2] 北京市文物局编著:《北京文物地图集》,科学出版社,2009年。
[3] 北京市文物局编著:《北京文物地图集》,科学出版社,2009年。
[4] 北京市文物局编著:《北京文物地图集》,科学出版社,2009年。
[5] 北京市文物局编著:《北京文物地图集》,科学出版社,2009年。
[6] 北京市文物局编著:《北京文物地图集》,科学出版社,2009年。

九、坨堤墓群

坨堤墓群位于张家湾镇坨堤村北,俗称大山子,面积约1.2万平方米,高近3米,被毁严重。南部发现砖室墓与土坑墓数十座,出土汉代灰陶片。北部发现汉代砖室墓与唐代砖室墓各1座。墓群年代为汉至唐时期[1]。

一〇、东垈墓群

据前述,该墓群的时代延续至汉代。

一一、永乐店汉墓

永乐店汉墓位于永乐店农场畜牧场,1983年发现,为1座东汉时期的砖砌多室墓。坐北朝南,形制为双墓道,由甬道、主室、侧室和小耳室等组成。除墓室顶部侧室为船篷顶外,其他各室皆为盝顶。用红白两色绘成几何纹和卷云纹相间的图案。随葬器物均为陶器,有壶、碗、盘、仓、方案、楼、鸡、狗等。因该墓早期被盗,器物多已残碎,但种类齐全。这样的多室墓在北京是首次发现[2]。

一二、前寨府汉墓群

前寨府汉墓群位于西集镇前寨府村东口外鱼塘及其东岸处,南北150、东西60米。旧有取土坑,较浅。1984年11月,村民承包鱼池,用泥浆泵冲抽鱼塘时于旧坑东半部发现砖墓10余座,多坍毁成砖堆,灰陶片杂在其间。其中1座砖墓虽塌顶,但四壁残存。此座残墓单室,细绳纹条砖一陡二伏砌法,南北长2.1、东西宽1.4、残高1.1米。墓底淤泥中清理出一件鸭首足灰陶鼎,余为陶片。鼎泥质,浅灰色,器身轮制,足捏制。直口,折沿,束领,丰肩,收腹,底内平而外圆,肩部对粘贴圆耳,外底均分粘塑三鸭首足。腹上部有弦纹一道,余素面光洁。全高14、口径17.5、腹径18.5厘米。此外,在新坑东坡尚露有汉代绳纹砖散堆数处,坑北有老鱼池,隔水可见塘底亦有汉砖[3]。

一三、胡各庄南汉墓群

汉墓群位于潞城镇胡各庄村南200米以南的耕地中,东西长约400、南北宽约200米,占地面积约8万平方米。2001年修筑北京六环路,在此处取土垫路基,发现10余群汉代砖墓,共有100余座。单室者居多,双室与三室者较少,没有大型多室砖墓,但有一些竖穴土圹墓。墓顶一般距地表2.5至3米,埋藏较深。全部遭到破坏,许多陶器被弃在墓边[4]。

---

[1] 北京市文物局编著:《北京文物地图集》,科学出版社,2009年。
[2] 王武钰:《北京通县、房山等地汉墓》,《中国考古学年鉴(1984)》,文物出版社,1985年。
[3] 北京市通州区文化委员会、北京市通州区文学艺术界联合会编:《通州文物志》,文化艺术出版社,2006年。
[4] 北京市通州区文化委员会、北京市通州区文学艺术界联合会编:《通州文物志》,文化艺术出版社,2006年。

一四、西环南路墓葬区汉墓

　　西环南路墓葬区的介绍见前文,其中发现8座汉墓[1]。根据建造材料和构筑方式的不同,8座汉墓分为竖穴土圹墓和砖室墓两类,其中竖穴土圹墓3座,砖室墓5座。

　　竖穴土圹墓为M5、M7、M10,都属于小型墓葬,M5、M10平面呈长方形,M7平面呈椭圆形。以M10、M7为例。

　　M10位于西环南路东段南侧,西距永昌南路50米,北依80号地,南侧隔凉水河与马驹桥镇相望,墓向292°。竖穴土圹墓,直壁,平底。平面呈长方形,南北长2.5米,东西宽1.1~1.2米,深0.88米。填土内有残绳纹砖和散乱的残骨,未见葬具(图三)。出土铜钱1枚。根据墓的开口层位及墓内出土铜钱,初步判断其应为东汉时期墓葬。

　　M7位于西环南路东段西侧,西距永昌南路52米,北依80号地,南侧与马驹桥镇隔凉水河相望,墓向3°。竖穴土圹墓,直壁,平底。平面呈椭圆形,南北长2.5米,东西宽1.6米,墓深1.6

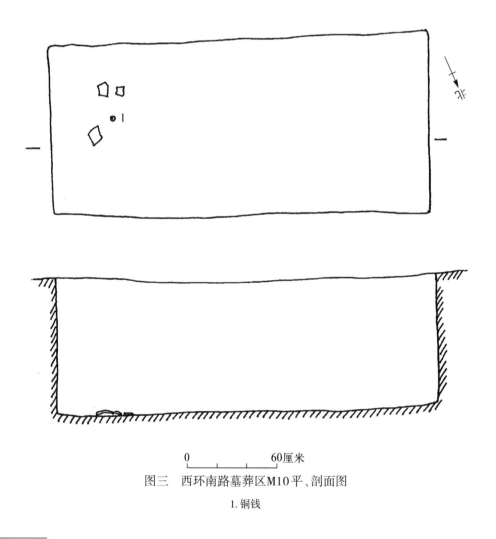

0　　　　　　　60厘米

图三　西环南路墓葬区M10平、剖面图

1.铜钱

---

[1] 北京市文物研究所编著:《北京亦庄考古发掘报告2003~2005年》,科学出版社,2009年。

米。内置瓮棺，由两个夹砂红褐陶釜对扣
而成，长1.64米，宽0.62米，通高0.62米。
瓮棺内有一具人骨，头北脚南，面朝上，仰
身直肢葬（图四）。未见随葬品。根据墓
的开口层位和瓮棺形制，初步判断其应为
东汉时期墓葬。

　　砖室墓5座，包括M2、M3、M8、M9、
M11，平面均呈长方形，其中M2、M3、M8、
M9为单室墓，M11为双室墓。以M8、M11
为例。

　　M8位于西环南路东段西侧，西距永
昌南路77米，北依80号地，南侧与马驹桥
镇隔凉水河相望，墓向180°。单室砖墓，
东北角已被破坏。平面呈长方形，南北长
4.4米，东西宽1.6米，深1.08米。砖壁残
高0.3米，厚0.3米，用青砖砌成。墓室底
部用绳纹青砖墁地。填土中发现数段残
骨，未见葬具（图五）。随葬品发现于墓室
底部，包括铜钱、绳纹砖和陶釜。根据墓
的开口层位、形制结构和出土器物，初步
判断其应为东汉时期墓葬。

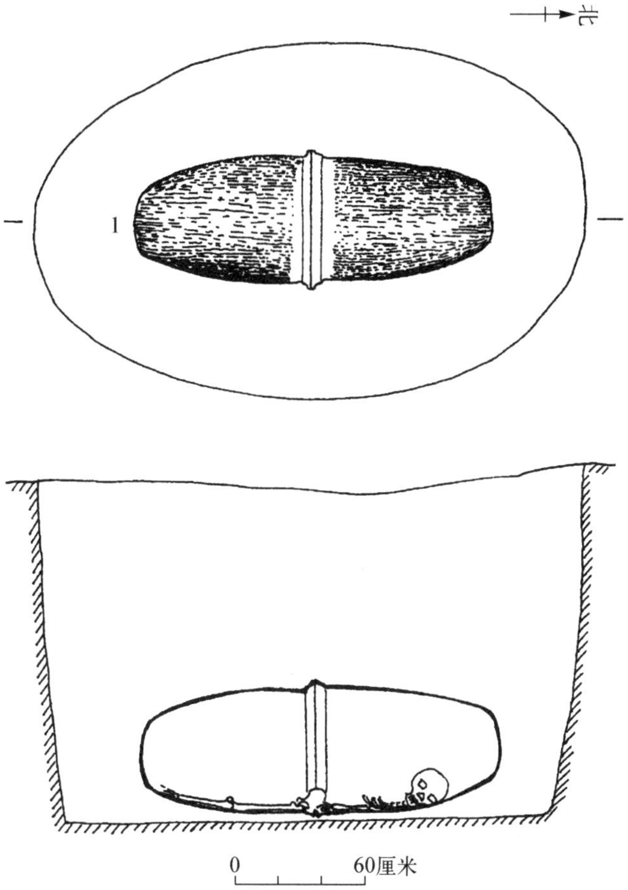

图四　西环南路墓葬区M7平、剖面图
1.陶釜

　　M11位于西环南路东段中部北侧，西
距永昌南路198米，北依80号地，南侧与马驹桥镇隔凉水河相望，墓向90°。双室砖墓，自东至西
分别由墓道、墓门、甬道、前室和后室组成，通长9.5米（图六）。

　　墓道位于墓的东端，为斜坡式土坑。其平面呈长方形，东西残长2.1米，南北宽1.06米，深
1.80米，底部坡度30°。墓门位于墓道和甬道之间。用绳纹青砖砌成。门宽1米，拱脚0.88米，
拱高0.28米。封门墙残高0.40米，厚0.26米。门顶部青砖券顶。甬道位于墓道和前室之间，为
过洞式，两侧壁厚0.26米，高1米，为二顺一甃式砌成。甬道宽1米，进深1米。前室位于甬道西
侧，砖结构，平面呈长方形。东西长2.78米，南北宽3.3米。墓壁用绳纹青砖二顺一甃式砌成，厚
0.3米，残高0.1~0.9米，底部青砖墁地。后室位于墓的最西端，前室的中部西侧，中间有过洞式
甬道相通。后室平面呈长方形，东西长2.44米，南北宽1.4米。砖壁厚0.28米，残高1.3米，用绳
纹青砖二顺一甃式砌成。底部花纹方砖与绳纹青砖混合铺地。其东侧甬道宽0.8米，进深0.84
米。顶部均已被毁。后室内发现散乱放置的骨骼，未发现葬具。随葬品有铜钱、陶盘、陶豆、铁
棺钉、铜耳环、条砖、陶鞍形器、陶勺、陶盘、方砖（图七）。根据墓的开口层位、形制结构和出土
器物，初步判断其应为东汉时期墓葬。

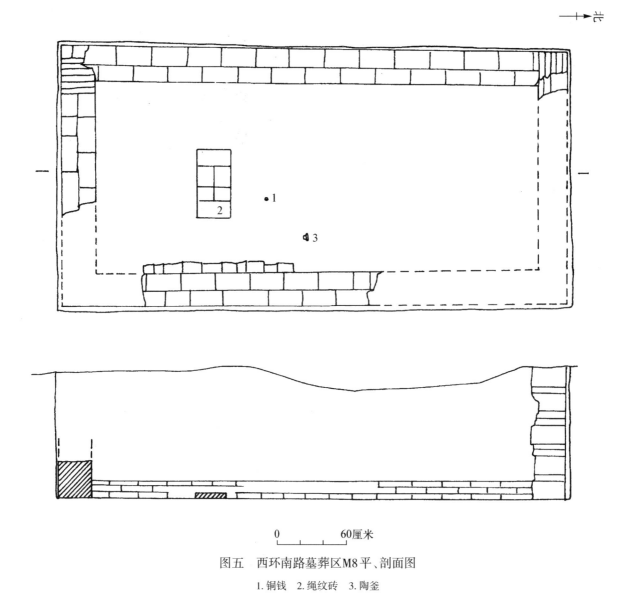

北

0　　　　　60厘米

图五　西环南路墓葬区M8平、剖面图

1.铜钱　2.绳纹砖　3.陶釜

　　本次发现的汉代墓葬中M7平面呈椭圆形,为一例儿童瓮棺葬,直壁平底,葬具由两个夹云母红褐陶釜组成,两口相对。类似的瓮棺墓在北京怀柔城北曾有发现;砖室墓中平面形状均呈长方形,其中3座单室墓属于小型墓葬,随葬品较少,其随葬品特征与北京昌平白浮、半截塔村等地的汉代单室砖墓一致。1座双室墓属于中型墓葬,随葬品较丰富,如铜钱、陶盘、陶豆、铁棺钉、铜耳环、条砖、陶鞍形器、陶勺、陶盘、方砖,其形制特征与北京怀柔城北、顺义田各庄等地发现的双室墓特征一致[1]。

[1] 北京市文物研究所:《北京市经济开发区西环南路考古发掘报告》,载宋大川主编:《北京考古工作报告(2000~2009)》(亦庄卷),上海古籍出版社,2011年。

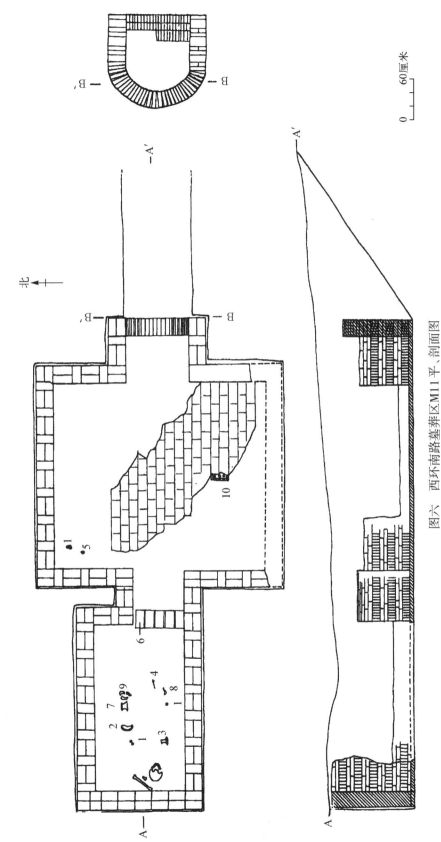

图六 西环南路墓葬区M11平、剖面图

1.铜钱 2.陶盘 3.陶灯 4.铁棺钉 5.铜指环 6.条砖 7.鞍形器 8.陶勺 9.陶盘 10.方砖

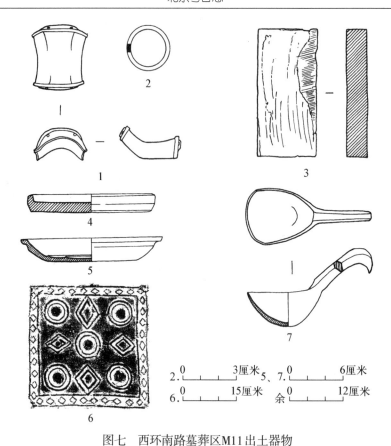

图七　西环南路墓葬区M11出土器物

1.陶鞍形器（M11∶7）　2.铜耳环（M11∶5）　3.青砖（M11∶6）　4、5.陶盘
（M11∶2、M11∶9）　6.方砖拓片（M11∶10）
7.陶勺（M11∶8）

一五、六环路辛安屯和通湖路汉墓

2005年11月~12月，为了配合通州区六环路天然气、成品油及航空燃油管线工程基本建设的顺利进行，对地下文物进行保护，北京市文物研究所对该工程占地范围进行了考古勘探。其中在2标段辛安屯村西北部墓葬区发现汉墓6座，3标段通湖路北段墓葬区发现汉代墓葬1座（被严重破坏）[1]。

一六、通州运河核心区Ⅴ-01~Ⅳ-09地块遗址汉墓

通州区运河核心区Ⅴ-01~Ⅳ-09地块遗址发现汉墓2座，M1和M2[2]。

M1和M2位于发掘区中部，均为南北向甲字形竖穴墓葬，墓道位于墓室南部，均开口于②层下，打破③层。

［1］北京市文物研究所：《六环路天然气、成品油及航空燃油管线工程考古勘探报告》，载宋大川主编：《北京考古工作报告（2000~2009）》（平谷、通州、顺义卷），上海古籍出版社，2011年。
［2］北京市文物研究所：《通州区运河核心区Ⅴ-01、Ⅴ-02、Ⅳ-02、Ⅳ-03、Ⅳ-05、Ⅳ-08、Ⅳ-09地块考古发掘报告》，未刊。

M1被严重破坏,无骨架和器物,南北长5米,东西宽2米。

M2为双墓道的棺、椁二次合葬墓,长8.9米,宽3.5米,深2米,棺椁已朽,头箱位于棺北部,呈东西向的长方形,在头箱的西北角堆放有大量的泥质灰陶,可辨器形有鼎、壶、博山炉等器物,大部分已成残片。从M2丰富的陶器随葬品推断,该墓葬主人应为西汉时期。

一七、通州砖厂村汉墓

通州砖厂村汉墓发现于通州砖厂村地块土地一级开发项目地块。该地块位于通州区南部,南邻砖厂南里,西邻乔庄南路,北邻土桥中街(图八)。

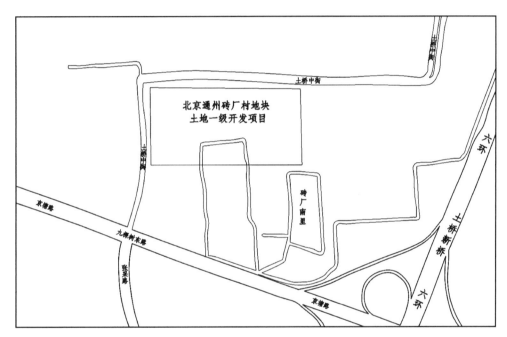

图八　通州砖厂村地块土地一级开发项目位置示意图

2011年3~4月,为配合通州砖厂村地块土地一级开发项目建设,北京市文物研究所对该项目用地进行了考古勘探,共发现古墓葬13座,烧窑2座,古井2眼。2011年8~9月,北京市文物研究所对该地块前期考古勘探所发现的古墓葬进行了抢救性发掘,实际发掘面积580平方米,发掘汉砖室墓4座,竖穴土圹墓1座,明清搬迁墓葬1座(其中M1、M2、M4、M5为汉代砖室墓,M3为汉代竖穴土圹墓,M6为搬迁墓葬)(图九)[1]。

M1位于发掘区的中部,坐标为北纬39°52′17.4″,东经116°41′31″。方向180°,开口于②层下,打破生土层,长方形竖穴土圹砖室墓,南北向(图一〇)。墓口距地表1.40米,墓底距墓口1.95米,南北长11.16米,东西宽2.6~4.2米。该墓保存较差,仅残留底部少量砌砖的墙壁,墙壁残留高0.05~1.36米。该墓由墓道、甬道、前厅、后室四部分组成。

---

[1]北京市文物研究所:《通州砖厂村地块土地一级开发项目考古发掘报告》,未刊。

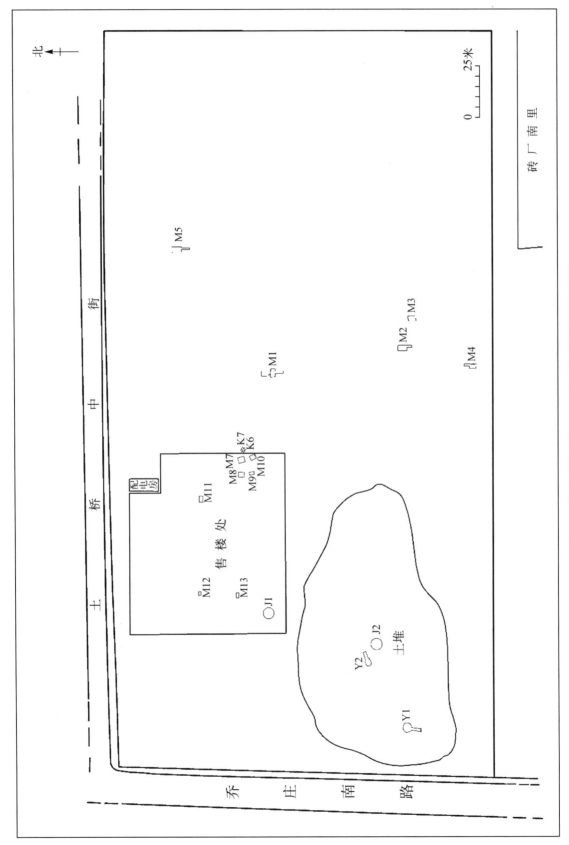

图九　通州砖厂村地块土地一级开发项目发掘平面图

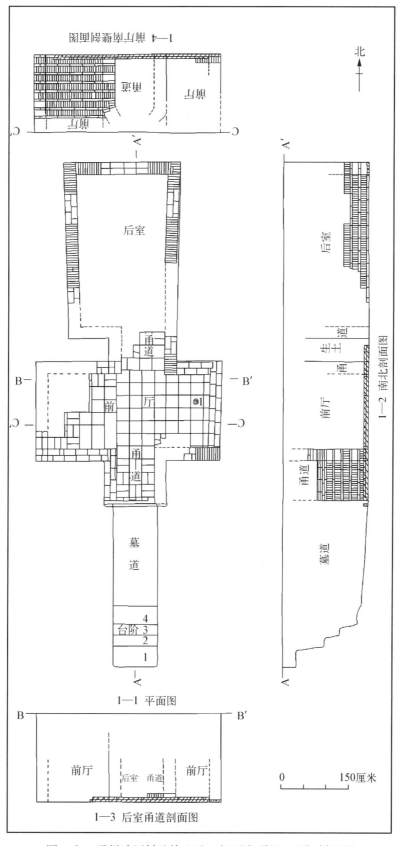

图一〇 通州砖厂村地块土地一级开发项目M1平、剖面图

墓道位于甬道的南部,口距地表1.4米,底距口0.3米~1.95米,墓道南北长3.56米,东西宽1米。该墓道内有四步台阶,第一步台阶东西宽1米,南北进深0.36米,下深0.65米;第二步台阶东西宽1米,南北进深0.18米,下深0.35米;第三部台阶东西宽1米,南北进深0.15米,下深0.4米;第四步台阶东西宽1米,南北进深0.25米,下深0.1米。斜坡长2.2米。内填花土,土质一般,内含少量碎砖渣。

甬道位于墓道的北部,前厅的南部,口距地表1.4米,底距口1.95米,甬道南北进深1.12米,东西宽0.85米。甬道西壁残留砖墙高1.17米,东壁已被现代坑破坏到底部,上部券顶已塌落,墙壁砖的砌法为一平一竖错缝砌制。底部有两层铺地砖,砖的铺法为两东西和两南北错缝铺砌。内填花土,土质一般,土内含有碎砖块。

前厅位于甬道的北部,后室通道的南部,口距地表1.4米,底距口1.95米,东西长4.2米,南北宽2.2米。前厅四周残留的墙壁砖高0.05~1.38米,墙砖的砌法为一平一竖错缝砌制,底部有两层铺地砖,砖的铺法为两东西和两南北错缝铺砌。内填花土,土质一般,土内含有碎砖块。

后室位于前厅的北部,口距地表1.4米,底距口1.95米。该室的南部有甬道,甬道东西宽0.98米,南北进深1.4米。甬道两壁残留砖墙高0.05~0.2米,上部已被破坏,墙壁砖的砌法为一平一竖错缝砌制,底部有铺地砖,砖的铺法为两东西和两南北错缝平铺。墓室南北长3.9米,东西宽2.42~2.6米。墓室四周残留砖砌的墙壁高0.05~0.57米,墙壁砖的砌法为一平一竖错缝砌制,底部铺砖已被破坏。在清理过程中墓室内未发现骨架,初步推断该墓内骨架已被现代坑破坏。

该墓的用砖规格为0.05×0.14×0.27米。出土有陶罐1件以及陶片若干。

M2位于发掘区的中南部,坐标为北纬39°52′15.2″,东经116°41′31.6″。方向180°,开口于②层下,平面呈刀把形,竖穴土圹砖室墓,南北向(图一一)。开口距地表0.8米,墓圹长7米,宽1~2.2米。该墓由墓道、封门、墓室组成。

墓道位于该墓的南部,平面呈梯形,长2.6米,宽1~1.1米,深0.7~1.4米,直壁。墓道呈斜坡状并有台阶,凸凹不平,内填花土,含有大量残砖碎块。

封门位于墓道与墓室中间,宽0.94米,残高0.6米,与墓室南部平齐。封门下层砖为一排平竖放置,以上均为横平砌成,向墓室内稍斜,用砖规格为0.28×0.14×0.06米。

墓室位于墓道的北部,平面呈长方形,墓圹长4.4米,宽2.2米,墙宽0.3米,开口距地表0.8米。下部墙体较为完整,残高0.76~1.36米。内填杂土,含大量残砖碎块及少量陶片。墓底距开口1.4米,出土有陶俑、陶盘、陶杯、陶双耳杯、陶狗、陶猪、铜钱等。墓底用砖铺底,东西向,平铺顺序排放,地面凸凹不平。靠北壁下有一个距墓底高0.18、南北长0.64、东西宽1.5米的器物台,台边沿用砖平铺三层砌成。墓室四壁墙体均为一竖一平砌成,墓室上半部分早期被毁坏。东西两壁旁各有骨架一副,头北足南,仰身直肢葬,骨架保存较差,性别不详,无棺,初步推测为一合葬墓。随葬品有陶俑2件、陶盘1件、陶杯1件、陶双耳杯4件、陶狗3件、陶猪1件、石磨1件、铜钱18枚以及其他一些破碎的陶片。

M3位于发掘区的中南部,西邻M2,坐标为北纬39°52′15.05″,东经116°41′32.3″。方向350°,开口于②层下,平面呈长方形,竖穴土圹墓,南北向,M3A与M3B为二次合葬墓,其总长

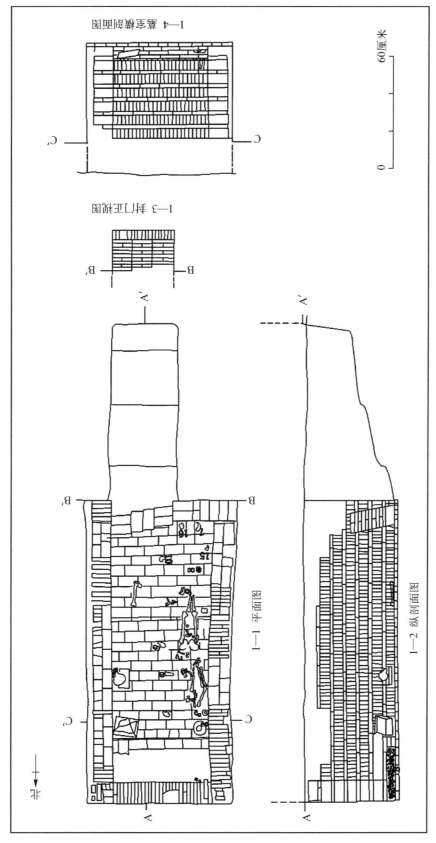

1—4 墓室横剖视图

1—3 封门正视图

1—1 平面图

1—2 纵剖面图

0　　　　　　　　60厘米

图一一　通州砖厂村地块土地一级开发项目M2平、剖面图

4.26米,总宽2.46米(图一二)。墓口距地表1.25米,M3A墓底距地表2.49米,M3B墓底距地表3.29米。根据该墓在开口层处的墓口线可知M3的西单元墓(即M3A)打破东单元墓(M3B),根据操作规程首先清理M3A,其次为M3B。

M3A位于M3B的西部,且打破M3B,竖穴土圹墓葬。土圹长3.76米,宽1.46米,墓口距地表2.49米,高出M3B 0.08米。墓底内置一木椁,椁内有一木棺,均已炭化成黑线。其中外椁呈南北向长方形,长3.44米,宽1.08~1.1米,高约0.7米(从清理已炭化木椁痕迹可知);棺置于椁内的南部,呈南北向长方形,长1.82米,宽0.56~0.6米,残高0.15米(从清理出的棺炭化痕迹可知)。棺内骨架已炭化,头骨已坏,头向北,面向不详,仰身直肢葬,性别女。棺底铺有一层青灰,厚约0.5厘米,另在棺的北部与椁之间放置9件陶器,有壶、鼎、熏炉、罐等。

M3B位于M3A的东部,被M3A所打破,竖穴土圹墓,平面呈南北向长方形。墓圹长2.02米,宽约1.28米,比M3A深0.08米。墓底放置一棺和木质头箱,均已炭化成黑线。头箱位于棺的北部,呈南北向长方形,长1.66米,宽0.91米,高约0.68米(从清理出的已炭化头箱痕迹可知),内放陶器,有壶、鼎、熏炉、罐、钵等。其头底板用0.15米宽的木板制成(从残留已炭化黑色痕迹可知)。棺位于头箱南部,基本呈南北向长方形,长1.9米,宽0.68米,残高0.24米(从残留已炭化的痕迹可知)。棺内骨架已炭化成红褐色,局部已不显现痕迹,头向北,面向西,仰身直肢葬,为男性,棺底铺有一层白石灰。随葬品M3A有陶熏炉1件(残)、陶熏炉盖1件(残)、陶壶盖2件(残)、陶鼎1件(残)、陶盆1件(残)、陶罐1件(残)、陶壶2件(残);M3B有陶壶盖2件(残)、陶壶2件(残)、陶熏炉盖1件(残)、陶熏炉1件(残)、陶鼎1件(残)、陶罐1件(残)、陶钵盖1件(残)、陶钵1件(残)、陶盆1件(残)。

M4位于发掘区的南部,北邻M2,东邻M3,坐标为北纬39°52′14.1″,东经116°41′31.4″。方向10°,开口于②层下,距地表0.6米。由于是拆迁区,渣土堆积等地层情况不清。该墓平面呈刀把形,竖穴土圹砖室墓,南北向,墓道在北(图一三)。由墓道、甬道、墓室等组成。

墓道位于该墓的正北部,开口距地表0.6米,平面呈梯形,北宽0.8米,南宽0.9米,长2.24米。墓道底部呈台阶(不规则)斜坡状,北距地表0.8米,南距地表1.8米,内填杂土,含有青砖残块及植物根系。

甬道位于墓道与墓室中间,长1米,连接墓室,东壁与墓室东壁平行。东西两壁于距底部0.8米处起拱,向内收平砌五层,上部被早期破坏,下部为一竖一平砌成,甬道底部有暗红色铺地砖,较完整。

封门位于甬道北部,仅残留极少部分,残高0.3米,一平一竖平砌成,封门宽0.82米。

墓室位于南部,墓室北部与甬道南部相连。长方形土圹,长3.15米,宽2.2米,开口距地表0.6米,墓底距地表1.8米。墓室上部损毁严重,下部保留完整,四壁残高,东壁0.43~1.1米,南壁0.43米,西壁0.43~0.67米,北壁0.82米,平底均为整砖(暗红色)铺成。土内含有零散骨架及大量残砖,由骨架可知为双人合葬墓,头均向南,性别不详,葬式不详,有棺。随葬品有铜钱15枚(五铢)。

M5位于发掘区的北部,坐标为北纬39°52′18.2″,东经116°41′33.6″。方向8°,开口于②层下,平面呈南北向的甲字形砖室墓,南北长9.8米,宽2.36~2.46米(图一四)。墓口距地表0.85米,墓底距墓口1.66米。由墓道、封门砖、墓门、墓室组成,已严重被毁。

墓道位于墓葬的南部,南北长4.82米,宽0.86米,道尾深0.4米,道头深1.66米。墓道南半

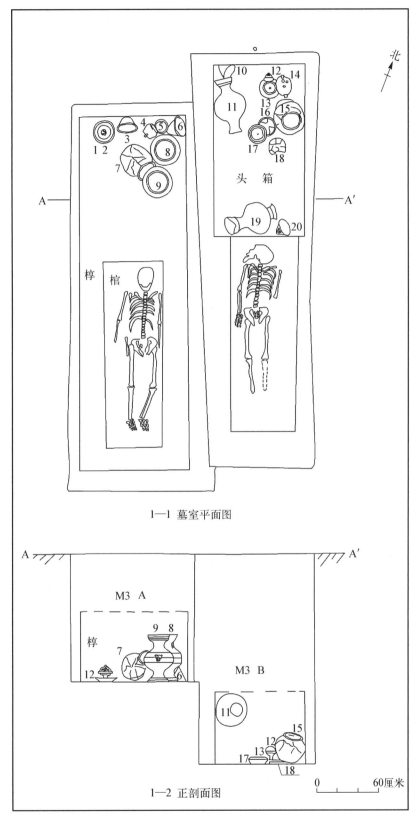

1—1　墓室平面图

1—2　正剖面图

图一二　通州砖厂村地块土地一级开发项目M3平、剖面图

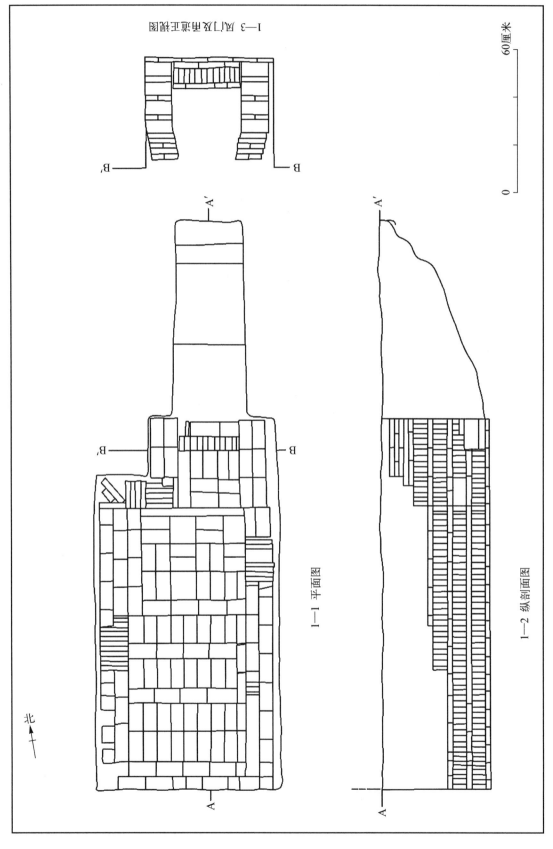

1—3 M门及甬道正视图

1—1 平面图

1—2 纵剖面图

北

0　　　　　60厘米

图一三　通州砖厂村地块土地一级开发项目M4平、剖面图

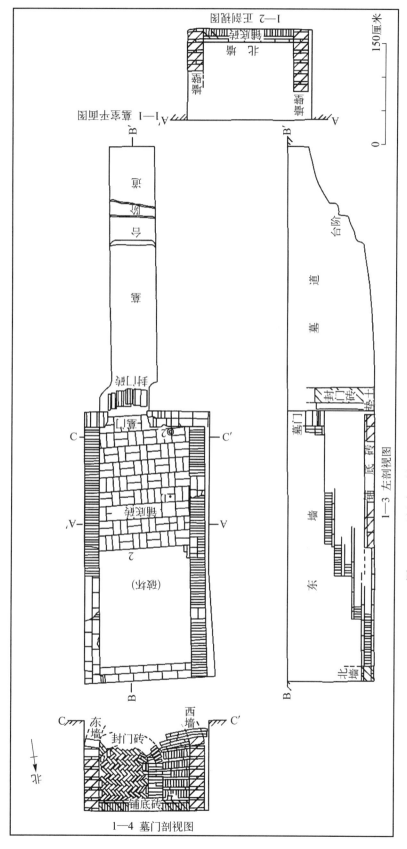

图一四 通州砖厂村地块土地一级开发项目M5平、剖面图

部长4.32米,由三级台阶组成,台阶进深0.16~1.12米,高0.18~0.2米,呈不规则形,台阶表面呈斜坡状。北半部长0.05米,深1.66米,底部较平。该墓道东西两壁较垂直平整,有工具使用后留下的痕迹,工具痕宽0.13米。墓道内填花土,底部有一层厚约2厘米的脚踏土。

封门砖位于墓道的北部,墓门的南部,已遭毁坏,由青砖垒砌成横人字形。现存残高0.96米(距墓底),宽0.28米。该封门砖位于墓门外。

墓门位于封门砖北部,墓室的南部,已遭破坏,顶部呈拱形。从现残存墓门结构可知,墓门顶部是用双层青砖拱券而成,残高0.92米,进深0.28米。该墓门在距墓室底部高0.76米处开始起券。

墓室位于墓葬的北部,已遭破坏,由墓室四壁和铺地砖组成。该墓室表面呈南北向长方形,南北长2.34~2.43米,宽1.7~1.73米,残深0.05~1.14米,四周墙壁用青砖采取"一平一卧"式加泥土砌成。从残存的墓室墙壁结构可知,墓室顶部由东西向的墙壁拱券而成,东西墙壁在距墓室底部0.96米处开始起券。墓室底部的铺地砖由两层青砖铺成,已遭破坏,底层用卧砖铺成,上表面用青砖采用"席墁纹"式平铺二层。该墓用砖规格为0.28×0.14×0.05米。随葬品有铜钱1枚、陶井1件(残)、陶灶1件、器物盖1件(残)、陶器1件(残)。

一八、宋庄文化创意产业集聚区C地块遗址汉墓

宋庄文化创意产业集聚区C地块遗址发现的汉墓共20座,编号分别为M3、M4、M6~M8、M10、M11、M36~M44、M47、M48、M65、M66。除M10为土圹墓外,其余均为砖室墓[1]。

土圹墓1座,即M10。

M10位于发掘区南部,T1322探方的西北部,东邻M11,方向180°,南北向,开口于③层下,墓口距地表2.4米。为长方形竖穴土圹墓。长1.4米,宽1.2米,墓底距墓口0.4米。内填花土,土质较硬。内葬双陶棺,东陶棺长1米,宽0.33~0.38米,高0.3米,厚0.04米,棺盖厚0.02米;西陶棺长1.18米,宽0.38~0.42米,高0.3米,厚0.04米,棺盖厚0.02米。两陶棺内壁均为网格纹,棺内均为烧骨。未出土随葬品。

砖室墓19座,可分为单室墓与双室墓两类。其中单室墓11座,依据墓葬平面形状可分为长方形、刀形和甲字形三类。双室墓8座,平面形状均为刀形。

长方形单室墓1座,即M47。

M47位于发掘区的北部,T5014探方的西南部,南邻M48,方向5°,南北向,开口于③层下,墓口距地表2.5米。为青砖券制的长方形单室墓。外圹长3.64米,宽2.22米,墓底距墓口1.66米。由于被破坏而顶部无存,残留底部。墓室平面呈长方形,南北长2.82米,东西宽1.52米,残高0.06~0.32米。四壁砌砖大都残留底部一层,仅在墓室东南角残留三层墙砖。从残留情况看,砌法是用青砖两平一竖砌制,铺地砖残留东南部和北部各一小部分,呈南高北低,用青砖呈东西向顺铺一排、南北向顺铺一排。用砖规格为0.29~0.32×0.15~0.16×0.05~0.06米。内填花杂土,

[1] 北京市文物研究所:《通州区宋庄文化创意产业集聚区C地块一级开发项目考古发掘报告》,未刊。

含残砖块、瓦片等,土质稍松。未出土随葬品。

刀形单室墓10座,以M7、M8为例。

M7位于T1815探方的东南部,T1816探方的西部,T1715探方的东北部,东邻M6,方向175°,南北向,开口于③层下,墓口距地表2.3米。为青砖券制的近似刀形单室墓,顶部券砖及西墙已被破坏仅存下部。外圹总长8.3米,宽2.06米,墓底距墓口2米。由墓道、墓门(甬道)和墓室组成。

墓道位于墓室的南部,平面近似长方形斜坡状。南北长3.5米,东西宽0.78~1米,深0.35~1.96米,底坡长3.8米,南部1米处坡面铺有部分残砖,铺法不规则。内填花土,土质稍硬。

墓门(甬道)位于墓道的北部,保存较完整,门内宽0.7米,外宽1.2米,高1.1米,进深0.98米。为拱形券顶二层,墓门两边立墙为东西向两平一竖砌制,砌制至0.82米时开始起券逐层内收呈券顶。甬道与墓门同宽,甬道券砖为一层。甬道内残留有部分铺地砖,铺法不太规则,甬道用砖规格为0.3×0.15×0.055米。

墓室位于墓门的北部,平面近似长方形,长3.73米,宽2.06米,上部及西墙已被破坏,东壁残留最高处为1.06米,砌法为两平一竖循环向上砌制,砌制至0.7米时开始起券逐层内收。底部铺地砖已被破坏,仅残留东北角处少量,铺法不清,铺地砖高于壁砖一层。墓室内填脏花土,含大量残砖块及乱骨。用砖规格为0.25×0.13×0.05米。出土随葬品有铜镜、铁灯、铅环、大陶罐、陶鸭。

M8位于发掘区南部偏西,T1122探方的东北部,T1123探方的西北部,东北邻M36,方向280°,东西向,开口于③层下,墓口距地表2.7米。为青砖券制的近似甲字形单室墓,由于被破坏仅残留底部。土圹总长7.9米,总宽2.75米,墓地距墓口0.2~0.6米。由墓道、墓门和墓室三部分组成。

墓道位于墓门的西侧,平面近似梯形斜坡状。东西总长3.63米,西端宽0.84米,东端宽1.42米,深0.2~0.6米,底坡长3.66米。内填花土,土质稍硬。

墓门位于墓道的东侧,由于被严重破坏仅残留底部,南北宽0.84米,进深0.31米,南壁破坏至底,北壁残高0.25米。用青砖一平一竖砌制而成,用砖规格为0.3~0.31×0.15×0.05米。

墓室位于墓门的东侧,平面近似长方形,长4.12米,宽1.7米。由于被破坏而顶部无存,仅残留墓室北半部墙砖,墙砖砌法同墓门北壁,残高0.11~0.16米。墓室底部用青砖二平二顺交替平铺。室内遗物大都分布在墓室的东半部,用砖规格为0.27~0.31×0.13~0.15×0.04~0.05米。内填花杂土,含残砖块,土质稍松。出土随葬品有陶盆、陶盒、陶罐、陶井、陶器盖、陶灶、陶瓮。

双室墓8座,以M4为例。

M4位于发掘区的西部偏南,T2415探方和T2416探方的北部,北邻M3,方向96°,东西向,开口于③层下,被M2叠压,墓口距地表1.8米。为青砖和少量红砖混合券制的近似刀形墓。由于被破坏而顶部无存,外有土圹。总长13.06米,宽3.12米,墓底距墓口2米。由墓道、甬道、前室和后室四部分组成。

墓道位于甬道的东侧，平面近梯形斜坡状。东西总长4.15米，东端宽1米，西端宽1.68米，底坡长4.6米，深0.5~2米。内填花土，土质稍硬。

甬道位于墓道的西侧，西接前室，由于被破坏而顶部无存。甬道前、后门宽0.9米，甬道进深2.4米，前封门残高1.32米，后封门残高0.5米。南、北壁用青砖二平一竖砌筑。用砖规格为0.29~0.31×0.15~0.16米，单面压印细绳纹，背面为素面。

前室位于甬道的西侧，平面近似长方形，南北长2.9米，东西宽2.17米。周壁用青砖和极少量红砖二平一竖混合砌制，残高0.36~0.43米，室内经清理，未发现器物与骨架，仅在前室北部发现两头骨。室内填花杂土，含大量残砖块，土质稍硬，盗扰严重。

后室位于前室的西部，后室的东侧有一甬道，甬道位于前室和后室南侧和西室之间。甬道前后门宽0.9米，东西长1.38米。后室位于甬道的西侧，平面近似长方形，东西长3.22米，南北宽2.24米，周壁用青砖和极少量红砖两平一竖混合砌制，残高0.43~0.5米。室内经清理，未发现骨架与随葬品。整个墓室内用青砖残块和红砖残块混合铺地，铺法呈南北向错缝平铺。室内填花杂土，含残砖块，土质稍硬。用砖规格为0.28~0.31×0.14~0.16×0.05~0.07米，正面压印细绳纹。未出土随葬品。

一九、通州运河核心区5号地块二期遗址汉墓

通州运河核心区5号地块二期遗址发现汉墓24座，其中砖室墓16座、竖穴土圹墓8座[1]。

砖室墓共16座，编号依次为M1、M3、M5、M6、M10、M11、M12、M13、M14、M15、M18、M22、M36、M41、M42、M77。以M3、M77为例。

M3位于发掘区西北部，西邻M2，东邻M4，方向190°，开口于③层下。平面近似甲字形，为青砖砌制的单室墓，由于被严重破坏仅残留底部，南北向。墓口距地表0.6米，南北总长7.5米，东西宽0.8~2.15米，墓底距地表1.1米。由墓道、墓门、封门砖、墓室、棺床组成。

墓道位于墓室的南部，近似长方形斜坡状。南北长2.4米，东西宽0.8~0.88米，深0.35~0.5米，底坡长2.4米。内填花土，土质疏松。

墓门位于墓室南壁的东南部，顶部已被破坏仅残留底部。东西宽0.86米，进深0.3米，残存高0.21米，用青砖一平一竖砌制而成。

封门砖位于墓门之内，东西长0.86米，南北宽0.3米，残高0.4米，用青砖一平一竖三平砌制封堵。

墓室位于墓道的北部，由于被严重破坏仅残留底部，平面近似长方形。南北长4.4米，东西宽1.42米，残高0.06~0.5米，用青砖一平一竖砌制而成，底部残留有铺地砖，用青砖二丁二横平铺而成。

棺床位于墓室内北部，平面近似长方形，东西长1.42米，南北宽0.75米，残存高0.12米，边

---

[1] 北京市文物研究所：《通州区运河核心区5号地块二期项目Ⅲ-01至13、Ⅳ 01、04、06、07、10、11地块考古发掘报告》，未刊。

沿用单青砖呈东西向包边。用砖规格为0.3×0.15×0.06米。出土随葬品有陶灶、陶奁、陶罐、陶猪圈、陶狗、陶鸡、铜钱。

M77位于发掘区的西北部，西邻M9，方向190°，开口于③层下。平面近似刀字状，为青砖砌制的单室墓，由于被严重破坏仅残留底部，南北向。墓口距地表0.7米，南北总长9.15米，东西宽0.78~2.95米，墓底距地表2.1米。由墓道、甬道、封门砖、墓室及器物台组成。

墓道位于墓室的南部偏东，近似长方形斜坡状。南北长3.4米，东西宽0.78~0.84米。墓道南部设一步台阶，宽0.28米，深0.2米，向下为斜坡状，底坡长3.35米。墓道与甬道相连。内填花土，土质疏松。

甬道位于墓室的南部偏东，顶部为拱券，已被破坏，残留下部。甬道宽0.82米，残高1.18米，进深1.1米。两壁用青砖一竖一平交替砌制而成。在甬道内南部有封门砖，封门宽0.82米，残存高度0.9米，用青砖单顺错缝交替封堵。

墓室位于墓道的北部，顶部拱券已被破坏，残留下部。平面近似长方形，南北长4.3米，东西宽2.3米，残存高0.2~1.18米，用青砖一竖一平砌制而成。墓室北部有一长方形器物台，东西长2.3米，南北宽0.88米，高0.42米，西部已被破坏，残留东部，墓室底有一层铺地砖，用青砖二丁二顺平铺。用砖规格为0.28×0.14×0.05米。出土随葬品有铜钱、铜饰、陶鸡、陶猪、陶奁、陶灶、陶小锅、陶甑、陶罐、陶房、陶盘、陶狗、陶耳环、陶灯。

竖穴土圹墓共8座，编号分别为M4、M31、M32、M35、M39、M49、M62、M72。以M32、M49、M72为例。

M32位于发掘区西南部，东邻M31，方向190°，开口于③层下。平面近似甲字形，为竖穴土圹棺椁墓，南北向。墓口距地表0.6米，南北长9.04米，东西宽3.9米，墓底距墓口1.56米。由墓道、墓门、墓室组成。

墓道位于墓室的南部，近似长方形台阶状。南北长3米，东西宽1.64~2.04米，深1.56米。在墓道南部设一步台阶，南北长1.66米，宽1.64~1.98米，台阶高0.6米。内填花土，土质较松，墓道北端即为墓门。

墓门位于墓道的南部，与墓道北端相距0.63米。宽1.96米，墓门与墓室之间有0.4米宽的土隔墙封门，残高0.46米。

墓室位于墓门的北部，平面近似弧状长方形。南北长6.03米，东西宽3.9米，深1.56米。内填花土，土质较松。在墓室深1.2米处，周边有一生土二层台，台宽0.74~1米。二层台内有一棺椁，椁南北长4.26~4.3米，东西宽2~2.12米，残高0.46~0.6米，椁板已腐朽，四周边部均残留黑灰色椁板痕迹。椁的南部设一棺床，南北长2.8~2.88米，东西宽2~2.12米，棺床上置双棺。东棺长1.8米，宽0.46~0.55米，残高0.08米，棺内骨架保存较差，头北足南，面向南，侧身直肢葬；西棺长2.02米，宽0.5~0.66米，残高0.08米，棺内骨架保存较差、凌乱，头北足南，面向、葬式不清。另外在椁的北部有一长方形器物头箱，南北长1.44~1.5米，东西宽2.12米，低于棺床0.16米，其内放置有陶器16件。出土随葬品有铜镜、铜钱、陶壶、陶罐、陶炉盖、陶豆、陶盘、陶盆。

　　M49位于发掘区的中部,东北邻M50,方向188°,开口于③层下。平面近似铲状,为竖穴土圹双墓道单室墓,南北向。墓口距地表0.6米,南北总长6.44米,东西宽2.24~2.95米,墓底距墓口1.5~1.6米。由墓道、墓室组成。

　　墓道位于墓室的南部,处于墓室南部的东、西两侧。双墓道近似长方形斜坡状,左墓道南北长2.6米,东西宽1~1.1米,墓底部距墓口1.5米,底坡长2.8米,东、西两壁较直;右墓道南北长2.6米,东西宽1~1.12米,底部及东、西两侧情况与左侧墓道相同。墓道内填花土,土质较硬,内含少量残陶片。墓道的北部与墓室相连。

　　墓室位于墓道的北部,平面近似长方形。南北长3.85米,东西宽2.9~2.95米,深1.5米。直壁平底,内填花土,土质疏松。内葬双棺及一长方形的头箱,棺木及头箱已朽,仅残存痕迹,东棺长2.1米,宽0.56~0.64米,残高0.1米,棺内仅残留极少上肢骨,为男性,葬式、面向、年龄不详;西棺长2.1米,宽0.66~0.76米,残高0.1米,棺内骨架保存较差,头北足南,面向不详,仰身直肢,为女性,年龄不详。在双棺的北部放置有一东西向长方形头箱,仅残存痕迹,东西长2.18米,南北宽1.26米,残存高0.2米。墓室内填花土,土质疏松。出土随葬品有陶罐、陶鼎、陶壶、陶瓮、博山炉盖、陶碗。

　　M72位于发掘区的西南部,T0101探方的东部、T0102探方的西部,方向360°,开口于②层下,被M68打破。平面近似长方形,为竖穴土圹单棺墓,被现代垃圾沟破坏,南北向。墓口距地表0.45米,南北长3.74米,东西宽1.28米,墓底距地表2.07~2.15米。内填花土,土质疏松。内葬单棺,棺残长1.3米,宽0.56米。棺内骨架仅残留少量肢骨,头北足南,直肢葬。出土随葬品有铜钱、陶壶底、陶器盖、陶仓、陶壶、陶盆、陶罐、陶灯。

二〇、路县故城城址周边墓葬群汉墓

　　2015年,为配合北京城市副中心建设,北京市文物研究所对通州区潞城镇进行了初步考古调查和勘探。2016年,北京市文物研究所在潞城镇胡各庄村、后北营村、古城村等地开展考古调查、勘探和发掘,共勘探122万平方米,发掘4万余平方米,发现汉代路县故城城址及其周边的墓葬群,清理古代墓葬1 146座,出土各类文物万余件(套)。墓葬群在路县故城城址外的北部、东部、东南部和南部都有分布(图版四)。2016年考古发现的1 146座墓葬在距离城址约2千米的半径范围内分布较为密集,墓葬的年代从战国一直延续至明清时期。其中,战国至西汉墓葬168座、东汉至魏晋墓葬706座、唐墓97座、辽金墓葬28座、元代墓葬4座、明清墓葬143座[1]。

　　战国至汉魏时期的墓葬数量最多,类型最为丰富,包括土坑墓、砖室墓、瓮棺葬、瓦室墓等。砖室墓的数量众多,形制多样,可分为单室、双室、多室墓,最多的墓室达8个。砖室墓以单墓道为主,仅有少数墓葬无墓道或为双墓道。墓葬以南北方向居多。砖室墓中出土的随葬品较为丰富,有陶器、铜器、铁器、铅器、骨器等(图版五至七)。骨器之中,有一套算筹(图版八),可分为

---

[1]《北京城市副中心的"金名片"——通州汉代路县故城遗址考古发掘取得重大收获》,《中国文物报》2017年2月28日。

长、短两种,每根筹棍两端齐正,粗细大致均匀,是北京地区考古中首次出土的算筹实物。

其中胡各庄村发现62座汉代瓮棺葬(图版九至一一),均为竖穴土圹,瓮棺均横向放置其内,均为南北向。儿童瓮棺葬的葬具以夹云母红陶和泥质灰陶器为主,器形有釜、瓮、罐等。成人瓮棺葬发现23座,瓮棺为专门烧制用作葬具的筒形瓮,均为两件筒形釜子母口对扣而成,筒形瓮均为灰陶质,饰瓦棱纹和弦断绳纹,个别瓮身有泥突。仅个别瓮棺葬中有随葬品(图版一二)。

第三节　晋唐时期墓葬

一、召里墓群

据前述,该墓群的时代延续至晋唐时期。

二、坨堤墓群

据前述,该墓群的时代延续至晋唐时期。

三、高行晖墓

高行晖墓位于通州区徐辛庄镇大庞村,1965年发现。该墓为砖室墓,早年被盗,墓壁残存有壁画。出土墓志一合,正方形,边长0.93米。志盖四坡线刻兽首人身十二生肖像,顶面篆书:唐赠户部尚书高府君墓志铭。志文首题:唐故正议大夫试怀州别驾赐紫金鱼袋赠户部尚书渤海高府君墓志铭。志文载:高行晖为幽州范阳郡潞县高义乡庞村人,在平定"安史之乱"中立功,授正议大夫,终年68岁,于元和二年(807年)与夫人合葬于故里[1]。

四、东垈村东北唐墓

东垈村东北唐墓位于家务乡东垈村东北约200米处王家坨下。原土坨南北长60、东西宽约50、高3.5米,"文革"后期,生产队于坨侧设窑烧砖取土,在坨下发现一座砖墓。村中一农民挖取墓砖运至家中盖造猪圈,于墓室底部挖获唐三彩仕女俑、三彩壶与铜镜等器物。1983年5月,县文管所闻讯赶到王家坨处,墓坑尚保持原形,平面呈长方状,露高不详,墓门在南,棺床在北,由细沟纹砖所砌[2]。

五、孙如玉墓

孙如玉墓位于通州区梨园乡的北京土桥砖瓦厂小街村东南约300米处,1983年6月发现。

---

[1]北京市文物局编著:《北京文物地图集》,科学出版社,2009年。
[2]北京市通州区文化委员会、北京市通州区文学艺术界联合会编:《通州文物志》,文化艺术出版社,2006年。

该墓为唐代砖室墓,但已被挖土机严重破坏,坐北朝南,平面呈正方形,边长3.1米,高度不明,墓室四角用砖砌成圆柱,檐部亦由砖砌成圆檩,檩上砖壁有弧度,应是四角攒尖穹窿顶。墓道开在南壁,拱券顶,宽0.92、残高1.5、残长0.85米。室内靠北壁砖砌棺床,宽1.4、高0.6米,长如边壁。出土一合唐代孙如玉墓志铭。不久,在唐墓北面约100余米处,又出土一方唐代孙封的墓志铭,其记载文字对研究北京历史有重要作用。

　　孙如玉墓志平面呈方形,边长47厘米。志盖为青石制,呈覆斗状,正面中间顶部线刻4格,内各刻一篆字,题额为:孙公墓铭,余面线刻十二生肖像。其志底乃青砂岩制,四边刻双线围框,内镌祥云缭绕;面刻纵线16行,行间刻小楷,行字不等,共318字。志文首题为:平州卢龙府折冲都尉乐安故孙公墓志铭并序。序中言孙公名如玉,祖籍乐安(今安徽省霍山县东),曾在潞县(今通州区)任录事(掌管文书),后调任平州卢龙府折冲都尉(唐代府级军职,掌管府兵的操练、调度、宿卫以及戍边、作战的军队主官)。在职期间,其"主乡曹、立纲纪"20余年,"恩布闾阎",于"贞元十四年二月四日忽奄",埋葬在"潞县潞城乡临河里"(今通州区梨园小街村)[1]。

六、平家疃唐墓

　　平家疃唐墓位于宋庄镇平家疃村东南。此处原为一片土坨,南北约50、东西约40、高约2米。1991年,村民于此建房挖槽时共发现5座唐代砖室墓。墓顶早塌,内葬陶器尽毁。其中1座未被彻底破坏,墓室平面呈长方形,东西向,长3.5、宽2.5米,高不详。沟纹砖错缝平砌,壁角平直。墓中清出一面完整铜镜,锈蚀严重。此镜圆形,正面平整,径10、厚0.3厘米。背面边缘与中部各铸一圈细弦纹,将纹饰图案分为内外二区。内区中心乃一只伏兽作纽,横穿系孔,无纽座,环纽饰4只追逐雄狮;外区边缘环饰葡萄纹,间有群鸟飞翔。整体纹饰似圆形高浮雕。装饰图案想象丰富,布局紧凑,层次分明,动静统一,禽兽结合,意趣和谐,给人以优美欢快之感[2]。

七、西环南路墓葬区唐墓

　　西环南路墓葬区共清理唐代墓葬1座,编号为M4。

　　M4为竖穴土坑墓,直壁,平底,平面呈长方形,墓向205°。南北长3.4米,东西宽1.4米,深2.4米。填土内有粗绳纹砖。墓底发现几段残骨,未发现葬具。随葬品仅发现1枚开元通宝(图一五)[3]。

[1] 周良:《通州窑厂村北齐长城遗址》,《北京文博》2004年第3期。
[2] 北京市通州区文化委员会、北京市通州区文学艺术界联合会编:《通州文物志》,文化艺术出版社,2006年。
[3] 北京市文物研究所编著:《北京亦庄考古发掘报告(2003~2005年)》,科学出版社,2009年。

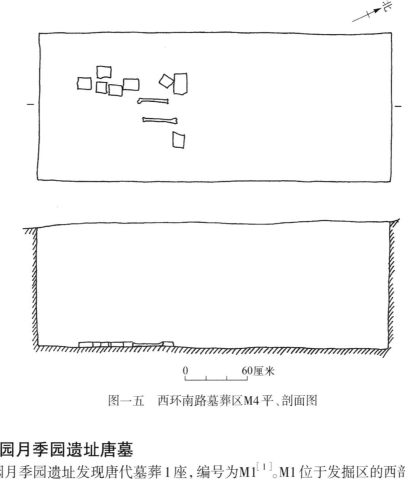

图一五　西环南路墓葬区M4平、剖面图

八、武夷花园月季园遗址唐墓

　　武夷花园月季园遗址发现唐代墓葬1座,编号为M1[1]。M1位于发掘区的西部,为甲字形竖穴土圹砖室墓,南北向,方向200°,总长3.9米,由墓道、墓门、墓室组成(图一六)。

　　墓道位于墓室的南部。长方形斜坡状,墓口距地表2.4米。长1.06米,宽0.92~1.18米,深0.5米,底坡长1.14米。内填花土,土质较硬。墓门位于墓道的北部。呈长方形,口小底大。宽0.48~0.52米,进深0.34米,残高0.4米。封门长0.48米,宽0.34米,残高0.32米。墓门砌法为青灰条砖四平一竖砌制;封门用青灰条砖竖向错缝平砌。墓室位于墓道的北部。东北部被一晚期坑打破,仅残存南半部墓壁及铺地砖。平面呈长方形。长2.2米,宽1.2~1.26米,残高0.05~0.4米,墓底距地表2.8米。墓壁砌法为青灰色条砖错缝平砌。由于墓室盗扰严重,人骨架仅见锁骨及少量肢骨,葬式葬具不明。用砖规格为0.33×0.16×0.055、0.28×0.14×0.04米。随葬品有陶罐2件、瓷罐1件、铁炉1件(图一七)。

　　唐代墓葬因被严重破坏,墓葬的整体情况不详。从残存部分来看,其墓葬形制与北京地区以往发现的唐代墓葬形制有别,但从墓葬中出土的随葬器物看,带双系、饼形足的瓷罐及附双耳的铁炉在以往唐代墓葬中亦有发现。

――――――――――

[1] 北京市文物研究所:《北京市通州区武夷花园二期项目遗址考古发掘报告》,载宋大川主编:《北京考古(第二辑)》,北京燕山出版社,2008年。

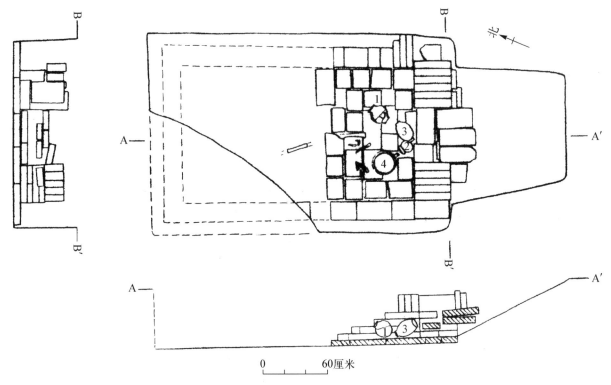

0　　　　　60厘米

图一六　武夷花园月季园M1平、剖面图

1、2.陶罐　3.瓷罐　4.铁炉

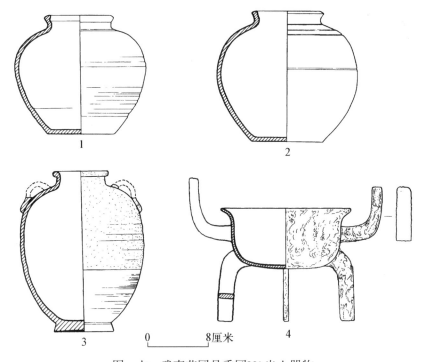

0　　　　8厘米

图一七　武夷花园月季园M1出土器物

1、2.陶罐（M1:1、M1:2）　3.瓷罐（M1:3）　4.铁炉（M1:4）

九、荣丰科技物流仓储项目墓地唐墓

荣丰科技物流仓储项目墓地唐墓发现于北京荣丰科技物流仓储项目占地范围内。该项目位于马驹桥镇的东南部,南邻兴贸街,西邻融商四路,北邻南堤村(图一八)。为配合北京荣丰科技物流仓储项目建设,2010年5月,北京市文物研究所对项目占地范围进行了考古勘探,勘探面积为15 000平方米,发现各类遗迹58处,其中墓葬32座、井17眼、沟1条、坑8个。2010年5~6月,北京市文物研究所对发现的古代遗存进行了考古发掘,发掘面积150平方米,清理古代墓葬5座,其中唐代墓葬2座,清代墓葬3座(图一九)[1]。

唐代墓葬2座,编号为M1、M2。

M1位于发掘区的西北部,东邻M2,方向176°,开口于②层下。平面呈甲字形,竖穴砖室墓,仅残留底部,南北向。墓口距地表1.2米,南北长5米,东西宽2.53米,深1.6米,墓底距墓口1.6米。由墓道、甬道和墓室三部分组成(图二〇;图版一三)。

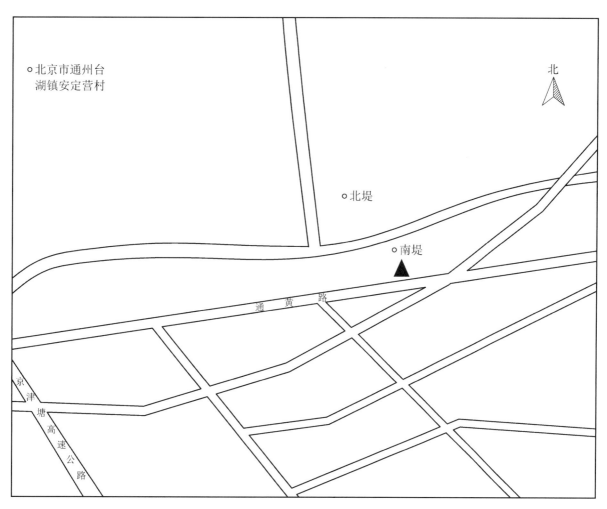

图一八　荣丰科技物流仓储项目位置示意图

---

[1]北京市文物研究所:《北京荣丰科技物流仓储项目考古发掘报告》,未刊。

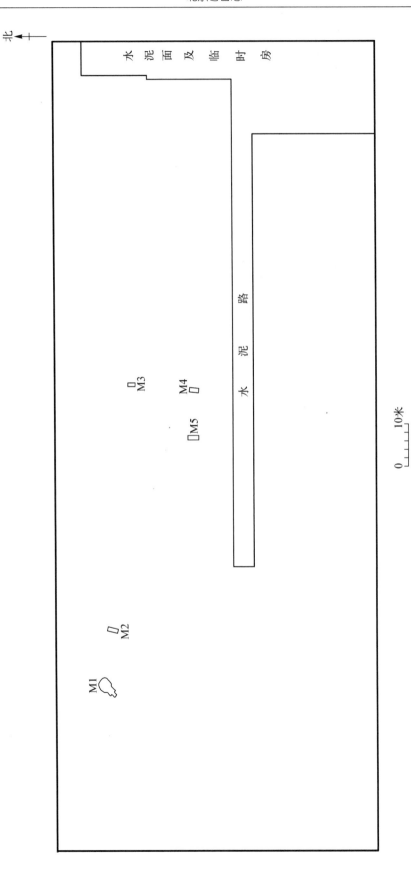

图一九　荣丰科技物流仓储项目考古发掘平面图

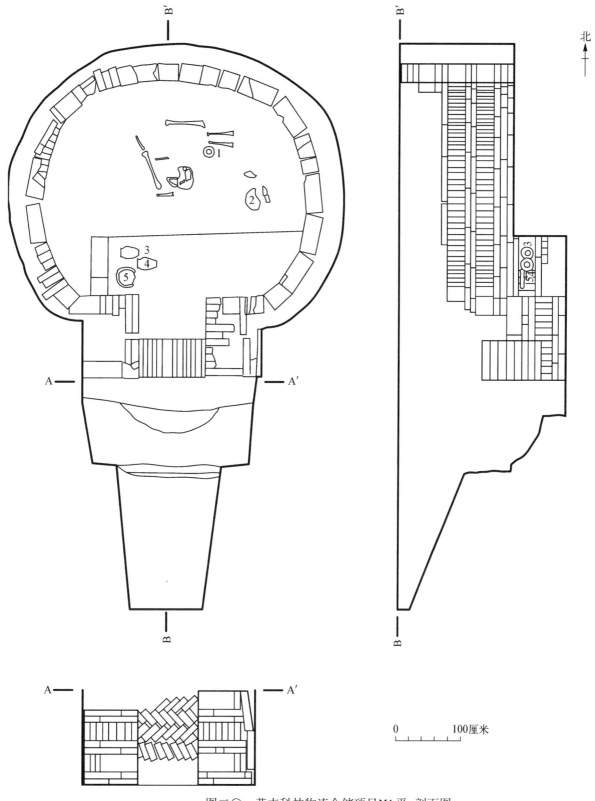

图二〇 荣丰科技物流仓储项目M1平、剖面图

1. 釉陶钵 2. 釉陶碗（残） 3. 陶罐（残） 4. 陶罐 5. 陶盘（残）

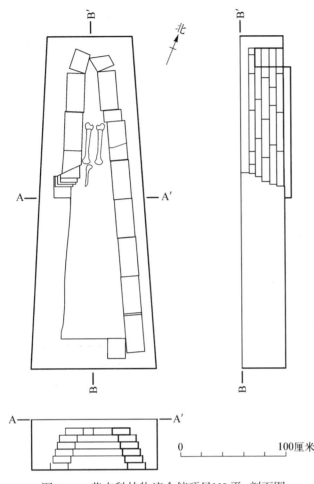

图二一　荣丰科技物流仓储项目M2平、剖面图

墓道位于甬道的南部,近梯形台阶状。南北长1.4米,宽0.7~1米,南窄北宽,底坡长1.36米,北端墓门处应为脚窝。内填花土,土质疏松。甬道位于墓室的南部。南北长0.78米,东西宽0.64米,残高0.7~0.88米。东、西两壁用青砖二平一竖交替错缝砌制。甬道口南部用单排青砖顺向封堵,底部垫有活土,厚0.22米,上部用四层青砖呈人字形封堵,残高0.6米。用砖规格为0.36×0.17×0.06米。墓室位于甬道的北部,平面呈椭圆形。南北长2米,东西宽2.53米,残高0.7~1.1米,周壁用青砖二平一竖交替错缝砌制。墓室北部有一生土棺床,平面呈“7”字形,东西长0.42~2.53米,南北宽0.7~1.92米,高0.52米。棺床西侧上部用青砖一平一竖二平由上而下逐层包边,棺床上有散骨。墓室内为五花土,内含残砖。用砖规格为0.36×0.17×0.06米。出土随葬品有陶罐、陶盘、釉陶钵、釉陶碗。

M2位于发掘区的西北部,西邻M1,方向170°,开口于②层下。平面呈梯形,竖穴砖室墓,南部已破坏至底,南北向。墓口距地表0.8米,土圹南北长3.04米,东西宽0.8~1.18米,深0.4米。底部南北长2.5米,东西宽0.24~0.6米,北窄南宽,墓底距墓口0.4米,残存高0~0.32米。周壁用青砖错缝逐层平砌,向上逐层内收逐渐合拢。墓室内无棺,仅存少量下肢骨,应为头南脚北,面向、葬式不明。用砖规格为0.35×0.175×0.065米,砖一边为素面,另一边为绳纹。填土为五花土,内含残砖块(图二一;图版一四)。未发现随葬品。

一〇、通州运河核心区Ⅴ-01~Ⅳ-09地块遗址唐墓

该地块发现唐墓1座。

唐墓M3是由墓道、甬道和墓室三部分组成的砖室结构墓葬[1]。该墓被严重毁坏,长9.4米,宽5.26米,残深1.5米。从残存的迹象中可知,甬道内东西两壁各有一个壁龛,在墓口处有斜形卧式封门砖,墓室内东、西、北三壁均向外微凸,棺床已完全被毁,墓壁仅存有一部分,残存的墙

---

[1] 北京市文物研究所:《通州区运河核心区Ⅴ-01、Ⅴ-02、Ⅳ-02、Ⅳ-03、Ⅳ-05、Ⅳ-08、Ⅳ-09地块考古发掘报告》,未刊。

壁上抹有白灰面,上有红、黑、黄等彩绘,另在墓室上部填土中清理出墓志一合。据墓志志文所载,可知墓主人为唐代幽州武清县主簿。

一一、轻轨L2线B5地块墓葬区唐墓

轻轨L2线B5地块墓葬区发现于轻轨L2线通州段次渠站、垡渠南站、亦庄火车站(B5地块)土地一级开发项目占地范围内。该地块位于通州区,地理坐标为东经116°34′713″,北纬39°48′598″(图二二)。

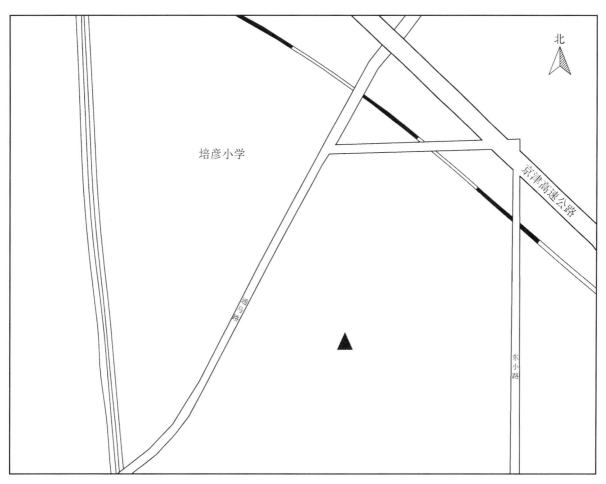

图二二　轻轨L2线通州段B5地块位置示意图

2012年6~7月,为了配合轻轨L2线通州段次渠站、垡渠南站、亦庄火车站(B5地块)土地一级开发项目建设,保护地下文物,北京市文物研究所对项目占地范围内勘探发现的古墓葬进行了抢救性考古发掘,发掘总面积为1 500平方米,清理古代墓葬47座,其中唐代墓葬10座,辽金墓葬2座,清代墓葬35座(图二三)[1]。

―――――――――

[1] 北京市文物研究所:《轻轨L2线通州段次渠站、垡渠南站、亦庄火车站(B5地块)土地一级开发项目考古发掘报告》,未刊。

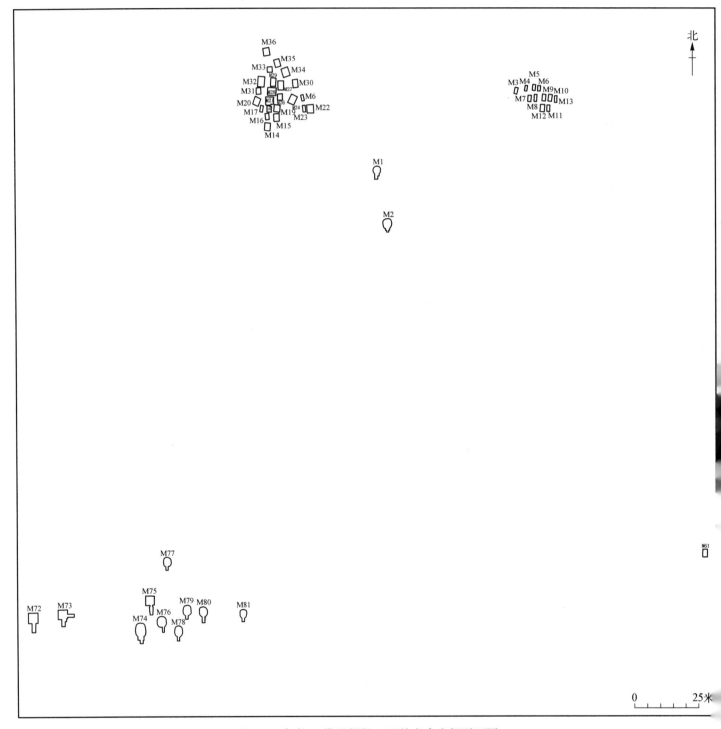

图二三　轻轨L2线通州段B5地块考古发掘平面图

轻轨L2线B5地块墓葬区发现唐代墓葬10座,编号为M72~M81,均为竖穴砖室墓。根据墓室平面形状,可分为长方形和圆或椭圆形两种类型。

长方形砖室墓3座,以M72、M75为例。

M72位于发掘区的西部,东邻M73,开口于①层下,长方形竖穴砖室墓,墓圹较平整。南北向,方向180°。墓圹南北长7.3米,东西宽3.7米,墓口距地表0.4米,墓口距墓底1.36米。内填花土,土质较松。由墓道、墓门、墓室三部分组成(图二四)。

墓道位于墓门的南侧,南北长3.18米,东西宽1.2~1.3米,呈长方形竖穴土圹式,墓壁较齐整。在墓道的北端东西两侧各设置有三个壁龛,壁龛用绳纹青灰砖所砌,大小不等,分别为宽0.18、高0.38、进深0.24米和宽0.28、高0.38、进深0.22米,用砖规格为0.3×0.15×0.06米。墓道呈斜坡状,斜坡长3.1米,坡度为9°。墓底距墓口0.6~0.96米。内填花土,土质疏松。墓道的东壁上部被现代坑打破。

墓门位于墓道的北侧,墓室的南侧,平面呈长方形,宽1.28米,进深0.62米,东西两壁采用绳纹青灰砖错缝平砌而成。上部和封门已被破坏,残高0.78米,用砖规格为0.3×0.15×0.06米。

墓室位于墓门的北侧,平面呈长方形,南北长3.2米,东西宽3.08米。墓室的四壁采用绳纹青灰砖平竖错缝砌筑而成。顶部已被破坏,仅在底部残存部分砖块,残高0.06~0.58米,用砖规格为0.3×0.15×0.06米,在墓室的底部有大小不等的绳纹青灰砖铺地,用砖规格为0.18×0.15×0.06、0.22×0.15×0.06、0.3×0.15×0.06米。清理过程中未发现骨架。出土随葬品有铜钱、铜带扣、白釉长颈瓶、黄釉长颈瓶、陶罐残片。

M75位于发掘区的西部,南邻M76,开口于①层下,长方形竖穴砖室墓,墓圹较平整。南北向,方向190°。墓圹南北长6.84米,东西宽3.34米,墓口距地表0.40米,墓口距墓底1.3米。内填花土,土质较松。由墓道、墓门、墓室三部分组成(图二五)。

墓道位于墓门的南侧,南北长3.4米,东西宽0.68~1.5米,呈长方形竖穴土圹式,墓壁较齐整。在墓道南端设置两步台阶,编号台阶1、台阶2,墓道北端呈斜坡状,斜坡长2.48米,坡度8°,墓底距墓口0.22~0.96米。内填花土,土质松软。台阶1位于墓道的南端,东西宽0.68~0.74米,进深0.32米,高0.2米;台阶2位于墓道的南端,东西宽0.74~0.82米,进深0.24米,高0.26米。

墓门位于墓道的北侧,墓室的南侧,平面呈长方形,宽0.92米,进深0.68米。东西两壁用绳纹青灰砖平竖错缝砌制而成,上部和封门已被破坏,残高0.51~0.65米,用砖规格为0.34×0.17×0.05米。

墓室位于墓门的北侧,平面呈长方形,南北长2.75米,东西宽2.8米。墓室四壁采用绳纹青灰砖错缝砌制而成,顶部全部被破坏,仅残存底部,残高0.4~0.45米,用砖规格为0.34×0.17×0.05米。清理过程中未发现骨架。出土随葬品有陶罐、铜钱、陶片。

圆形或椭圆形竖穴砖室墓7座,以M74、M77为例。

M74位于发掘区的西部,东邻M78,开口于①层下,长方形竖穴砖室墓,墓圹较平整。南北向,方向192°。墓圹南北长7米,东西宽4.1米,墓口距地表0.4米,墓口距墓底2.1米。内填花土,土质较松。由墓道、墓门、墓室三部分组成(图二六)。

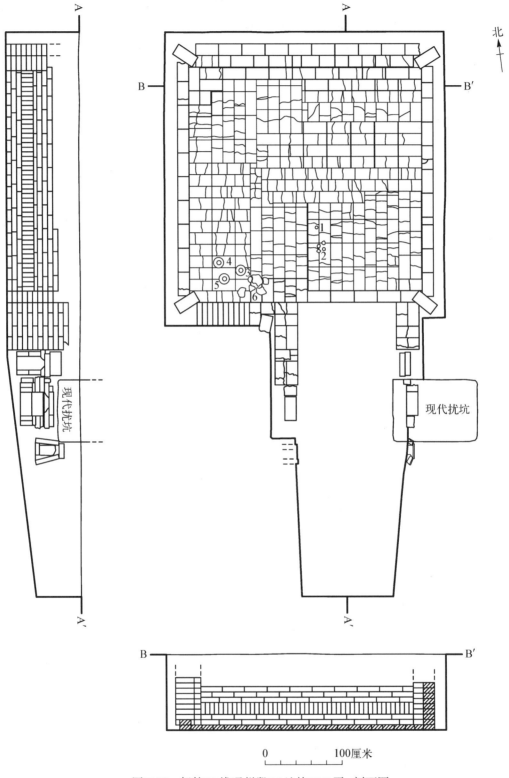

北

图二四　轻轨L2线通州段B5地块M72平、剖面图

1.铜钱1枚（残）　2.铜带扣1件（残）　3.白瓷尊1件
4.黄瓷尊1件　5.黄瓷尊1件（残）　6.陶罐残片1袋

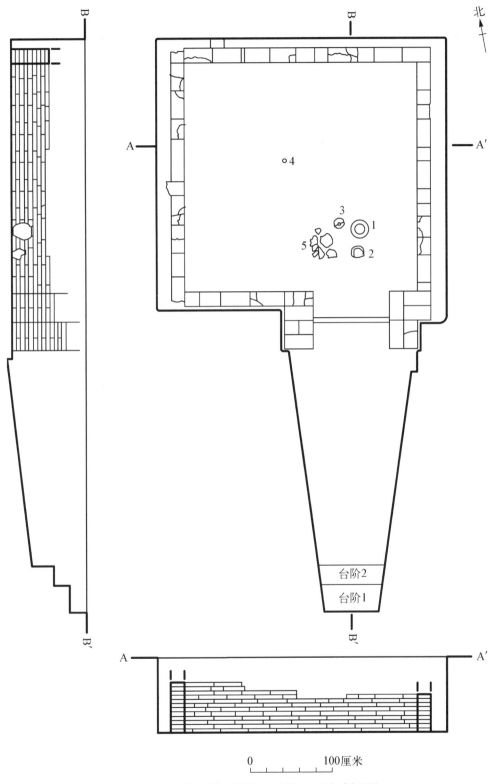

图二五　轻轨L2线通州段B5地块M75平、剖面图

1.陶罐1件　2、3.陶罐1件（残）
4.铜钱1枚（开元通宝）　5.陶罐残片1袋

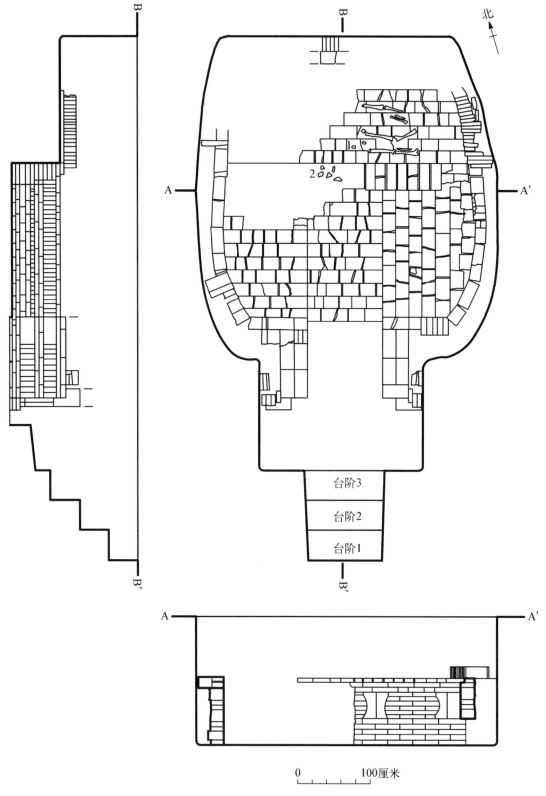

北

台阶3

台阶2

台阶1

0　　　　　　100厘米

图二六　轻轨L2线通州段B5地块M74平、剖面图

1. 铜带扣1件（残）　2. 陶片1袋（采集）

　　墓道位于墓门的南侧，南北长2米，东西宽1~2.4米，深0.4米，呈长方形竖穴土圹式，墓壁较齐整。在墓道南端设置三步台阶，编号台阶1~台阶3，墓道北端呈斜坡状，斜坡长0.6米，坡度6°，墓底距墓口1.75米。内填花土，土质松软。台阶1位于墓道的南端，东西宽1~1.02米，进深0.4米，高0.4米；台阶2位于墓道的南端，东西宽1.04米，进深0.4米，高0.4米；台阶3位于墓道的南端，东西宽1.08米，进深0.4米，高0.4米。

　　墓门位于墓道的北侧、墓室的南侧，平面呈长方形，宽1米，进深1.08米，东西两壁用绳纹青灰砖平竖错缝砌制而成。上部和封门已被破坏，残高0.8米，墓门口的东西两侧各用青灰砖立砌门柱，残存高0.9米，用砖规格为0.36×0.18×0.06米。

　　墓室位于墓门的北侧，平面呈椭圆形，南北长3.75米，东西宽3.3米，墓室顶部和墓室北部砌的青灰砖全部被破坏，仅残存墓室东西底半部分，残存高0.66米，东西两壁用绳纹青灰砖平竖错缝砌制而成，用砖规格为0.36×0.18×0.06米。在墓室的北端设置有棺床，东西长2.7~3.2米，南北宽1.34米，高0.7米。棺床的底部用残砖错缝平铺而成，因被严重破坏仅存两具下肢骨。在棺床的东南侧用青灰砖垒砌，东西长0.74米，高0.35米，西部被破坏，用砖规格为0.36×0.18×0.06米。出土随葬品有铜带扣、陶片。

　　M77位于发掘区的西部，南邻M75，开口于①层下，椭圆形竖穴砖室墓，墓圹较平整。南北向，方向185°。墓圹南北长4.7米，东西宽2.9米，墓口距地表0.4米，墓口距墓底1.3米。内填花土，土质较松。由墓道、墓门、墓室三部分组成（图二七）。

　　墓道位于墓门的南侧，南北长1.7米，东西宽0.88~0.92米，呈长方形竖穴土圹式，墓壁较齐整，在墓道的南端设置有两步台阶，编号为台阶1、台阶2。墓道北端呈斜坡状，斜坡长0.92米，坡度为15°。墓底距墓口0.26~0.90米。内填花土，土质松软。台阶1位于墓道的南端，东西宽0.88~0.9米，进深0.4米，高0.18米；台阶2位于墓道的南端，东西宽

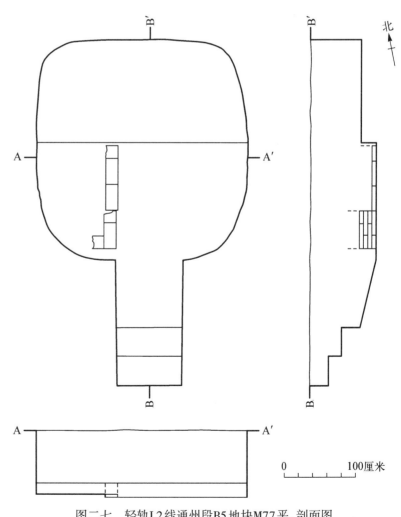

图二七　轻轨L2线通州段B5地块M77平、剖面图

0.9米,进深0.4米,高0.26米。

　　墓门位于墓道的北侧、墓室的南侧,平面呈长方形,由于被严重破坏,仅残存西部四层绳纹青灰砖,残高0.2米,青灰砖的砌法为错缝砌制而成,青砖规格为0.34×0.17×0.05米。

　　墓室位于墓门的北侧,平面呈椭圆形,南北长3米,东西宽2.9米,墓室顶部和四壁采用绳纹青灰砖错缝砌制而成,已被破坏殆尽,仅残存部分土圹底,残高0.7~0.9米。在墓室的北端设有棺床,东西长2.85米,南北宽1.4米,残高0.2米。清理过程中未发现骨架。

一二、轻轨L2线B4地块唐墓

　　轻轨L2线B4地块唐墓发现于轻轨L2线通州段次渠站、垡渠南站、亦庄火车站土地一级开发项目B4地块项目用地范围内。该地块位于北京市通州区西南部的次渠镇次渠村北侧。2012年6~7月,北京市文物研究所在B4地块发掘唐代墓葬5座[1]。

　　唐代墓葬共5座,均开口于③层下,砖室墓。根据墓室形状可分为弧边方形、圆形和长方形三种。

　　墓室为弧边方形的唐墓2座,以M4为例。

　　M4位于发掘区的西北部,方向205°,平面呈甲字形,墓口距地表0.9米。土圹南北总长9.78米,东西宽1.14~4.08米,深2.1米。由墓道、墓门、甬道、墓室组成(图二八)。

　　墓道为斜坡状,南北长4.5米,东西宽1.21~2.88米,深0.21~2.03米,底坡长3.93米,东、西两壁较直,在墓道底部接近墓门处有一宽0.97米的平台。墓门为砖砌拱券顶门,保存较完整。墓门东、西两侧各用两条竖砖装饰墓门,每条竖砖向外凸出约0.02米。墓门顶部内外两侧压砌有两层平砖,用以加固墓门顶部,每层压砌平砖向外凸出0.02米。墓门东、西两侧各有一宽0.18、高0.18米、进深0.16米的门墩。在墓门上侧东、西两端各饰有卷叶形花纹。墓门内封门砖保存较好,用青砖呈人字形斜立砌堵,单层。东西宽1.29米,高1.73米。甬道进深1.36米,东、西两壁用青砖两平一竖砌筑。

　　墓室平面呈弧边方形,顶部已坍塌,仅残存四周墙体。南北长3.77米,东西宽3.68米,残高2.02米,四壁用青砖两平一竖砌筑而成。墓室底部未铺砖。棺床位于墓室的北部,平面呈半圆形,东西长3.22米,南北宽1.48米,高0.43米。棺床外侧边沿用单砖呈东西向平砌六层,砌砖下有0.1米厚的垫土层。棺床上未铺砖,床上一棺,东西向放置,棺木已朽,仅残存板灰痕迹。棺长2.28米,宽0.71~1.38米。棺内葬人骨架两具,骨架较凌乱,头向西,面向不详,南侧为男性,北侧为女性,均为仰身直肢葬,年龄不详(图版一五)。出土随葬品有三彩鸭形盂1件、陶罐3件、釉陶罐1件、铜镜1件、铁釜1件。

　　墓室呈圆形的唐墓1座,即M5。

　　M5位于发掘区的西北部,方向205°,圹总长6.16米,东西宽3.24米,残高1.09~1.52米。由墓道、墓门、甬道、墓室组成(图二九)。

[1] 北京市文物研究所:《北京通州次渠唐金墓发掘简报》,《文物春秋》2015年第1期。

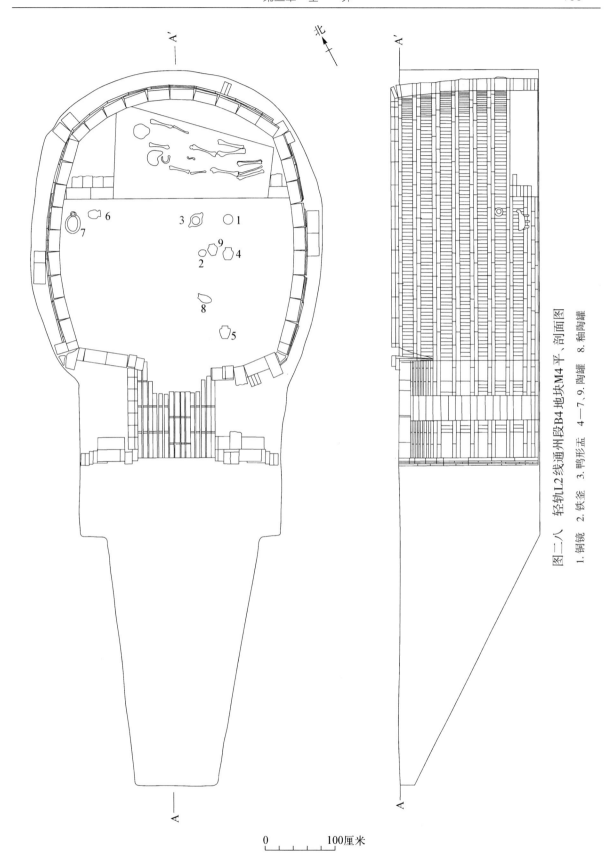

图二八 轻轨L2线通州段B4地块M4平、剖面图

1. 铜镜 2. 铁釜 3. 鸭形盂 4—7、9. 陶罐 8. 釉陶罐

0 100厘米

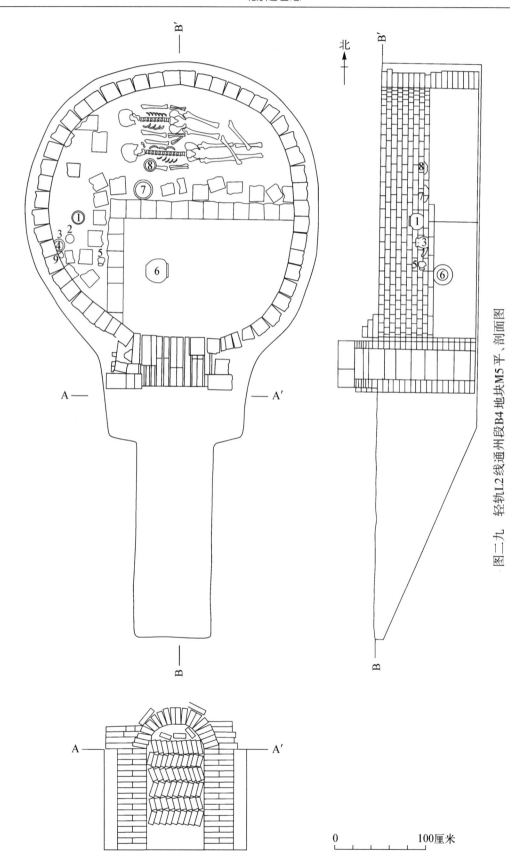

图二九　轻轨L2线通州段B4地块M5平、剖面图

1. 双系釉陶罐　2、3. 釉陶罐　4. 釉陶罐　5. 双系陶罐　6. 双系瓷罐　7、8. 陶碗　9. 铁勺

墓道为长方形斜坡状,南北长2.62米,东西宽0.85~1.68米,深0.8~1.1米,底坡长2.49米。墓道两壁较直,墓道尽头和墓门之间有一个0.38米宽的平台。墓门为砖砌拱券顶门。宽0.62米,高1.34米,在墓门起券处东、西两侧砌砖向外凸出约0.04米,用以装饰券顶部。墓门内封门砖仅残存六层,用南北向立砖呈人字形封堵。封门砖的底部为厚约0.28米的垫土。甬道进深0.59米。东、西两侧墙体用平砖两顺两丁相互错缝平砌而成。

墓室平面呈圆形,顶部已坍塌,仅残存四周墙壁。南北长2.71米,东西宽2.72米,残存高1.09米。四壁用青砖相互错缝平砌而成,底部无铺地砖。墓门东、西两侧各有一斜角,斜角呈一明一暗砌筑,用以装饰墓室。棺床位于墓室内西北两侧,平面呈折尺形。东西长1.92米,南北宽1.42米,高0.52米。棺床表面用青砖残块无规律随意平铺,砖下为土台。棺床北部有两具人骨架,南侧为男性,北侧为女性,年龄不详。骨架保存较完整,头向西,面向一南一北相对,南侧为仰身直肢葬,北侧为仰身屈肢葬(图版一六)。出土随葬品有陶罐3件、釉陶罐3件、釉陶盏1件、黑陶碗2件、双系瓷罐1件、铁勺1件。

墓室呈长方形的唐墓1座,即M9。

M9位于发掘区的西北部,墓向195°,平面呈甲字形,墓口距地表0.9米,墓底距墓口0.96米。土圹南北总长5.36米,东西宽2.2米。由墓道、墓门、甬道、墓室组成(图三○)。

墓道为长方形斜坡墓道。南北长2.42米,东西宽0.8~0.91米,深0.1~0.92米,底坡长2.31米,东、西两壁较直,在墓道和墓门之间有一0.32米宽的平台。墓门顶部已坍塌,仅残存两侧墙

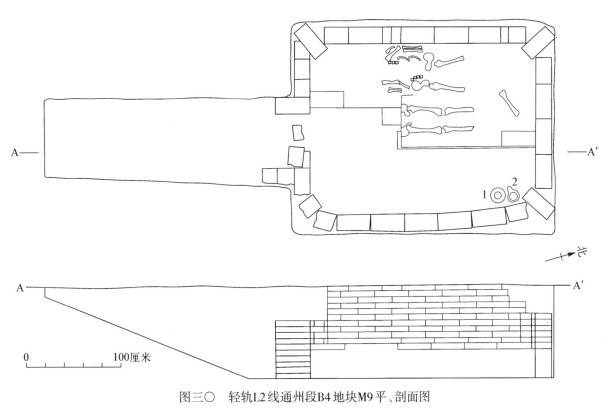

图三○　轻轨L2线通州段B4地块M9平、剖面图

1.陶罐　2.铁釜

体。墓门宽0.54米,残存高0.54~0.76米。墓门内残存有少量随意摆放的封门砖。甬道与墓门同宽,长0.36~0.5米,残高0.8米。东、西两壁用青砖南北向单砖砌筑而成,西壁残存较低,东壁残存较高。

墓室平面呈长方形,顶部已坍塌,仅残存四周砖砌墙体。南北长2.39米,东西宽1.8米,残高0.95米。四周墙壁为青砖呈顺向单砖相互错缝砌筑而成,墓室的四角各有一宽0.17、向室内凸出0.05米左右的斜向砖柱装饰墓室,墓室东侧的墓壁稍弧。墓室底部较平,无铺砖。棺床位于墓室内的西侧,平面呈不规则长方形,南北长2.39米,东西宽0.66~1.06米,高0.42米。棺床边沿用单砖呈顺向平砌两层,砖下为垫土。棺床上未铺砖,未置葬具,直接将两具墓主人尸骨放于棺床上。西侧为男性,东侧为女性,年龄不详,均为仰身直肢葬,骨架保存较差。出土随葬品有陶罐1件、铁釜1件。

一三、砖厂村C区遗址唐墓

唐代墓葬6座,均为砖室墓[1]。根据墓室平面形状,可分为弧边方形和圆形两种类型。

弧边方形的唐墓2座,以M7为例。

M7位于发掘区的西南部,东邻M6,方向186°,开口于①层下,向下打破生土层,平面呈凸字形,竖穴土圹砖室墓,南北向。墓口距地表1.1米,墓底距地表2.6米,墓圹南北长6.64米,宽3.74米。由墓道、墓门、墓室三部分组成(图三一)。

墓道位于墓门的南侧,南北向,呈"T"形阶梯状,长1.64米,南北宽1.2~2.14米。内填花土,分别有五级台阶,高宽不等,一级台阶0.32×0.12米,二级台阶0.3×0.14米,三级台阶0.42×0.2米,四级台阶0.24×0.24米,五级台阶0.36×0.24米。墓门位于墓道的北侧,被现代自来水管道沟破坏,形制与结构不详。墓室位于墓门的北侧,平面近似方形,中部外弧,顶部被扰不存。内填花土,残存西、北、东三壁,砌垒方法为一平一侧。墓室南北长3.24米,东西宽3.12米,残高0.72米,室内北部和西部设有"7"字形棺床,东西向边长3.12米,南北向边长2.86米,高0.5米。床沿底部为一层平砖,中部侧砌一层设二壶门,上部平砌两层渐及遮檐,壶门宽0.58米,高0.32米,间距0.22米。因盗扰严重,未见棺沫和骨架,用砖规格为0.32×0.16×0.5、0.36×0.18×0.6米。随葬品有铜带钩、铜钱。

圆形的唐墓4座,以M2为例。

M2位于发掘区的西部,北邻M1,方向180°,开口于②层下,向下打破生土层,平面呈甲字形,竖穴土圹砖室墓,南北向。墓口距地表0.8米,墓底距地表1.8米,墓圹南北长4米,东西宽0.8~2.8米。由墓道、甬道、墓室等部分组成(图三二)。

墓道位于该墓的南部,平面呈长方形,南北向,开口距地表0.8米,有三级台阶,向北与甬道相连,长1.15米。甬道位于墓道至墓室之间,两壁间宽0.75米,长0.56米,底部到生土。东壁残留七层平砖,外竖一立砖走边,高约0.4米,西壁残留十四层平砖,外竖二立砖走边,高约0.8米。

---

[1] 北京市文物研究所:《通州砖厂村地块土地一级开发项目(C区)考古发掘报告》,未刊。

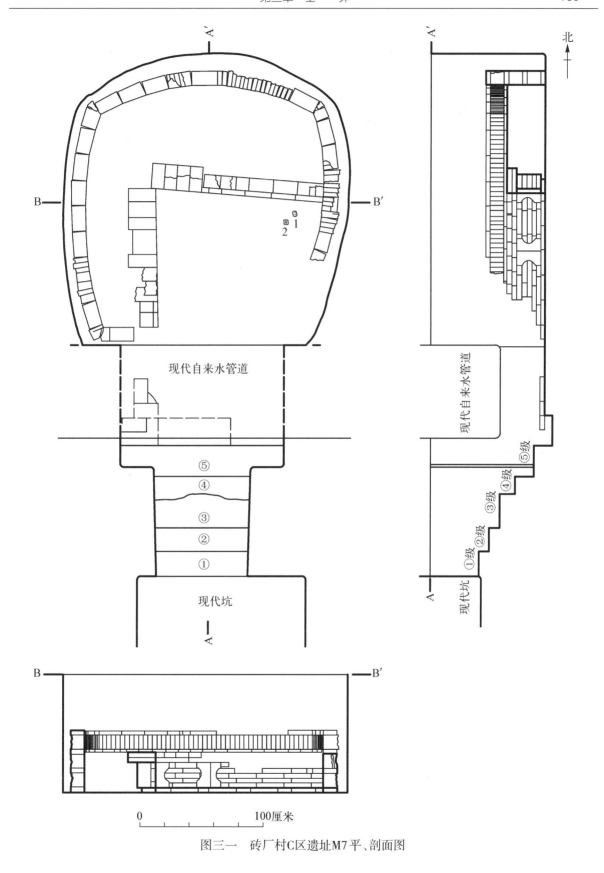

北

A'

A'

B ——————— B'

1
2

现代自来水管道

现代自来水管道

⑤
④
③
②
①

现代坑

⑤级
④级
③级
②级
①级

现代坑

A'

A ——— A

B ——————————— B'

0   100厘米

图三一　砖厂村C区遗址M7平、剖面图

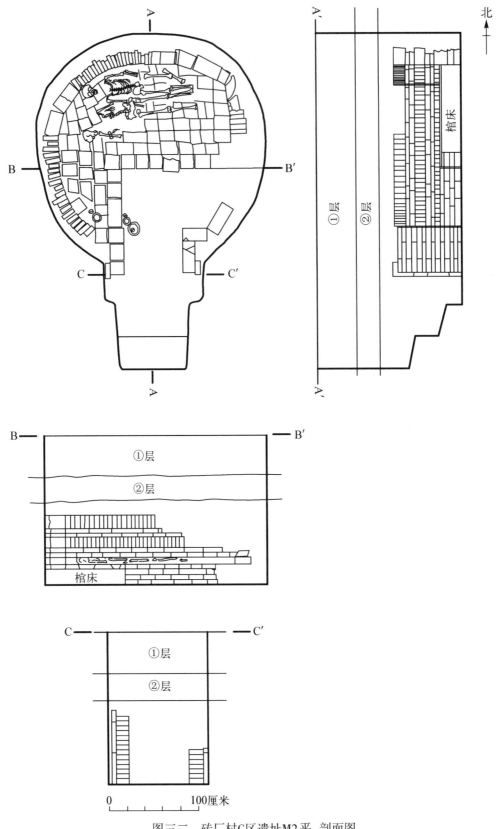

图三二　砖厂村C区遗址M2平、剖面图

墓室位于该墓的北部,平面呈圆形,由祭台、棺床等组成,由于早期被扰严重,仅残高0.2~0.85米,均为二平一竖砌成,残砖较多。棺床位于墓室北部,南北长1.24米,东西宽2.1米,高0.25米,棺床上用残砖无规则铺成,凸凹不平,靠北壁并列放置骨架二具,无棺木,北边头向西,面向上,仰身直肢,骨架保存较差,推断为女性;南边头向西,面向南,仰身直肢,骨架保存较差,推断为男性。祭台位于墓室的西南角,北与棺床相连,南与甬道壁相接,高0.25米,较小,残砖铺地。随葬品有陶罐、铁鼎残片。

一四、通州运河核心区5号地块二期遗址唐墓

4座唐墓均为单室砖墓,墓室平面形状均为椭圆形或圆形,以M50、M66为例[1]。

M50位于发掘区的中部,北邻M39,西南邻M49,方向207°,开口于②层下,被M40打破。平面近似甲字形,为青砖券制的单室墓,由于被严重破坏仅残留底部,南北向。墓口距地表0.7米,南北总长14.8米,东西宽5.9米,墓底距墓口3.85米。由墓道、墓门、甬道和墓室组成。

墓道位于墓门的南部,近似长方形台阶状,中部被近代坑打破。南北长6.04~6.1米,东西宽2~2.08米。墓道南部设有台阶,中部被现代坑破坏,仅残留8步台阶,台阶宽0.2~0.75米,高0.1~0.25米。墓道深0.35~2.86米,内填花土,土质较硬。墓门位于墓室的南部,由于被破坏而门楼上部无存。门楼南北宽2.82米,门框东西宽1.87米,东、西框边底部都砌在两层平砖上,砖高0.12米,平砖凸出门边0.17米,框边各宽0.34米,残高1.5~2.12米。墓门位于门楼中部下方,券顶被破坏,墓门东西宽1.54米,残高1.36~1.9米。整个墓门外面涂白灰墙皮,墙皮厚0.01~0.02米。内填花土,土质较硬。甬道位于墓门的北部,南连墓门、北与墓室相连,甬道券顶被破坏。南北长1.96米,东西宽1.54米,残高1.39~1.86米。在甬道的东、西两壁中部各设置有一个壁龛,其形状结构相同并相互对称,以西壁壁龛为例:壁龛西壁西距墓边0.6米,壁龛南北宽0.38米,进深0.25米,高1米,顶为拱形,东、西壁各有白灰墙皮,墙皮厚0.01~0.02米。从西壁上部墙皮脱落部分可知,甬道东、西两壁饰细绳纹青砖,南北向错缝平砌。另在甬道东、西白灰墙壁上,隐约看到有极少的红黑彩绘,但纹饰不清。

墓室位于甬道的北部,平面近似椭圆形。土圹南北长6米,东西宽5.9米,深3.62~3.85米,墓室南北长4.58米,东西宽1.07~1.35米。周壁有白灰墙皮,厚0.01~0.02米,墙皮上隐约有红黑彩绘,但纹饰不清。墓室内北部设一棺床,南北长2.02米,东西宽4.36米,高0.65米。棺床外壁中部设置有两个壶门,东边壶门东距墓室东壁1.58米,西距西边壶门0.3米。壶门底部距棺床底0.26米,上距棺床平面0.19米,内收床沿边0.06米。壶门近似椭圆形,东西长0.56米,进深0.06米,高0.2米。西边壶门东距东边壶门0.3米,东西长0.5米,进深0.06米,高0.2米。床沿外壁涂有白灰墙皮,隐约有彩绘,床沿面上也用白灰涂抹,床沿边宽0.28米,床边用青砖包边,砌法东西两排错缝平砌,南距床沿边0.28米,包边砖东距墓室东壁0.67米,东西残长1~1.08米。棺床内

[1] 北京市文物研究所:《通州区运河核心区5号地块二期项目Ⅲ-01至13、Ⅳ01、04、06、07、10、11地块考古发掘报告》,未刊。

填五花土,棺床面上未发现骨架及葬具。另在棺床的东北角和西北角各残留1个近似梯形的圹边,两者相对应,其形状大小一样。因破坏严重,其用途不清。

墓室的东南角和西南角各设一器物台,其形状结构一样,东边器物台南北长2.39米,北连棺床,南接甬道门,南端宽1.03米,北端宽1.5米,外有包边砖,由北向南残长0.22米,残高0.2米,用饰细绳纹青砖南北向错缝平砌,内填花土。西边器物台南北长同东边器物台,南端宽0.93米,北端宽1.32米,外残留包边砖,由北向南残长0.22米,残高0.2米,用砖砌法同上。整个墓室内填花土,土质较松。未出土随葬品。

M66位于发掘区的东北部,方向190°,开口于②层下。平面近似球拍状,为青砖砌制的单室墓,由于被严重破坏仅残留底部,南北向。墓口距地表0.4米,南北长6.3米,东西宽1.0~3.5米,墓底距地表2.1米。由墓道、甬道、封门砖、棺床和墓室组成。

墓道位于甬道的南部,近似长方形斜坡状,南部被现代坑打破。南北长2.55米,东西宽1~1.15米,深1.7米,墓道略斜,下端宽0.75~1.15米,底坡长2.1米。内填花土,土质疏松。甬道位于墓室的南部,用青砖砌制的券拱顶,由于被破坏仅残留下部。门宽0.78米,进深0.76米,残高0.92~1.38米,用青砖一平一竖或二平一竖砌制而成。墓室位于墓道的北部,平面近似椭圆形。南北长2.6米,东西宽2.35~2.6米,残存高0.95~1.55米。周壁用青砖一平一竖或二平一竖砌制而成。棺床位于墓室内北部,平面近似"7"字状。南北长1.6米,东西宽1.7米,包边砖已被破坏仅残留土台,残存土台高0.5米,上部残留少量铺地砖,用青砖平铺。出土随葬品有白瓷碗、陶盘、陶碗、陶器盖。

一五、路县故城城址周边墓葬群唐墓

路县故城城址周边发现唐墓97座。唐墓均为砖室墓(图版一七),可分为有墓道和无墓道两大类。有墓道的砖室墓均为单室墓,墓室平面可分为方形、弧方形、圆形等。无墓道的砖室墓有梯形、船形等。唐墓中出土的随葬品主要包括陶器、瓷器、铜器、铁器、漆器等[1]。

路县故城城址外南约600米处,发现了唐成宗开成二年(837年)幽州潞县丞艾演墓。墓志为青石质地,志高47、广47、厚3.5厘米。志文首题:唐故幽州潞县丞兰陵艾公墓,全文24行,行4~21字,共计430字。胡著序铭。盖为盝顶,正中篆书"艾府君墓"四字,二行,行二字。盖高47.5、广47.5、厚6厘米。四刹面刻有手捧十二生肖人身立像,四角刻有牡丹花纹(图版一八)。

据艾演墓志载,艾演"卜宅于潞县甄升乡古潞城南一里平原成坟"(图版一九)。这"古潞城南一里平原成坟",在历史上第一次明确指出西汉"路县"县城的具体方位,即是距今天通州城东边八里的潞城镇辛安屯村所在地往北一里之处。墓主人艾演葬于"潞县甄升乡古潞城南一里平原"[2]。艾演墓的位置和墓志的记载,是确定汉代路县故城城址所在的有力佐证。

---

[1]《北京城市副中心的"金名片"——通州汉代路县故城遗址考古发掘取得重大收获》,《中国文物报》2017年2月28日。
[2]鲁晓帆:《北京通州出土两方唐代墓志考释》(上、下),《收藏家》2017年第5期、第6期。

第四节　辽金元时期墓葬

一、三间房金墓（石宗璧墓）

三间房金墓位于梨园镇三间房村。1975年8月在通县城关三间房村公社砖厂取土时发现。北京市文物管理处会同通县有关部门进行了发掘清理。共发掘清理出2座石椁墓。

一号墓石椁以六块带榫卯的青石板构成，长1.78、宽1.10、高1.06米，呈长方形（图三三）。椁石厚度不等，最薄0.06、最厚1.24米。内侧用剁斧加工成斗方形花纹，石椁和榫接缝均用石灰勾抹。

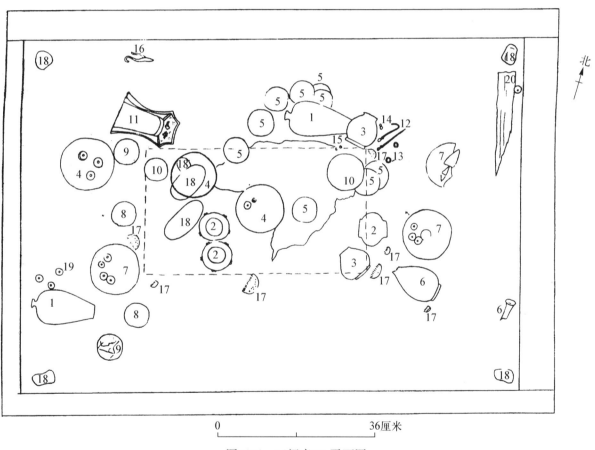

图三三　三间房M1平面图

三间房一号墓的随葬品有百余件（图三四）。其中，有泥质灰陶的盆、鍪锅、釜、鼎、铛、小罐、钵；瓷器有鸡腿瓶、耀州窑单耳洗、定窑葵瓣刻花碗、定窑瓷瓶、定窑刻花瓶、定窑素小杯、定窑素碗、定窑碗、定窑素小碟；葵瓣式素铜镜、金饰片，铜钱84枚，计有唐代开元通宝、乾元重宝，北宋至道元宝、咸平元宝、景德元宝、祥符元宝、天禧通宝、天圣元宝、皇宋通宝、嘉祐通宝、治平

通宝、元丰通宝、圣宋通宝、大观通宝、政和通宝,金代正隆元宝等多种。墓志一合,楷书:故宣
威将军石公墓志。墓志出土时,志盖平放于石椁盖上面,志石则立于石椁内南壁西侧。椁内有
骨灰痕迹,系火葬墓。据墓志所载,一号墓主人为石宗璧,生于辽天庆四年即北宋徽宗政和四年
(1114年),于金大定十五年即南宋孝宗淳熙二年(1175年)死在汾州大河寨(今陕西省北部佳
县一带)。大定十七年(1177年)葬于通州潞县。

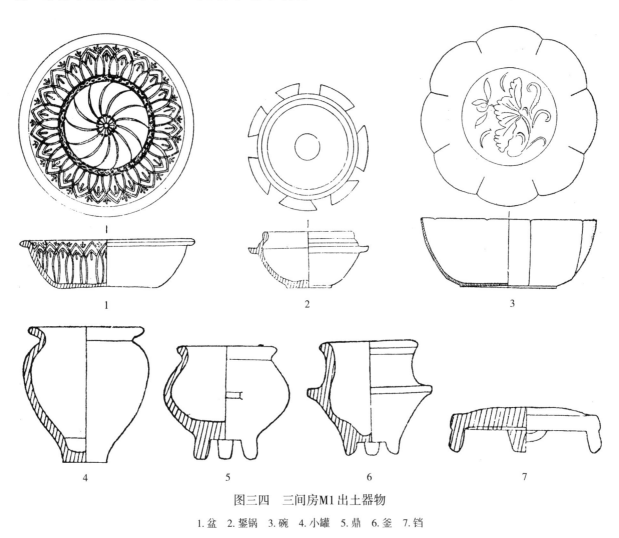

图三四　三间房M1出土器物

1. 盆　2. 錾锅　3. 碗　4. 小罐　5. 鼎　6. 釜　7. 铛

　　二号墓位于一号墓西北侧5米。石椁形制、结构与一号墓相同。椁内淤土厚15~20厘米,椁
底四角各置鹅卵石一枚,正中有板灰痕迹及毡毯残片,系木质骨灰盒及朽毁的袱套,在板灰上有
瓷盘、瓷罐、铜钱、鹅卵石等器物,在一个瓷盘内放入两块鹅卵石。这些随葬物当时似搁在骨灰
盒上。盒内骨灰已散于椁底,在骨灰内发现经火焚变形的银簪金饰等。骨灰下面又发现了几枚
铜钱,推测放置骨灰盒前后都撒过铜钱。此墓椁内有积水,骨灰盒又朽坏,原置器物的排列顺序
已有变动。

　　二号墓出土器物有陶瓷器、金属器和铜钱等。瓷器有黑釉瓷瓶2件、黑釉瓜棱小罐3件、黑

釉小罐2件、定窑刻莲花纹盘3件、定窑刻莲花纹小盘10件、定窑玉壶春瓶1件、定窑素瓷碗3件、定窑素小杯2件、定窑素小碗1件、定窑素小盘1件。另有陶砚、银簪、鎏金小铜环、镶宝石金坠饰、金箔饰片、铁剪刀、骨梳。铜钱计有唐开元通宝,北宋咸平元宝、祥符元宝、天圣元宝、皇宋通宝、熙宁元宝、元丰通宝、元祐通宝、崇宁通宝、崇宁重宝、大观通宝等11种。

根据二号墓骨灰中发现银簪、坠饰等器物推测,墓主应为女性。石椁形制与一号墓相同,所出瓷器与一号墓瓷器大体相同,二号墓主人似为石宗璧的家属。根据志文,该女姓克石烈氏。根据文献记载,克石烈氏是金代统治阶级中的重要氏族之一,由此推断,二号墓主人应为女真贵族[1]。

二、唐大庄金墓（台湖金墓）

1978年4月北京通县台湖公社唐大庄大队在庄南春耕时发现金代墓葬。出土青瓷碗1件,通高5.5、口径15.5厘米,釉色青绿,有光泽,露胎底。崇宁重宝钱1枚。澄泥陶砚1件,褐陶,圆形,矮圈足,三足,通高2、口径10.7、足径1.4厘米。砚面有墨迹,砚前部有口装水盂。砚底有"鼎砚铭"十九字:"乾其体,坤其腹,兑其口,鼎其足,多识前闻以大畜。"后"见海若"三字,或为制砚人别号。"鼎砚铭"是在制成坯子时,用木刻打印的,其别号"见海若"三字戳子,由于打印次数较多,字迹都已模糊。澄泥砚在唐代开始制作,最初出于山西绛州。据说用绢袋装上汾河泥,加以漂洗,澄得细泥,烧制而成。此处出土的澄泥陶砚是将河泥淘澄得极细后烧制而成的[2]。

三、仲良墓

1993年在北苑街道帅府园胡同西口发现[3]。该墓内有石棺1具。石棺呈东西向,由6块粗糙青石板拼成,盖上平放沉积岩墓志1方,边长43、厚9厘米。墓志首题:故保义校尉棣州商酒院使墓志铭。志文比较简单,仅记载了墓主的家庭情况和改葬时间。

出土4件瓷器,其中有2只影青刻花大碗,形制相同,高6.7、口径21、足径6.5厘米,撇口尖唇,收腹环底,圈足矮小。器形规整。胎质洁白细腻,胎体轻薄坚致,釉色青白相融,釉质清澈莹润,釉层匀净无暇。内壁与心浑然一体,满刻缠枝花卉,构图严谨繁密,单线勾勒花卉纹轮廓,叶飞似舞,线条流畅飘逸。定白小型玉壶春瓶与矮圈足小杯胎白质坚,壁薄釉匀,光泽温润。

出土27件灰陶明器,其中有1件高灶,高14、口径5.5、足径8厘米,直口圆唇,口下出沿,束领细喉,深腹渐阔,凸底平足,腰部开灶门,上窄下宽。与之配套的还有一件把铛,高1.8、口径6.5、足径4.5厘米,侈口平沿,浅腹平底,沿部出一圆柄,尾端小弯,放在灶上。此外,还有折腰收腹七扳锅、宽沿浅腹三足盘等。

四、史氏墓

史氏墓位于城关镇五里店西,1985年发现。墓已毁,形制不详。

---

[1] 刘精义、张先得:《北京市通县金代墓葬发掘简报》,《文物》1977年第11期。
[2] 鲁琪:《通县唐大庄出土金代陶砚》,《文物》1981年第8期。
[3] 周良:《通县发现金代石椁墓》,《北京文物报》1993年第10期。

出土墓志1块，盖佚。汉白玉制，只有志底，方形，覆斗状，边长60、厚5厘米。正面四缘刻双直线，内纵刻小楷铭文14行，行19字，附铭三行，行16字。首题：大金崔尚书小娘子史氏墓葬铭，记叙其籍贯及孝养老人、教子有方、勤俭持家等事迹。天会七年（1129年）病卒于家，年三十，"顺其方俗，以荼毗法火化"，次年"葬于沽水之阳，从先兆也"[1]。

五、南屯墓群

南屯墓群位于漷县镇南屯村南，是一处金代墓地。墓地南北长约150、东西宽约80米，面积约1.2万平方米。"文革"期间发现几座砖室墓，多被毁。其中1座砖室墓，墓室平面呈方形，穹窿顶，墓道南向。出土有鹤纹铜镜与黑褐釉梅瓶、黑釉盆、碗及白釉褐彩小盘等[2]。

另据《通州文物志》记载，1986年村民在此处浇水时发现1座墓葬。该墓墓门向南，券顶，单室，平面呈长方形，东西长2.51、南北宽2.1、残高2.3米，四壁内弧，似为穹窿顶。西壁腰部砌出一块陡砖，上顶一块袱砖，似为一灯台。地面北半部铺墁条砖，多为细绳纹的，偶有粗绳纹砖。头东，左手骨位置有铜镜一面，其他随葬品在墓门两侧，盆近棺床，西侧有碗2只，东侧有瓶、罐，成人字形摆放[3]。

铜镜，圆形，面微弧，直径19、厚0.5厘米，锈蚀较轻，仍见青铜色。背面纹饰清晰，素面宽轮均匀，圆纽大孔横穿，纽周堆叠奇形怪状的洞石，一株茂盛的水草，两丛细竹近轮而生，有6只仙鹤居其间，上边两鹤，一只引颈高飞，一只展翅回旋，间有流云；左侧一鹤行走回望，右侧一鹤缩颈安眠；下边二鹤，一静立龊食，一屈首搔痒，间有流水潺潺。还有一只小蟹爬行。各具情态，栩栩如生。该镜铸造精良，纹饰清秀，图案生动，堪称精品。

梅瓶2件，一高19.5、一高18.5厘米，口径均5、足径均9厘米。瓷质坚密。小喇叭口，圆沿，束颈，丰肩，深腹，圈足外侈。腰以上施黑釉，亮润，下施酱釉，有开片，深浅色比差小，古朴素雅。外底露胎，沉重。

双系罐，高12.5、口径10.5、腹径15.5、足径10厘米。白胎坚致，黑釉。直口，圆润，直领，圆肩，收腹，环底，圈足，肩领部位对出桥系。造型小巧匀称，线条刚柔相兼，釉胎色泽分明，光线强弱有度。

小碗2件，一高4.5、口径10.7、足径4厘米；一高4.2、口径10.5、足径3.8厘米。内外施白釉，足露胎，灰白而粗。撇口，圆沿，收腹，环底，圈足。内腰绘双环，铁锈色，粗率而流畅，环底一绘朵花，一书单字，亦同色。纹饰为釉下彩，简练、活泼、自然、鲜明，美感性强。

除上述器物外，此墓还出土了卷口平底酱釉小盆、侈口黑釉碗、神纹饰件。

六、斗子营胡同辽墓

斗子营胡同辽墓位于通州新城内斗子营胡同东口南侧。1996年4月，帅府园小区建楼挖槽

[1] 周良：《通州今存石刻》，《北京文博》2001年第3期。
[2] 北京市文物局编著：《北京文物地图集》，科学出版社，2009年。
[3] 北京市通州区文学艺术界联合会、北京市通州区文化委员会编：《通州文物志》，文化艺术出版社，2006年。

时发现。该墓为土圹石棺。圹坑平面呈长方形,东西向,长3.1、宽1.9、深1.5米。棺由青砂岩石板拼合,长1.91、宽1.2、高0.93米,通槽咬合,盖板以燕尾石碇固定,顶距地面3.2米。棺内随葬灰陶罐、瓷碗、小瓶、铜镜、铜钱等[1]。

影青釉刻花瓷碗2件,形制相同,一件口有短冲,一件为粘接。高6.7、口径21.1、足径6.5厘米,壁厚约1毫米。撇口,浅腹斜收,环底,小圈足。内外施匀净薄釉,足垫饼处露胎。内壁及底划刻缠枝花卉,刻线如丝,积釉色深,如一幅铁线白描花鸟画。此碗似是定窑精品。

定窑白釉小杯,高3.7、口径7.5、足径2.5厘米。侈口,尖沿,收腹,圈足。普施白釉,足底露胎,周正轻俏,釉均润。

定窑白釉玉壶春小瓶2件,形制相同。高12.8、口径3.5、腹径7、足径4厘米。撇口,圆沿,长颈,溜肩,垂腹,圈足。玲珑素美。

七、后夏公庄墓群

后夏公庄墓群位于宋庄镇后夏公庄东,是一处元代墓地。墓地东西长约100、南北宽约80米。曾发现2座砖室墓,穹窿顶,出土黑釉双系大口瓷罐、白釉褐彩纹瓷碗以及四系黑釉汲水瓶等[2]。

八、郭府尹墓

郭府尹墓位于潞县镇南阳村南,俗称"姬家坟",是元代大兴府尹郭汝梅墓。郭汝梅(1206~1264年),因为官廉洁干练,进昭勇大将军,总管中都路兼大兴府尹。墓南向,墓地面积约2 400平方米。神道立有汉白玉经幢和螭首龟趺碑各一,两侧置有文武石翁仲、虎、羊各一对,"文革"间就地掩埋[3]。

据《通州文物志》记载,经幢顶圆雕作歇山顶式,调大脊,筒瓦裹垄,斗拱,飞檐,瓦当浮雕朵梅,长1.03、宽0.68、高0.3米;经幢身作方柱体,高85.5、宽65.5、厚43.5厘米,四角雕作圆柱形,且线刻祥云纹饰。正面纵刻八思巴文,文10行,行15字,共146字,余面线刻有瑞兽。其乃元代经幢之典型作品[4]。

九、郎府墓群

郎府墓群位于西集镇郎府村西,是一处元代墓地。墓地占地面积约8 000平方米。共发现26座砖室墓,被破坏了19座,发掘7座。大小不等,分布无规律。墓室平面呈长方形,大墓为穹窿顶,小墓为券顶。出土有青釉高足小碗、黑釉平足小罐及铜镜等[5]。

[1] 北京市通州区文学艺术界联合会、北京市通州区文化委员会编:《通州文物志》,文化艺术出版社,2006年。
[2] 北京市文物局编著:《北京文物地图集》,科学出版社,2009年。
[3] 北京市文物局编著:《北京文物地图集》,科学出版社,2009年。
[4] 北京市通州区文学艺术界联合会、北京市通州区文化委员会编:《通州文物志》,文化艺术出版社,2006年。
[5] 北京市文物局编著:《北京文物地图集》,科学出版社,2009年。

青釉高足小碗,高10、口径9、足径2.5厘米,腹深与足高几乎相等。侈口,卷沿,深腹圜底,细高足微撇。内外施浅绿闪青釉,足、口露胎有火石红色。胎较薄而均匀,色白质细。外壁肩部有三圈细线印纹,积釉较厚,呈绿色。口部有残,故有铁镯相固。造型灵巧清秀,纹饰朴素无华,釉色光洁细润。

黑釉平足小罐,高8.8、口径7.7、腹径10.8、足径6.5厘米。敛口,短领,鼓腹下收。上部黑釉,下部露胎。

铁锈花白釉小盘,高3、口径13.5、足径6.3厘米。撇口,浅腹,矮圈足。内满釉,外半釉。内壁绘酱色双环,底绘铁锈色草叶。

钧窑折沿小盘,残,高2.5、口径17.3、足径10厘米。撇口,浅腹,平底,矮圈足。施灰绿色釉,足露胎[1]。

一〇、六环路马驹桥六号桥、小庞村辽金墓

六环路马驹桥六号桥、小庞村辽金墓发现于六环路天然气、成品油及航空燃油管线工程的建设中。该工程起点位于通州区西南部,沿六环路外侧横穿通州区,终点位于顺义区南部。2005年11~12月,北京市文物研究所对该工程占地范围内的地下文物进行了考古勘探。经勘探,在整个工程占地范围内共发现各类遗迹95处,其中墓葬61座,坑23处,沟9处,烧窑2座[2]。

六环路天然气、成品油及航空燃油管线1标段马驹桥六号桥东段发现辽金墓5座。

六环路天然气、成品油及航空燃油管线3标段小庞村西部(六环路内侧)还发现有1座辽金墓,但已被严重破坏。

一一、京津磁悬浮铁路工程沿线墓葬区辽金墓

京津磁悬浮铁路工程沿线墓葬区发现于京津磁悬浮铁路工程半截河段(即京津铁路DK47)、王各庄段(即京津铁路DK37处)和十八里店段(即京津铁路DK7)。为配合京津磁悬浮铁路工程建设,北京市文物研究所对京津磁悬浮铁路工程占地范围进行了考古勘探工作,勘探面积77万平方米,在王各庄和半截河发现两个墓葬埋葬区,发现各类遗迹69处,其中墓葬63座,现代坑6个。2006年3~8月,北京市文物研究所对发现的古墓葬进行了抢救性考古发掘,发掘面积195平方米,共清理古墓葬23座,其中辽金墓葬10座、清代墓葬13座[3]。

京津磁悬浮铁路工程沿线墓葬区发现辽金墓葬10座,编号为M10、M13~M21。

M10位于京津城际铁路DK46+30米处,方向180°,甲字形竖穴土圹砖室墓。墓口距地表0.6米,墓底距地表2.12米,总长3.02米。由墓道、甬道、墓室三部分组成(图三五)。

[1] 北京市通州区文学艺术界联合会、北京市通州区文化委员会编:《通州文物志》,文化艺术出版社,2006年。
[2] 北京市文物研究所:《六环路天然气、成品油及航空燃油管线工程考古勘探报告》,载宋大川主编:《北京考古工作报告(2000~2009)》(平谷、通州、顺义卷),上海古籍出版社,2011年。
[3] 北京市文物研究所:《京津磁悬浮铁路工程考古发掘完工报告》,载宋大川主编:《北京考古工作报告(2000~2009)》(平谷、通州、顺义卷),上海古籍出版社,2011年。

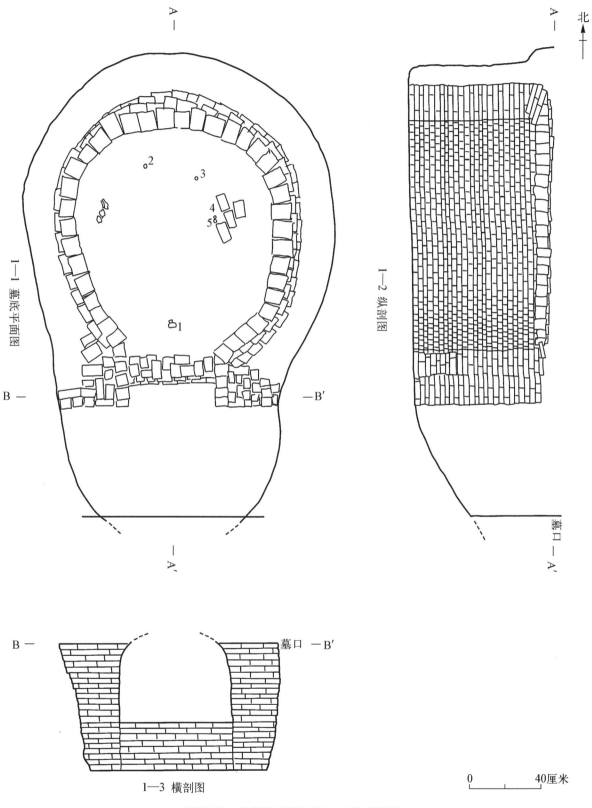

图三五 京津磁悬浮工程M10平、剖面图

墓道位于甬道的南部,竖穴土圹斜坡状,发掘长1.2米。平面呈椭圆形,东西宽2.3米,深1.56~2.16米。内填灰褐色花土,土质松软。甬道位于墓道的北部,上部已被扰。平面呈长方形,东西宽1.2米,南北长0.6米,残高1.36米,宽0.3米。采用青砖错缝平砌。墓室位于甬道北部,近圆形砖室,顶已残。南北径2.46米,东西径2.3米,残高1.25~1.5米。周边均用青灰色残砖错缝平砌,上部向内收。人骨架、葬具均被破坏,葬式、葬具不明。

随葬品有铜钱4枚、高柄杯1件。

M13位于京津城际铁路DK27+800米,方向180°,甲字形竖穴土圹砖室墓,坐北朝南。墓口距地表0.7米,墓底距地表1.9米,总长7.1米。由墓道、甬道、墓室三部分组成(图三六)。

墓道位于甬道的南部,平面呈梯形台阶状。长2.6米,宽1.1~1.7米。有台阶五级,第一级台阶距墓口0.3米,宽0.5米;第二级台阶距墓口0.5米,宽0.6米;第三级台阶距墓口0.68米,宽0.7米;第四级台阶距墓口0.88米,宽0.5米;第五阶台阶距墓口1.18米,宽0.5米。内填花土,土质松软。甬道位于墓道的北部,平面呈长方形。东西宽1.1米,南北长0.72米。用青灰色残砖平竖相间砌成。封门砖用青灰色残砖错缝平砌。残高0.54米,长1.1米,厚0.14米。甬道两侧发现盗洞一个,平面呈椭圆形,直径0.8~0.96米。墓室位于甬道北部,椭圆形砖室,顶已残。南北径2.8米,东西径2.2米,残高0.8~0.9米。周壁用不规则青砖平竖相间砌成,青灰砖东西向错缝铺地。内置单棺已朽,长2.04米,宽0.45~0.8米。人骨架头向南,面向不明,仰身直肢。

随葬品有双耳罐、瓷罐、陶罐等。

M14位于京津城际铁路DK37+530米,方向192°,梯形竖穴土圹砖室墓(图三七)。墓口距地表0.3米,墓底距地表0.8米。砖室长2.76米,宽0.62~1.04米,厚0.17米。由于盗扰严重,顶部不存,四壁残存高0.24~0.42米。其砌法为单砖错缝平砌,向上逐渐内收起拱,底部未见铺地砖。室内骨架头南足北,面向不清,仰身直肢葬,葬具不详。内为淤土,土质略软。用砖规格为0.34×0.17×0.055米。

随葬品有铜钱、器盖等。

M15位于京津城际铁路DK37+530米处,北邻M14,方向195°,长方形竖穴土圹砖室墓(图三八)。墓口距地表0.4米,墓底距地表1.1米。由于盗乱严重,残存四壁。墓室长1.92米,宽0.4~0.6米,墓壁残高0.24~0.46米。砌法为单砖错缝平砌。墓室内骨架保留较差,仅存少量残骨,葬式不明。葬具为一木棺,由于腐朽严重,尺寸不详。用砖规格为0.33×0.16×0.05米。

随葬品有瓷罐、铜簪等。

M16位于京津城际铁路DK37+480米处,北邻M17,方向130°,长方形竖穴土圹砖室墓(图三九)。墓口距地表0.28米,墓底距地表0.58米。墓室长0.9米,宽0.42米。由于盗扰,残存墓壁及铺地砖,墓壁残高0.2~0.3米。砌法为西壁用条砖竖立平砌,其他皆用条砖错缝平砌。铺地为一横一竖平铺。墓室内见少量残烧骨,葬式、葬具不详。无随葬品。用砖规格为0.37×0.18×0.05米。

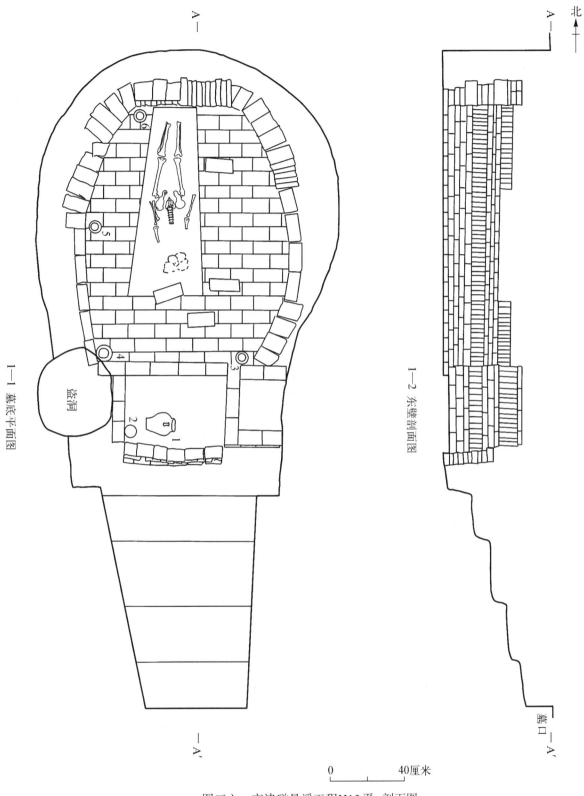

0 ——————— 40厘米

图三六　京津磁悬浮工程M13平、剖面图

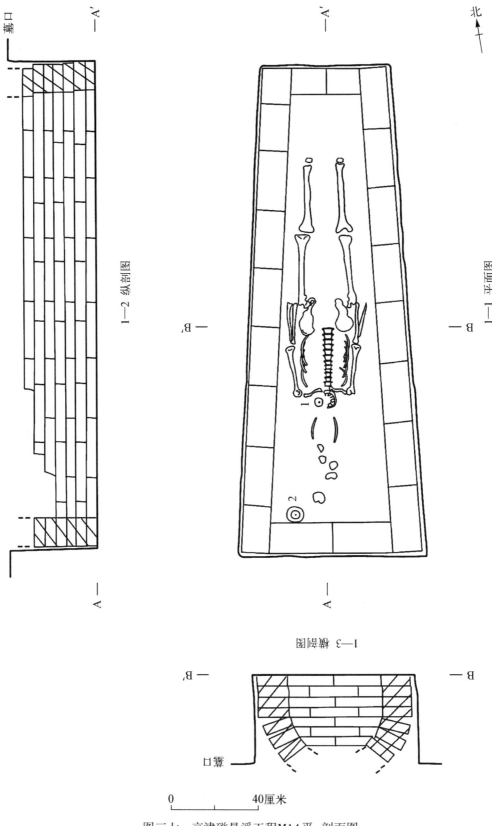

图三七　京津磁悬浮工程M14平、剖面图

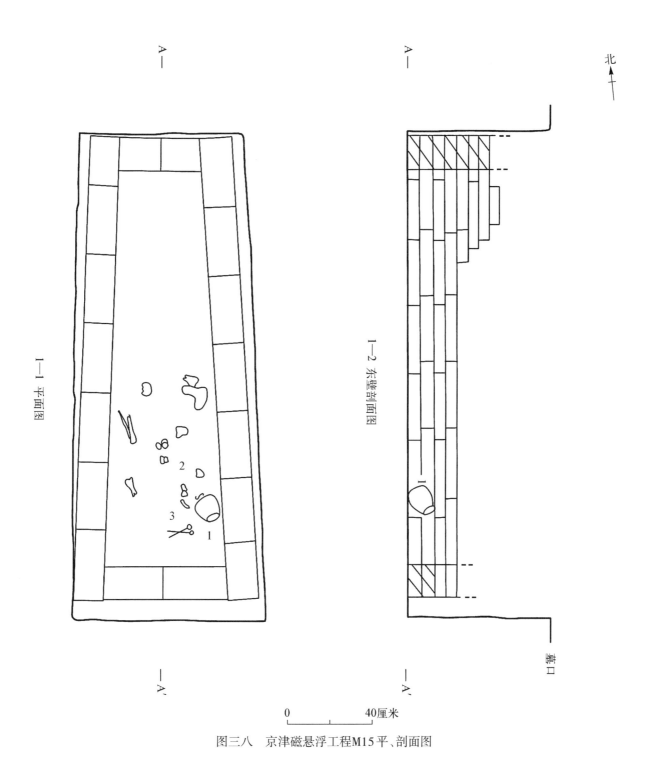

北

A—　　　　　　　　　　　A—

1—1 平面图　　　　　　1—2 东壁剖面图

1

—A'　　　　　　　　　　—A'

墓口

0　　　　40厘米

图三八　京津磁悬浮工程M15平、剖面图

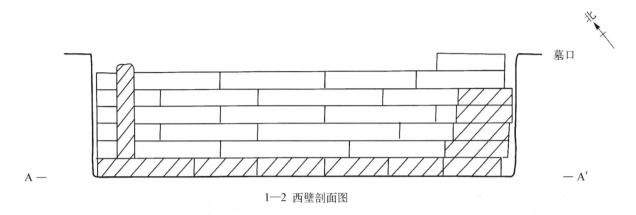

1—2　西壁剖面图

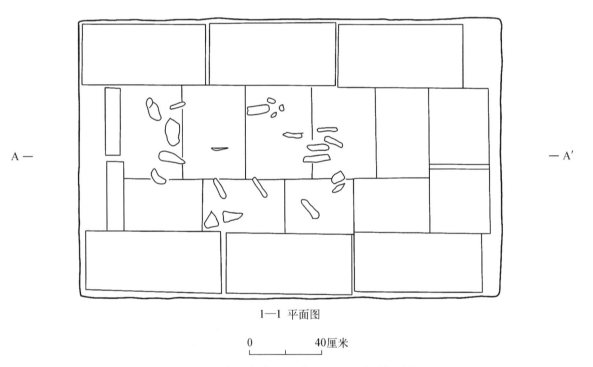

1—1　平面图

0 ————— 40厘米

图三九　京津磁悬浮工程M16平、剖面图

　　M17位于京津城际铁路DK37+480米处，南邻M16，方向120°，长方形竖穴土圹砖室墓（图四〇）。墓口距地表0.25米，墓底距地表0.5米。墓室长0.5米，宽0.38~0.42米。由于扰乱严重，残存四壁及铺地砖。残高0.18~0.22米，其砌法为东西两壁采用条砖错缝平铺，北壁用两块砖横向侧立平砌。铺地砖为一横一竖平铺。墓室内见少量残烧骨，葬式、葬具不详。内填花土，土质略软，无随葬品。用砖规格为0.38×0.18×0.05米。

　　M18位于京津城际铁路DK37+480米处，南邻M17，坐南朝北，方向0°，甲字形竖穴土圹砖室墓。总长1.9米。由墓道、墓门、墓室三部分组成（图四一）。

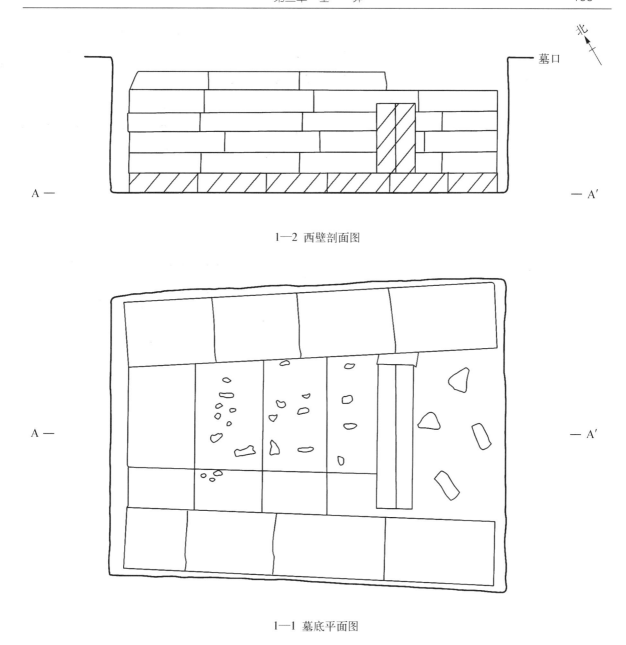

北

墓口

A —

— A′

1—2 西壁剖面图

A —

— A′

1—1 墓底平面图

0   40厘米

图四〇 京津磁悬浮工程M17平、剖面图

墓道位于墓室的北部,长方形竖穴斜坡状。长0.73米,宽0.53~0.58米。距地表0.53米,坡长0.8米。内填花土,土质松软。墓门位于墓室北壁中部,已残,平面呈长方形。宽0.38米,进深0.18米,残高0.23米。封门长0.38米,厚0.28米,残高0.23米。墓门砌法为用两块青砖在墓室北壁中部两边各竖立平砌形成墓门,封门则用条砖叠砌和侧立平砌。墓室位于墓道的南部,方形砖室已残。边长0.69~0.71米,墓底距地表0.52米。由于扰乱严重,残留墓壁及铺地砖,残高0.22~0.23米。其砌法为用青灰色条砖错缝平砌,向上略内收。铺地方式为竖向横排对缝平铺。

墓室内见少量烧骨，葬具不详。内填花土，土质松软。用砖规格为0.38×0.18×0.055米。

　　M19位于京津城际铁路DK37+480米处，南邻M18，坐南朝北，方向5°，甲字形竖穴土圹砖室墓。墓口距地表0.25米，总长1.9米。由墓道、墓门、墓室三部分组成（图四二）。

　　墓道位于墓室的北部，近长方形竖穴斜坡状。长0.8米，宽0.4~0.52米。距地表0.75米，坡长0.9米。内填花土，土质略软。墓门位于墓室北壁中部，长方形，上小底大。宽0.3~0.35米，进深0.18米，残高0.38米。封门高0.45米，上窄下宽，上部厚0.1米，底部厚0.36米，长0.37米。墓

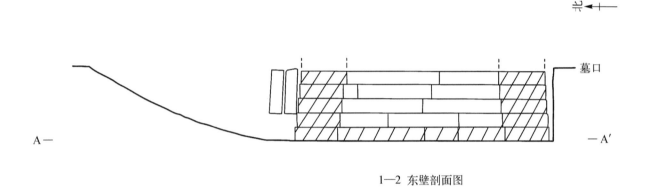

1—2　东壁剖面图

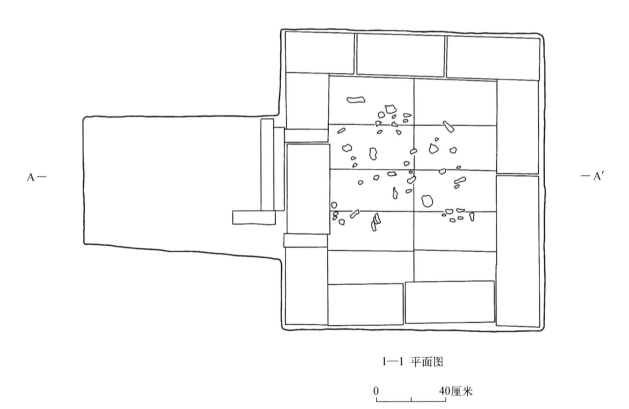

1—1　平面图

0　　　　　　40厘米

图四一　京津磁悬浮工程M18平、剖面图

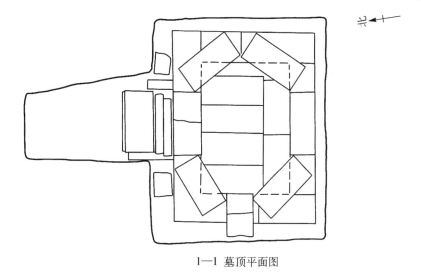

1—1 墓顶平面图

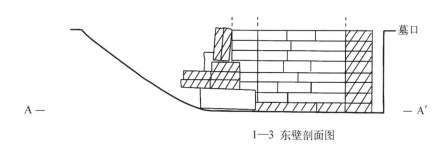

1—3 东壁剖面图

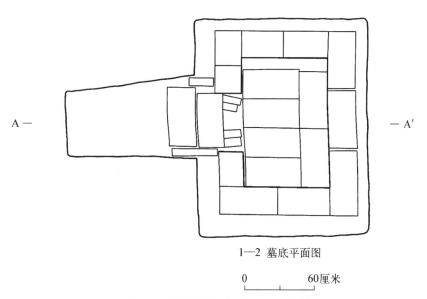

1—2 墓底平面图

0   60厘米

图四二 京津磁悬浮工程M19平、剖面图

门砌法为用条砖错缝平砌,向上略内收,顶部平砌一块青砖形成墓门。封门砌法为一立三平叠砌。墓室位于墓道的南部,长方形砖室结构已残。墓室长0.8米,宽0.56米,墓底距地表0.7米。由于扰乱,残留墓壁及铺地砖,残高0.45米。其砌法为下部采用青砖错缝平砌,上部一层则用条砖在墓室四角斜向平砌成菱形。铺地砖为一横两竖平铺。墓室内仅见少量骨粉,葬式、葬具不详。内填花土,土质略软。用砖规格为0.37×0.17×0.055米。

M20位于京津城际铁路DK37+480米处,南邻M16,坐南朝北,方向10°,甲字形竖穴土圹砖室墓。墓口距地表0.2米,总长2.45米。由墓道、墓门、墓室三部分组成(图四三)。

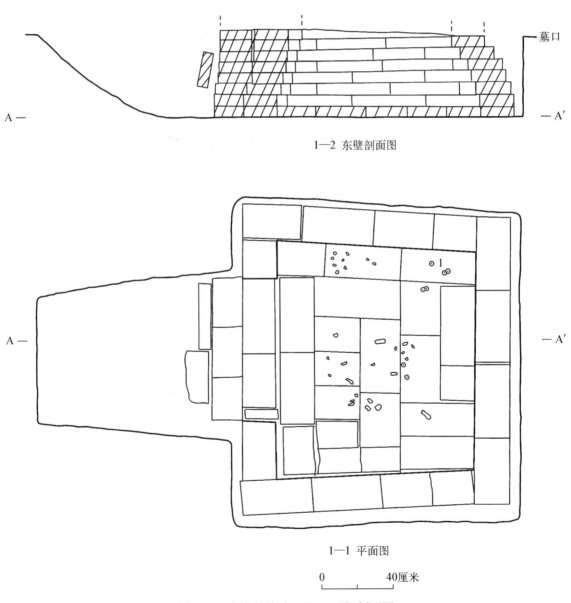

1—2　东壁剖面图

1—1　平面图

0　　　　40厘米

图四三　京津磁悬浮工程M20平、剖面图

墓道位于墓室的北部,平面呈梯形,竖穴斜坡状。长0.9米,宽0.62~0.8米。距地表0.6米,坡长0.96米。内填花土,土质略软。墓门位于墓室北壁中部,平面呈长方形,已残。宽0.7米,进深0.17米,残高0.38米。封门长0.7米,厚0.4米,残高0.38米。其墓门与封门砌法为用青砖错缝平砌,向上内错呈倾斜状。墓室位于墓道的南部,长方形砖室已残。长1.1~1.2米,宽1米,墓底距地表0.55米。由于盗扰严重,残留墓壁及铺地砖,残高0.34~0.38米。砌法为用青条砖错缝平砌,向上逐层内错呈倾斜状收口。铺地砖为错缝平铺。墓室内见少量烧骨,葬具不详。内填花土,土质松软。用砖规格为0.37×0.17×0.05米。

随葬品有铜钱8枚(元丰、大定通宝)。

M21位于京津城际铁路DK37+480米处,西邻M16,方向5°,长方形竖穴土圹砖室墓(图四四)。墓口距地表0.25米,墓底距地表0.7米。墓室长1.8米,宽0.6~0.7米。由于扰乱严重,残存四壁,残高0.36~0.46米,砌法为青砖错缝平砌四壁,上部略内收。墓室内人骨架头北足南,面向不清,为仰身直肢葬。葬具为一木棺,由于腐朽严重,尺寸不详。内填花土,土质松软。用砖

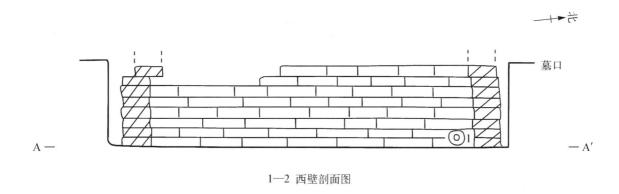

1—2 西壁剖面图

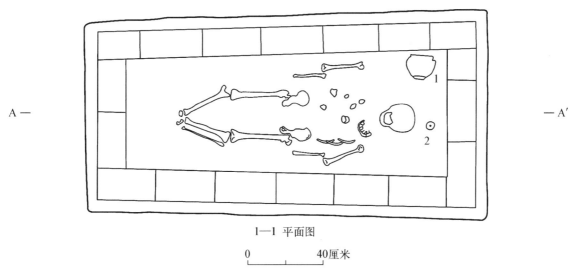

1—1 平面图

0   40厘米

图四四 京津磁悬浮工程M21平、剖面图

规格为 0.32×0.16×0.05 米。

随葬品有铜钱 12 枚（元丰、太平通宝）、半釉瓷罐 1 件。

这些古墓葬的发掘，使我们对该地区辽金时期墓葬的形制、结构、特点有了较为明确的认识，为进一步研究该地区当时社会发展状况提供了珍贵的实物资料。

一二、轻轨L2线B1地块墓葬区辽金墓

轻轨L2线B1地块墓葬区发现于轻轨L2线通州段次渠站、垡渠南站、亦庄火车站土地一级开发项目B1地块项目占地范围内。该地块位于通州区西部，东邻永隆屯村，南邻次渠北里，西邻通马路，北邻京津高铁（图四五）。为配合轻轨L2线通州段次渠站、垡渠南站、亦庄火车站土地一级开发项目B1地块项目建设，2012年8月，北京市文物研究所对该地块范围内发现的古墓葬进行了抢救性发掘，发掘面积共计约650平方米，清理古墓葬20座，其中M20为辽金时期砖室墓葬，其余墓葬均为清代竖穴土圹墓（图四六）[1]。

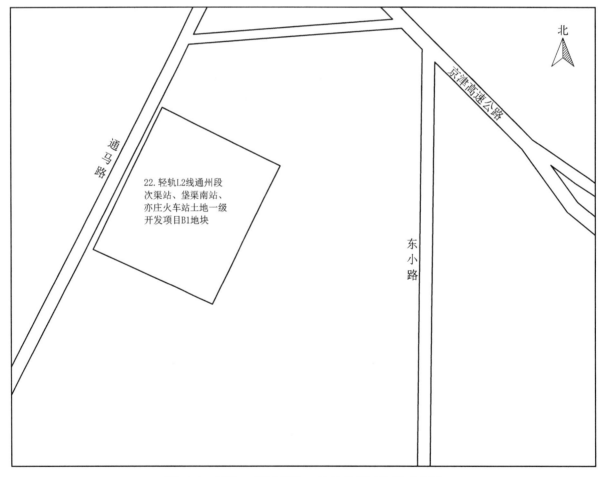

图四五　轻轨L2线通州段B1地块墓葬区位置示意图

---

[1] 北京市文物研究所：《轻轨L2线通州段次渠站、垡渠南站、亦庄火车站土地一级开发项目B1地块考古发掘报告》，未刊。

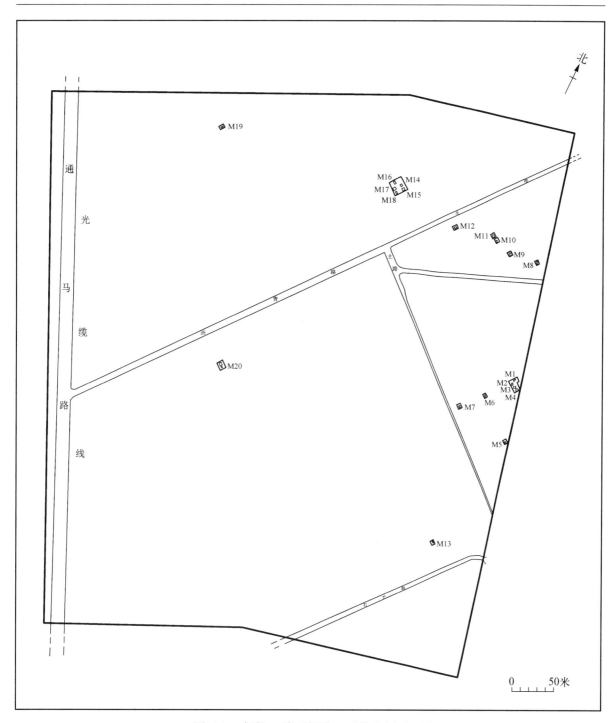

图四六 轻轨L2线通州段B1地块发掘平面图

轻轨L2线B1地块墓葬区发现辽金墓1座,编号M20。

M20位于发掘区的中西部,方向190°,平面呈甲字形,竖穴土圹砖室墓,南北向。墓口距地表1米,墓底距地表1.6米,墓圹南北长3.4米,东西宽2.5~2.9米。墓道位于墓室南部,该墓早期被严重盗扰,仅残留少部分墓室,封门、甬道被破坏无存(图四七)。

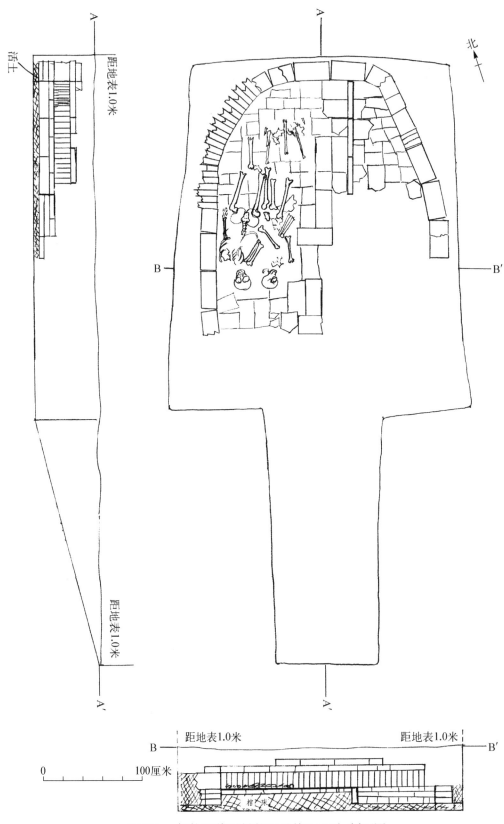

图四七　轻轨L2线通州段B1地块M20平、剖面图

墓道位于该墓的南端,平面呈长方形,南高北低,上口长 2.1 米,宽 1~1.2 米,深 0~0.65 米,斜坡残长 2.4 米,内填花土,包含有少量残砖。墓室位于该墓的北端,南部与墓道相连,仅残留墓室北半部及部分棺床,墓壁残高 0.05~0.4 米,呈半圆状,底部为平三竖一(小面向外)砌成,竖砖均为残砖,墓底为残砖铺成,仅残留墓室东北角一小部分。棺床位于墓室的西半部分,高 0.16 米,东西宽约 1.3 米,南北长约 2.4 米,内填花土,外部用砖包砌而成,破坏严重。棺床上并列放置两具骨架,骨架保存较差,东侧骨架头向南,面向东,侧身直肢,为女性;西侧骨架头向南,面向上,侧身直肢,为男性。

一三、轻轨L2线B5地块墓葬区辽金墓

轻轨L2线B5地块墓葬区发现辽金墓葬 2 座,编号分别为M1、M2[1]。

M1位于发掘区北部,南邻M2,开口于①层下,为长方形竖穴砖券单室墓。平面呈甲字形,南北向,方向 192°。南北总长 4.8 米,东西宽 1.14~2.84 米,墓口距地表 0.5 米,墓口距墓底 1.4 米。内填花土,土质较松。由墓道、墓门、墓室三部分组成(图四八)。

墓道位于墓门南侧,南北长 1 米,东西宽 1.14~1.2 米,平面近似长方形,竖穴土圹式,墓壁较整齐。有三层台阶,第一层台阶面宽 1.18~1.2 米,进深 0.4 米,高 0.16 米;第二层台阶面宽 1.16~1.18 米,进深 0.36 米,高 0.44 米;第三层台阶面宽 1.14~1.16 米,进深 0.24 米,高 0.12 米。墓底距墓口 0.9 米。内填花土,土质较疏松。

墓门位于墓道北侧,墓室南侧,因扰乱严重,墓门形状和结构不明。

墓室位于墓门北侧,平面呈椭圆形,南北长 3.8 米,东西宽 2.84 米,因扰乱严重,仅存墓室东南部两块残砖,清理过程中未见棺木痕迹。

出土随葬品有灰陶器盖,发现于扰土中。

M2位于发掘区北部,北邻M1,开口于①层下,为长方形竖穴砖券单室墓。平面呈甲字形,南北向,方向 200°。南北总长 3.2 米,东西宽 3.06 米,墓口距地表 0.6 米,墓口距墓底 1.3~1.34 米。内填花土,土质较松。由墓道、墓门、墓室三部分组成(图四九)。

墓道位于墓门南侧,南北长 0.8 米,东西宽 0.96~1.08 米,平面呈长方形,竖穴土圹式。墓壁较整齐,墓道南部呈斜坡状,坡长 0.6 米,坡度为 30°。墓道北部为一层台阶,面宽 1.06 米,进深 0.1 米,高 0.28 米。墓底距墓口 0.1~0.74 米。内填花土,土质较疏松。

墓门位于墓道北侧,墓室南侧,平面呈长方形,面宽 0.76 米,进深 0.56 米。墓门的上部被严重破坏,仅残留西壁二层素面青砖,残高 0.12 米,用砖规格为 0.38×0.18×0.06 米。

墓室位于墓门北侧,平面呈椭圆形,南北长 2.96 米,东西宽 3.2 米。顶部已被破坏,仅残留一层平砖和一层竖砖,残高 0.23 米,用砖规格为 0.38×0.18×0.06 米,清理过程中发现下肢骨。

出土随葬品有白彩灰陶器盖。

[1] 北京市文物研究所:《轻轨L2线通州段次渠站、垡渠南站、亦庄火车站(B5地块)土地一级开发项目考古发掘报告》,未刊。

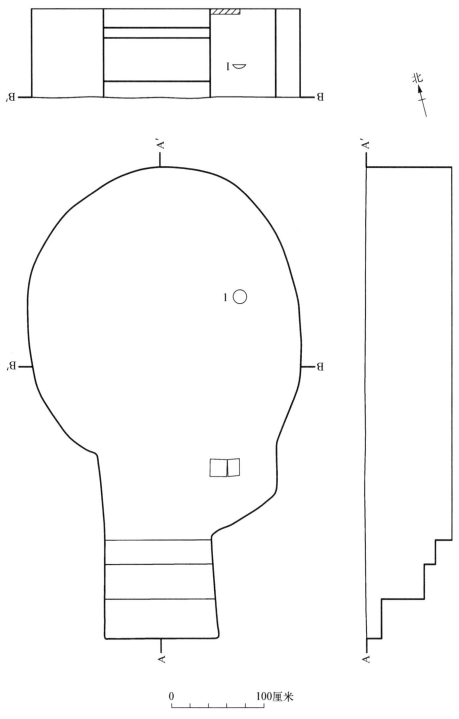

0 ———————— 100厘米

图四八　轻轨L2线通州段B5地块M1平、剖面图

1.陶器盖1件

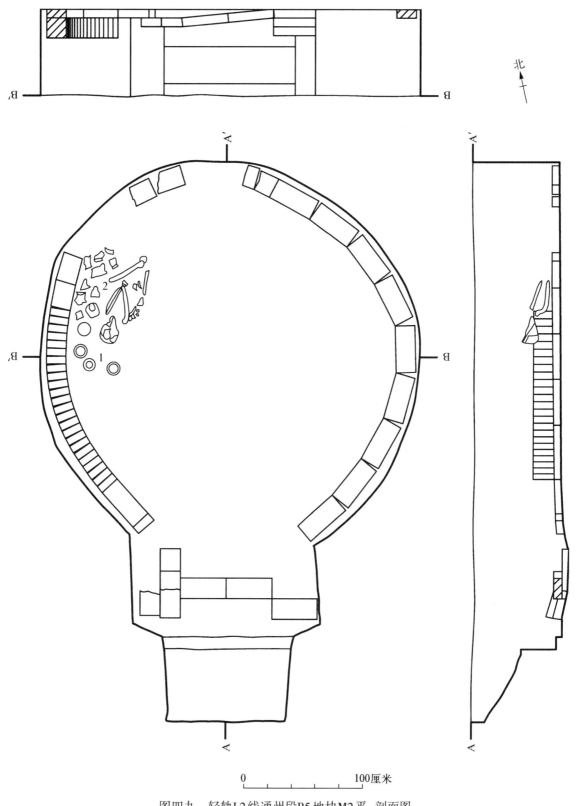

图四九 轻轨L2线通州段B5地块M2平、剖面图

1. 陶器盖4件 2. 陶片1袋(残)

一四、轻轨L2线B3地块墓葬区金墓

　　轻轨L2线B3地块墓葬区发现于轻轨L2线通州段次渠站、堡渠南站、亦庄火车站（B3地块）土地一级开发项目占地范围内。该地块位于通州区西南部，北邻京津城际铁路，西邻B2地块，东邻C1地块，南邻B6和C2地块（图五〇）。2012年7月，北京市文物研究所对该项目用地范围内发现的古墓葬进行了发掘，发掘面积240平方米，共发掘清理金代墓葬1座、清代墓葬7座[1]。

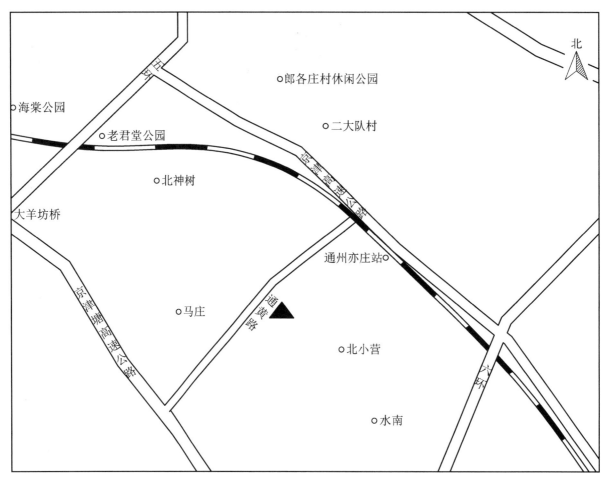

图五〇　轻轨L2线通州段B3地块墓葬区位置示意图

　　轻轨L2线B3地块墓葬区清理金代墓葬1座，编号为M8。

　　M8位于发掘区东南部，开口于②层下，墓向190°。平面呈圆形，土圹南北总长5.6米，东西宽1.3~3.38米，墓口距地表0.7米，墓底距地表1.06米。由墓道、墓门、墓室组成（图五一）。

　　墓道为长方形斜坡墓道。南北长2.16米，东西宽1.3~1.52米，深0~0.4米，底坡长2.24米。墓门顶部已坍塌，仅残存底部墙体。东西宽0.73米，进深0.52米，残存高0.22米。东、西两壁用勾纹青砖叠压平砌而成，墓门两侧用竖勾纹青砖立砌包边，包边砖向外凸出0.03米。墓门仅残

［1］北京市文物研究所：《北京通州次渠唐金墓发掘简报》，《文物春秋》2015年第1期。

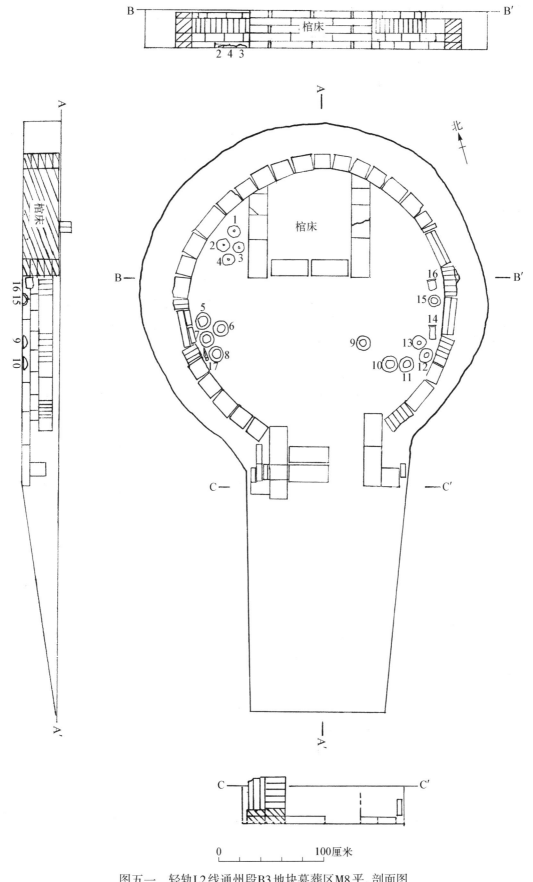

图五一　轻轨L2线通州段B3地块墓葬区M8平、剖面图

1~13.陶罐　14~16.陶仓　17.陶剪

存1层封门砖,用平砖呈东西向错缝平砌封堵。墓室平面呈圆形,仅残留底部四周墙体。南北长2.44米,东西宽2.5米,残高0.36米。墓壁用勾纹青砖二平一丁交替叠压砌筑而成,在东、西两壁各设置横砖立砌,两侧用竖砖包边,包边砖上饰有红彩,由于被严重破坏,整体形状不详,可能是砖雕仿木结构的门或窗。棺床位于墓室北部,平面近长方形,东西长1.2米,南北宽1米,残高0.36米。棺床表面未铺砖,棺床周边用平砖错缝平砌,未发现墓主人骨架。

出土随葬品17件,均为泥质灰陶的明器,表面均涂有白色颜料,个别器物还涂有红色颜料,有陶器盖、陶甗、陶灯盏、陶钵、陶执壶、陶罐、陶剪。

一五、通州运河核心区5号地块二期遗址辽金墓

通州运河核心区5号地块二期遗址发现辽金墓葬13座,编号分别为M28、M29、M30、M40、M43、M44、M46、M51、M53、M54、M55、M73、M74[1]。

M28位于发掘区西北部,北邻M29,方向210°,开口于②层下。平面近似球拍状,为青砖券制的单室墓,由于被严重破坏,券砖残留无几,仅残留墓门部分券砖。南北向,墓口距地表0.5米,南北总长5.2米,东西宽1.3~3.38米,墓底距墓口1.58米。由墓道、墓门和墓室组成。

墓道位于墓门的南部,平面近似长方形。南北长1.04米,东西宽1.3~1.43米,深1.5~1.58米。直壁,底稍斜。内填花土,土质疏松。

墓门位于墓道的北部,由于被严重破坏门楼无存,仅残存下部。墓门位于门楼的中部下方。宽0.61米,进深1米,残高0.75~0.85米。墓门东、西壁用青砖呈南北向错缝平砌,残高0.51~0.75米,门框东西宽1.42米,东西框边用青砖各立砌四排,底部砌在第二层砖面上,残高0.8~0.88米。墓室位于墓门的北部,由于被破坏券砖残留无几,平面近似椭圆形。南北长3.05米,东西宽3.37米,深1~1.58米,在墓室东北部残留少量砌砖,残存高0.11米。另在墓室内北部设一近似凹字形的台子,台子的东、西、北部边到墓圹边,南部台边呈长方形,东西长1.5米,南北宽1.06米,从清理情况看南台边是用青砖包边的,因仅残留一层,砌法不清,残高0.05米。

未出土随葬品。

M29位于发掘区的西北部,东邻M30,南邻M28,方向210°,开口于②层下。平面近似球拍状,为青砖券制的单室墓,由于被严重破坏仅残留底部极少砌砖,南北向。墓口距地表0.5米,南北长5.14米,东西宽3.4米,墓底距墓口1.42米。由墓道、墓门和墓室组成。

墓道位于墓门的南部,平面近似长方形。南北长1.1米,东西宽1.22~1.55米,深1.42米。直壁平底,内填花土,土质较松。墓门位于墓道的北部,门楼东西宽1.56米。墓门位于门楼的下方中部,青砖券制拱顶。东西宽0.67米,向内进深1米,门高1.26米,门框东西宽1.34米。东框边用青砖各立砌三排,残高1.42米。墓门上方用青砖呈东西平砌,东西框边外上部用残砖块平填,下部用残砖块斜叉。墓门东、西两壁,用青砖呈南北向错缝平砌而成,残高0.36~0.92米。墓室

---

[1] 北京市文物研究所:《通州区运河核心区5号地块二期项目Ⅲ-01至13、Ⅳ 01、04、06、07、10、11地块考古发掘报告》,未刊。

位于墓门的北部,由于被严重破坏,墓室内券砖基本无存,仅残留墓室西部墙砖,平面近似椭圆形。南北长3.04米,东西宽3.40米,深0.95米,残存高0.05~0.1米。在墓室北部设有一近似凹字形台子,台子东、西、北三面到墓圹边,南台子边呈长方形,东西长1.38米,南北宽1.16米,高于墓底0.5米。台边用青砖和青砖残块包边,用青砖错缝平砌,残高0.05~0.48米,台面上经清理仅在中部偏北的地方发现东西向三块铺面砖,未发现棺床痕迹。另在台面西北边清出随葬品2件,陶剪和陶盏各一件。

出土随葬品有陶剪、陶盏。

M30位于发掘区西北部,西邻M29,方向200°,开口于②层下。平面近似球拍状,为青砖券制的单室墓,由于被严重破坏,室内券砖基本无存,仅残存极少墓门砌砖,南北向。墓口距地表0.5米,南北长4.94米,东西宽3.22米,墓底距墓口1.2米。由墓道、墓门和墓室组成。

墓道位于墓门的南部,平面近似长方形。南北长0.94米,东西宽1.22~1.42米,深1.4~1.2米。直壁,底部稍斜。内填花土,土质较硬。墓门位于墓室的南部,由于被破坏仅残存底部。东西宽0.68米,进深1米,残高0.05~0.3米。墓门东、西壁用青砖和青砖残块错缝砌制,残高0.05~0.35米。用砖规格为0.33~0.34×0.15~0.16×0.05米。墓室位于墓门的北部,由于被严重破坏,墓室内券砖无存,平面近似椭圆形。南北长3米,东西宽3.22米,深0.8~1.2米。墓室北部设一近似凹字形台子,台子的东、西、北三面边至墓圹边,南、北沿呈长方形,南北长1.32米,东西宽1.36米,台面高于墓底0.4米。从残留情况看南边沿外用青砖包边,但包边砖残留极少,仅在南边沿的东南角和西南角各残留一块,残高0.05~0.1米。经清理台面上未发现棺床和骨架痕迹。

出土随葬品有铜钱。

M40位于发掘区的北部,北邻M39,南邻M50,方向210°,开口于②层下,打破M39、M50。平面近似球拍状,为青砖砌制的单室墓,由于被严重破坏,仅残留底部。南北向,墓口距地表0.5米,南北总长5.6米,东西宽1.7~3.65米,墓底距墓口1.6米。由墓道、门楼、甬道及封门砖、墓室和棺床组成。

墓道位于墓室的南部,平面近似长方形。南北长1.96米,东西宽1.7米,深1.6米。门楼位于墓室的南部,门楼顶部已被破坏,残留底部。门楼宽1.4米,门楼东、西两侧各用三竖砖所砌,砖宽0.18米,残存高0.54~0.72米,用青竖砖错缝砌制而成,两端竖砖上呈斜行,砖面饰有勾纹。甬道及封门砖位于门楼中部,与墓室相连接。甬道东西宽0.72米,进深1.08米,残存高0.66~1.08米。券拱顶已被破坏仅残留底部,顺砖错缝砌制。在甬道内有封门砖二排,封门砖残存高0.55~0.64米,下部用一层青砖斜行摆置,以上用平砖错缝封堵,南侧封门砖宽0.18米,用顺砖所砌;第二道封门砖和南边封门砖相接,呈斜行封堵,南边宽0.36米,一层斜砖高0.14米,东西宽0.72米。

墓室位于墓道的北部,由于被破坏仅残存底部,平面近似椭圆形,南北长3米,东西宽3米,残高0.42~0.84米。在墓室内周壁上砌制有四根砖柱,东壁两根砖柱间距2.05米,砖柱宽0.18米,用竖砖错缝砌制,残存高0.48~0.68米。两根砖柱中间砌制有椅子,两端各有一桌子,椅子足高0.36米,宽0.42米,椅子背高0.54米,两端桌子足高0.36米,足宽0.42米,桌面宽0.42米。在墓室西壁上砌制的柱子间距2.16米,柱子残高0.66~0.84米,在两柱子中部砌制有门框和门,门宽0.36米,高0.36米;门框宽0.72米,各由三竖砖所砌,门框高0.48米,用平砖错缝砌制,北壁中间砌制的门和门框同西壁相同。周壁用青砖二平一竖砌制而成,墓室比墓道高0.6米。棺床位于墓室内北部,平面近似凹字状,南北长2.05~3.05米,东西宽3.05米。棺床上的铺砖已被破坏,残存中北部一块,北边和东、西边均有包边砖,东西包边砖长1.05米,上部已破坏,残存底部三层平砖,残高0.18米,用顺砖所砌,北部包边砖内宽0.80米,上部已被破坏,残存底部三层平砖,在平砖上砌制一竖砖。

未发现随葬品。

M43位于发掘区的中部,西邻M44,方向220°,开口于②层下。平面近似球拍状,为青砖砌制的单室墓,由于被严重破坏上部无存,仅留底部土圹和边部券砖底层及铺地砖,南北向。墓口距地表0.5米,南北总长4.8米,东西宽1.3~3.48米,墓底距墓口0.95米。由墓道、墓门、墓室组成。

墓道位于墓门的南部,平面近似长方形。南北长1.2米,东西宽1.3~1.58米,深0.95米。内填花土,土质较松。墓门位于墓道的北部,由于被破坏残存底部。门宽0.7米,进深0.5米,残高0.2米,用青砖呈南北向平砌,残留有四层砖。墓室位于墓门的北部,由于被破坏仅留底部土圹及券砖底层,平面近似椭圆形。土圹南北长3.4米,东西宽3.48米,深0.95米;墓室内南北长2.8米,东西宽2.8米。用残砖顺土圹平砌。在墓室南部、墓门东、西两侧残留少部分立砖。墓室南部铺地砖保存较好,用青砖呈南北向错缝平铺。

未发现随葬品。

M44位于发掘区的中部,东邻M43,西邻M45,方向220°,开口于②层下。平面近似球拍状,为青砖券制的单室墓,由于被严重破坏墓室内券砖无存,仅残存墓门底部砌砖,南北向。墓口距地表0.5米,南北总长4.9米,东西宽3.28米,墓底距墓口0.95米。由墓道、墓门、墓室组成。

墓道位于墓门的南部,呈长方形缓坡状。南北长1.45米,东西宽1.34~1.43米,深0.9~0.95米。直壁,底部稍斜。墓门位于墓道的北部,由于被破坏仅残留底部。东西宽0.68米,进深0.8米,残高0.1~0.15米。根据残存情况,墓门东、西壁应是用青砖错缝平砌的。墓室位于墓门的北部,由于被破坏墓室内券砖已无存,平面近似椭圆形。南北长2.68米,东西宽3.27米,深0.95米。经清理墓室内未发现棺床痕迹。

未发现随葬品。

M46位于发掘区的中部,东邻M44,南邻M45,方向220°,开口于②层下,被M45打破。平面近似球拍状,为青砖券制的单室墓,由于被严重破坏仅残留底部极少砌砖,南北向。墓口距地表0.6米,南北总长5.1米,东西宽1.4~4米,墓底距墓口1.3米。由墓道、墓门和墓室组成。

墓道位于墓门的北部,平面近似长方形。南北长1.5米,东西宽1.4~1.6米,深1.3米,内填花土,土质较硬。墓门位于墓道的北侧,由于被M45破坏,仅残留墓门西边,进深0.38米,向东宽度不清,西壁残存高0.6米,用青砖砌制。墓室位于墓门的北部,平面近似椭圆形,由于被严重破坏,墓室内券砖仅残留西壁一段。墓室南北3.6米,东西4米,深1.3米。从残留情况看,周壁用青砖两平一竖砌制而成,残存高0.05~0.33米。棺床位于墓室内北中部,南部包边砖长1.47米,南北残宽0.34米。从残留情况看,棺床包边砖用青砖错缝平砌,残高0.05~0.1米。

未发现随葬品。

M51位于发掘区的东部,西北邻M49,东邻M52,方向220°,开口于②层下。平面近似球拍状,为青砖砌制的单室墓,由于被严重破坏残留底部。南北向,墓口距地表0.3米,南北总长4.52米,东西宽1.3~3.05米,墓底距地表1.2米。由墓道、墓门、棺床、墓室四部分组成。

墓道位于墓室的南部,平面近似长方形。南北长1.62米,东西宽1.3米,深0.9米,内填花土,土质疏松。墓门位于墓室的南部,顶部已被破坏残留底部。墓门东西宽0.56米,墓门进深0.78米,残存高0.54~0.66米,用青砖错缝平砌而成,墓门东、西两侧各砌制有三块竖砖,残存高度0.59~0.92米。棺床位于墓室内的北部,平面近似半圆形,因被破坏墓室后半部已无砌砖。棺床长、宽尺寸不详,棺床只残留三块东西向包边砖。墓室位于墓门的北部,由于被严重破坏仅残留南半部,北部被现代沟打破。平面近似椭圆形,土圹南北长2.72米,东西宽3.05米。砌砖残存高0.18~0.42米,用青砖二平一竖逐层砌制而成,东壁上有砖砌桌子和凳子,宽0.36米,因被破坏高度不详。

出土随葬品有铜钱、黑釉瓷碟和陶罐。

M53位于发掘区的东部,南邻M52,方向210°,开口于②层下。平面近似球拍状,为青砖砌制的单室墓,由于被严重破坏残留底部,南北向。墓口距地表0.8米,南北长6.82米,东西宽1.45~3.5米,墓底距地表2.2米。由墓道、甬道、棺床、墓室四部分组成。

墓道位于甬道的南部,平面近似长方形,南北长2.15~1.45米,东西宽1.4米,深1.4米。南壁略斜,平底。内填花土,土质疏松。甬道位于墓室的南部,拱顶已塌落,残留底部。甬道门东西宽0.74米,进深1.12米,用青砖呈斜状,甬道用平砖错缝平砌。棺床位于墓室内北半部,平面呈近似凹字状,由于被破坏长、宽不详,棺床残留有少量包边砖,残留长0.6米,高0.18米,棺床上部残留生土台。墓室位于墓道的北侧,平面近似椭圆形,由于被破坏残留土圹。南北长6.82米,宽3.5米,残留土圹高0.2米。

出土随葬品有铜钱。

M54位于发掘区的东部,T0201探方的南部,东邻M55,方向220°,开口于②层下。平面近似方形,为青砖砌制的瓮棺墓,南北向。墓口距地表0.1米,南北长0.8米,东西宽0.7米,深0.28米。该墓室内填淤土。内置瓮棺,已碎。平面近似方形,南北长0.36米,东西宽0.28米,残存高0.24米,东、西两壁用青砖错缝平砌而成,南、北各砌一竖砖。砖上有勾纹。

出土器物有陶瓮棺。

M55位于发掘区的东部,T0201探方的南部,西邻M54,方向35°,开口于②层下。平面近似方形,为青砖砌制的瓮棺墓,顶部已被破坏残留底部,南北向。墓口距地表0.1米,南北长0.8米,东西宽0.88米,深0.20米,内填淤土。内置瓮棺,平面近似长方形,南北长0.36米,东西宽0.44米,残高0.18米,用青砖错缝平砌。残留有瓮棺残片、烧骨。砖面上饰有勾纹。

出土器物有陶瓮棺。

　　M73位于发掘区的东北部,方向190°,开口于②层下。平面近似椭圆形,由于被严重破坏仅残留土圹,南部及墓道被垃圾沟破坏。南北向。墓口距地表1.1米,南北残长3.6米,东西宽3.42米,墓底距地表2.44米。墓室内北部置一半圆状棺床,东西长3.42米,南北宽2.0米,残高0.7米。边沿和床上未见砌砖,东部葬一骨架,骨架保存较差,头北足南,面向西,侧身屈肢葬。另在墓室内西南部有一小台阶,南北长1.3米,宽0.65米,高0.24米。

　　未出土随葬品。

　　M74位于发掘区的东北部,T0101探方的东南部,方向230°,开口于②层下,被F4叠压。平面近似球拍状,为青砖砌制的单室墓,由于被严重破坏残留底部,南部被现代坑破坏,南北向。墓口距地表0.45米,上口残长3.78米,宽3.68米,底部长3.2米,宽3.14米,墓底距地表1.25米。由墓道、棺床和墓室组成。

　　墓道位于墓室的南部,平面近似长方形,由于被现代坑破坏仅残留底部痕迹,残长0.96米,宽1.2米。棺床位于墓室内的北部,平面近似长方形。东西长1.28米,南北宽1.06米;内侧东西长0.82米,南北宽0.78米,残高0.52米。用青砖二平一立二平砌筑,底部和上部平砖均向外凸出0.04米,上部凸出边沿砖刻有锯牙。在边沿砖的下部置有三个壶门,呈宫灯状,高0.18米,宽0.24~0.36米,进深0.06米。墓室位于墓道的北部,平面近似椭圆形。底长3.2米,宽3.14米,残存高0.06~0.68米。周壁用青砖二平一竖交替砌制而成。另外在周壁上置有门、桌子及其他不详的形状。

　　东壁南部一个,长0.36米,宽0.16米,残高0.36米。用青砖一立二平砌制而成,两侧立砖和平砖分别向外凸出0.04米。其用途不详。东壁中部一个,长0.4,宽0.16米,残高0.16米。用青砖一立砌制而成,两侧各顺立砌制一砖向外凸出0.04米。其用途不详。东壁北部一个,长0.36米,宽0.16米,残高0.34米。用青砖一立二平砌制而成,两侧立砖向外凸出0.04米。其用途不详。北壁一个,长0.36米,宽0.16米,残高0.68米。用青砖三平一立、一平一立、二平两侧各有二顺立砖和一平向外凸出0.04米。根据形状推测应为门。西壁北部一个,长0.36米,宽0.16米,残高0.34米。用青砖一立三平砌制而成,两侧各立二顺砖和一平砖向外凸出0.04米。其用途不详。西壁中部一个,长0.36米,宽0.16米,残高0.3米。用青砖二平一立砌制而成,两侧各一立砖向内收0.12米,底层一平砖向外凸出0.1米。其用途不详。西壁南部一个,长0.54米,宽0.16米,残高0.34米。用青砖二平一立一平砌制而成,两侧各有一立砖向外凸出0.04米。根据形状推测应为桌子。

　　出土随葬品有白瓷碗、陶罐和陶盏。

一六、宋庄文化创意产业集聚区C地块遗址辽金墓

　　宋庄文化创意产业集聚区C地块遗址发现辽金墓5座,编号分别为M1、M2、M9、M45、M46[1]。

---

[1] 北京市文物研究所:《通州区宋庄文化创意产业集聚区C地块一级开发项目考古发掘报告》,未刊。

M1位于发掘区T2515探方的东部,东邻M2,方向185°,南北向,开口于③层下,叠压M3。墓口距地表1.5米,为长方形竖穴土圹墓,长2.45米,宽0.95米,墓底距墓口1米。内填花土,土质较松。内葬单棺,已朽仅残存棺痕,棺长1.84米,宽0.4~0.52米,残高0.16米,板厚0.06米。棺内骨架保存较完整,头南足北,面向东,为仰身直肢。为男性,年龄不详。

出土随葬品有铜钱、青釉瓷碗。

M2位于发掘区的中部,T2416探方的西北部,西北邻M1,叠压M3,方向170°,南北向,开口于③层下,叠压M4。墓口距地表1.4米,为长方形竖穴土圹墓,长2.3米,宽0.8~0.88米,墓地距墓口0.9米。内填花土,土质较松。内葬单棺,已朽。棺长1.75米,宽0.42~0.5米,残高0.2米。棺内骨架保存较差,头南足北,面向不清,仰身直肢。

出土随葬品有铜钱、陶罐。

M9位于发掘区中南部,T1322探方的西北部,北邻M11,方向190°,南北向,开口于③层下。墓口距地表深1.8米,为长方形竖穴土圹墓,长1.6米,宽1.2米,墓底距墓口0.5米。内填花土,土质较硬。内葬砖棺,砖棺近似长方形,上部已被破坏,仅存底部4层砖,用青砖顺向平砌,南部出一块南北向的平砖,砖棺内长1米,宽0.5米。有铺地砖,用青砖两竖一横交替平铺,棺内有烧骨。砖棺长0.34米,宽0.17米,厚0.05米。

出土随葬品有白瓷碗、小瓷碗。

M45位于发掘区的北部,T4915探方的西北部,T5015探方的南部,东邻M46,方向40°,南北向,开口于③层下。墓口距地表深2.5米,为长方形竖穴土圹单棺墓,长2.35米,宽0.9米,墓底距墓口0.3米。内填花土,土质疏松。内葬单棺,棺长1.9米,宽0.55~0.65米,残高0.1米。棺内骨架保存较差,头北足南,面向西,仰身屈肢,为女性,随葬品分布在棺内中部。

出土随葬品有铜钱、玉饰。

M46位于发掘区的北部,T4915探方的东北部,T5015探方的东南部,西邻M45,方向40°,东西向,开口于③层下。墓口距地表2.5米,为长方形竖穴土圹单棺墓,长2.25米,宽0.74~0.86米,墓底距墓口0.3米。内填花土,土质疏松。内葬单棺,棺长1.9米,宽0.38~0.46米,残高0.17米。棺内骨架保存较差,头西足东,面向东北,仰身直肢,为男性。

出土随葬品有铜钱。

第五节　明清时期墓葬

一、西环南路墓葬区明清墓

西环南路墓葬区清理明墓3座,清墓1座[1]。

---

[1] 北京市文物研究所编著:《北京亦庄考古发掘报告(2003~2005年)》,科学出版社,2009年。

明墓3座,编号为M12、M13、M14。

M12位于西环南路东段,西距永昌南路198米,北依80号地,打破M11,墓向150°。竖穴土坑墓,直壁,平底。平面呈长方形,长2.8米,宽1.5米,深0.6米。该墓已被盗扰,没有发现人骨和葬具。填土中出土铁犁1件。根据墓的开口层位和形制结构,初步判断M12应为明代墓葬。

M13位于西环南路东段,西距永昌南路45米,北依80号地,墓向165°。竖穴土坑墓,直壁,底较平。因早期盗扰,被严重破坏。平面呈长方形,长2.45米,宽1.6米,深1米。不见葬具、人骨和随葬品。根据墓的开口层位和形制结构,初步判断M13应为明代墓葬。

M14位于西环南路东段,西距大羊坊沟104米,北依81号地,墓向350°。竖穴土坑墓,直壁,平底。平面呈长方形,长2.5米,宽1.6米,深0.6米。墓室东侧置木棺一具,已朽,平面略呈梯形,长1.85米,北端宽0.6米,南端宽0.55米,厚0.1米。木棺内置人骨1具,保存较好,头北脚南,仰身直肢。人骨旁随葬铜钱2枚。根据墓的开口层位和形制结构,初步判断M14应为明代墓葬。

清墓1座,即M1。该墓位于西环南路东段,西距永昌南路85米,北依80号地,南邻凉水河,墓向178°,竖穴土坑墓,已被盗扰,直壁,平底。平面呈长方形,长2.4米,宽1.1米,深1米。未见人骨、葬具和随葬品。根据M1的开口层位和形制结构,初步判断该墓应为清代墓葬。

二、京津磁悬浮铁路工程沿线墓葬区清墓

京津磁悬浮铁路工程沿线发现清代墓葬13座,编号为M1~M9、M11、M13、M22、M23,均为长方形竖穴土圹墓[1]。依葬具数量分为单棺和双棺两类,其中单棺墓6座,双棺墓6座,葬具不详的1座,葬式多为仰身直肢。

单棺墓6座,以M23为例。该墓位于京津城际铁路DK7米处,二堡子村的西北部,方向325°,为长方形竖穴土圹墓。墓口距地表1.8米,墓底距地表3.4米。墓室长2.6米,宽1.25米。内置单棺,棺长2.3米,宽0.77~0.8米,残高0.8米(图五二)。棺内仅见头骨,可能为搬迁墓。填土为花土,土质松软。

随葬品有玉带(长方形)、玉带(桃形)、玉带(小长方形)、玉片(残)、玉饰、木珠、铜钱、金耳环、金簪、小珠子、石球、釉罐、瓷罐等。

双棺墓6座,以M5为例。该墓位于京津城际铁路DK47+440米处,方向5°,为长方形竖穴土圹合葬墓。墓口距地表0.48米,墓底距地表1.48米,南北长2.7米,东西宽2米。内置双棺已朽,东棺长1.8米,宽0.46~0.62米,头北足南,面向上,仰身直肢葬;西棺长1.86米,宽0.54~0.74米,头北足南,面向上,仰身直肢葬(图五三)。内填花土,土质松散。

随葬品有铜钱、陶罐。

---

[1] 北京市文物研究所:《京津磁悬浮铁路工程考古发掘完工报告》,载宋大川主编:《北京考古工作报告(2000~2009)》(平谷、通州、顺义卷),上海古籍出版社,2011年。

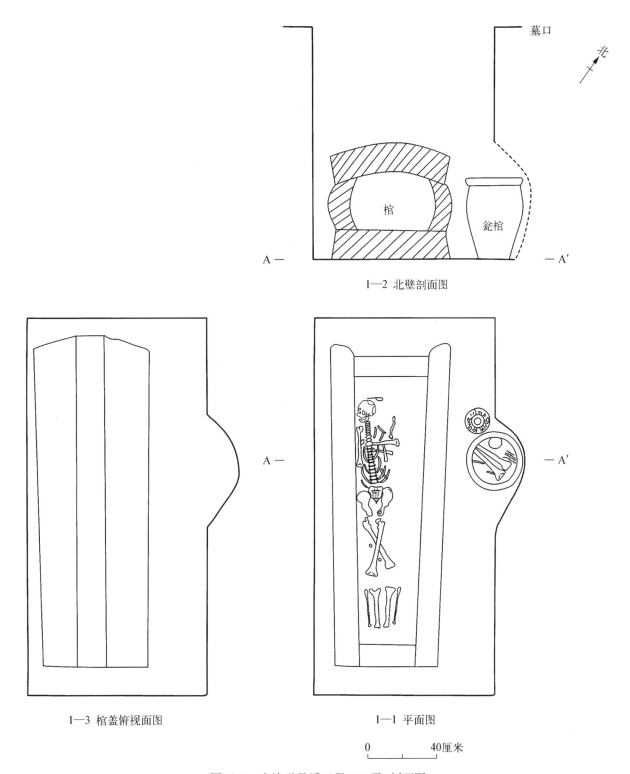

1—2 北壁剖面图

1—3 棺盖俯视面图

1—1 平面图

0　　　　　40厘米

图五二　京津磁悬浮工程M23平、剖面图

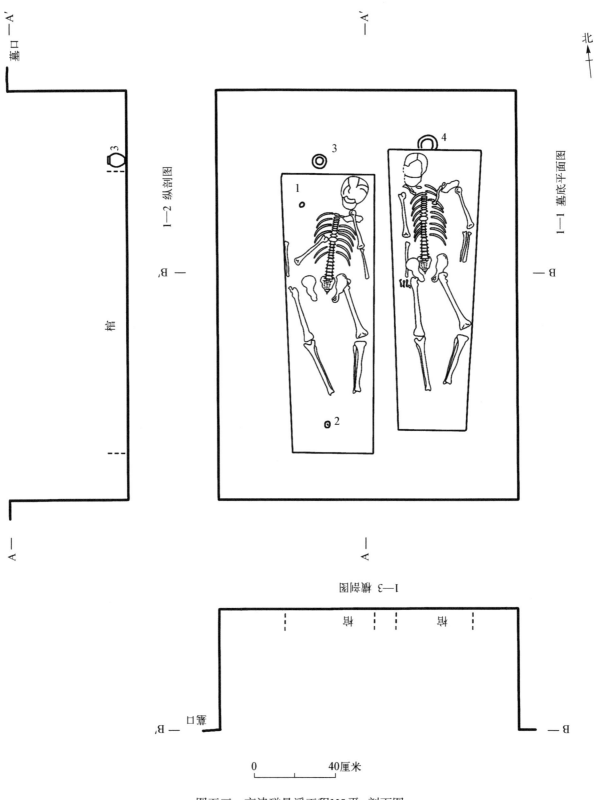

图五三　京津磁悬浮工程M5平、剖面图

三、武夷花园月季园遗址清墓

武夷花园月季园遗址发现清墓2座[1],均为长方形竖穴土坑墓,南北向,其中一座为双棺合葬,另一座为四棺合葬。葬式均为仰身直肢葬,棺底铺有一层白灰以作防腐之用。出土随葬品有铜钱(乾隆通宝)、陶罐、银簪、铜簪、青瓷罐等。

M2位于发掘区西北部,北邻M3。为长方形竖穴土圹墓,南北向,方向20°。墓口距地表1.14米,南北长2.3米,东西宽1.4~1.6米,墓底距地表1.94米。内填花土,土质较硬。内置双棺,棺木已朽。西棺长1.8米,宽0.41~0.46米,残高0.1米;东棺长1.86米,宽0.4~0.48米,残高0.1米。棺内骨架保存较差,头北足南,仰身直肢葬(图五四)。

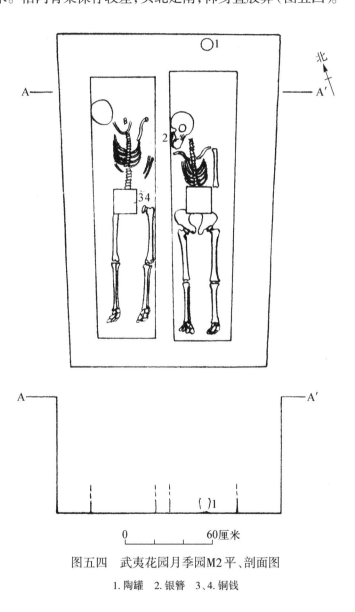

图五四 武夷花园月季园M2平、剖面图

1.陶罐 2.银簪 3、4.铜钱

---

[1]北京市文物研究所:《通州区武夷时代二期工程(月季园住宅小区)考古发掘报告》,载宋大川主编:《北京考古工作报告(2000~2009)》(平谷、通州、顺义卷),上海古籍出版社,2011年。

随葬品有陶罐、银簪、铜钱（图五五）。

M3位于发掘区西北部，东邻M2。为长方形竖穴土圹墓，南北向，方向25°。墓口距地表1.5米，南北长2.44米，东西宽2.3~2.8米，墓底距地表2.4米。内填花土，土质较松。内置四棺（已朽），由东向西叙述：1号棺长1.92米，宽0.39~0.52米，残高0.3米。棺底铺有一层厚0.1米白灰，骨架保存完整，仰身直肢葬，两侧和上部盖一层木炭。2号棺长1.8米，宽0.38~0.57米，残高0.1米。棺内骨架较乱，为二次葬。3号棺长1.8米，宽0.36~0.56米，棺内骨架较乱。4号棺长1.86米，宽0.48~0.65米，残高0.3米。棺底铺有一层厚0.1米白灰，骨架保存完整，仰身直肢葬，两侧和上部盖有大量木炭，木炭直径约0.02~0.08米，长0.2~0.5米（图五六）。

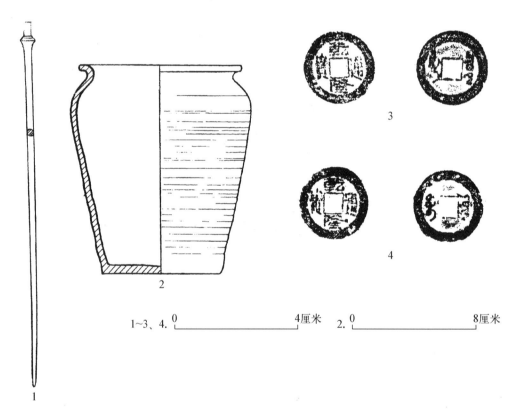

图五五　武夷花园月季园M2出土器物

1.银簪（M2：2）2.陶罐（M2：1）3、4.铜钱（M2：3、M2：4）

随葬品有铜簪、瓷罐、铜钱（图五七）。

长方形竖穴土坑墓为北京地区清代墓葬的常见形式。随葬器物中的釉陶罐、青瓷罐、银簪、铜簪均与北京奥运场馆清理的清代墓葬中出土的同类器物形制相同或相近。葬具为木棺，底部铺置白灰、木炭块用以防潮。结合所出铜钱均为"乾隆通宝"推断，两座墓葬的年代为清前期。

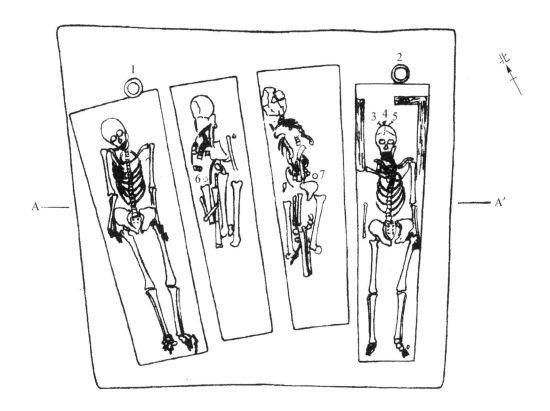

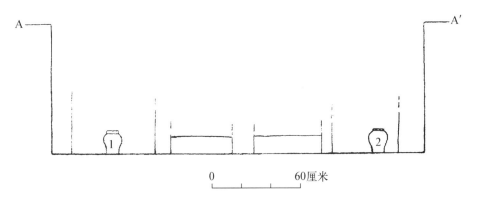

0   60厘米

图五六　武夷花园月季园M3平、剖面图

1、2.瓷罐　3~5.铜簪　6、7.铜钱

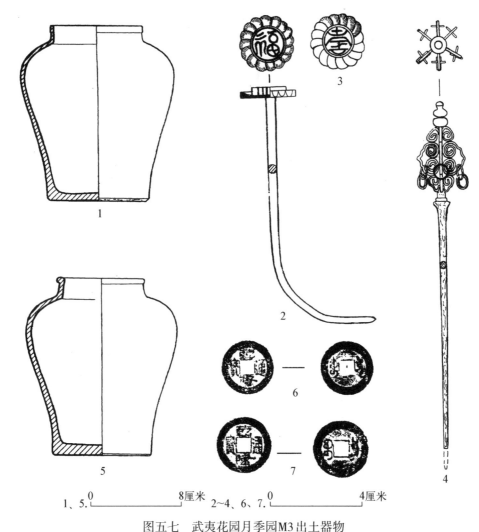

图五七　武夷花园月季园M3出土器物

1~5.瓷罐（M3：1、M3：2）　2~4.铜簪（M3：3、M3：4、M3：5）　6、7.铜钱（M3：6、M3：7）

四、大稿村明清墓

大稿村明清墓发现于半壁店中佰龙住宅区工程占地范围内。该工程位于通州区半壁店大街25号原建安特工程公司院内，东邻半壁店大街，南邻京洲南街（图五八）。为配合中佰龙住宅区工程建设，2007年7月，北京市文物研究所对该工程用地进行了考古勘探，发现墓葬12座，其中明清墓葬10座，近现代墓葬2座。2007年11月，北京市文物研究所对发现墓葬的地块进行了发掘，发掘面积为109平方米，共清理明清时期墓葬8座[1]。

明清墓葬8座，分布在南北长58、东西宽29米的范围内，除M1和M3、M6和M7距离相对

---

[1] 北京市文物研究所：《北京市通州区半壁店中佰龙住宅区工程考古发掘完工报告》，载宋大川主编：《北京考古工作报告（2000~2009）》（平谷、通州、顺义卷），上海古籍出版社，2011年；《北京市通州区大稿村明清墓葬发掘简报》，《北京文博》2010年第1期。

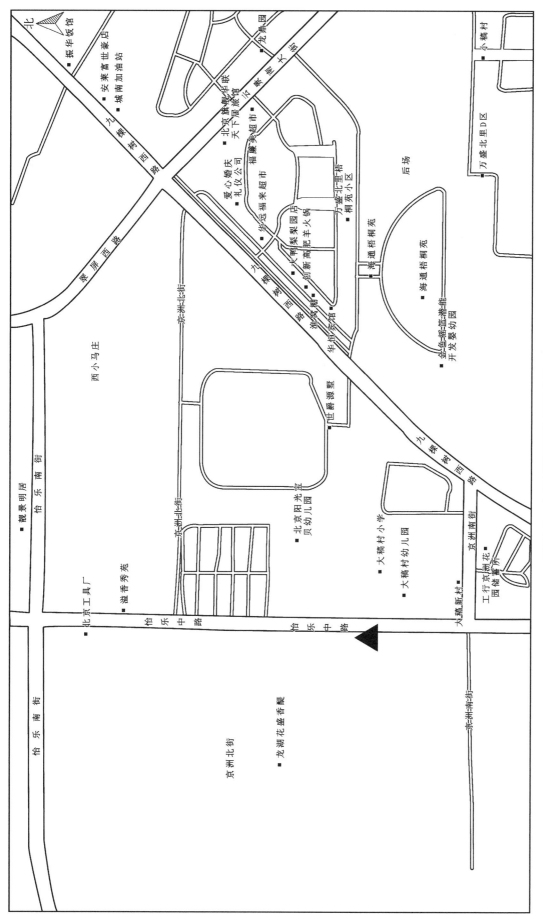

图五八 大稿村明清墓位置示意图

较近外,其余4座墓的位置均较为分散(图五九)。8座墓均为长方形竖穴土坑墓,长2.34~2.8、宽0.7~2.64、深0.76~1.6米,包括单人葬、二人合葬和三人合葬,葬具均为木棺,葬式包括仰身直肢葬、仰身屈肢葬两种,随葬品包括银簪、铜钱、铜簪、铜饰、陶罐、釉陶罐及瓷罐等。

(一)明代墓葬

明代墓葬2座,其中M6为三棺墓,M7为双棺墓。

M6,北邻M7,为长方形竖穴土坑墓,方向40°。墓口距地表0.4米,墓坑南北长2.8米,东西宽2.64~3.02米,深1.6米,内填花土,土质较软。墓坑内东西并列置三棺,东棺、中棺底部处于同一平面,西棺底部较前二者底部高出0.39米,三棺情况依次叙述于下:东棺,保存较差,棺木大部分已腐朽,长1.78米,宽0.41~0.59米,棺板残高0.1米,内葬一人,仰身直肢葬,骨架腐朽严重,性别、年龄不明,东棺墓主随葬陶罐1个、铜钱8枚,陶罐位于棺外北部靠近墓坑北壁处,铜钱散置于棺内墓主骨架周围;中棺,保存情况较差,棺木亦如东棺一样大部分腐朽,长1.89米,宽0.62~0.66米,棺板残高0.1米,

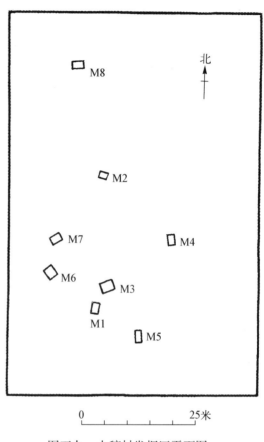

北

0　　　　　　　　　　　　　25米

图五九　大稿村发掘区平面图

棺底板下残存较多白灰痕迹,或系下葬之前铺就做防潮之用,内葬一人,仰身直肢葬,骨架腐朽严重,性别、年龄不明,中棺墓主随葬釉陶罐1个、铜钱2枚,陶罐位于棺外北部靠近墓坑北壁处,铜钱散置于棺内墓主骨架周围;西棺,长2米,宽0.54~0.73米,棺板残高0.2米,内葬一人,仰身直肢葬,骨架腐朽严重,性别、年龄不明,西棺墓主随葬陶罐1个、铜钱10枚,陶罐位于棺外北部靠近墓坑北壁处(图六○),铜钱散置于棺内墓主骨架周围。

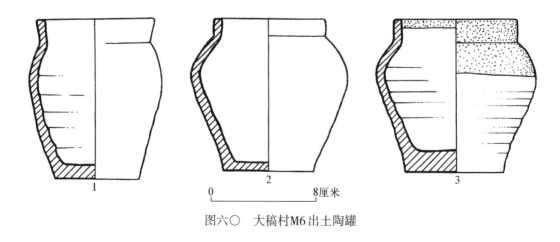

0　　　　　　　　　　8厘米

图六○　大稿村M6出土陶罐

M7位于发掘区西中部,南邻M6。为长方形竖穴土圹墓,南北向,方向60°。墓口距地表0.4米,墓底距墓口1.6米。南北长2.8米,东西宽1.6~2.15米。内填花土,土质较软。内葬双棺,东棺长1.72米,宽0.45~0.51米,残高0.1米;西棺长1.74米,宽0.5~0.6米,残高0.1米(图版二〇)。棺内骨架保存较差,葬式为仰身直肢。出土随葬品有铜簪、陶罐、铜钱等(图六一)。

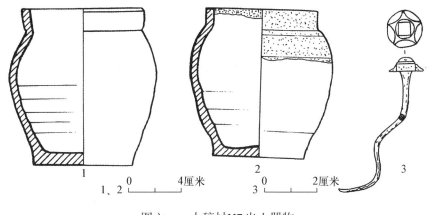

图六一 大稿村M7出土器物

(二)清代墓葬

清代墓葬6座,其中单棺墓2座,双棺墓2座,三棺墓2座。

单棺墓以M5为例。M5,西北邻M1,其西部为现代水泥轨道所压,仅发掘了墓葬东部,清理骨架一具,故该墓是单人葬或是多人合葬尚不明确。从清理的部分看,M5应为长方形竖穴土坑墓,方向依所清理的墓主头向为355°,墓口距地表0.6米,墓坑清理部分南北长2.34米,东西宽0.98~1.1米,深0.95米。内填花土,土质较松(图六二)。墓坑内葬单棺,棺木已朽无存,残留木棺痕迹,长1.84米,宽0.49~0.6米,棺痕残高0.16米,棺内葬一人,仰身直肢葬,骨架保存一般,为女性。随葬残铜饰1件(图版二一)、银簪4枚(图版二二)、铜钱2枚、铜扣2枚,残铜饰、银簪

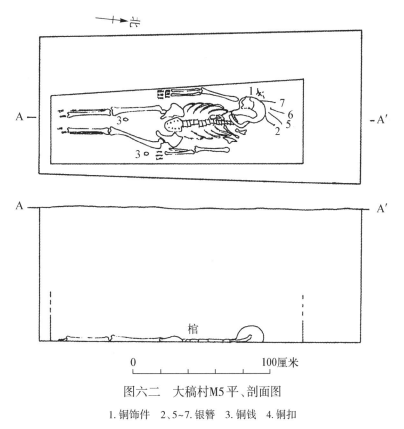

图六二 大稿村M5平、剖面图

1.铜饰件 2、5~7.银簪 3.铜钱 4.铜扣

均位于墓主头侧,铜钱散置于棺内墓主腿骨两侧,铜扣位于棺内墓主胸骨间。

　　双棺墓以M1为例。M1,北邻M3。为长方形竖穴土坑墓,方向20。墓口距地表0.6米,墓坑南北长2.56米,东西宽1.7~1.8米,深1.05米。内填花土,土质较松。墓坑内东西并列葬双棺,双棺底部处于同一平面(图六三)。东棺,棺木略腐朽,棺顶盖板朽毁不存,残留两侧棺壁和前后挡板,长2.08米,宽0.63~0.76米,残高0.16米,棺板厚度约0.06米,棺内葬一人,仰身屈肢葬,骨架保存较差,为男性。随葬铜钱2枚、铜扣4枚,铜钱位于墓主腿骨间,铜扣散置于墓主胸骨间。西棺,保存情况与东棺近似,长2.11米,宽0.54~0.67米,棺板残高0.16米,棺板厚度约0.06米,棺内葬一人,骨架散乱,葬式不明,为女性,年龄不明。随葬银簪3枚、铜耳环1枚、铜钱3枚,银簪位于墓主头骨下部东侧,铜钱散置于棺内墓主周围。

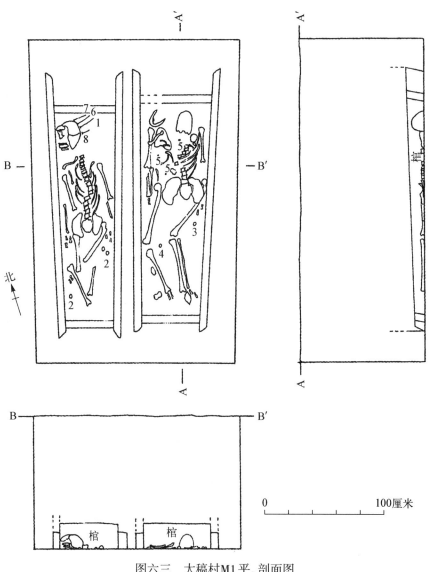

图六三　大稿村M1平、剖面图

1、6、7.银簪　2、3、4.铜钱　5.铜扣　8.铜耳环

三棺墓以为M8例。M8,南邻M2。为长方形竖穴土坑墓,方向90,墓口距地表0.8米,墓坑东西长2.56米,南北宽2.2~2.38米,深0.7~0.8米。内填花土,土质较松。墓坑内南北并列葬三棺,中、北二棺底部处于同一平面,南棺底部较之高出0.1米(图六四)。北棺,棺木略腐朽,棺盖板已朽毁,残存两侧棺壁及前后挡板,长2.1米,宽0.48~0.57米,棺板残高0.2米,厚约0.04米,挡板残厚0.04米,棺内葬一人,仰身直肢葬,骨架保存较差,性别、年龄不明,随葬釉陶罐1个、铜钱2枚,釉陶罐位于北棺外东部紧靠棺前壁处,铜钱散落于棺内骨架间。中棺,保存情况与北棺近似,长2.14米,宽0.6~0.71米,棺板残高0.2米,厚约0.04米,棺内葬一人,仰身直肢葬,骨架保存较好,为女性。随葬包金银荷花瓣和押发1套(图版二三、二四)、铜钱4枚、白釉瓷罐1个。南棺,腐朽严重,仅残存棺木痕迹,长1.92米,宽0.43~0.62米,残高0.1米,棺内葬一人,骨架散乱,可以看出原应为仰身直肢葬,性别、年龄不明。随葬釉陶罐1个,位于棺内墓主头部北侧靠近棺东壁处(图六五)。

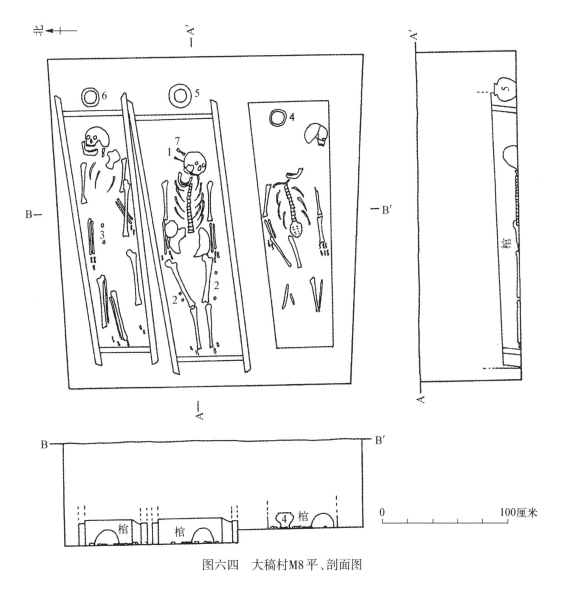

图六四 大稿村M8平、剖面图

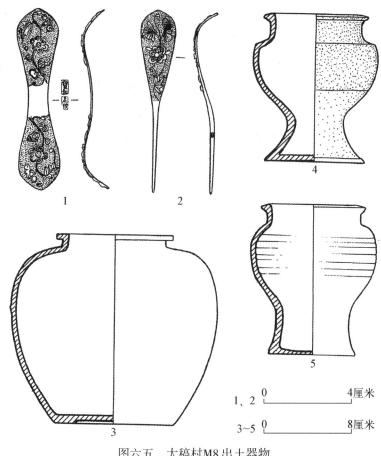

图六五　大稿村M8出土器物

　　本次发掘的 8 座墓葬,从其中出土的带年号的铜钱来看,年代历明末到清代晚期,但鉴于其他地区有的清代早期的墓葬也出土明末铜钱,而且在明清换代之际的一般小型土坑墓葬中,随葬陶瓷器形制多有类似之处,故本文仅依铜钱断为明代的M6、M7两座墓葬,其年代下限或许可以进入清初。这 8 座墓葬均为竖穴土坑墓,形制较为简单,与北京海淀区、延庆县等地发现的同时期墓葬存在较多的相似之处。这批墓葬的随葬器物类别较为丰富,其中还不乏做工精美的金银饰品。这批明清墓葬的发掘,进一步丰富了北京地区明清考古的内容,为我们深入了解本地区明清时期的丧葬习俗及相关社会发展状况等提供了珍贵的实物资料。

五、新城基业项目明清墓群

　　新城基业项目明清墓群发现于北京新城基业发展有限公司的开发项目占地范围内。该项目位于通州区城关镇北京新城基业发展有限公司院内(原铜牛针织厂),东邻规划路,北邻泉蕾佳苑小区,西邻强力家具厂,南邻特种设备检测所,地理坐标为北纬39°52′45″,东经116°39′50″,海拔 11 米。2007 年 8～9 月,北京市文物研究所对该项目占地范围进行了考古勘探,勘探面积约 9.5 万平方米,发现隋唐窑址 1 处、井 2 眼、坑 14 个,墓葬 28 座。根据勘探结果,北京市文物研究所又对发现的古墓葬进行了考古发掘,发掘面积为 600 平方米,清理明清时期墓葬27座（图六六）[1]。

27座明清墓葬，均为竖穴土圹墓，南北向或东西向排列。依据其内所葬人数多寡，可分为单人葬墓、双人合葬墓、三人合葬墓及迁葬墓。其中，单人葬墓6座，编号分别为M1、M3、M4、M8、M19、M27；双人合葬墓13座，编号分别为M2、M6、M7、M14、M15、M16、M17、M20、M21、M22、M23、M24、M26；三人合葬墓1座，编号为M5；迁葬墓7座，编号分别为M9、M10、M11、M12、M13、M18、M25。

M1位于发掘区的东南部，开口于第②层下。为长方形竖穴土圹墓，东西向，方向285°（图六七）。

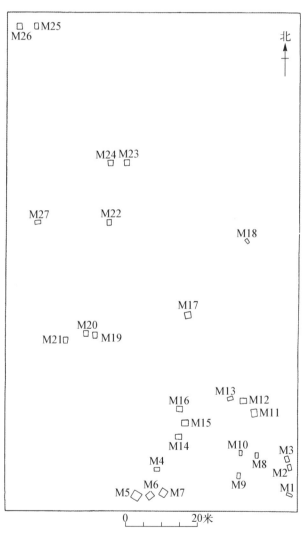

图六六　新城基业项目墓葬分布总平面图

图六七　新城基业项目M1平、剖面图

1.陶罐 2~4.铜钱

[1] 北京市文物研究所：《北京新城基业发展有限公司文物考古发掘报告》，载宋大川主编：《北京考古工作报告（2000~2009）》（平谷、通州、顺义卷），上海古籍出版社，2011年；北京市文物研究所：《通州新城基业项目墓葬发掘简报》，《北京文博》2009年第1期。

墓口距地表0.8米,距墓底0.9米。东西长2.6米,南北宽0.9~1米。内填花土,土质稍松。单人葬,棺木已朽,棺残高0.24米。骨架保存较好,仰身直肢葬。随葬品有陶罐、铜钱。

M5位于发掘区的东南部,开口于②层下。为长方形竖穴土圹墓,东西向,方向45°(图六八)。墓口距地表1米,距墓底0.8米。东西长2.6~2.8米,南北宽3.32~4米。内填花土,土质较硬。三人合葬,棺木已朽,棺残高0.38米。骨架保存较差,仰身直肢葬。随葬品有釉陶罐、瓷罐、铜钱。

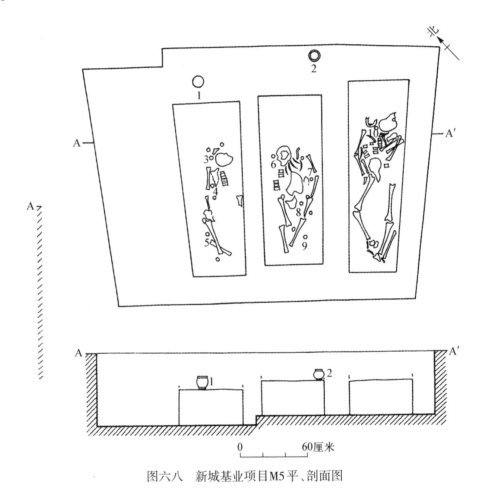

图六八 新城基业项目M5平、剖面图

M6位于发掘区的东南部,开口于②层下。为长方形竖穴土圹墓,东西向,方向60°(图六九)。墓口距地表1米,距墓底0.98~1.4米。东西长3米,南北宽1.5~2.1米。内填花土,土质较硬。双人合葬,棺木已朽,棺残高0.1~0.5米。骨架保存较差,仰身直肢葬。随葬品有釉陶罐、铜钱。

M20位于发掘区的中部,开口于②层下。为长方形竖穴土圹墓,南北向,方向350°(图七〇)。墓口距地表0.7米,距墓底0.4米。南北长2.5米,东西宽1.24~1.5米。内填花土,土质疏松。双人合葬,棺木已朽,棺残高0.2米。骨架保存较好,仰身直肢葬。随葬品有瓷罐、铜钱。

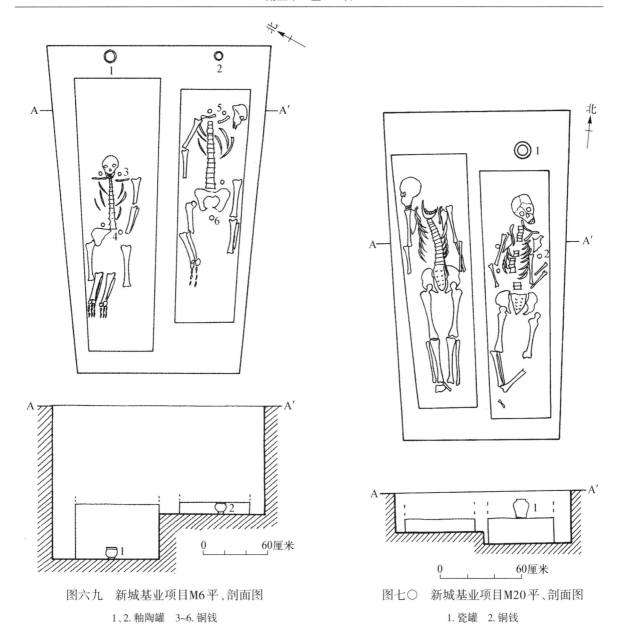

图六九 新城基业项目M6平、剖面图

1、2.釉陶罐 3~6.铜钱

图七〇 新城基业项目M20平、剖面图

1.瓷罐 2.铜钱

六、梨园魏家坟明清墓群

梨园魏家坟明清墓群发现于通州区久居雅园住宅区A区工程占地范围内。该工程位于通州区梨园镇魏家坟,东邻群芳一区,南邻群芳二区,西邻云景东路,北邻群芳园小区。为配合通州区久居雅园住宅区A区工程建设,北京市文物研究所于2008年9月24日~10月17日,对该工程占地范围进行了考古勘探,勘探面积约为51 000平方米,发现各类遗迹131处,其中古代墓葬50座、井13眼、灰坑68处。随后,北京市文物研究所对发现的古墓葬进行了发掘,清理明清时期墓葬50座,均为长方形竖穴土坑墓,包括单人葬、二人合葬以及多人合葬等形式,葬具均为木棺,仅一座墓的棺外部还有一层木椁,出土各类文物150余件,包括铜器、陶器、瓷器、金银器等,种类丰富,器形多样[1]。以M2、M49为例进行介绍。

M2位于发掘区西中部,东邻M1。该墓为不规则形竖穴土圹合葬墓,方向8°,南北向,开口于②层下。墓口距地表0.9米,墓底距地表1.7米。南北长2.25~2.9米,东西宽2.2~2.5米。内葬3棺,东棺长1.9米,宽0.5~0.6米,骨架头朝北,面向西南,直肢;中棺长2.05米,宽0.5~0.6米,骨架头朝北,面向上,直肢;西棺长1.95米,宽0.55~0.6米,骨架头朝北,面向西南,直肢。三具骨架保存较好。该墓室内填花土。出土随葬品有铜钱、铜簪、铜耳坠、青花瓷罐(图版二五)。

M49位于发掘区东南部,南邻M50,北邻M48。该墓为正方形竖穴土圹墓,方向25°。开口于②层下,向下打破生土。墓口距地表1.1米,墓底距地表1.8米。南北长2.6米,宽2.2~2.4米。内葬三棺,棺已朽,头北足南。东棺长1.7米,宽0.4~0.5米,残高0.1米;中棺长1.7米,宽0.4~0.5米,残高0.1米;西棺长1.84米,宽0.5米,残高0.1米。三棺骨架保存较好。头北足南,葬式为仰身直肢。该墓室内填花土,土质较松。出土随葬品有青花瓷罐、银簪、铜簪、铜钱(图版二六)。

七、半壁店旧村明清墓群

半壁店旧村明清墓群发现于通州区梨园镇半壁店旧村地块土地一级开发项目基本建设占地范围内。该项目位于梨园镇的西北部,东邻怡乐中街,南邻怡乐南街,地理位置坐标为东经116°37′33.82″,北纬39°53′00.10″。2009年6月9日~7月23日,为了配合通州区梨园镇半壁店旧村地块土地一级开发项目基本建设,北京市文物研究所对该项目占地范围进行了考古勘探,勘探面积约为143 000平方米,发现各类遗迹178处,其中墓葬117座、井10眼、坑51个。117座墓葬中古墓葬50座、搬迁墓38座、近代墓29座。2009年7月10日~8月7日,北京市文物研究所对该项目占地范围内发现的古代墓葬进行了抢救性考古发掘,发掘面积1 403平方米,清理古墓葬52座,其中明代墓葬23座,清代墓葬29座(图七一)[2]。

(一)明代墓葬

明代砖室明堂墓2座,一般墓葬21座。

明代砖室明堂墓M27和M34,均为竖穴土圹砖石结构。

M27位于发掘区Ⅰ区的中东部,T0604的北部,西邻M30,开口于第②层下,方向350°。六角龟形砖室结构,南北向(图版二七)。土圹边长1.24米,墓口距地表0.8米,底距墓口0.5米。上部用青砖封顶,东、西两侧用平砖呈南北向顺砖平砌而成;中部南、北两侧用平砖呈东西向平砌相互错缝砌制形成龟背形状,残存一层顶砖。室平面呈六角形状,东、西两角对立间宽0.86米,南

---

[1] 北京市文物研究所:《通州梨园久居雅园A区工程考古发掘完工报告》,载宋大川主编:《北京考古工作报告(2000~2009)》(平谷、通州、顺义卷),上海古籍出版社,2011年。

[2] 北京市文物研究所:《通州区梨园镇半壁店旧村地块土地一级开发项目考古勘探报告》,载宋大川主编:《北京考古工作报告(2000~2009)》(平谷、通州、顺义卷),上海古籍出版社,2011年;《北京市通州区梨园镇半壁店旧村明清墓葬发掘简报》,《北京文博》2013年第4期。

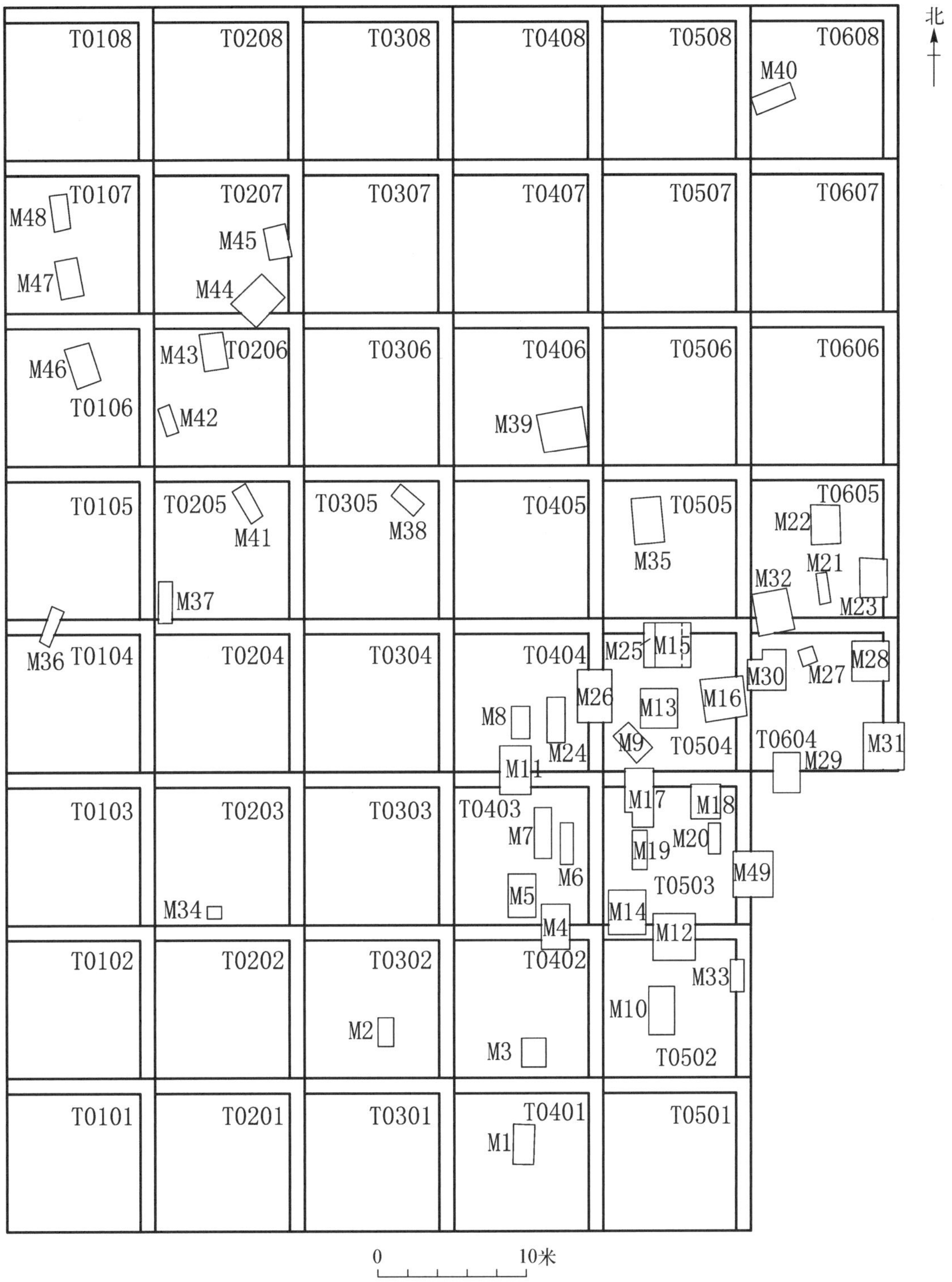

图七一　半壁店旧村明清墓葬分布图

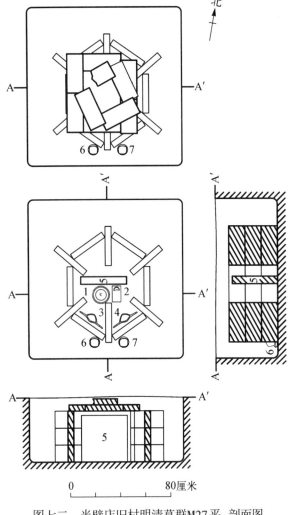

图七二　半壁店旧村明清墓群M27平、剖面图
1.铜镜1件　2.石砚台1件　3、4.铁犁铧1件
5.墓志砖1块　6、7.椭圆形石1件

北长0.9米,高0.4米。每个角外各用一块立砖形成龟脚、头、尾部形状。室的周围用立砖围砌,形成六角形,共砌制三层(图七二)。室内中部偏北有一块铭文方砖,边长0.37米,厚0.062米。正面残留有少许红色痕迹,字迹不清。"龟头"立砖东、西两侧各有一直径约0.05米的椭圆形石。

该明堂出土器物7件(图七三)。其中铜器为铜镜1面(图七四;图版二八),铁器为铁犁铧2件(图版二九),石器为砚台1件(图版三〇)、椭圆形石2件及铭文砖1块。铜镜、砚台、犁铧均位于砖室内南部,椭圆形石2块位于"龟头"立砖东、西两侧。

M34位于发掘区Ⅱ区的中南部,T0203探方的南部,东邻M5,开口于第②层下,为六角龟形砖室结构,方向350°。土圹东西长1.52米,南北宽1.12米,口距地表0.5米,底距墓口0.65米;室南北长0.7米,东西宽0.52米,高0.4米。周壁用小青砖立砌,三层砌砖保存较完整,南部仅残留砌砖一层,周壁拐角处各用一块直向立砖砌制。室内北部有一方形铭文砖,已被严重破坏,无法提取,边长0.36米。室上部用三层青砖封堵,采用东西向青砖错缝平砌而成。底部用青砖斜向平砌呈龟背状(图七五)。

该明堂出土器物12件。其中瓷器为青花碗1件,铜器为铜镜1面,另出土铜钱10枚,均位于室内中部。

一般墓葬21座,均为长方形竖穴土圹墓,根据墓内葬具数量分单棺墓、双棺墓、三棺墓和四棺墓为四类。

明代单棺墓8座。皆为长方形竖穴土圹墓。编号为M2、M6、M7、M9、M20、M33、M41、M42,以M2、M7、M33为例。

M2位于发掘区Ⅰ区的西南部,T0302东部,东邻M3,开口于第②层下,为长方形竖穴土圹单棺墓。南北向,方向0°。墓圹南北长2.3米,东西宽1.2~1.4米,墓口距地表0.3米,墓底距墓口1.0米。内填花土,土质疏松。内置单棺,棺木已朽,仅残留底部棺痕,棺长1.6米,宽0.7米,残高0.06米。棺内未发现骨架。

该墓出土半釉陶罐1件,位于棺木北部外侧,铜钱位于棺内中部偏北。

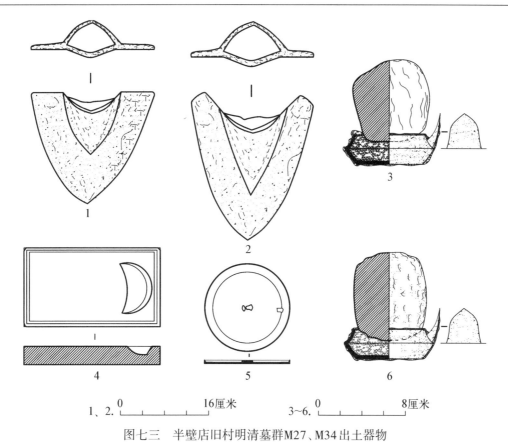

1、2. ⊢━━━━━━━━━┥16厘米　　　3~6. ⊢━━━━━━━━━┥8厘米

图七三　半壁店旧村明清墓群M27、M34出土器物

1、2.铁犁铧（M27∶3、M27∶4）　3、6.椭圆形石（M27∶6、M27∶7）　4.石砚台（M27∶2）　5.铜镜（M34∶1）

0 ⊢━━━━━━━━━┥8厘米

图七四　半壁店旧村明清墓群M27出土铜镜

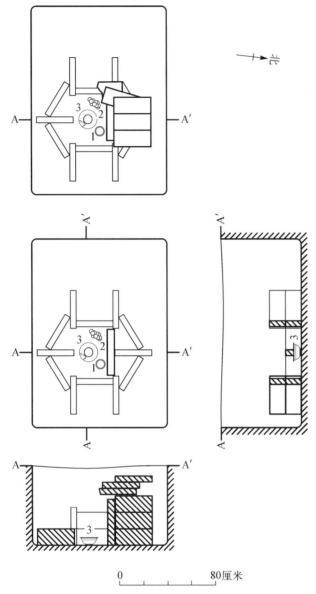

图七五　半壁店旧村明清墓群M34平、剖面图

1.铜镜1件　2.铜钱10枚　3.青花瓷碗1件

M7位于发掘区Ⅰ区的西南部，T0404中部，东邻M6，开口于第②层下，为长方形竖穴土圹单棺墓。南北向，方向3°。墓圹南北长2.96米，东西宽1.12~1.34米，墓口距地表0.5米，墓底距墓口0.8米。内填花土，土质疏松。内置单棺，棺木已朽，棺长1.9米，宽0.5~0.6米，残高0.1米，棺内骨架保存较完整，头北脚南，面向东，仰身直肢葬，为男性。

该墓出土半釉陶罐1件，位于棺木的北侧；铜钱13枚呈"S"状分布于棺内。

M33位于发掘区Ⅰ区的东南部，T0502东部，开口于第②层下，为长方形竖穴土圹单棺墓，南北向，方向0°。墓圹南北长1.88米，东西宽0.8~1.0米，墓口距地表0.6米，墓底距墓口0.6米。内填花土，土质疏松。内置单棺，棺木已朽，棺长1.7米，宽0.54~0.7米，残高0.2米，棺内骨架保存较完整，头北脚南，面向西，仰身直肢葬，为女性。

随葬品铜簪1件位于头骨北侧，铜钱1枚位于头骨东侧。

明代双棺墓6座，皆为长方形竖穴土圹墓，编号为M14、M15、M22、M26、M28、M49，以M14、M22为例。

M14位于发掘区Ⅰ区的中南部，T0503南部，东邻M12，开口于第②层下，为长方形竖穴土圹双棺墓，南北向，方向5°。墓圹南北长2.96米，东西宽2.5米，墓口距地表0.7米，墓底距墓口1米。内填花土，土质疏松。内置双棺，棺木已朽，东棺长1.94米，宽0.68~0.86米，残高0.3米，棺内骨架保存较完整，头北脚南，面向西，仰身直肢葬，为男性；西棺长1.76米，宽0.52~0.58米，残高0.3米，棺内骨架保存较为完整，头北脚南，面向西，仰身直肢葬，为女性（图七六）。

东棺出土半釉瓷罐1件，位于东棺北部外侧，铜钱5枚、鎏金银簪位于东棺两大腿骨中部；西棺出土半釉陶罐1件，位于棺木北部外侧。

明代三棺墓5座，皆为长方形竖穴土圹墓，编号为M12、M13、M23、M31、M32，以M12、M13、M31为例。

M12位于发掘区Ⅰ区的中南部，T0502的北部，西邻M14，开口于第②层下，为长方形竖穴土圹三棺墓，南北向，方向3°。墓圹南北长2.84米，东西宽2.16~2.64米，墓口距地表0.5米，墓底距墓口0.74米。内填花土，土质疏松。内置三棺，棺木已朽，东棺长2.04米，宽0.6~0.74米，残高0.1米，棺内骨架保存较差，头北脚南，面向上，仰身直肢葬，为男性。棺底铺有草灰。中棺长1.72米，宽0.67米，残高0.1米，棺内骨架保存较好，头北脚南，面向上，仰身直肢葬，为女性。棺底铺有草灰。西棺长1.94米，宽0.5~0.64米，残高0.1米，棺内骨架保存较差，头北脚南，面向上，仰身直肢葬，为女性。棺底铺有草灰。

东棺出土红陶罐1件位于东棺北侧；西棺出土红陶罐1件位于西棺北侧，铜钱8枚位于西棺头骨东侧，铜簪1件位于西棺头骨东侧，骨簪1件位于西棺内。

M13位于发掘区Ⅰ区的中部，T0504中部，东邻M16，开口于第②层下，为长方形竖穴土圹三棺墓，南北向，方向0°。墓圹南北长2.8米，东西宽2.76米，墓口距地表0.3米，墓底距

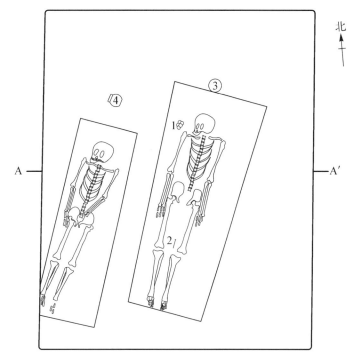

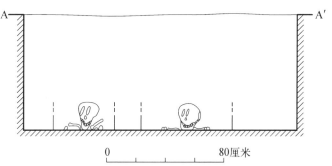

图七六 半壁店旧村明清墓群M14平、剖面图

1. 铜钱5枚 2. 鎏金银簪1件 3. 半釉陶罐1件
4. 半绿釉罐1件

墓口1~1.3米。内填花土，土质疏松。内置三棺，棺木已朽，东棺长2米，宽0.5~0.6米，残高0.1米，棺内骨架保存较完整，头北脚南，面向西，仰身直肢葬，为男性；中棺长2米，宽0.4~0.5米，残高0.1米，棺内骨架保存较完整，头北脚南，面向上，仰身直肢葬，为女性；西棺长2.2米，宽0.5~0.6米，残高0.2米，棺内骨架保存较完整，头北脚南，面向上，仰身直肢葬，为女性（图七七）。

东棺出土半釉陶罐1件位于东棺北侧；中棺出土铜钱1枚位于头骨东侧，瓷碗1件位于棺木北侧；西棺出土铜钱1枚位于臂骨东部，半釉陶罐1件位于棺木北侧。

M31位于发掘区Ⅰ区的东南部，T0604东南部，西邻M29，开口于第②层下，为长方形竖穴土圹三棺墓，南北向，方向10°。墓圹南北长3.08米，东西宽2.34~2.72米，墓口距地表0.6米，墓底距墓口1.4米。内填花土，土质疏松。内置三棺，棺木已朽，东棺长1.84米，宽0.46~0.52米，残高0.2米，棺内骨架保存较完整，头北脚南，面向东，仰身直肢葬，为女性；中棺长1.83米，宽0.62~0.74

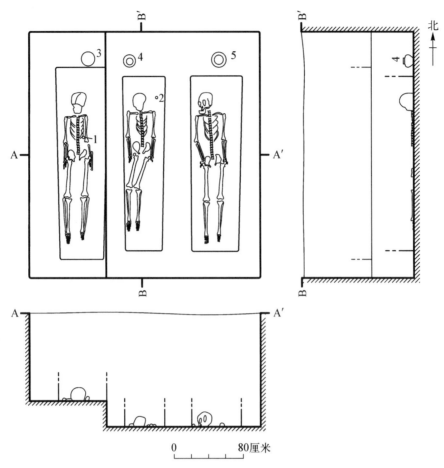

图七七　半壁店旧村明清墓群M13平、剖面图

1、2.铜钱　3.青花缠枝莲纹碗1件　4、5.半釉陶罐1件

米,残高0.2米,棺内骨架保存较完整,头北脚南,面向上,仰身直肢葬,为男性;西棺长1.86米,宽0.6~0.68米,残高0.2米,棺内骨架保存较完整,头北脚南,面向上,仰身直肢葬,为女性。

中棺出土半釉陶罐1件位于棺木北侧,铜钱1枚位于左臂骨东侧;西棺出土半釉陶罐1件位于棺木北侧。

明代四棺墓2座,皆为长方形竖穴土圹墓,编号为M16、M30,以M30为例。

M30位于发掘区Ⅰ区的中东部,T0604西部,东邻M27,开口于第②层下,为长方形竖穴土圹四棺墓,南北向,方向15°。墓圹南北长2.44~2.62米,东西宽2.84~3.2米,墓口距地表0.6米,墓底距墓口1.42米。内填花土,土质疏松。内置四棺,棺木已朽,由东向西排列分别编成1~4号棺。1号棺棺长1.62米,宽0.5~0.6米,残高0.2米,棺内骨架保存较差,头北脚南,面向上,仰身直肢葬,为男性;2号棺棺长1.7米,宽0.46~0.74米,残高0.2米,棺内骨架保存较差,头北脚南,面向上,仰身直肢葬,为女性;3号棺棺长1.76米,宽0.6~0.8米,残高0.2米,棺内骨架保存较差,头北脚南,面向上,仰身直肢葬,为女性;4号棺棺长2.1米,宽0.38~0.44米,残高0.2米,棺内骨架保存较差,头北脚南,面向上,仰身直肢葬,为女性(图七八)。

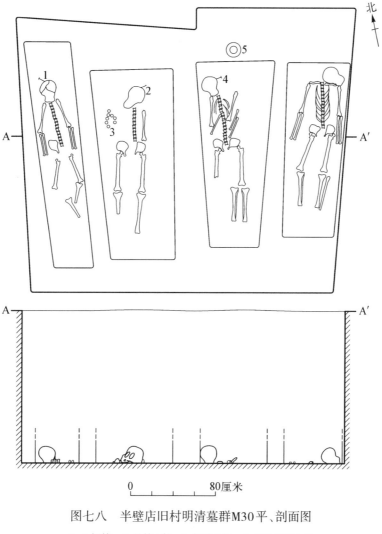

图七八　半壁店旧村明清墓群M30平、剖面图

1、4.铜簪　2.骨簪1件　3.铜钱8枚　5.半釉陶罐1件

　　3号棺出土骨簪1件位于头骨北侧,铜钱8枚位于脊椎骨西侧;4号棺出土铜簪1件位于头骨北部;2号棺出土铜簪1件位于头骨东北部,半釉陶罐1件位于棺木北侧。

　　(二)清代墓葬

　　清代墓葬29座,均为长方形竖穴土圹墓,根据葬具数量分为单棺墓、双棺墓、三棺墓三类。

　　清代长方形竖穴土圹单棺墓13座,编号为M8、M18、M19、M24、M25、M36~ M38、M40、M48、M50~ M52。以M36为例。

　　M36位于发掘区Ⅱ区的中西部,T0104北部,东北邻M37,开口于第②层下,为长方形竖穴土圹单棺墓,南北向,方向40°。墓圹南北长2.34米,东西宽0.8~0.92米,墓口距地表0.8米,墓底距墓口0.5米。内填花土,土质疏松。内置单棺,棺木已朽,棺长1.74米,宽0.5米,残高0.2米,棺内骨架保存较完整,头北脚南,面向上,仰身直肢葬,为男性。棺木底部铺垫有一层青灰。出土半釉黄釉罐1件位于棺木北侧,还有康熙通宝铜钱1枚。

清代长方形竖穴土圹双棺墓15座，编号为M1、M3~M5、M10、M11、M15、M17、M29、M35、M39、M43、M45~M47，以M1、M11、M39为例。

M1位于发掘区Ⅰ区的西南部，T0401中部，北邻M3，开口于第②层下，为长方形竖穴土圹双棺墓，南北向，方向355°。墓圹南北长2.42~2.62米，东西宽1.36~1.5米，墓口距地表0.6米，墓底距墓口0.3米。内填花土，土质疏松。内置双棺，棺木已朽，东棺长1.7米，宽0.5米，残高0.1米，棺内骨架保存较完整，头北脚南，面向东，仰身直肢葬，为男性。东棺底部铺垫木炭。西棺长1.75米，宽0.38~0.52米，残高0.1米，棺内骨架保存较完整，头北脚南，面向上，仰身直肢葬，为女性。西棺底部铺炉渣。另外在墓圹东北壁上距墓口约0.65米处有一小壁龛，壁龛高0.15米，宽0.22米，进深0.2米，壁龛内放置有一件瓷罐。

东棺出土半釉陶罐1件位于东棺北侧的墓圹东北壁，铜钱1枚位于肋骨中部；西棺出土半釉陶罐1件位于西棺北侧，铜镯1件位于西指骨部。

M11位于发掘区Ⅰ区的中西部，T0404南部，开口于第②层下，为长方形竖穴土圹双棺墓，南北向，方向0°。墓圹南北长2.9~3.06米，东西宽2.02~2.26米，墓口距地表0.8米，墓底距墓口1.0米。内填花土，土质疏松。内置双棺，棺木已朽，东棺长1.9米，宽0.8米，残高0.3米，棺内骨架凌乱，性别、葬式不明；西棺长1.84米，宽0.76~0.8米，残高0.3米，棺内骨架凌乱，性别、葬式不明。

东棺出土半釉陶罐1件位于东棺内北部；西棺出土青花瓷罐1件位于西棺北侧。

M39位于发掘区Ⅰ区的西北部，T0406的东南部，西南邻M38，开口于第②层下，为长方形竖穴土圹双棺墓，东西向，方向255°。墓圹东西长3.12米，南北宽1.6~1.8米，墓口距地表0.8米，墓底距墓口0.7米。内填花土，土质疏松。内置双棺，棺木已朽，南棺长2.18米，宽0.72~0.8米，残高0.35米，棺内骨架保存稍好，头西脚东，面向上，仰身直肢葬，为女性。底部铺有草灰。北棺长2.04米，宽0.5~0.6米，残高0.35米，棺内骨架保存稍好，头西脚东，面向上，仰身直肢葬，为男性。底部铺有草灰（图七九；图版三一）。

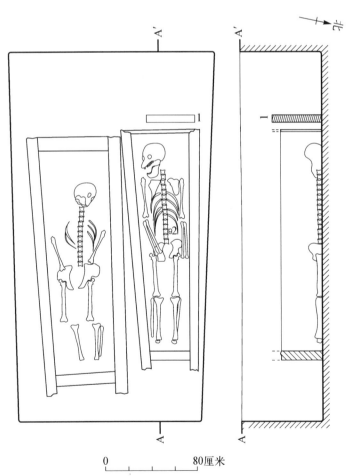

0　　　　　　　80厘米

图七九　半壁店旧村明清墓群M39平、剖面图

1.墓志方砖1件　2.铜钱2枚

该墓出土墓志方砖1块(图版三二)、铜钱2枚。

清代竖穴土圹三棺墓1座,即M44。

M44位于发掘区Ⅱ区的东北部,T0207的东南部,北邻M45,开口于第②层下,为长方形竖穴土圹三棺墓,南北向,方向210°。墓圹南北长2.5米,东西宽2.3~2.78米,墓口距地表0.5米,墓底距墓口0.92米。内填花土,土质疏松。内置三棺,棺木已朽,东棺长1.7米,宽0.5~0.54米,残高0.1米,棺内骨架保存较差,头北脚南,面向上,仰身直肢葬,为女性。棺底铺有青灰。中棺长1.9米,宽0.6~0.72米,残高0.1米,棺内骨架保存较差,头北脚南,面向上,仰身直肢葬,为女性。棺底铺有青灰。西棺长1.94米,宽0.6~0.64米,残高0.1米,棺内骨架保存较差,头北脚南,面向上,仰身直肢葬,为男性。棺底铺有青灰(图八○)。

东棺出土黑釉瓷罐1件(图版三三)位于东棺南侧,铜钱1枚位于东棺内盆骨下部;中棺出土半釉陶罐1件(图版三四)位于中棺南部;西棺出土白釉瓷罐1件(图版三五)位于西棺南侧。

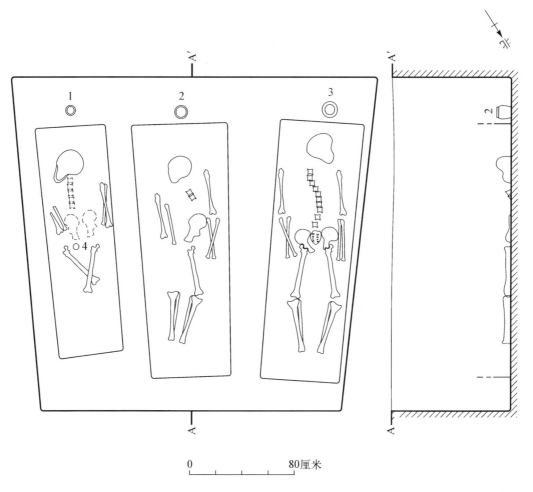

图八○　半壁店旧村明清墓群M44平、剖面图

1.黑釉瓷罐1件　2.半釉陶罐1件　3.白釉瓷罐1件　4.铜钱1枚

八、郑庄明清墓群

郑庄明清墓群发现于北京市第8代薄膜晶体管液晶显示器件项目占地范围内。该项目位于通州区郑庄北部,南邻科创十街,西邻经海一路。2009年9~10月,为了配合北京市第8代薄膜晶体管液晶显示器件项目基本建设,北京市文物研究所对北京市第8代薄膜晶体管液晶显示器件项目工程占地范围内的古代墓葬进行了抢救性考古发掘,发掘总面积约2 100平方米,共清理明清时期的墓葬190座(图版三六、三七),出土各类文物200余件,包括金饰、银饰、铜饰、瓷器、釉陶器、陶器、铜钱等[1]。

除2座形制较为特殊外,其余明清墓葬均为竖穴土圹墓,根据墓葬内葬具以及合葬情况将墓葬分为单棺葬、双棺葬、三棺葬和四棺葬。以C5地块M12、C5地块M37、C1地块M48、C1地块M50、C5地块M19、C5地块M28为例。

C5地块M12位于发掘区的东北部,北邻M10,方向170°。该墓平面呈方形,竖穴土圹,内用青砖砌成龟形单室。南北向,墓口距地表0.60米,墓底距地表1.3米,南北长1.5米,北宽1.42米,南宽1.48米。内填花土,土质较松。砌法为在土圹中部平砌一层砖,共东西五行,中部一行四块砖,东西二行,分别为三块二块,中部南北二块砖,各突出0.17米,象征龟头和龟尾,南部龟头两边各有一块铁上有圆形眼珠。北边两块铁象征龟爪。底部砖上平砌一层,呈六边形,上面竖砌二层砖呈菱形,象征龟身。墓室内放置墓志砖一块(或是地契),上用朱砂写字,字迹已不清。墓志砖前放置一铜镜,周围放有铜钱,南部放置一个石砚台。墓室上部用青砖六块平铺在竖砖上,呈六边形,上部用四块砖东西向平盖封顶,看上去像龟背。整个龟形墓南北长1.25米,宽0.76米,高0.68米。出土的随葬品包括铜钱、墓志砖、铜镜、石砚台。

C5地块M37位于发掘区的中东部,东南邻M38,方向100°。该墓平面呈龟形,墓室内呈六角形,东西向。墓口距地表0.7米,墓底距地表1.18米,墓室内有土圹,土圹平面呈长方形,东西长1.56米,宽1.34米,深0.48米。墓室南北长0.75米,东西宽0.74米。该墓用青砖券制,由于被破坏,仅残留底部两层砖,残高0.3米,用砖规格为0.29×0.15×0.06米。室内填花土,土质稍硬。出土的随葬品包括铜钱、粉彩瓷瓶、石砚台、玉印章、玉春瓶、铜香炉、白圆球、黑圆球、铁器、松香(图版三八)。

C1地块M48位于发掘区的中南部,北邻M53,方向334°。该墓平面呈长方形竖穴土圹,南北向,墓口距地表0.7米,南北长2.48米,宽0.88~0.97米,墓底距墓口1.2米。内填花土,土质较松。墓室内置单棺,已朽,残存棺长1.94米,宽0.55~0.64米,残高0.2米。骨架保存较好。头向北,面向西,仰身直肢葬。出土的随葬品包括铜钱、半釉罐。

C1地块M50位于发掘区的中南部,东北邻M48,方向160°。该墓平面呈长方形,竖穴土圹,南北向,墓口距地表0.55米,墓底距地表1.41米,南北长3.24米,东西宽2.96米,深0.86米。室内填花土,土质较硬,墓室内葬双棺,已朽。东棺长2.05米,宽0.48~0.66米,残高0.2米;西棺长1.8米,宽0.55~0.68米,残高0.26米。双棺内骨架保存差,头南足北,葬式不清。出土的随葬品

[1] 北京市文物研究所:《北京市第8代薄膜晶体管液晶显示器件项目工程考古发掘报告》,载宋大川主编:《北京考古工作报告(2000~2009)》(平谷、通州、顺义卷),上海古籍出版社,2011年。

包括铜钱、粗瓷瓶、青瓷碗、粗瓷罐(图版三九)。

C5地块M19位于发掘区的东北部,北邻M20,方向63°。该墓平面近长方形,竖穴土圹,东西向,墓口距地表0.65米,墓底距地表1.7米,东西长3.1米,南北宽2.6~2.9米,深1米。墓室内葬三棺,二木棺,一瓮棺。北棺长2.04米,宽0.65~0.7米,残高0.4米;中棺为瓮棺,高0.4米,直径0.4米,口径0.2米(残);南棺长1.98米,宽0.66~0.76米,残高0.26米。北棺骨架凌乱,葬式不清,中棺为烧骨,南棺骨架保存差,头东足西,仰身直肢葬,二木棺棺板厚0.08米。墓室内填花土,土质稍松。出土的随葬品包括金簪、钥匙链一套、银簪、铜钱、青瓷罐、墓志砖。

C5地块M28位于发掘区的东北部,南邻M37,方向98°。该墓平面呈梯形,竖穴土圹,东西向(图版四〇)。墓口距地表0.7米,墓底距地表1.3~1.5米,长2.42~2.97米,宽2.67~3.7米。内填花土,土质较松。墓室内葬四棺,已朽,由北向南排列:棺1:东西长2.05米,宽0.68~0.78米,残高0.25米,棺内骨架保存较差;棺2:东西长2.05米,宽0.54~0.68米,残高0.25米,四壁残留厚0.02~0.04的棺板,棺内骨架保存较好,头向东,面向上,侧身直肢葬;棺3:瓮棺,口径0.2米,腹径0.38米,高0.38米,底径0.2米,上有盖,盖上纽,总高0.42米,已残,瓮棺内装有白色烧骨,内含较多木炭,直径0.04米,长约0.1~0.15米;棺4:长1.92米,宽0.56~0.66米,残高0.2米,四壁残留厚0.02~0.04米的棺板。棺内骨架保存较好,头向东,面向北,仰身直肢葬。出土的随葬品有铜钱、银环、铜簪、白瓷罐、兰珠子、花珠子、浅黄珠子、黑珠子、绿珠子。

九、宋庄文化创意产业集聚区遗址清墓

宋庄文化创意产业集聚区遗址发现清墓36座,均为长方形竖穴土圹墓,除8座为东西向外,其余皆为南北向[1]。根据墓葬内葬具以及合葬情况将墓葬分为单棺葬和双棺葬,其中单棺葬16座,双棺葬20座。葬式多为仰身直肢葬,少部分为仰身屈肢葬。出土随葬品有铜钱、银簪、耳环、板瓦、瓷碗、绿釉罐、瓷罐、铜戒指、料珠等。

竖穴土圹单棺墓以M9为例。该墓位于发掘区的中北部,南邻M10,方向30°,开口于①层下,向下打破生土。平面呈长方形,竖穴土圹,南北向,墓口距地表0.5米,口底同宽,墓壁整齐,墓底较平。南北长2.4米,东西宽1.2米,墓底距墓口0.6米。内填花土,土质疏松。内葬置单棺,棺木已朽,棺长1.92米,宽0.5~0.6米,残高0.2米。棺内骨架保存较完整,头向北,面向下,仰身屈肢葬,性别、年龄不明。出土的随葬品有银簪、耳环、铜钱、绿釉罐。

竖穴土圹双棺墓以M17为例。该墓位于发掘区的中部,西邻M16,方向300°,开口于①层下,向下打破生土。平面呈长方形,竖穴土圹,东西向,墓口距地表0.5米,口底同宽,墓壁整齐,墓底较平。东西长2.2米,南北宽1.6米,墓底距墓口0.6米。内填花土,土质疏松。内葬置双棺,棺木已朽,南棺长1.78米,宽0.5~0.56米,残高0.2米,棺内骨架保存较差,头向西,面向北,仰身直肢葬,为女性,年龄不明;北棺长1.76米,宽0.6米,残高0.2米,棺内骨架保存较完整,头向西,面向上,仰身直肢葬,为男性,年龄不明。出土的随葬品有银簪、铜钱、釉瓷罐、釉陶罐。

[1] 北京市文物研究所:《通州区宋庄文化创意产业集聚区土地一级开发定向安置房项目考古发掘工作报告》,未刊。

九、荣丰科技物流仓储项目墓葬区清墓

荣丰科技物流仓储项目墓葬区发现清墓3座,均为长方形竖穴土圹墓,单棺[1]。

M3位于发掘区的东北部,南邻M4,方向162°,开口于①层下。平面呈长方形,竖穴土圹,南北向(图八一)。墓口距地表0.3米,南北长2.2米,东西宽1米,墓底距墓口1.16米。内填花土,土质疏松。内葬单棺,棺木已朽,棺长1.8米,宽0.5~0.6米,残高0.18米,棺内骨架保存较完整,头向南,面向东,为男性,仰身直肢葬。出土随葬品有铜钱(图版四一)。

M4位于发掘区的中部,西邻M5,方向4°,开口于①层下。平面呈长方形,竖穴土圹,南北向(图八二)。墓口距地表1.2米,南北长2.32米,东西宽0.82~0.92米,南窄北宽,墓底距墓口0.5

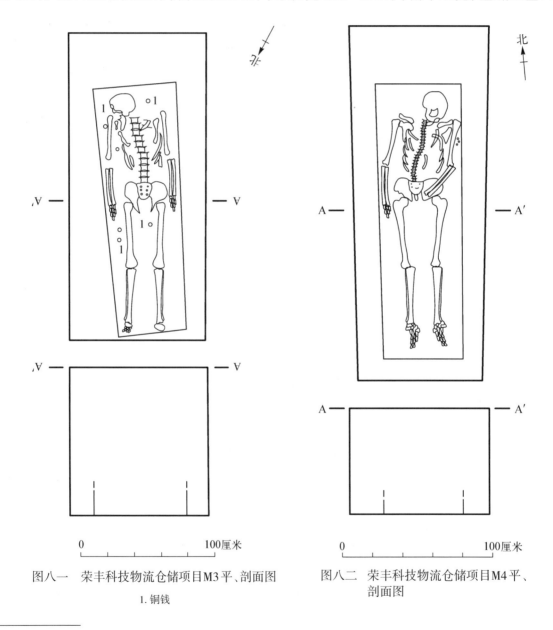

图八一　荣丰科技物流仓储项目M3平、剖面图
1.铜钱

图八二　荣丰科技物流仓储项目M4平、剖面图

[1]北京市文物研究所:《北京荣丰科技物流仓储项目考古发掘完工报告》,未刊。

米。内填花土，土质疏松。内葬单棺，棺木已朽，棺长1.8米，宽0.48~0.58米，残高0.1米，棺内骨架保存较完整，头向北，面向东，为女性，仰身直肢葬。出土随葬品有铜钱（图版四二）。

　　M5位于发掘区的中部，东邻M4，方向5°，开口于①层下。平面呈长方形，竖穴土圹，南北向（图八三）。墓口距地表1.15米，南北长2.6米，东西宽0.9~1米，北宽南窄，墓底距地表0.5米。内填花土，土质疏松。内葬单棺，棺长1.8米，宽0.6~0.7米，残高0.16米，板厚0.04米。棺内未发现骨架，初步判断应为迁葬墓。出土随葬品有铜钱。

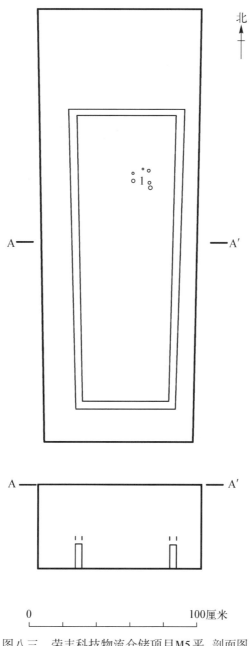

图八三　荣丰科技物流仓储项目M5平、剖面图

1. 铜钱6枚

一一、马驹桥镇物流基地西区清代墓群

马驹桥镇物流基地西区清代墓群发现于通州马驹桥镇物流基地生活配套项目B地块（西区）土地一级开发项目占地范围内。该地块位于通州区西部，东邻B地块（东区），南邻驸马庄，西邻南堤村，北邻凉水河（图八四）。

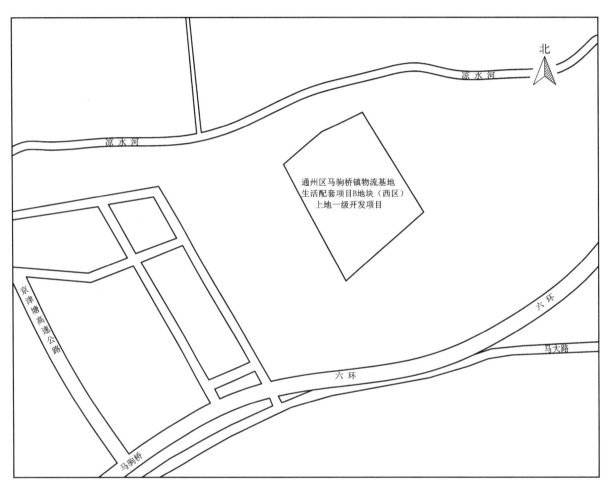

图八四　通州马驹桥物流基地B地块西区发掘区位置示意图

2011年6~7月，为了配合通州马驹桥镇物流基地生活配套项目B地块（西区）土地一级开发项目建设，北京市文物研究所对该项目用地范围进行了全面的考古勘探。勘探共发现遗迹259处，其中初步推断明清墓葬243座，搬迁墓葬12座，近代墓葬2座，近代井2眼。2011年11~12月，北京市文物研究所对通州马驹桥镇物流基地生活配套项目B地块（西区）土地一级开发项目地块范围内的古墓葬进行了抢救性发掘，实际发掘面积约4 500平方米，清理古墓葬243座（图八五）[1]。

本次发掘的古墓葬均为清代墓葬，依照其形制不同可以分为单棺墓、双棺墓和三棺墓三种。

---

[1] 北京市文物研究所：《通州马驹桥镇物流基地生活配套项目B地块（西区）土地一级开发项目考古发掘报告》，未刊。

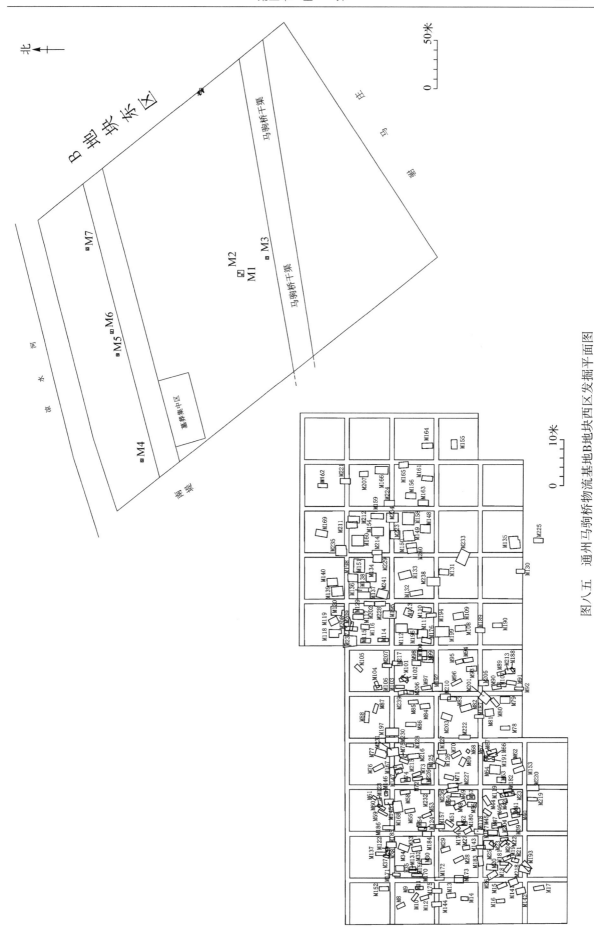

图八五 通州马驹桥物流基地B地块西区发掘平面图

以M5、M34、M60、M93、M3、M77、M140、M238、M135、M199为例。

M5位于发掘区的北部，东邻M6，坐标为北纬39°46′21.0″，东经116°34′52.8″。方向185°，开口于②层下，打破生土层。为长方形竖穴砖室墓，南北向。墓口距地表0.5米，墓圹南北长2.44米，东西宽1.12米，墓底距墓口0.58米。内填花土，土质较硬。墓室和墓底为青砖砌制，内置单棺。棺木已朽，长2.08米，宽0.68~0.78米，残高0.42米。棺内骨架保存较完整，头向南，面向西，仰身直肢葬，为男性，初步推断约为45岁。砖室的砌法为二竖砖上面为平砖错缝砌制，底部铺砖为错缝平铺，砖的规格为0.34×0.16×0.05米。随葬品有陶罐2件（图八六）。

M34位于发掘区的西北部，T0204探方东北部，南邻M32，坐标为北纬39°46′18.1″，东经116°34′46.2″。方向20°，开口于②层下，打破生土层。为长方形竖穴土圹墓，南北向。墓口距地表0.3米，墓圹南北长2.5米，东西宽1.3米，墓底距地表0.9米。内填花土，土质较松。内置单棺，棺木已朽，棺长1.8米，宽0.5~0.6米，残高0.2米。棺内骨架保存较完整，头向北，面向东，仰身直肢葬，为

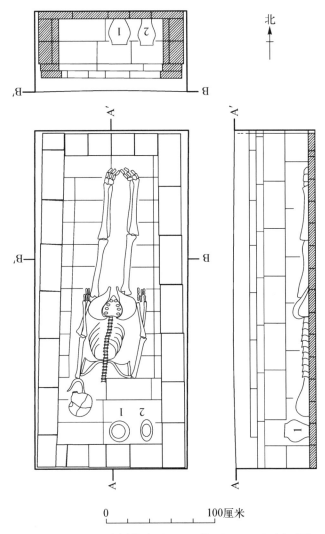

图八六　通州马驹桥物流基地B地块西区M5平、剖面图

男性,初步推断约为45岁。随葬品有陶罐1件(残)(图八七)。

M60位于发掘区东部,T0305探方南部,东邻M61,坐标为北纬39°46′18.3″,东经116°34′46.4″。方向20°,开口于②层下,打破生土层。为长方形竖穴土圹墓,南北向。墓口距地表0.3米,墓底距地表0.6米,墓圹南北长1.9米,东西宽0.72~0.8米。内填花土,土质较松。内置单棺,棺木已朽,棺长1.56米,宽0.46~0.58米,残高0.1米。棺内骨架保存较好,头向北,面向不详,仰身直肢葬,女性。随葬有瓷罐1件(图八八)。

M93位于发掘区西北部,T0603探方南部,东邻M94,坐标为北纬39°46′17.8″,东经116°34′47.7″。方向350°,开口于②层下,打破生土层。为长方形竖穴土圹墓,南北向。墓口距地表0.3米,墓底距地表1.6米,墓圹南北长2.4米,东西宽1米。内填花土,土质较松。内置单棺,棺木已朽,棺长1.8米,宽0.5~0.6米,残高0.1米。棺内骨架保存较好,头向北,面向东,仰身直肢葬,为男性,初步推断约为45岁。无随葬品(图八九)。

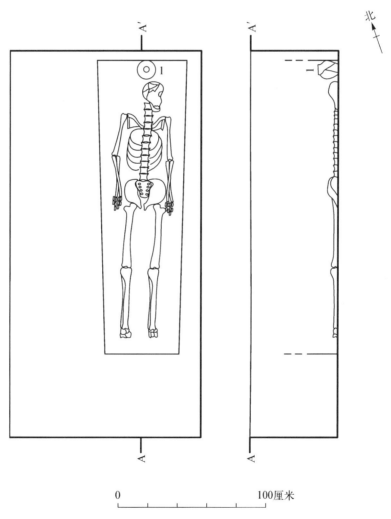

图八七 通州马驹桥物流基地B地块西区M34平、剖面图

1. 陶罐

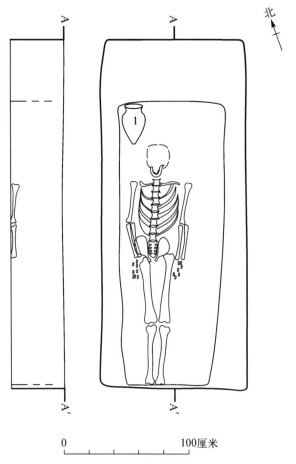

图八八　通州马驹桥物流基地B地块西区M60平、剖面图

1.陶罐

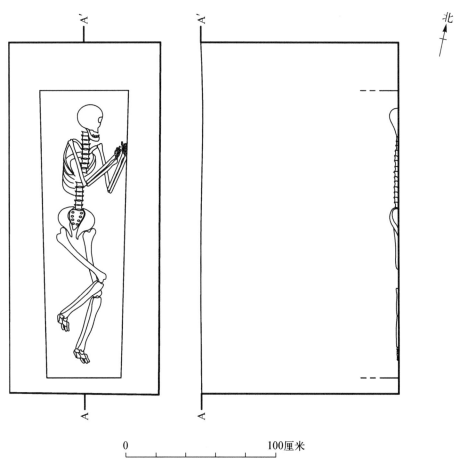

图八九　通州马驹桥物流基地B地块西区M93平、剖面图

M3位于发掘区的中部，坐标为北纬39°46′14.0″，东经116°34′48.4″。方向0°，开口于②层下，打破生土层。平面呈长方形，竖穴土圹墓，南北向。墓口距地表0.5米，墓圹南北长2.7米，东西宽2.4米，墓底距墓口0.9米。内填花土，土质较硬。内置双棺，棺木已朽。东棺长1.8米，宽0.5~0.6米，残高0.1米，棺内骨架保存较好，头向北，面向南，仰身直肢葬，为男性，初步推断约为45岁；西棺长1.8米，宽0.5~0.6米，残高0.1米，棺内骨架保存较好，头向北，面向上，仰身直肢葬，为女性，初步推断约为40岁。两棺各出红陶罐1件（图九○）。

M77位于发掘区西北部，T0405探方东部，西邻M76，坐标为北纬39°46′18.4″，东经116°34′47.0″。方向15°，开口于②层下，打破生土层。为长方形竖穴土圹墓，双棺合葬，南北

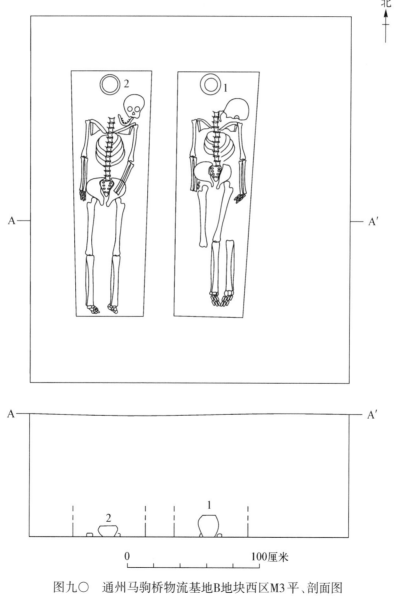

图九○　通州马驹桥物流基地B地块西区M3平、剖面图

1、2. 陶罐

向。墓口距地表0.3米，墓底距地表1.4米，墓圹南北长2.3米，东西宽1.84~1.86米。内填黄褐色花土，土质较松。内置双棺，棺木均朽，东棺长1.8米，宽0.6米，残高0.1米，棺内骨架保存较好，头向北，面向东，仰身直肢葬，为男性；西棺长1.6米，宽0.52米，残高0.1米，棺内骨架保存较好，头向北，面向东，为女性，初步推断为成年人。随葬品有陶罐2件（均残）、铜钱3枚（图九一）。

M140位于发掘区西北部，T0806探方中部，西邻M139，坐标为北纬39°46′18.9″，东经116°34′48.5″。方向355°，开口于②层下，打破生土层。为长方形竖穴土圹墓，双棺合葬，南北向。墓口距地表0.3米，墓底距地表1.3米，墓圹南北长2.4米，东西宽1.8米。内填花土，土质较

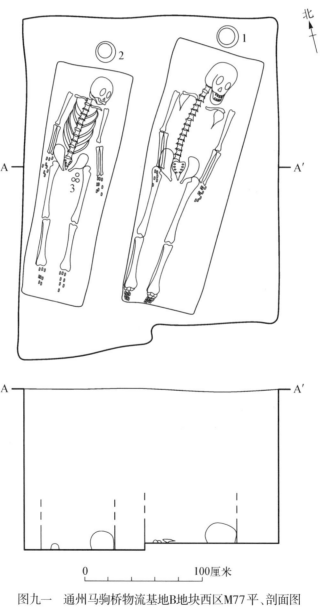

图九一　通州马驹桥物流基地B地块西区M77平、剖面图

1、2.陶罐　3.铜钱

松。墓内置双棺,棺木均朽,东棺长1.8米,宽0.5~0.6米,残高0.1米,骨架保存较好,头向北,面向西,仰身直肢葬,为男性,初步推断约为45岁;西棺长1.8米,宽0.5~0.6米,残高0.1米,棺内骨架保存较好,头向北,面向上,仰身直肢葬,为女性,初步推断约为40岁。随葬品西棺有瓷罐1件(残)、东棺有瓷罐1件(图九二)。

M238位于发掘区西北部,T0804探方的西南部,北邻M132,坐标为北纬39°46′18.2″,东经116°34′48.6″。方向347°,开口于②层下,打破生土层。为长方形竖穴土圹墓,双棺合葬,南北向。墓口距地表0.3米,墓底距地表1.1米,墓圹南北长2.9米,东西宽2.2米。内填花土,土质较松。墓内置双棺,棺木均朽,东棺长1.8米,宽0.5~0.6米,残高0.1米,棺内骨架保存较好,头向

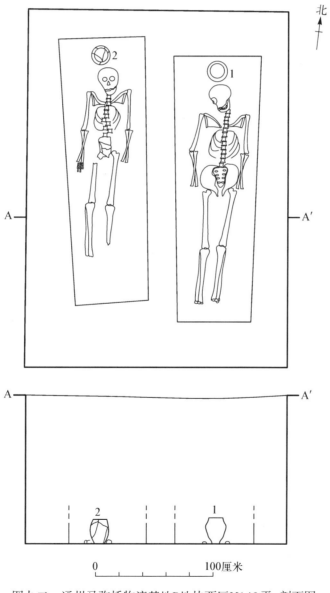

图九二　通州马驹桥物流基地B地块西区M140平、剖面图

1、2. 陶罐

北, 面向西, 侧身屈肢葬, 为女性, 初步推断约为45岁; 西棺长1.9米, 宽0.5~0.6米, 残高0.1米, 棺内骨架保存较好, 头向北, 面向东, 仰身直肢葬, 为男性, 初步推断约为45岁左右。无随葬品（图九三）。

　　M135位于发掘区西北部, T1012探方西南角, 坐标为北纬39°46′17.6″, 东经116°34′49.1″。方向355°, 开口于②层下, 打破生土层。为长方形竖穴土圹墓, 三棺合葬, 南北向。墓口距地表0.3米, 墓底距地表1.3米, 墓圹南北长3.1米, 东西宽2.7米。内填花土, 土质较松。墓内置三棺, 棺木均朽, 东棺长1.8米, 宽0.5~0.6米, 残高0.1米, 为女性, 初步推断约为40岁; 中棺长1.8米, 宽0.5~0.6米, 残高0.1米, 为女性, 初步推断约为45岁; 西棺长1.8米, 宽0.5~0.6米, 残高0.1米, 为男性, 初步推断为50岁。三棺棺内骨架均保存较好, 均头向北, 面向西, 仰身直肢葬。随葬品西棺有铜钱3枚（康熙通宝）（图九四）。

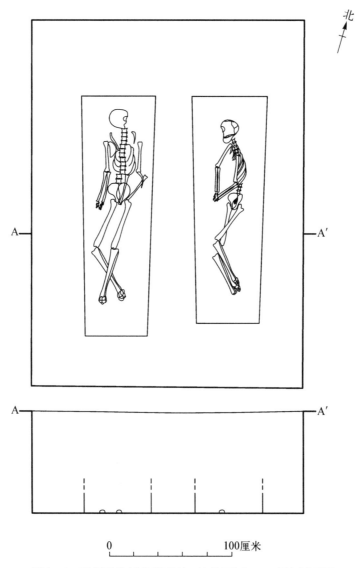

图九三　通州马驹桥物流基地B地块西区M238平、剖面图

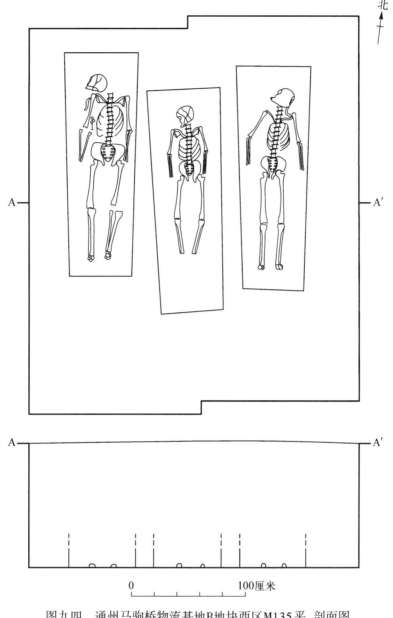

图九四　通州马驹桥物流基地B地块西区M135平、剖面图
1. 铜钱

　　M199位于发掘区西北部,T0603探方北部,南邻M108,坐标为北纬39°46′18.1″,东经116°36′48.2″。方向0°,开口于②层下,打破生土层。为长方形竖穴土圹墓,双棺合葬,南北向。墓口距地表0.3米,墓底距地表1.8米,墓圹南北长2.9米,东西宽2.2米。内填花土,土质较松。墓内置双棺一椁,棺椁均朽,东棺有一棺椁,棺椁长2.46米,宽0.87~0.96米,挡板长2.25米,挡板厚0.1米,东棺长2米,宽0.56米,残高0.2米。棺内骨架保存较好,头向北,面向东,仰身直肢葬,为男性,初步推断为老年人。西棺长2米,宽0.6米,残高0.2米。棺内骨架保存较好,头向北,面向上,仰身直肢葬,为女性,初步推断为成年人。随葬有铜钱8枚(万历通宝、太平通宝、开元通宝)。

一二、砖厂村C区遗址明清墓

砖厂村C区发现明清墓葬3座,均为竖穴土圹墓,编号为M1、M3、M4[1]。

M1位于发掘区的西北部,南邻M2,方向350°,开口于①层下,向下打破生土层,平面呈长方形,竖穴土圹二次合葬墓,南北向。墓口距地表0.7米,墓底距地表1.6米,墓圹南北长2.5~2.6米,东西宽1.6~1.74米。内填花土,土质松软。墓内置双棺,棺木已朽,西棺长1.8米,宽0.46~0.52米,残高0.3米,棺内骨架保存较差,头向北,面向上,仰身直肢葬,为男性;东棺长2米,宽0.58~0.72米,残高0.2~0.3米,棺内骨架保存较差,头向北,面向下,仰身直肢葬,为女性。随葬品有陶罐、铜钱(图九五)。

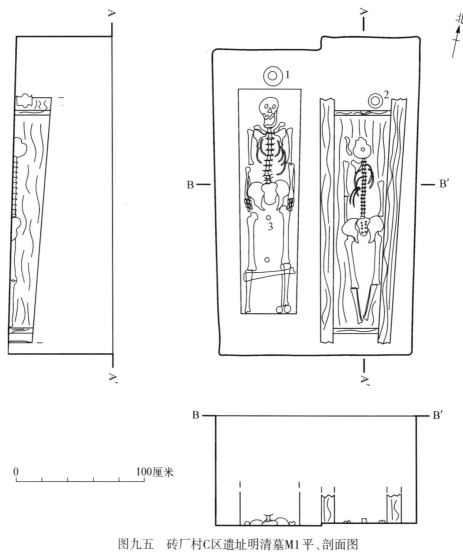

图九五   砖厂村C区遗址明清墓M1平、剖面图

1.陶罐1件   2.陶罐1件   3.铜钱2枚

---

[1]北京市文物研究所:《通州砖厂村地块土地一级开发项目(C区)考古发掘报告》,未刊。

　　M3位于发掘区的西北部,方向60°,开口于①层下,向下打破生土层,平面呈长方形,竖穴土圹二次合葬墓,东北—西南向。墓口距地表1.5米,墓底距地表1.62米,墓圹东北—西南长2.36~2.6米,宽1.8~1.84米。内填花土,土质松软。墓内置双棺,棺木已朽,南棺长2.06米,宽0.46~0.6米,残高0.1米,棺内骨架保存较差,头向东北,面向不详,仰身直肢葬,为男性;北棺长2.16米,宽0.5~0.74米,残高0.4米,棺内骨架保存较差,头向、面向、葬式、性别均不详。随葬品有铜钱(图九六)。

　　M4位于发掘区的西部,北邻M3,东南邻M5,方向45°,开口于①层下,向下打破生土层,平面呈长方形,竖穴土圹二次合葬墓,南北向。墓口距地表1.1米,墓底距地表1.7米,墓圹南北长2.1

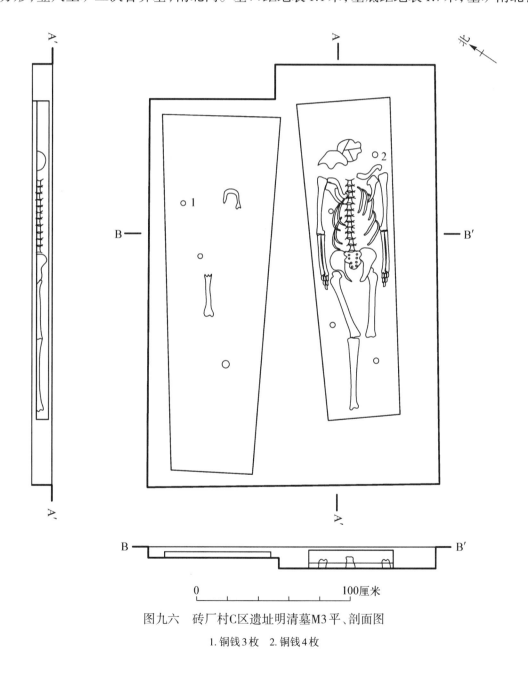

图九六　砖厂村C区遗址明清墓M3平、剖面图

1. 铜钱3枚　　2. 铜钱4枚

米，宽1.7米。内填花土，土质松软。墓内置双棺，棺木已朽，东棺长1.8米，宽0.55~0.65米，残棺内骨架保存较完整，头向东北，面向上，仰身直肢葬，为女性；西棺长1.7米，宽0.6~0.7米，棺内骨架保存较差，头向东北，面向东，侧身直肢，为男性。随葬品有银耳环、银头簪、铜钱、黄釉罐（图九七）。

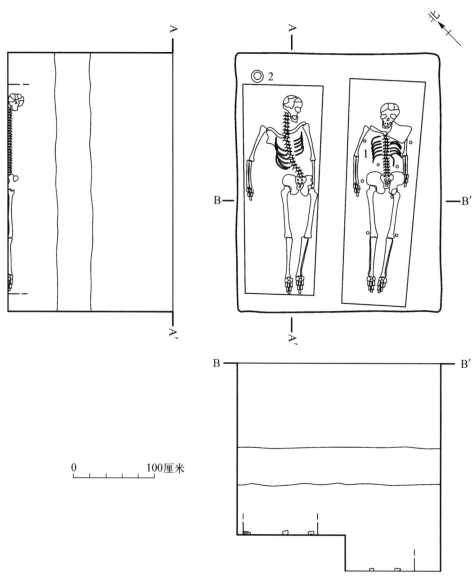

图九七　砖厂村C区遗址明清墓M4平、剖面图

1. 铜钱8枚　2. 陶罐1件

一二、轻轨L2线B2地块清墓

　　轻轨L2线B2地块清墓发现于轻轨L2线通州段次渠站、垡渠南站、亦庄火车站土地一级开发项目B2地块项目占地范围内。该地块位于通州区西部，通州区西部，东邻永隆屯村，南邻次渠北

里,西邻通马路,北邻京津高铁(图九八)。

　　为了保护地下文物,2012年4~5月,北京市文物研究所对该地块进行了全面的考古勘探,共发现各类遗迹47处,其中古墓葬38座,近代墓3座,湖泊1段,井5处。2012年6月,北京市文物研究所对该地块范围内发现的古墓葬进行了抢救性发掘,发掘面积共计约445平方米,发掘古墓葬38座,均为清代墓葬(图九九)[1]。

　　清代墓葬38座,其中M38为砖石墓葬,其余均为竖穴土圹墓葬。根据墓葬形制可分为单棺、双棺、三棺、砖室墓。墓葬内骨架多数保存较差,葬式可分为仰身直肢葬与侧身屈肢葬。

　　单棺墓14座,编号分别为M4、M6、M8、M9、M10、M12、M13、M19、M20、M24、M27、M31、M33、M34。以M9、M12、M19、M20、M33为例。

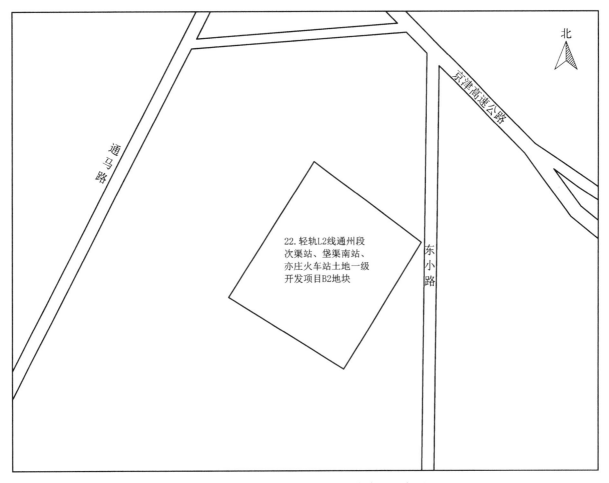

图九八　轻轨L2线通州段B2地块位置示意图

[1] 北京市文物研究所:《轻轨L2线通州段次渠站、垡渠南站、亦庄火车站土地一级开发项目B2地块考古发掘报告》,未刊。

北

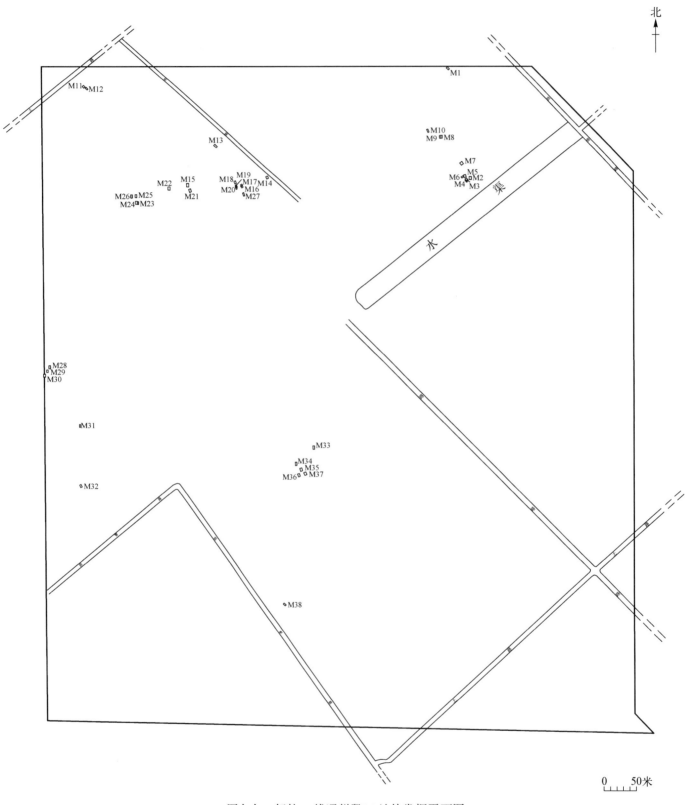

0　　　50米

图九九　轻轨L2线通州段B2地块发掘平面图

　　M9位于发掘区东北部,东邻M8,方向320°,开口于①层下,打破生土层,平面呈长方形,竖穴土圹墓,南北向。墓口距地表0.4米,墓底距地表1.2米,墓圹南北长3米,东西宽1.7米,深0.8米。内填花土,土质松软。内置单棺,棺木已朽,棺长2米,宽0.7~0.8米,棺内骨架保存较差,头向西北,面向上,仰身直肢葬,为女性。随葬品有发簪、铜钱(图一〇〇)。

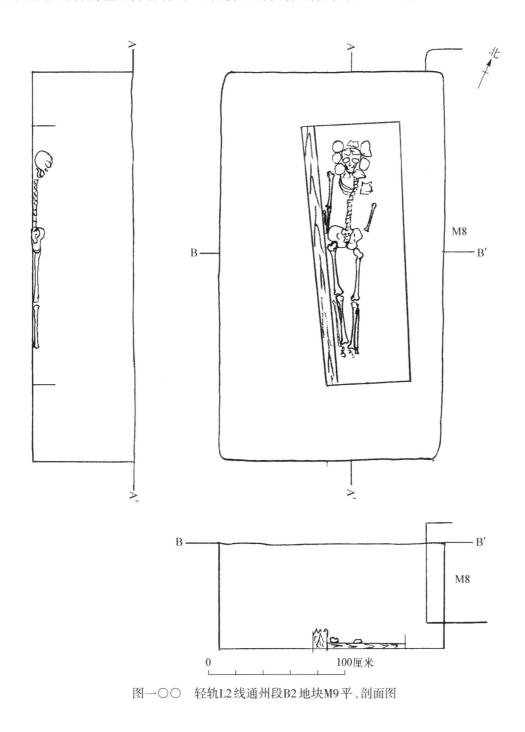

图一〇〇　轻轨L2线通州段B2地块M9平、剖面图

　　M12位于发掘区西南部,北邻M11,方向348°,开口于①层下,打破生土层,平面呈长方形,竖穴土圹迁葬墓,南北向。墓口距地表0.4米,墓底距地表1.1米,墓圹南北长2.2米,东西宽1.1米。内填花土,土质松软。内置单棺,棺木已朽,棺长1.85米,宽0.65~0.8米,头向、面向、葬式、性别均不详,初步推断为迁葬墓。未发现随葬品(图一○一)。

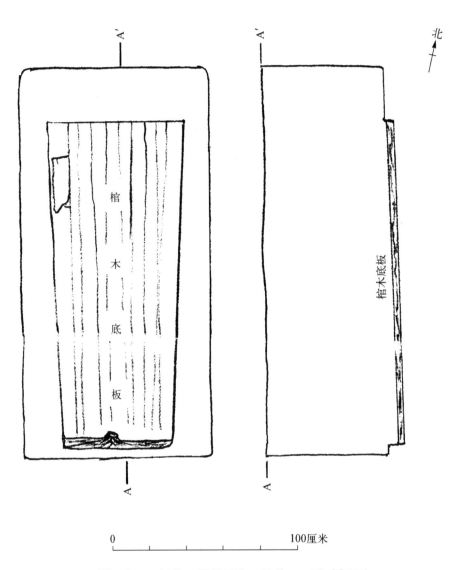

图一○一　轻轨L2线通州段B2地块M12平、剖面图

M19位于发掘区西北部,方向40°,开口于①层下,打破生土层,平面呈长方形,竖穴土圹墓,南北向。墓口距地表0.4米,墓底距地表1.1米,墓圹南北长2.3米,东西宽0.9米,深0.7米。内填花土,土质松软。内置单棺,棺木已朽,棺长1.9米,宽0.4~0.5米,棺内骨架保存较差,头向东北,面向北,仰身直肢葬,为男性。未发现随葬品(图一〇二)。

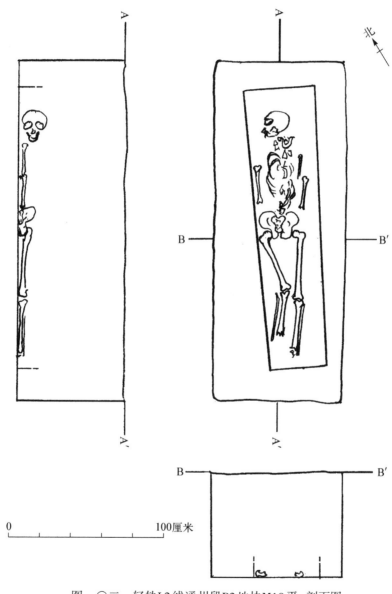

图一〇二 轻轨L2线通州段B2地块M19平、剖面图

　　M20位于发掘区西北部,东邻M18,被M19叠压,方向65°,开口于①层下,打破生土层,平面呈长方形,竖穴土圹墓,东西向。墓口距地表0.4米,墓底距地表1.8米,墓圹东西长2.6米,南北宽1.2米。内填花土,土质松软。内置单棺,棺木已朽,棺长1.9米,宽0.55~0.6米,棺内骨架保存较差,头向东,面向南,仰身直肢葬,为男性。随葬品有发簪、铜板(图一〇三)。

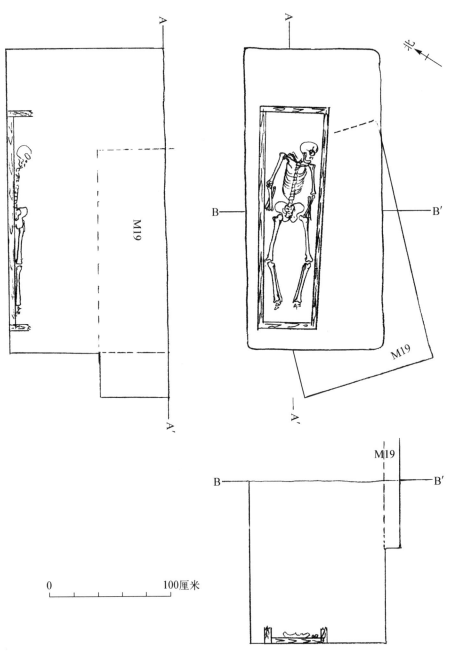

0　　　　　　　　　100厘米

图一〇三　轻轨L2线通州段B2地块M20平、剖面图

M33位于发掘区中东部，西邻M34，方向230°，开口于①层下，打破生土层，平面呈长方形，竖穴土圹单葬墓，南北向。墓口距地表0.4米，墓底距地表1.6米，墓圹南北长2.6米，东西宽1.3米。内填花土，土质松软。内置单棺，棺木已朽，棺长1.9米，宽0.6~0.7米，棺内骨架保存较差，头向西南，面向南，侧身直肢葬，为男性。随葬品有铜钱、烟锅、铜饰（图一〇四）。

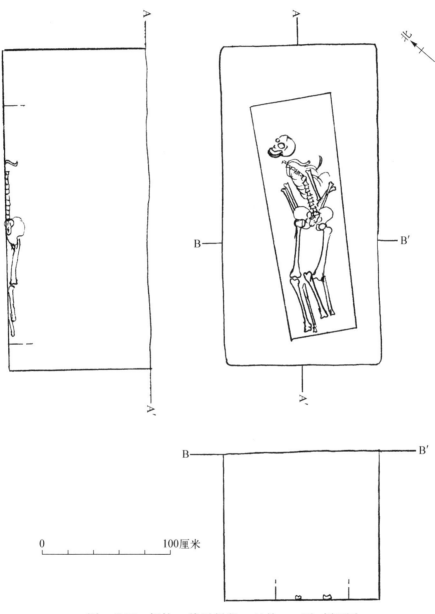

图一〇四 轻轨L2线通州段B2地块M33平、剖面图

　　双棺墓22座,编号分别为M1~M3、M5、M7、M11、M14~M16、M18、M21~M23、M25、M26、M28、M29、M30、M32、M35、M36、M37。以M2、M5、M7、M14、M15、M21、M22为例。

　　M2位于发掘区东北部,西邻M3,方向20°,开口于①层下,打破生土层,平面呈长方形,竖穴土圹合葬墓,南北向。墓口距地表0.4米,墓底距地表0.9米,墓圹南北长2.4~2.7米,东西宽1.8米,深0.5米。内填花土,土质松软。内置双棺,棺木已朽,东棺长1.9米,宽0.6~0.7米,棺内骨架保存较差,头向北,面向上,仰身直肢葬,为男性;西棺长2.1米,宽0.5~0.6米,棺内骨架保存较差,头向北,面向上,仰身屈肢葬,为女性。随葬品有银头簪、铜钱、陶罐(图一〇五)。

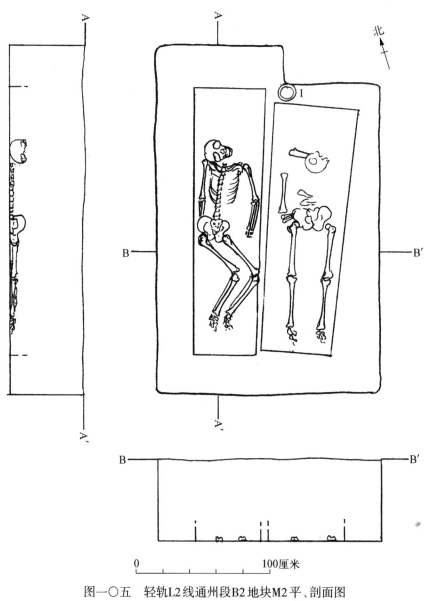

图一〇五　轻轨L2线通州段B2地块M2平、剖面图

1. 陶罐

M5位于发掘区东北部,西邻M6,方向20°,开口于①层下,打破生土层,平面呈长方形,竖穴土圹合葬墓,南北向。墓口距地表0.3米,墓底距地表0.98米,墓圹南北长2.7米,东西宽2.0~2.16米,深0.66米。内填花土,土质松软。内置双棺,棺木已朽,东棺长1.85米,宽0.64~0.78米,棺内骨架保存较差,头向北,面向东,仰身直肢葬,为男性;西棺长1.76米,宽0.64~0.68米,棺内骨架保存较差,头向北,面向上,仰身直肢葬,为女性。随葬品有铜簪、铜钱、瓷罐(图一○六)。

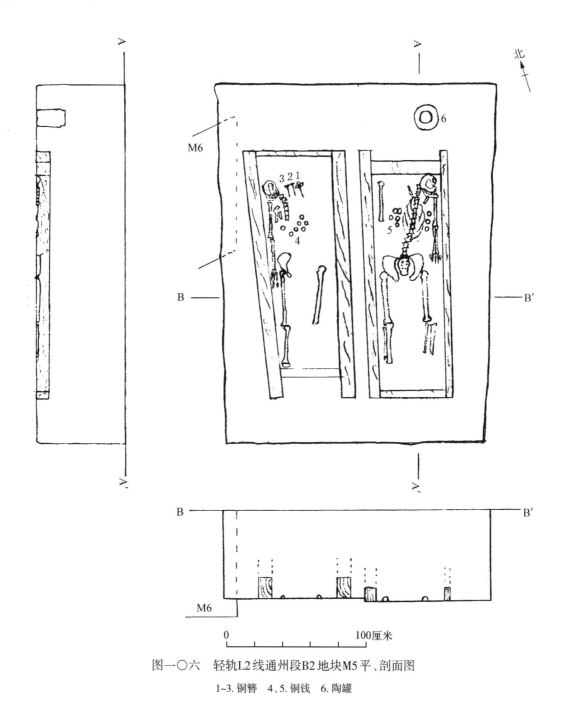

图一○六 轻轨L2线通州段B2地块M5平、剖面图

1~3. 铜簪 4、5. 铜钱 6. 陶罐

　　M7位于发掘区东北部,方向4°,开口于①层下,打破生土层,平面呈长方形,竖穴土圹合葬墓,南北向。墓口距地表0.3米,墓底距地表1.14米,墓圹南北长2.3~2.9米,东西宽2.34~2.8米,深0.84米。内填花土,土质松软。内置双棺,棺木已朽,东棺为二次葬,棺长2米,宽0.5~0.62米,棺内骨架保存较差,头向北,面向东,仰身直肢葬,为男性;西棺长1.9米,宽0.5~0.62米,棺内骨架保存较差,头向北,面向西,仰身直肢葬,为女性。随葬品有铜簪、铜钱(图一○七)。

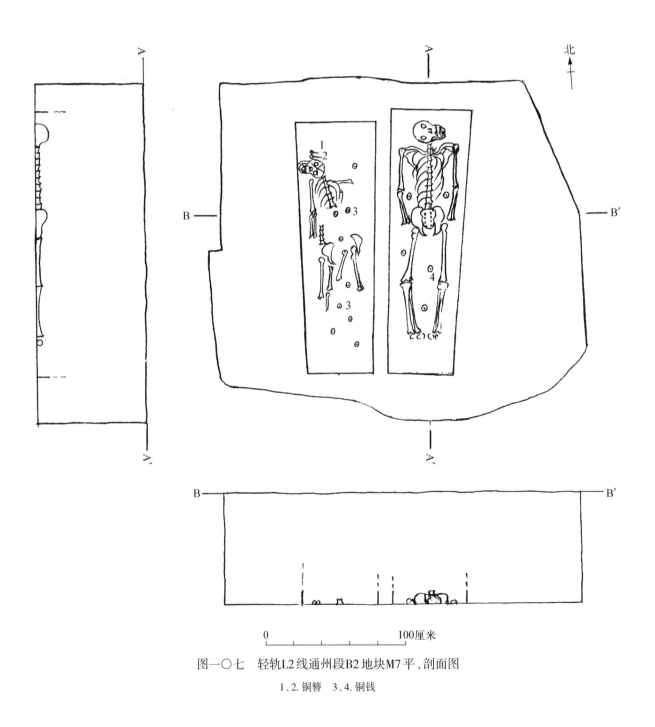

图一○七　轻轨L2线通州段B2地块M7平、剖面图

1、2.铜簪　3、4.铜钱

　　M14位于发掘区西北部,方向30°,开口于①层下,打破生土层,平面呈长方形,竖穴土圹合葬墓,南北向。墓口距地表0.4米,墓底距地表1.6米,墓圹南北长2.4米,东西宽1.9米,深1.2米。内填花土,土质松软。内置双棺,棺木已朽,东棺长2米,宽0.5~0.6米,棺内骨架保存较差,头向东北,面向上,仰身直肢葬,为男性;西棺长2米,宽0.5~0.6米,棺内骨架保存较差,头向东北,面向上,仰身直肢葬,为女性。随葬品有头簪、头钗、铜板(图一〇八)。

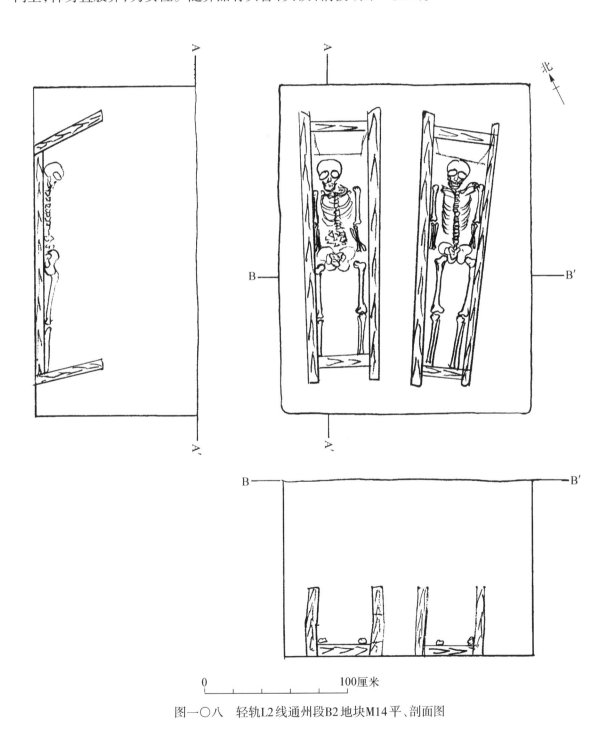

图一〇八　轻轨L2线通州段B2地块M14平、剖面图

M15位于发掘区西北部,南邻M21,方向50°,开口于①层下,打破生土层,平面呈长方形,竖穴土圹合葬墓,南北向。墓口距地表0.35米,墓底距地表1.25~1.29米,墓圹南北长2.8米,东西宽1.84~2米。内填花土,土质松软。内置双棺,棺木已朽,西棺长2.1米,宽0.64~0.7米,残高0.14米,棺内骨架保存较差,头向北,面向东,仰身直肢葬,为女性;东棺长1.86米,宽0.58~0.72米,残高0.12米,棺内骨架保存较差,头向北,面向东,葬式不详,为男性。随葬品有铜簪、银簪、烟锅、铜钱、银耳钉(图一〇九)。

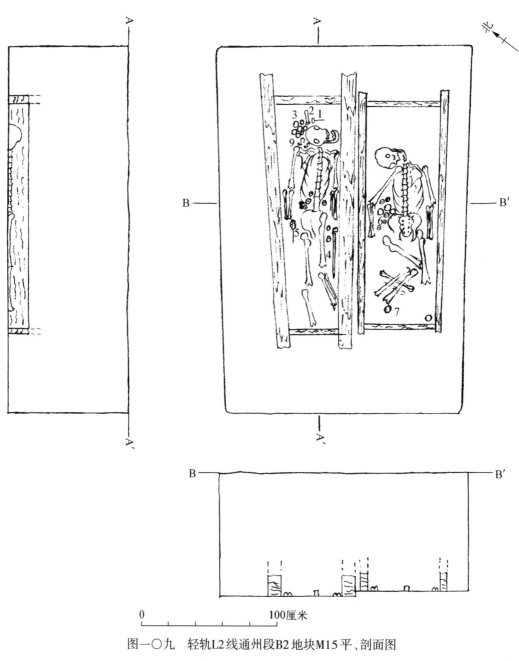

图一〇九 轻轨L2线通州段B2地块M15平、剖面图

1、5.银簪 2.扁方 3、6、7.铜钱 4.烟袋

M21位于发掘区西北部,北邻M15,方向40°,开口于①层下,打破生土层,平面呈长方形,竖穴土圹合葬墓,南北向。墓口距地表0.35米,墓底距地表0.95~1.2米,墓圹南北长2.4~2.46米,东西宽1.6~1.8米。内填花土,土质松软。内置双棺,棺木已朽,西棺长1.78米,宽0.54~0.6米,残高0.1米,棺内骨架保存较差,头向北,面向上,仰身直肢葬,为男性;东棺长2.1米,宽0.6~0.74米,残高0.44米,棺内骨架保存较差,头向北,面向上,仰身直肢葬,为女性。随葬品有陶罐、青瓷罐、铜簪、铜钱、银簪、耳钉(图一一〇)。

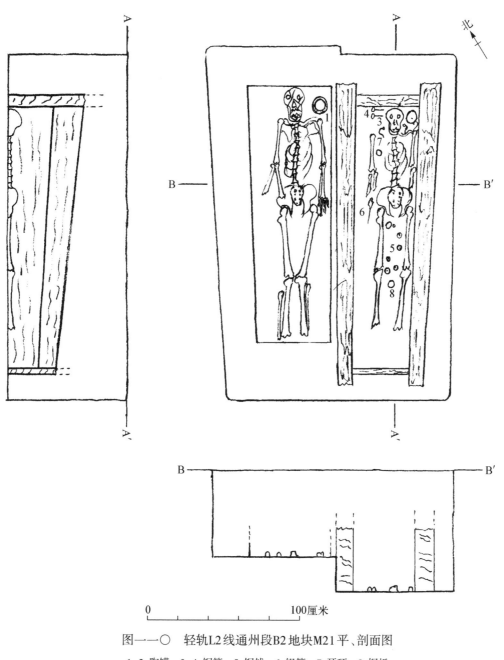

图一一〇 轻轨L2线通州段B2地块M21平、剖面图

1、2. 陶罐 3、4. 铜簪 5. 铜钱 6. 银簪 7. 耳环 8. 铜板

　　M22位于发掘区西北部,方向45°,开口于①层下,打破生土层,平面呈长方形,竖穴土圹合葬墓,南北向。墓口距地表0.35米,墓底距地表1.05米,墓圹南北长2.5米,东西宽2~2.1米。内填花土,土质松软。内置双棺,棺木已朽,西棺长2米,宽0.6~0.74米,残高0.3米,棺内骨架保存较差,头向北,面向北,葬式不详,为女性;东棺长1.9米,宽0.58~0.64米,残高0.1米,棺内骨架保存较差,头向北,面向东,仰身直肢葬,为男性。随葬品有陶罐、铜板、铜簪、铜发卡、陶纺轮(图一一一)。

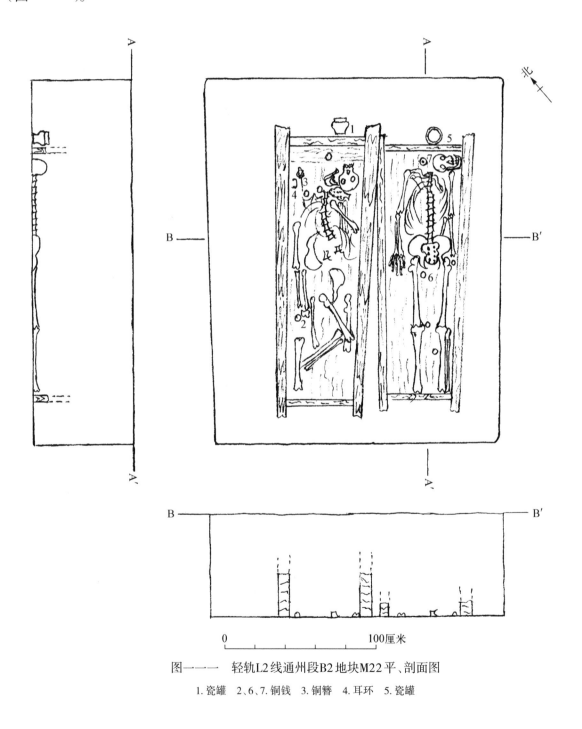

图一一一　轻轨L2线通州段B2地块M22平、剖面图

1.瓷罐　2、6、7.铜钱　3.铜簪　4.耳环　5.瓷罐

三棺墓1座,编号为M17。

M17位于发掘区西北部,北邻M16,南邻M27,方向45°,开口于①层下,打破生土层,平面呈长方形,竖穴土圹合葬墓,东西向。墓口距地表0.4米,墓底距地表1.4米,墓圹东西长2.5~2.8米,南北宽2米。内填花土,土质松软。内置三棺,棺木已朽。东1棺长1.8米,宽0.5~0.6米,棺内骨架保存较差,头向东北,面向上,仰身直肢葬,为女性;东2棺长0.9米,宽0.4米,棺内骨架保存较差,头向不详,面向南,葬式不详,为女性,初步推断为迁葬墓;东3棺长2.1米,宽0.5~0.6米,棺内骨架保存较差,头向东北,面向上,仰身直肢葬,为男性。随葬品有青瓷广口罐、铜钱、双耳釉罐(图一一二)。

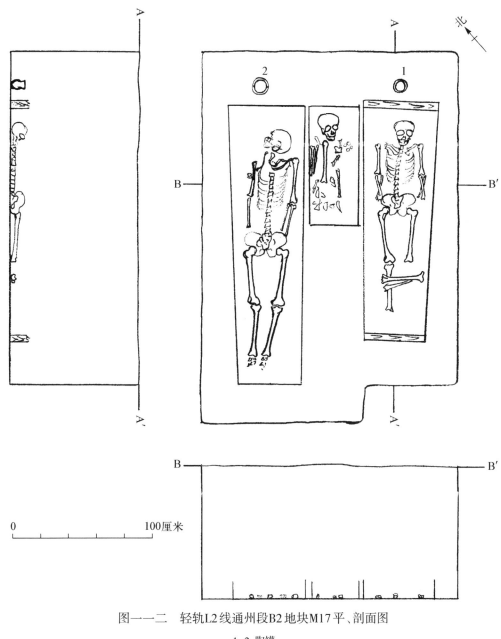

图一一二 轻轨L2线通州段B2地块M17平、剖面图

1、2. 陶罐

单人砖室墓葬1座,编号为M38。

　　M38位于发掘区西南部,方向170°,开口于①层下,打破生土层,平面呈长方形,竖穴单人砖室墓,南北向。墓口距地表0.36米,墓底距地表0.6米,墓圹南北长1.95米,东西宽0.8米,残高0.24米。砖拱券式上部已被破坏,只残存下部3~4层平砖,用砖规格为0.36×0.17×0.06米,平砌泥浆做垫层错缝铺砌,底部平铺砖块。未见棺沫痕迹,内有一具散乱的骨架,头向南,面向下,仰身直肢葬,性别不详。未发现随葬品(图一一三)。

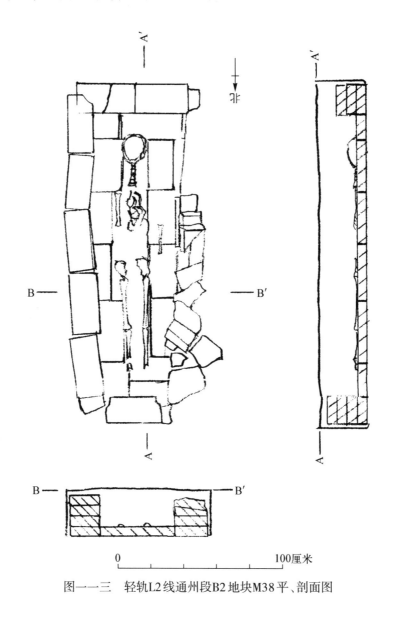

图一一三　轻轨L2线通州段B2地块M38平、剖面图

一三、轻轨L2线B4地块墓葬区清墓

　　轻轨L2线B4地块墓葬区清墓发现于轻轨L2线通州段次渠站、垡渠南站、亦庄火车站(B4地块)土地一级开发项目占地范围内。2012年6月,北京市文物研究所对该项目用地范围内发现的古墓葬

进行了考古发掘,发掘面积350平方米,共清理唐代墓葬5座、清代墓葬6座、时代不明墓葬1座[1]。

轻轨L2线B4地块墓葬区清理6座清代墓葬,编号分别为M1~M3、M8、M11、M12。

M1位于发掘区的中西部,东邻M2,东西向,方向265°,开口于①层下,墓口距地表0.5米,为长方形竖穴土圹双棺合葬墓。墓室长2.6米,东西宽1.7~1.9米,墓底距墓口0.7米。内填花土,土质疏松。内葬双棺,南棺长1.8米,宽0.56~0.7米,残高0.1米,棺内骨架保存较乱,头西足东,面向上,仰身直肢葬;北棺长1.76米,宽0.54~0.68米,残高0.1米,棺内骨架保存较完整,头西足东,面向下,仰身直肢葬。随葬品有铜钱、绿釉罐、酱釉罐(图一一四)。

M2位于发掘区的中西部,西邻M1,东邻M3,东西向,方向280°,开口于①层下,墓口距地表0.5米,为长方形竖穴土圹单棺墓。墓室长2米,宽0.7米,墓底距墓口0.3米。内填花土,土质疏松。内葬单棺,棺长1.9米,宽0.5~0.56米,残高0.08米,板厚0.04米,棺内骨架保存较凌乱,头西足东,面向南,仰身直肢葬。随葬品有绿釉罐、银簪。

M3位于发掘区的中西部,西邻M2,东西向,方向265°,开口于①层下,墓口距地表0.5米,为长方形竖穴土圹单棺墓。墓室长2.5米,宽0.92~1米,墓底距墓口0.5米。内填花土。内葬单棺,棺长2.14米,宽0.6~0.74米,残高0.12米,板厚0.08~0.12米,棺内骨架保存较完整,头西足东,面向南,仰身直肢葬。随葬品有铜头饰、铜板(图一一五)。

M8位于发掘区的西北部,北邻M7,方向50°,东北—西南向,开口于①层下,墓口距地表0.2米,为长方形竖穴土圹双棺合葬墓。墓室长2.3米,宽1.6米,墓底距墓口0.5米。内填花土,土质疏松。内葬双棺,棺木已朽,南棺长1.8米,宽0.56~0.6米,残高0.1米,棺内骨架保存较完整,头东北足西南,面向上,仰身直肢葬,为男性,年龄不详;北棺长1.6米,宽0.56~0.65米,残高0.1米,棺内骨架保存较完整,头东北足西南,面向上,仰身屈肢葬,为女性,年龄不详。随葬品有青花瓷罐、铜钱、铜簪、铜耳环(图一一六)。

M11位于发掘区的西南部,西南邻M12,东西向,方向230°,开口于①层下,墓口距地表0.8米,为长方形竖穴土圹双棺合葬墓。墓室长2.6米,宽1.8米,墓底距墓口0.8米。内填花土,土质较松。内葬双棺,棺木已朽,南棺长2.12米,宽0.57~0.6米,残高0.2米,棺内骨架保存较完整,头西足东,面向上,仰身直肢葬,为男性,年龄不详;北棺长2.04米,宽0.46~0.6米,残高0.2米,棺内骨架保存较完整,头西足东,面向上,仰身直肢葬,为女性,年龄不详。随葬品有酱釉瓷罐、铜钱(图一一七)。

M12位于发掘区的西南部,东北邻M11,东西向,方向220°,开口于①层下,墓口距地表0.8米,为长方形竖穴土圹双棺合葬墓。墓室长2.8米,宽1.9~2米,墓底距墓口0.7米。内填花土,土质疏松。内葬双棺,南棺长1.8米,宽0.48~0.5米,残高0.2米,板厚0.06米,棺内骨架保存较完整,头西足东,面向西北,仰身直肢葬,为男性,年龄不详;北棺长1.8米,宽0.48~0.62米,残高0.2米,板厚0.06米,棺内骨架保存较差,头西足东,面向西北,仰身直肢葬,为女性,年龄不详。随葬品有酱釉瓷罐、铜钱、铜扣、铜环。

---

[1]北京市文物研究所:《轻轨L2线通州段次渠站、堡渠南站、亦庄火车站(B4地块)土地一级开发项目考古发掘报告》,未刊。

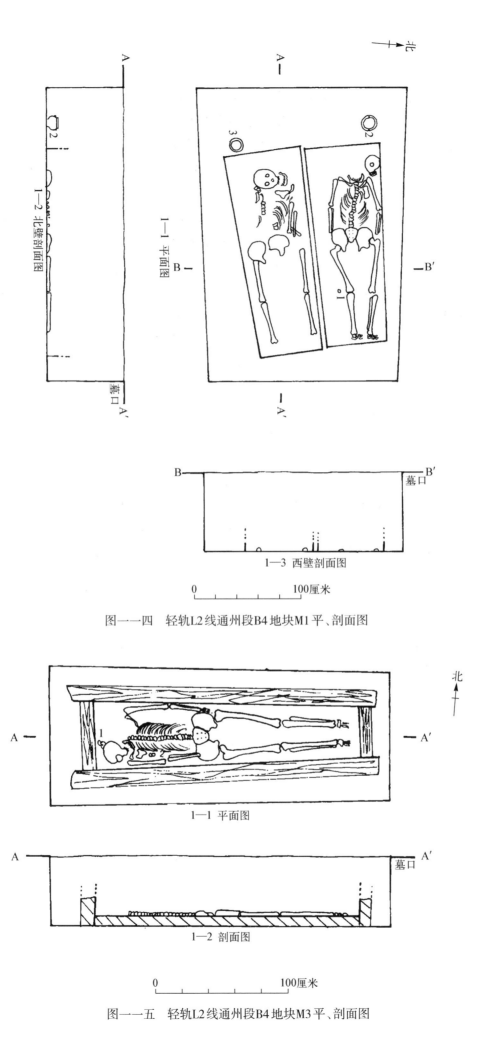

北

A —   — A'

1—2 北壁剖面图

1—1 平面图

墓口

B —   — B'

B —   — B' 墓口

1—3 西壁剖面图

0   100厘米

图一一四　轻轨L2线通州段B4地块M1平、剖面图

北

A —   — A'

1—1 平面图

A —   — A' 墓口

1—2 剖面图

0   100厘米

图一一五　轻轨L2线通州段B4地块M3平、剖面图

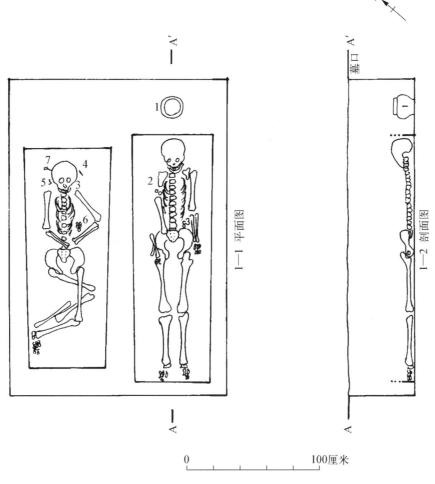

图一一六　轻轨L2线通州段B4地块M8平、剖面图

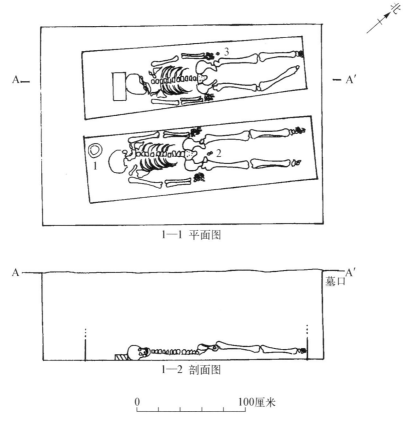

图一一七　轻轨L2线通州段B4地块M11平、剖面图

一四、轻轨L2线B5地块墓葬区清墓

　　轻轨L2线B5地块发现清代墓葬共35座,其中单棺墓葬17座、双棺墓葬14座、三棺墓葬4座[1]。

　　单棺墓17座,编号分别为M3、M4、M5、M6、M7、M8、M9、M10、M11、M12、M13、M23、M25、M17、M27、M31、M33。以M3、M5、M7、M25、M27、M33为例。

　　M3位于发掘区北部,东邻M4,开口于①层下,为长方形竖穴土圹单棺墓,墓圹较平整。南北向,方向7°。墓圹南北长2.3米,东西宽1.3米,墓口距地表0.5米,墓口距墓底1.15米。内填花土,土质较松。内置单棺,棺木已朽。棺南北长1.8米,东西宽0.52~0.62米,残高0.15米。棺内骨架保存一般,头北脚南,面向西,仰身直肢葬,为男性(图一一八)。

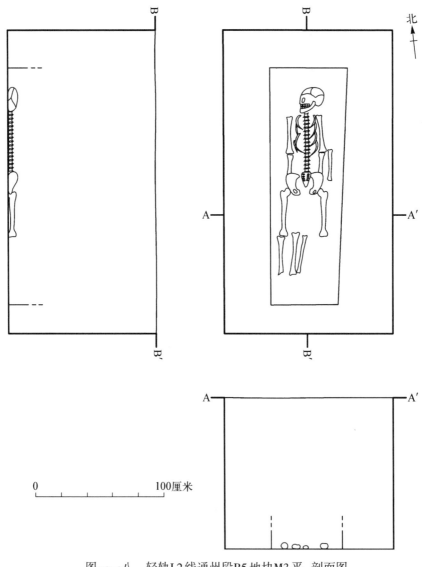

图一一八　轻轨L2线通州段B5地块M3平、剖面图

[1] 北京市文物研究所:《轻轨L2线通州段次渠站、堡渠南站、亦庄火车站(B5地块)土地一级开发项目考古发掘报告》,未刊。

M5位于发掘区北部,东邻M6,开口于①层下,为长方形竖穴土圹单棺墓,墓圹较平整。南北向,方向10°。墓圹南北长2.6米,东西宽0.94~1米,墓口距地表0.50米,墓口距墓底1米。内填花土,土质较松。内置单棺,棺木已朽。棺南北长2米,东西宽0.48~0.6米,残高0.1米。棺内骨架保存一般,头北脚南,面向上,仰身直肢葬,为男性(图一一九)。

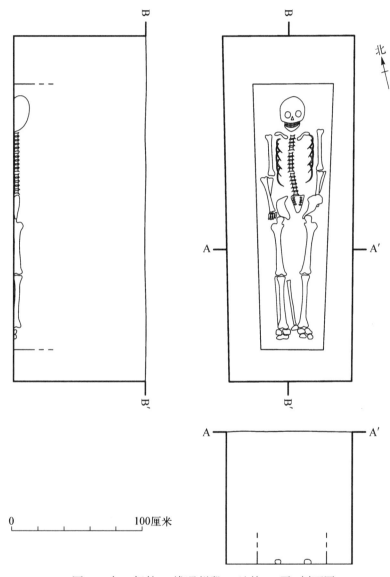

图一一九 轻轨L2线通州段B5地块M5平、剖面图

　　M7位于发掘区北部，东邻M8，开口于①层下，为长方形竖穴土圹单棺墓，墓圹较平整。南北向，方向22°。墓圹南北长2.1米，东西宽0.9~1.1米，墓口距地表0.5米，墓口距墓底0.7米。内填花土，土质较松。内置单棺，棺木已朽。棺南北长1.8米，东西宽0.44~0.58米，残高0.1米。棺内骨架保存较好，头北脚南，面向东，仰身直肢葬，为男性（图一二〇）。

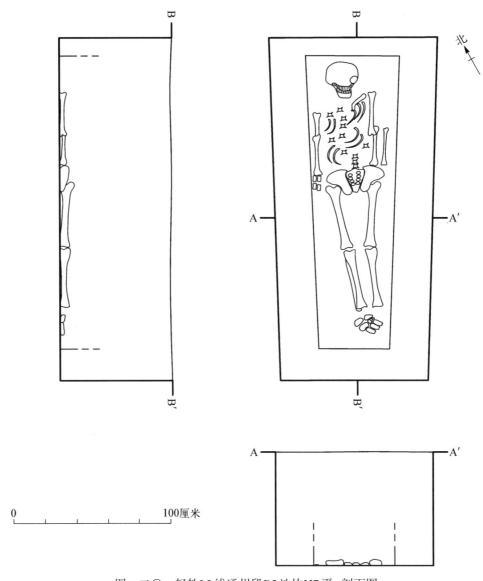

图一二〇　轻轨L2线通州段B5地块M7平、剖面图

　　M25位于发掘区的北部,南邻M23,开口于①层下,为长方形竖穴土圹单棺墓,墓圹较平整。南北向,方向354°。墓圹南北长2.4米,东西宽1.05~1.1米,墓口距地表0.65米,墓口距墓底1.02米。内填花土,土质较松。内置单棺,棺木已朽。棺南北长1.82米,东西宽0.5~0.66米,残高0.12米。棺内骨架保存较好,头北脚南,面向上,仰身直肢葬,为男性。出土随葬品有陶罐(图一二一)。

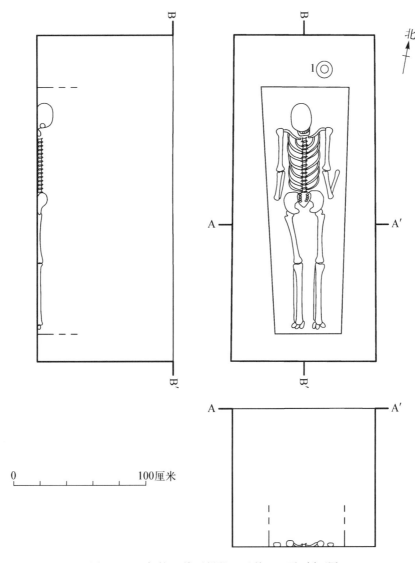

图一二一　轻轨L2线通州段B5地块M25平、剖面图

1. 陶罐

M27位于发掘区的北部,西邻M28,开口于①层下,为长方形竖穴土圹单棺墓,南北向,方向346°。墓圹南北长2.6米,东西宽2米,墓口距地表0.65米,墓口距墓底1.15米。内填花土,土质较松。内置单棺,棺木已朽。棺南北长1.80米,东西宽0.62~0.7米,残高0.15米。棺内骨架保存较好,头北脚南,仰身直肢葬,为男性(图一二二)。

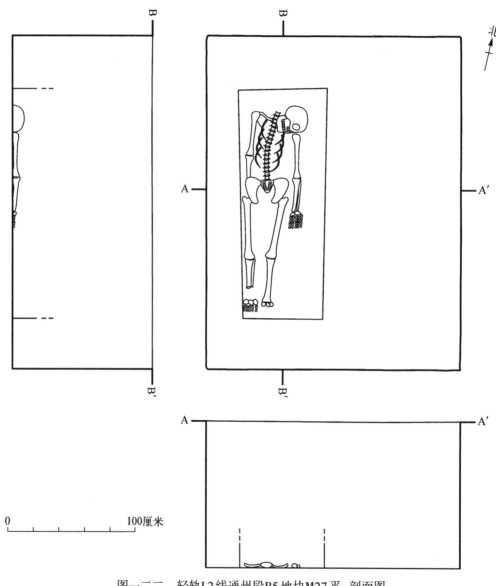

图一二二　轻轨L2线通州段B5地块M27平、剖面图

　　M33位于发掘区的北部,南邻M30,开口于①层下,近正方形竖穴砖室墓,墓圹较平整。方向5°。墓圹南北长2米,东西宽1.96米,墓口距地表0.65米,墓口距墓底1.2米。内填花土,土质较松。墓室位于墓圹中部,平面近似龟形,底部3层用青砖(规格为0.3×0.15×0.06米)按龟形平砖垒砌而成,4~6层(规格为0.36×0.36×0.07米)渐收至"龟"背上,驮青方砖,墓室南北长1.46米,宽1.24米,高0.74米。出土随葬品有铜镜、青花瓷碗、石砚、铁灯、铁犁、铜钱(图一二三)。

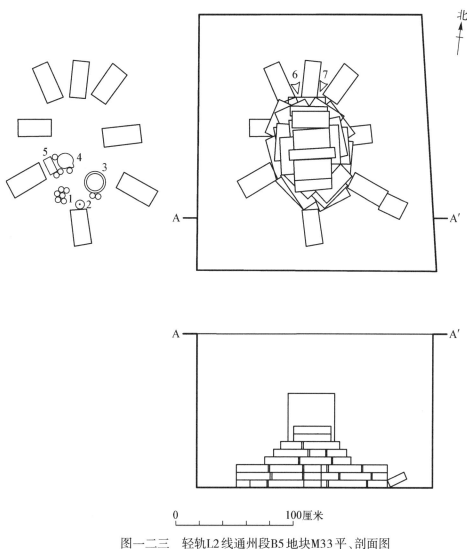

图一二三　轻轨L2线通州段B5地块M33平、剖面图

1.铜钱12枚　2.铜镜1件　3.青花瓷碗1件
4.铁灯1件　5.石研1件　6、7.铁犁1件

　　双棺墓14座,编号分别为M14、M15、M16、M18、M19、M20、M24、M29、M30、M32、M34、M35、M36、M61。以M14、M16、M18、M19、M29、M32、M61为例。

　　M14位于发掘区的北部,北邻M16,开口于①层下,为长方形竖穴土圹双棺墓,墓圹较平整。南北向,方向5°。墓圹南北长2.70米,东西宽1.8~1.9米,墓口距地表0.65米,墓口距墓底0.9米。内填花土,土质较松。内置双棺,棺木已朽。东棺南北长1.8米,东西宽0.56~0.6米,残高0.1米,棺内骨架保存较差,头北脚南,面向西,仰身直肢葬,为女性;西棺南北长1.8米,东西宽0.56~0.6米,残高0.1米,棺内骨架保存较乱,头北脚南,面向东,仰身直肢葬,为男性。出土随葬品有铜钱(图一二四)。

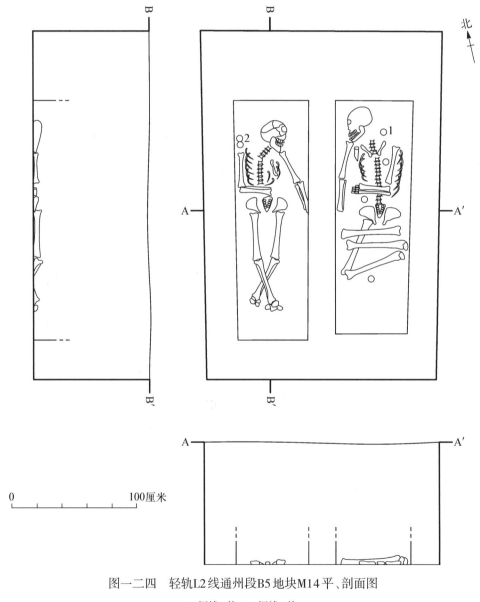

图一二四　轻轨L2线通州段B5地块M14平、剖面图

1.铜钱4枚　2.铜钱2枚

M16位于发掘区的北部，东邻M15，开口于①层下，为长方形竖穴土圹双棺墓，墓圹较平整。南北向，方向347°。墓圹南北长2.6米，东西宽1.6~1.65米，墓口距地表0.65米，墓口距墓底0.9米。内填花土，土质较松。内置双棺，棺木已朽，两棺间距0.24~0.28米。东棺南北长1.8米，东西宽0.46~0.56米，残高0.1米，棺内骨架保存较差，头北脚南，面向西，仰身直肢葬，为女性；西棺南北长1.92米，东西宽0.64~0.66米，残高0.1米，棺内骨架保存一般，头北脚南，面向西，仰身直肢葬，为男性。出土随葬品有铜钱、陶罐（图一二五）。

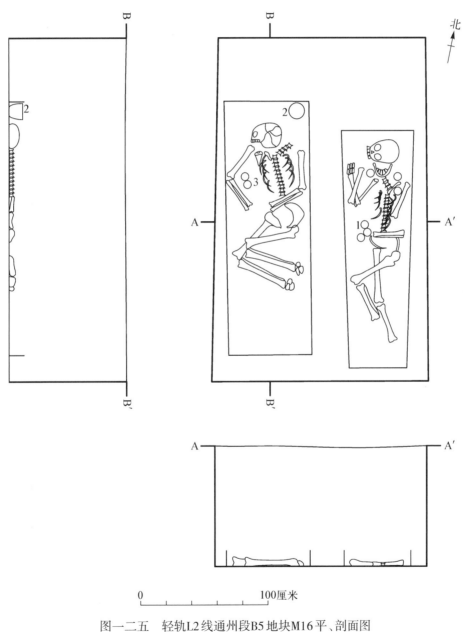

图一二五 轻轨L2线通州段B5地块M16平、剖面图

1. 铜钱6枚　2. 陶罐1件（残）　3. 铜钱2枚

　　M18位于发掘区的北部,东邻M19,开口于①层下,为长方形竖穴土圹双棺墓,墓圹较平整。南北向,方向9°。墓圹南北长2.5~2.6米,东西宽1.6米,墓口距地表0.65米,墓口距墓底1.25米。内填花土,土质较松。内置双棺,棺木已朽,两棺间距0.12~0.18米。东棺南北长2.05米,东西宽0.5~0.6米,残高0.16米,棺内骨架保存一般,头北脚南,面向不详,仰身直肢葬,为女性;西棺南北长2米,东西宽0.6~0.7米,残高0.1米,棺内骨架保存较乱,头北脚南,面向下,仰身直肢葬,为男性。出土随葬品有铜钱、陶罐(图一二六)。

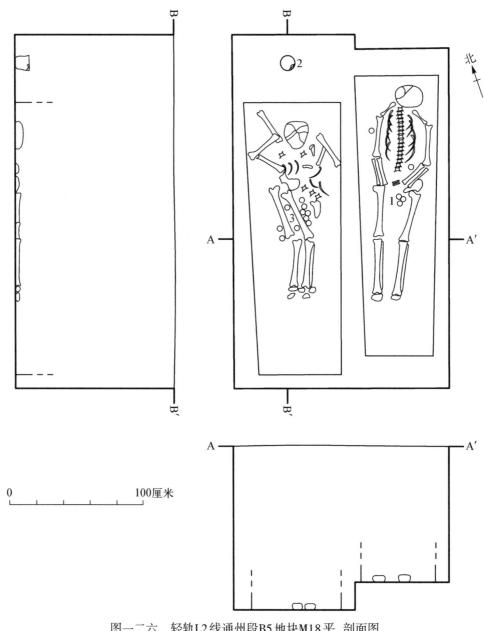

图一二六　轻轨L2线通州段B5地块M18平、剖面图

1.铜钱5枚　2.陶罐1件(残)　3.铜钱10枚

M19位于发掘区的北部，西邻M18，开口于①层下，为长方形竖穴土圹双棺墓，墓圹较平整。南北向，方向357°。墓圹南北长2.3米，东西宽2.4米，墓口距地表0.65米，墓口距墓底1.3米。内填花土，土质较松。内置双棺，棺木已朽，两棺间距0.2~0.3米。东棺南北长1.86米，东西宽0.5~0.6米，残高0.1米，棺内骨架保存一般，头北脚南，面向西，仰身直肢葬，为女性；西棺南北长1.8米，东西宽0.6~0.65米，残高0.3米，棺内骨架保存较乱，头北脚南，面向西，仰身直肢葬，为男性。出土随葬品有陶罐（图一二七）。

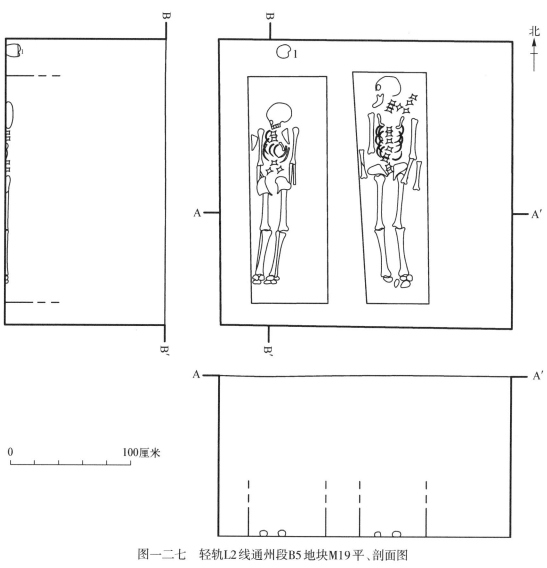

图一二七 轻轨L2线通州段B5地块M19平、剖面图

1.陶罐1件（残）

　　M29位于发掘区的北部,北邻M34,开口于①层下,为长方形竖穴土圹双棺墓,墓圹较平整。南北向,方向340°。墓圹南北长2.1米,东西宽1.64~1.92米,墓口距地表0.65米,墓口距墓底1.5米。内填花土,土质较松。内置双棺,棺木已朽,东、西棺间距0.24米。东棺南北长1.6米,东西宽0.48~0.6米,残高0.2米,棺内骨架保存较差,面向不详,仰身直肢葬,为女性;西棺南北长1.64米,东西宽0.4~0.68米,残高0.2米,棺内骨架保存较好,头北脚南,面向上,仰身直肢葬,为男性(图一二八)。

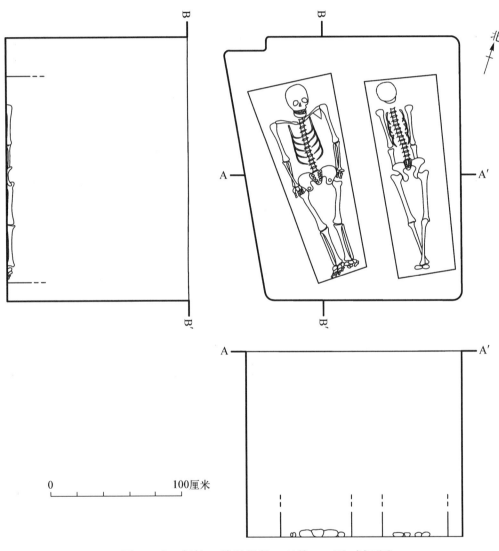

0　　　　　　　　　100厘米

图一二八　轻轨L2线通州段B5地块M29平、剖面图

M32位于发掘区的北部,北邻M36,开口于①层下,为长方形竖穴土圹双棺墓,墓圹较平整。南北向,方向354°。墓圹南北长3.6米,东西宽2.6米,墓口距地表0.65米,墓口距墓底1.1~1.22米。内填花土,土质较松。内置双棺,棺木已朽,双棺东西间距0.28~0.46米。东棺南北长2.1米,东西宽0.56~0.7米,残高0.14米,棺内骨架保存较差,头北脚南,面向东,仰身直肢葬,为男性;西棺南北长2.06米,东西宽0.6~0.76米,残高0.24米,棺内骨架保存较差,头北脚南,面向东,仰身直肢葬,为女性。出土随葬品有陶罐、银耳环、铜簪、银戒指、铜钱(图一二九)。

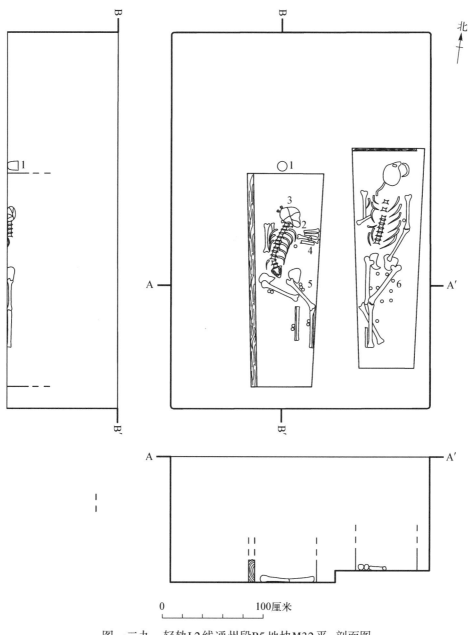

图一二九　轻轨L2线通州段B5地块M32平、剖面图

1.陶罐1件　2.银耳环2件　3.铜簪2件(残)　4.银戒指1件(残)　5.铜钱10枚　6.铜钱10枚

M61位于发掘区的东北部，东邻M62，开口于①层下，为长方形竖穴土圹双棺墓，墓圹较平整。南北向，方向355°。墓圹南北长2.8米，东西宽1.8米，墓口距地表0.4米，墓口距墓底0.8米。内填花土，土质较松。内置双棺，棺木已朽，双棺东西间距0.1米。东棺南北长1.96米，东西宽0.48~0.7米，残高0.1米，棺内骨架保存一般，头北脚南，面向不明，仰身直肢葬，为女性；西棺南北长2.1米，东西宽0.64~0.7米，残高0.1米，棺内骨架保存较差，头北脚南，面向东，仰身直肢葬，为男性。出土随葬品有银簪、铜钱、银手杖（图一三〇）。

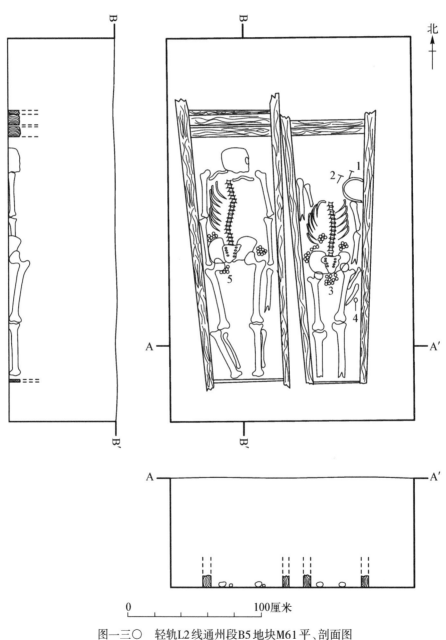

图一三〇　轻轨L2线通州段B5地块M61平、剖面图

1、2.银簪1件　3.铜钱30枚
4.银手杖1件　5.铜钱20枚

三棺墓4座,编号分别为M21、M22、M26、M28。以M22为例。

M22位于发掘区的北部,西邻M23,开口于①层下,为长方形竖穴土圹三棺合葬墓,墓圹较平整。南北向,方向355°。墓圹南北长2.9米,东西宽2.4~2.7米,墓口距地表0.65米,墓口距墓底0.95米。内填花土,土质较松。内置三棺,棺木已朽,中、西棺间距0.2米,中、东棺间距0.25~0.28米。东棺南北长1.8米,东西宽0.5~0.66米,残高0.18米,棺内骨架保存一般,头北脚南,面向上,仰身直肢葬,为男性;中棺南北长1.84米,东西宽0.5~0.6米,残高0.28米,棺内骨架保存一般,头北脚南,面向上,仰身直肢葬,为女性;西棺南北长1.82米,东西宽0.7~0.72米,残高0.18米,棺内骨架保存一般,头北脚南,面向不明,仰身直肢葬,为女性(图一三一)。出土随葬品有陶罐、骨簪、铜簪、铜钱。

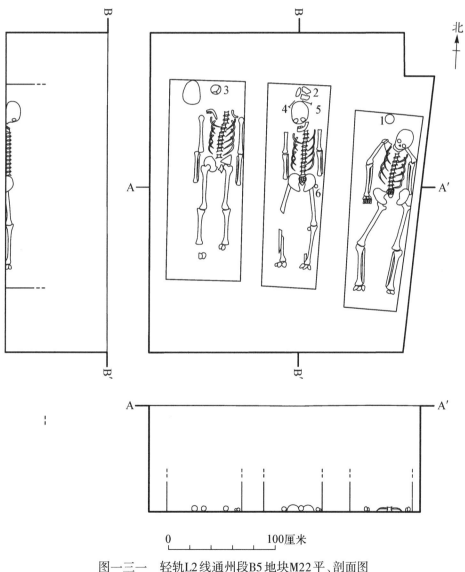

图一三一 轻轨L2线通州段B5地块M22平、剖面图

1.陶罐1件 2、3.陶罐1件(残) 4.骨簪1件 5.铜簪1件 6.铜钱2枚

一五、轻轨L2线B3地块墓葬区清墓

　　轻轨L2线B3地块清理7座清代墓葬,编号分别为M1～M7[1]。

　　M1位于发掘区东北部,南邻M2,南北向,方向355°,开口于①层下。平面呈长方形,为竖穴土圹三棺合葬墓。墓口距地表0.5米,墓室长2.6米,宽2.4米,墓底距地表1.2米。内填花土,土质较硬。内置三棺,东棺长1.84米,宽0.48～0.66米,残高0.1米,棺内骨架保存较乱,头北足南,面向下,仰身直肢葬;中棺长1.8米,宽0.48～0.56米,残高0.1米,棺内骨架保存较差,头北足南,面向下,仰身屈肢葬;西棺长1.78米,宽0.6～0.7米,残高0.15米,棺内骨架保存较完整,头北足南,面向西,仰身直肢葬。出土随葬品有银簪、铜钱、黑半釉罐(图一三二)。

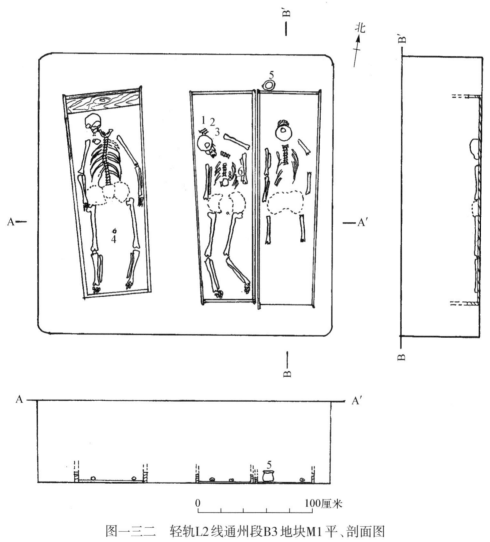

图一三二　轻轨L2线通州段B3地块M1平、剖面图

1、3.铜簪　2.银簪　4.铜钱　5.陶罐

[1]北京市文物研究所:《轻轨L2线通州段次渠站、垡渠南站、亦庄火车站(B3地块)土地一级开发项目考古发掘报告》,未刊。

M2位于发掘区东北部，北邻M1，南邻M3，南北向，方向358°，开口于①层下。平面呈"L"形，为竖穴土圹单棺墓。墓口距地表0.5米，墓室长1.84~2.3米，宽0.9~1.4米，墓底距地表1.1米。内填花土，土质较硬。内置单棺，棺长1.96米，宽0.55~0.6米，残高0.1米，棺内骨架保存较完整，头北足南，面向西，仰身直肢葬，头骨已移位至腰部。出土随葬品有铜钱（图一三三）。

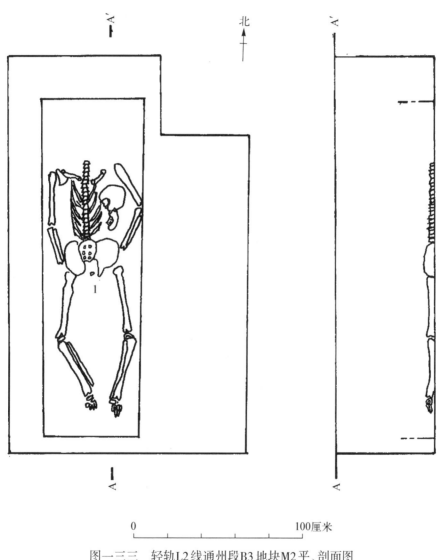

图一三三 轻轨L2线通州段B3地块M2平、剖面图

1. 铜钱

　　M3位于发掘区东北部,北邻M2,南北向,方向359°,开口于①层下。平面呈"凸"字形,为竖穴土圹双棺合葬墓。墓口距地表0.5米,墓室长1.9~3米,宽1.2~1.6米,墓底距地表0.92~1.18米。内填花土,土质较硬。内置双棺,东棺长1.98米,宽0.68~0.78米,残高0.28米,棺内骨架保存较差,面向及葬式不详;西棺长1.88米,宽0.52~0.6米,残高0.1米,棺内骨架保存较完整,头北足南,面向下,仰身直肢葬。未发现随葬品(图一三四)。

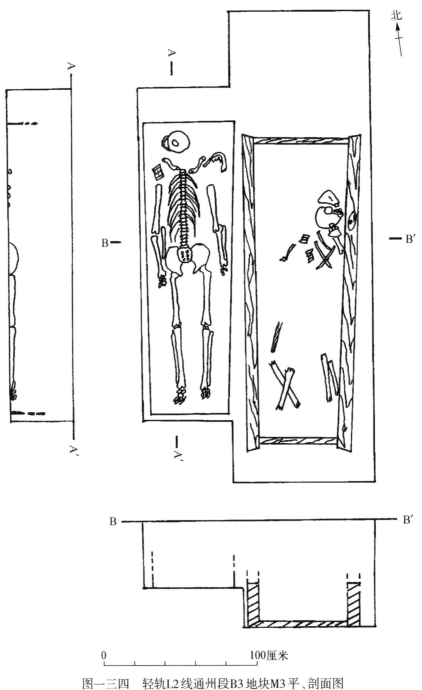

图一三四　轻轨L2线通州段B3地块M3平、剖面图

　　M4位于发掘区东北部,东邻M2,南北向,方向10°,开口于①层下。平面呈长方形,为竖穴土圹单棺墓。墓口距地表0.5米,墓室长2.5米,宽1.2米,墓底距地表1.6米。内填花土,土质疏松。墓室东、西两壁可能在迁墓时被破坏,室内仅残存棺底板,底板南北长1.88米,宽0.56~0.64米。未发现随葬品(图一三五)。

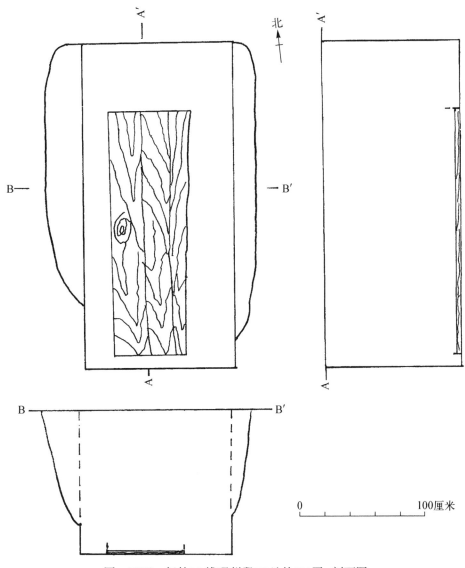

图一三五　轻轨L2线通州段B3地块M4平、剖面图

　　M5位于发掘区中东部,西南距M6约50米,东西向,方向300°,开口于①层下。平面呈长方形,为竖穴土圹双棺合葬墓。墓口距地表0.4米,墓室长2.4米,宽1.4米,墓底距地表1.4米。内填花土,土质较松。内置双棺,南棺长2米,宽0.5~0.66米,残高0.1米,棺内骨架保存较差,头西足东,仰身直肢葬,面向不详;北棺长1.3米,宽0.3~0.4米,残高0.1米,棺内骨架保存较差,头西足东,面向下,葬式不详。出土随葬品有银簪、铜钱(图一三六)。

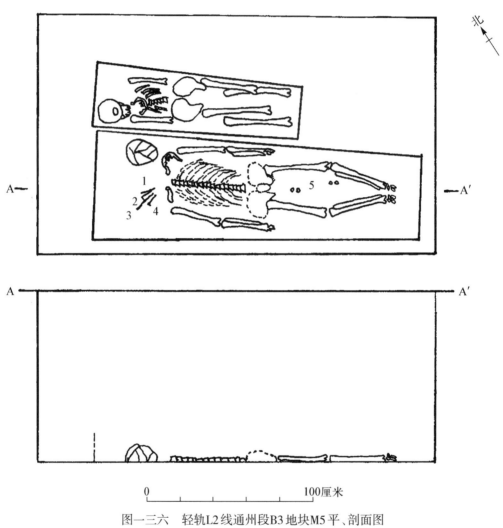

图一三六　轻轨L2线通州段B3地块M5平、剖面图

1~4.铜簪　5.铜钱

M6位于发掘区中东部,西邻M7,南北向,方向170°,开口于①层下。平面呈长方形,为竖穴土圹双棺合葬墓。墓口距地表0.4米,墓室长2.3~2.5米,宽0.9~1.78米,墓底距地表0.9米。内填花土,土质较松。内置双棺,东棺长1.74米,宽0.56~0.72米,残高0.1米,棺内骨架保存较完整,头南足北,面向东,仰身直肢葬,棺底铺有白灰;西棺长1.74米,宽0.58~0.68米,残高0.1米,棺内骨架保存较完整,头南足北,面向西,仰身直肢葬。出土随葬品有绿半釉罐、铜钱(图一三七)。

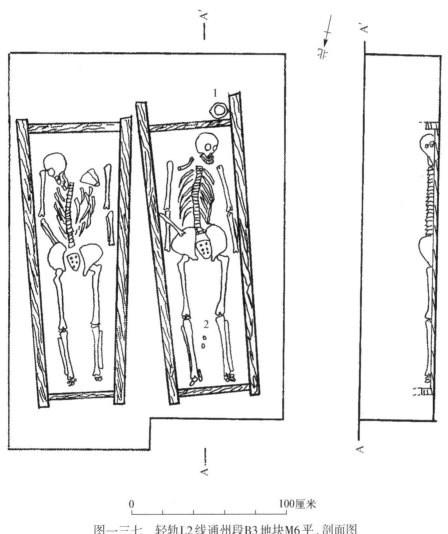

图一三七 轻轨L2线通州段B3地块M6平、剖面图

1.陶罐 2.铜钱

　　M7位于发掘区中东部,东邻M6,南北向,方向175°,开口于①层下。平面呈长方形,为竖穴土圹单棺墓。墓口距地表0.4米,墓室长2.3米,宽0.82~0.86米,墓底距地表1米。内填花土,土质较松。内置单棺,棺长1.9米,宽0.54~0.66米,残高0.2米,棺内骨架保存较差,头南足北,面向下,仰身直肢葬,头枕青砖。未发现随葬品(图一三八)。

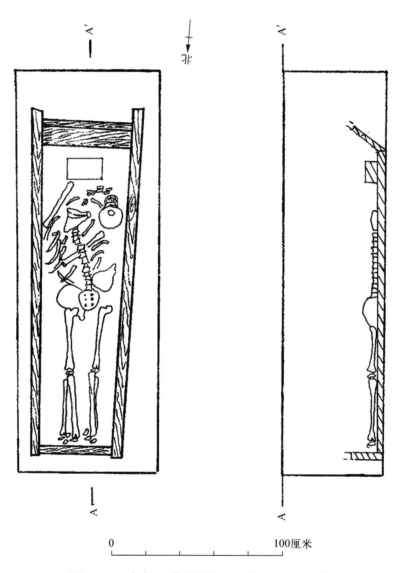

图一三八　轻轨L2线通州段B3地块M7平、剖面图

一六、轻轨L2线B1地块墓葬区清墓

轻轨L2线B1地块墓葬区发现清代竖穴土圹墓19座,依据墓葬形制可分为单棺墓、双棺墓、三棺墓以及砖室墓图。此次发掘的墓葬内骨架保存较差,葬式大部分为仰身直肢葬,少数为侧身屈肢葬与侧身直肢葬。

单棺墓6座,编号分别为M5、M6、M8、M10、M13、M19。以M10为例。

M10位于发掘区的东北部,方向50°,开口于②层下,平面呈长方形,竖穴土圹单棺墓葬,南北向。墓口距地表0.4米,墓底距地表1.6米,墓圹南北长2.6米,东西宽1米。内填花土,土质松软。墓内置单棺,棺木已朽,棺残长2.1米,宽0.5~0.6米,棺内骨架保存较差,头向东北,面向上,仰身直肢葬,为女性。随葬品有铜钱(图一三九)。

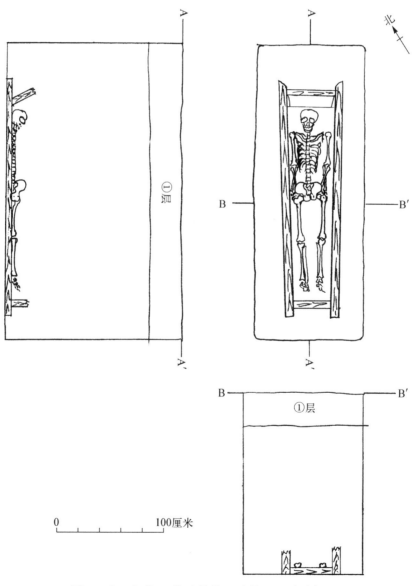

图一三九　轻轨L2线通州段B1地块M10平、剖面图

双棺墓11座,编号分别为M1~M4、M7、M9、M11、M12、M14、M16、M18。以M1、M11、M12为例。

M1位于发掘区的中东部,南邻M2,方向220°,开口于②层下,平面呈长方形,竖穴土圹合葬墓,南北向。墓口距地表0.4米,墓底距地表0.8米,墓圹南北长2.7米,东西宽1~1.25米。内填花土,土质松软。墓内置双棺,棺木已朽,平底直壁,东棺长1.95米,宽0.5~0.6米,棺内骨架保存较差,头向西南,面向上,仰身直肢葬,为男性;西棺长0.75米,宽0.34米,为后期迁葬,与东棺并列放置,棺内骨架保存一般,头向西南,面向不详,为女性。随葬品有绿釉陶罐(图一四〇)。

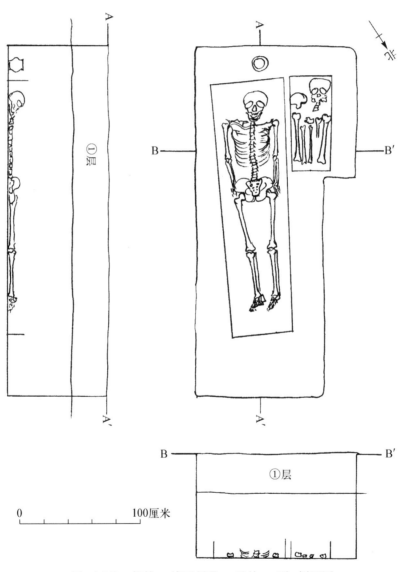

图一四〇　轻轨L2线通州段B1地块M1平、剖面图

M11位于发掘区的东北部,南邻M10,方向40°,开口于②层下,平面呈长方形,竖穴土圹合葬墓,南北向。墓口距地表0.4米,墓底距地表1.6米,墓圹南北长2.8米,东西宽1.9~2.45米。内填花土,土质松软。内置双棺,棺木已朽,东棺残长2米,宽0.6~0.7米,棺内骨架保存较差,头向东北,面向上,仰身直肢葬,为男性;西棺残长2米,宽0.6~0.7米,棺内骨架保存较差,头向东北,面向上,仰身直肢葬,为女性。随葬品有铜钱、铜钱、银头簪(图一四一)。

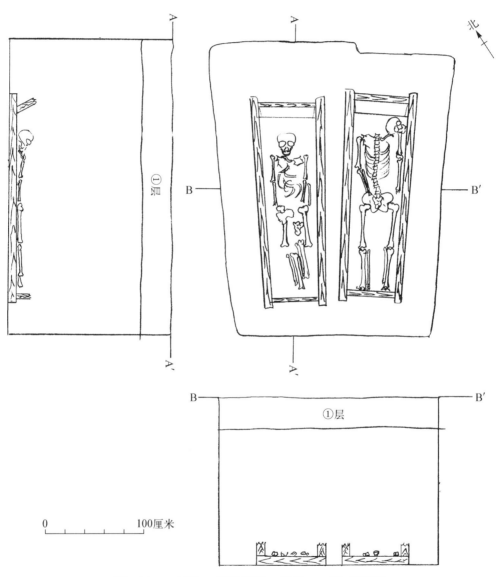

图一四一　轻轨L2线通州段B1地块M11平、剖面图

　　M12位于发掘区的东北部,方向70°,开口于②层下,平面呈长方形,竖穴土圹合葬墓,东西向。墓口距地表0.4米,墓底距地表1.1米,墓圹东西长2.3~2.6米,南北宽1.7~1.75米。内填花土,土质松软。内置双棺,棺木已朽,南棺残长1.9米,宽0.5~0.6米,棺内骨架保存较差,头向东,面向南,仰身直肢葬,为男性;北棺残长1.8米,宽0.5~0.55米,棺内骨架保存较差,头向东,面向北,仰身直肢葬,为女性。随葬品有绿釉陶罐、铜钱、铜钱(图一四二)。

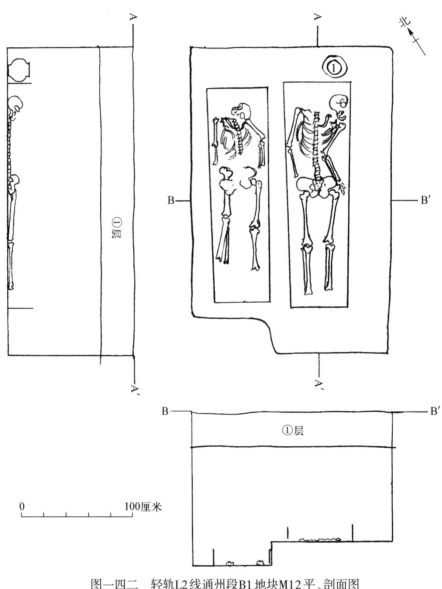

图一四二　轻轨L2线通州段B1地块M12平、剖面图

1. 陶罐

三棺墓2座,编号为M15、M17。

M15位于发掘区的北部,北邻M14,方向0°,开口于②层下,平面呈方形圆角,竖穴土圹三人合葬墓,南北向。墓口距地表1米,墓底距地表2.1米,墓圹南北长2.5~2.7米,东西宽2.1~2.9米。内填花土,土质松软。内置三棺,棺木已朽,东棺残长2米,宽0.4~0.55米,骨架保存较差,头向北,面向上,仰身直肢葬,为女性;中棺残长2米,宽0.6~0.9米,骨架保存较差,头向北,面向上,仰身直肢葬,为男性;西棺残长2米,宽0.45~0.55米,头向北,面向上,仰身直肢葬,为女性,晚于东棺与中棺下葬。随葬品有铜头簪、铜钱、铜耳环(图一四三)。

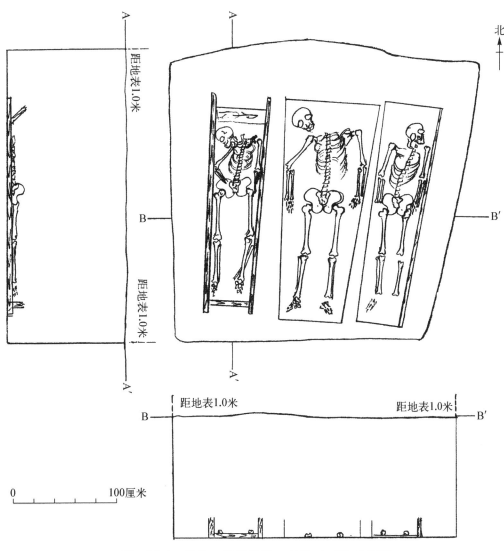

图一四三 轻轨L2线通州段B1地块M15平、剖面图

M17位于发掘区的北部,北邻M16、南邻M18,方向345°,开口于②层下,平面呈长方形,竖穴土圹三人合葬墓,南北向。墓口距地表1米,墓底距地表2~2.3米,墓圹南北长2.7米,东西宽2.9~3.15米。内填花土,土质松软。墓内置三棺,棺木已朽,东棺残长1.8米,宽0.6~0.65米,骨架保存较差,头向北,面向东,仰身屈肢葬,为男性;中棺残长1.85米,宽0.55~0.7米,骨架保存较差,头向北,面向西,侧身屈肢葬,为女性;西棺残长1.8米,宽0.5~0.7米,骨架保存较差,头向北,面向上,仰身直肢葬,为女性。随葬品有铜钱。

一七、轻轨L2线C1地块清墓

轻轨L2线C1地块清墓发现于通州区轻轨L2线通州段次渠站、垡渠南站、亦庄火车站土地一级开发项目C1地块占地范围内。该地块位于通州区,地理坐标为东经116°35′589″,北纬39°48′396″(图一四四)。2012年7月,为了配合通州区轻轨L2线通州段次渠站、垡渠南站、亦庄火车站(C1地块)土地一级开发项目建设,保护地下文物,北京市文物研究所对该地块占地范围内勘探发现的古墓葬进行了抢救性考古发掘,发掘总面积为300平方米,共清理古代墓葬15

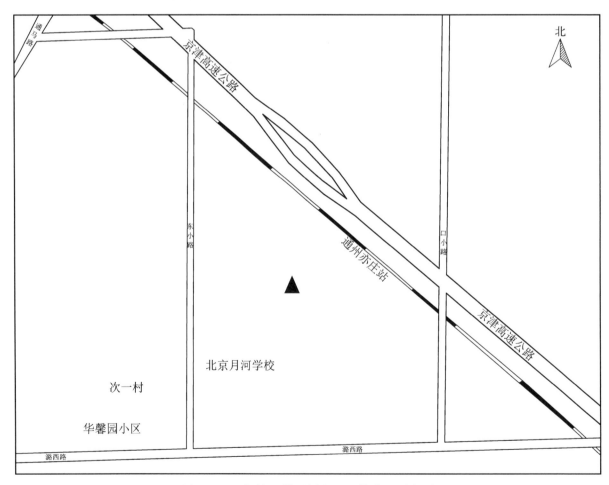

图一四四　轻轨L2线通州段C1地块位置示意图

座,均为清代墓葬(图一四五)[1]。

清代墓葬15座,均为长方形竖穴土坑墓,分合葬与单人葬两类,可分为单棺葬、双棺葬、三棺葬三类。墓葬内出土鼻烟壶、釉陶罐、瓷罐、银手杖、银耳环、银簪、铜钱等随葬品,清代单棺墓5座,编号分别为M4、M7、M13、M14、M15。以M7、M13、M15为例。

图一四五 轻轨L2线通州段C1地块发掘平面图

[1] 北京市文物研究所:《轻轨L2线通州段次渠站、堡渠南站、亦庄火车站(C1地块)土地一级开发项目考古发掘报告》,未刊。

　　M7位于发掘区东南部，西北邻M8，开口于①层下，为长方形竖穴土圹单棺墓，墓圹较平整。南北向，方向330°。墓圹南北长2.4米，东西宽0.84~0.9米，墓口距地表0.3米，墓口距墓底1.2米。内填花土，土质较硬。内置单棺，棺木已朽。棺南北长1.86米，东西宽0.44~0.56米，残高0.08米，棺底铺黑灰。棺内骨架保存一般，头北脚南，面向上，仰身直肢葬，为男性。出土随葬品有釉陶罐、铜钱（图一四六）。

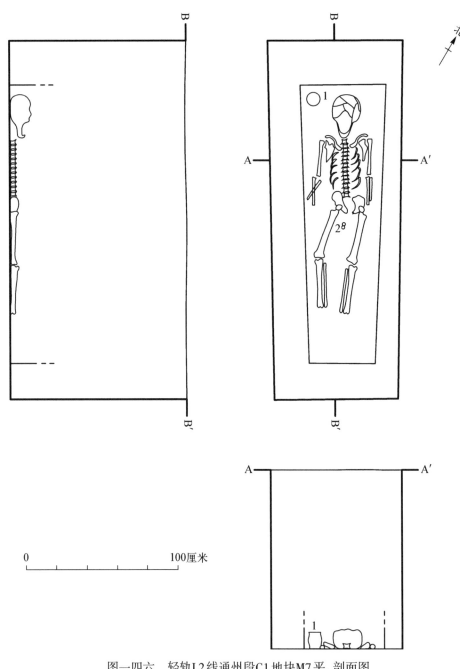

图一四六　轻轨L2线通州段C1地块M7平、剖面图

1.釉陶罐1件　2.铜钱2枚

　　M13位于发掘区的东南部,与其余墓葬相隔略远,开口于①层下,为长方形竖穴土圹单棺墓,墓圹较平整。南北向,方向330°。墓圹南北长2.6米,东西宽1米,墓口距地表0.4米,墓口距墓底0.9米。内填花土,土质较硬。内置单棺,棺木已朽。棺南北长1.7米,东西宽0.48~0.56米,残高0.3米,棺厚0.04~0.06米,棺底铺黑灰。棺内骨架保存较乱,头北脚南,面向上,仰身直肢葬,为男性。出土随葬品有釉陶罐(图一四七)。

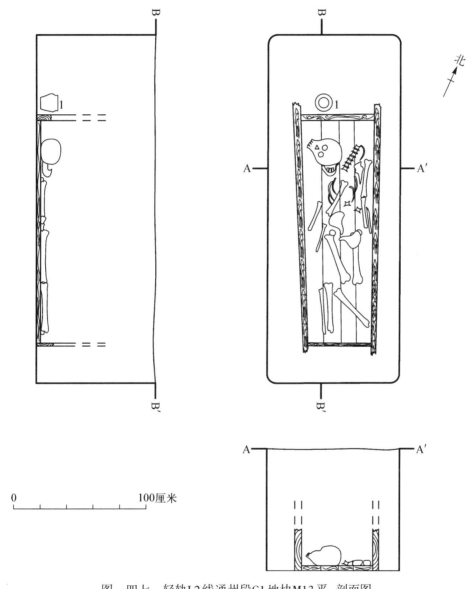

图一四七　轻轨L2线通州段C1地块M13平、剖面图

1.釉陶罐1件

　　M15位于发掘区的东南部,东南邻M14,开口于①层下,为长方形竖穴土圹单棺墓,墓圹较平整。东西向,方向100°。墓圹东西长2.8米,南北宽0.9米,墓口距地表0.5米,墓口距墓底1米。内填花土,土质较硬。内置单棺,棺木已朽。棺东西长1.9米,东西宽0.58~0.68米,残高0.1米,棺底铺黑灰。棺内骨架保存较差,头东脚西,面向不清,仰身直肢葬,为男性。出土随葬品有铜钱(图一四八)。

　　清代双棺墓6座,编号为M3、M5、M6、M8、M10、M11。以M3、M6、M8为例。

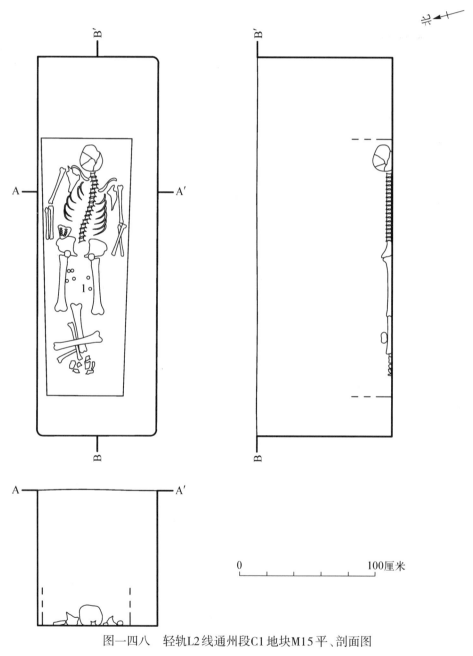

图一四八　轻轨L2线通州段C1地块M15平、剖面图

1.铜钱6枚

　　M3位于发掘区东南部,南邻M4,西邻M2,开口于①层下,为长方形竖穴土圹双棺合葬墓,墓圹较平整。东西向,方向285°。墓圹东西长2.3~2.5米,南北宽2.44~2.48米,墓口距地表0.3米,墓口距墓底0.8~1米。内填花土,土质较硬。内置双棺,棺木已朽,两棺间距0.6米。北棺东西长1.9米,南北宽0.58~0.74米,残高0.4米,棺底铺黑灰。棺内骨架保存较差,头西脚东,面向不清,仰身直肢葬,为男性。南棺东西长1.86米,南北宽0.52~0.64米,残高0.2米,棺底铺黑灰。棺内骨架保存一般,头西脚东,面向不清,仰身直肢葬,为女性。出土随葬品有黑瓷罐、黄瓷罐、铜钱(图一四九)。

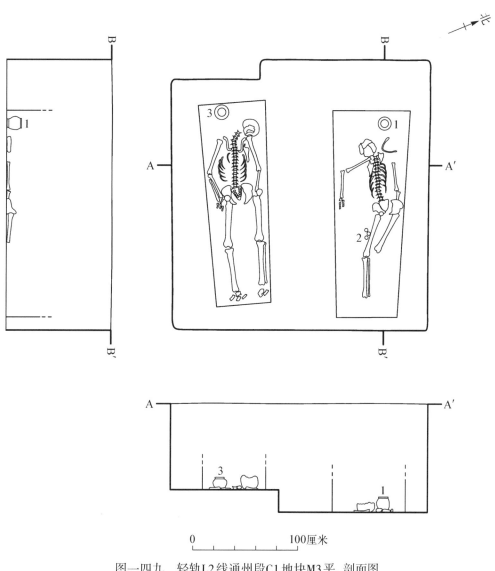

图一四九　轻轨L2线通州段C1地块M3平、剖面图

1.黑瓷罐1件　2.铜钱3枚　3.黄瓷罐1件

　　M6位于发掘区东南部,东邻M5,西北邻M9,开口于①层下,为长方形竖穴土圹双棺合葬墓,墓圹较平整。东西向,方向300°。墓圹东西长2.7米,南北宽1.5~1.6米,墓口距地表0.3米,墓口距墓底1.3~1.4米。内填花土,土质较硬。内置双棺,棺木已朽,两棺间距0.1米。北棺东西长1.84米,南北宽0.52~0.6米,残高0.2米,棺底铺黑灰。棺内骨架保存较差,头西脚东,面向不清,仰身直肢葬,为男性。南棺东西长1.7米,南北宽0.54~0.6米,残高0.1米,棺底铺黑灰。棺内骨架保存较好,头西脚东,面向不清,仰身直肢葬,为女性。出土随葬品有铜钱(图一五〇)。

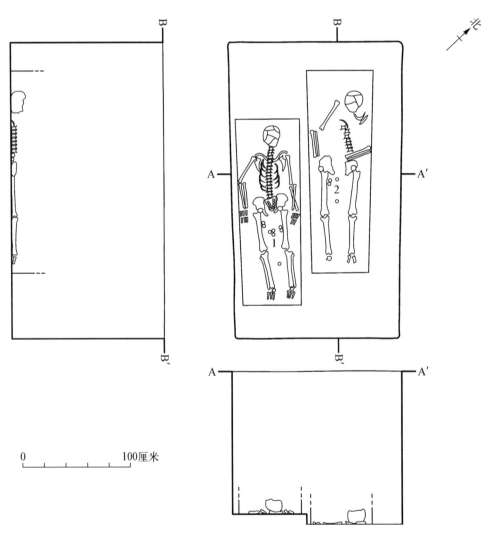

图一五〇　轻轨L2线通州段C1地块M6平、剖面图

1.铜钱8枚　2.铜钱4枚

M8位于发掘区东南部,北邻M2,西邻M10,开口于①层下,为长方形竖穴土圹双棺合葬墓,墓圹较平整。东西向,方向310°。墓圹东西长2.9米,南北宽1.84~2.04米,墓口距地表0.3米,墓口距墓底1.2米。内填花土,土质较硬。内置双棺,棺木已朽,两棺相接。北棺东西长1.74米,南北宽0.54~0.62米,残高0.24米,棺底铺黑灰。棺内骨架保存较乱,头西脚东,面向不清,仰身直肢葬,为男性。南棺东西长1.94米,南北宽0.44~0.52米,残高0.2米,棺底铺黑灰。棺内骨架保存一般,头西脚东,面向下,仰身直肢葬,为女性。出土随葬品有鼻烟壶、铜钱、银簪(图一五一)。

清代三棺墓4座,编号分别为M1、M2、M9、M12。以M1、M12为例。

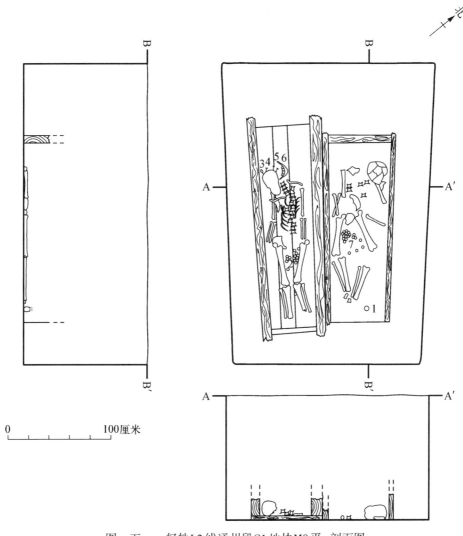

图一五一　轻轨L2线通州段C1地块M8平、剖面图

1.鼻烟壶1件　2.铜钱40枚　3~6.银簪4件　7.铜钱22枚

　　M1位于发掘区东南部,东邻M2,西邻M11,开口于①层下,为长方形竖穴土圹三棺合葬墓,墓圹较平整。东西向,方向310°。墓圹东西长3米,南北宽2.4~2.68米,墓口距地表0.3米,墓口距墓底1.2~1.7米。内填花土,土质较硬。内置三棺,棺木已朽,北、中棺间距0.16米,中、南棺间距0.08米。北棺东西长2米,南北宽0.44~0.6米,残高0.2米,厚0.02米,棺底铺黑灰。棺内骨架保存较差,头西脚东,面向不清,仰身直肢葬,为男性。中棺东西长2.1米,南北宽0.54~0.66米,残高0.6米,厚0.06~0.08米,棺底铺黑灰。棺内骨架保存较乱,头西脚东,面向不清,仰身直肢葬,为女性。南棺东西长2米,南北宽0.48~0.6米,残高0.1米,棺底铺黑灰。棺内骨架保存较差,头西脚东,面向不清,仰身直肢葬,为女性。出土随葬品有釉陶罐(图一五二)。

　　M12位于发掘区东南部,东南邻M9,西北邻M10,开口于①层下,为长方形竖穴土圹三棺合葬墓,墓圹较平整。南北向,方向330°。墓圹南北长2.76~2.8米,南北宽2.6~3.06米,墓口距地

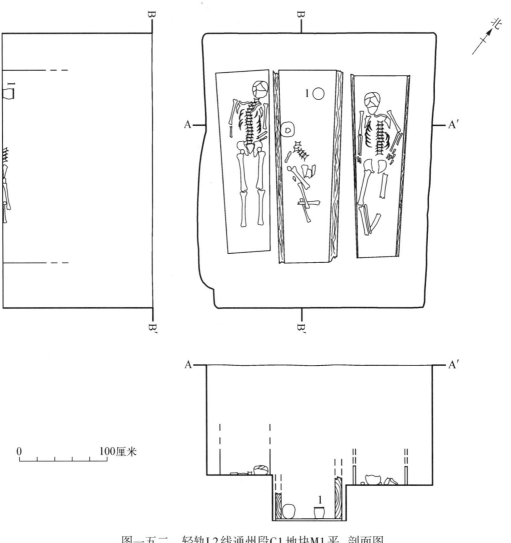

图一五二　轻轨L2线通州段C1地块M1平、剖面图

1. 釉陶罐1件

表0.30米,墓口距墓底1.1米。内填花土,土质较硬。内置三棺,棺木已朽,东、中棺间距0.1米,中、西棺间距0.26米。东棺南北长1.8米,东西宽0.55~0.64米,残高0.16米,厚0.08米,棺底铺黑灰。棺内骨架保存较乱,头北脚南,面向不清,仰身直肢葬,为男性。中棺南北长1.88米,东西宽0.44~0.56米,残高0.16米,厚0.06米,棺底铺黑灰。棺内骨架保存一般,头北脚南,面向西,仰身直肢葬,为女性。西棺南北长2米,东西宽0.48~0.64米,残高0.1米,棺底铺黑灰。棺内骨架保存较乱,头北脚南,面向西,仰身直肢葬,为女性。出土随葬品有铜钱、铜簪(图一五三)。

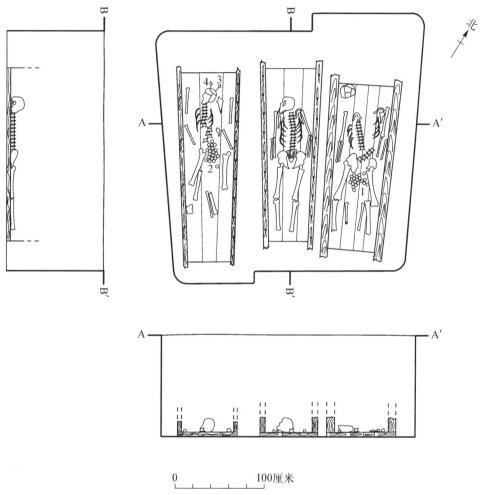

图一五三 轻轨L2线通州段C1地块M12平、剖面图

1.铜钱32枚 2.铜钱35枚 3、4.铜簪1件

一八、轻轨L2线D1地块遗址清墓

轻轨L2线D1地块遗址发现清代墓葬6座,均为竖穴土圹墓葬,墓葬内骨架保存一般,葬式均为仰身直肢葬[1](图一五四)。

---

[1] 北京市文物研究所:《轻轨L2线通州段次渠站、堡渠南站、亦庄火车站土地一级开发项目D1地块考古发掘报告》,未刊。

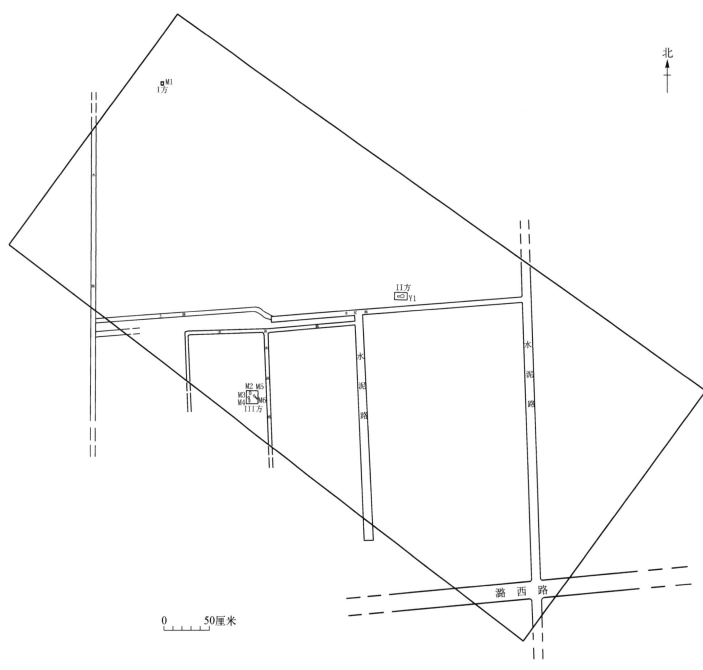

图一五四　轻轨L2线通州段D1地块发掘平面图

清代单棺墓2座，编号分别为M4、M6。

M4位于发掘区的南部，方向345°，开口于①层下，向下打破生土层，平面呈长方形，竖穴土圹墓，南北向。墓口距地表0.5米，墓底距地表1.5米，墓圹南北长2.66米，东西宽1~1.2米。内填花土，土质松软。内置单棺，棺木已朽，棺长1.98米，宽0.6~0.68米，残高0.16米，棺内骨架保存较差，头向北，面向下，仰身直肢葬，为男性。随葬品有铜钱（图一五五）。

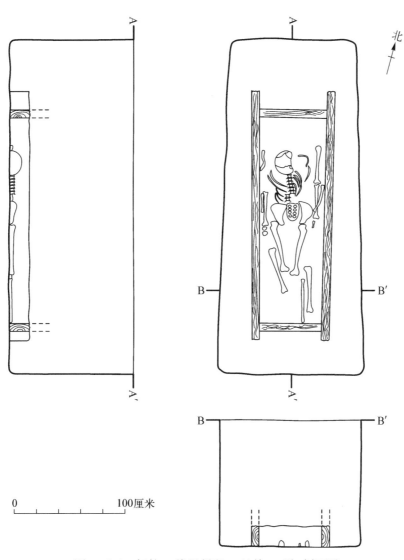

图一五五　轻轨L2线通州段D1地块M4平、剖面图

　　M6位于发掘区的南部,方向340°,开口于①层下,向下打破生土层,平面呈长方形,竖穴土圹墓,南北向。墓口距地表0.5米,墓底距地表1.5米,墓圹南北长2.6米,东西宽1~1.02米。内填花土,土质松软。内置单棺,棺木已朽,棺长1.9米,宽0.52~0.6米,残高0.1米,棺内骨架保存较差,头向北,面向上,仰身直肢葬,为男性。未发现随葬品(图一五六)。

　　清代双棺墓4座,编号分别为M1、M2、M3、M5。

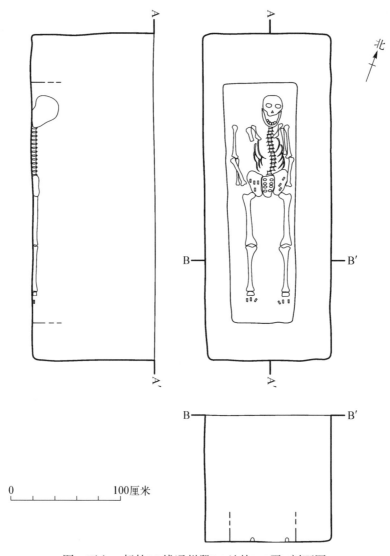

图一五六　轻轨L2线通州段D1地块M6平、剖面图

  M1位于发掘区东北部,方向360°,开口于①层下,向下打破生土层,平面呈长方形,竖穴土圹墓,南北向。墓口距地表0.4米,墓底距地表0.8~1.2米,墓圹南北长2.2米,东西宽1.5~1.6米。内填花土,土质松软。内置双棺,棺木已朽,西棺长1.9米,宽0.46~0.58米,残高0.1米,棺内骨架保存较完整,头向北,面向西,仰身直肢,为男性;东棺长1.8米,宽0.53米,残高0.1米,棺内骨架保存较好,头向北,面向上,仰身直肢葬,为女性。随葬品有铜钱(图一五七)。

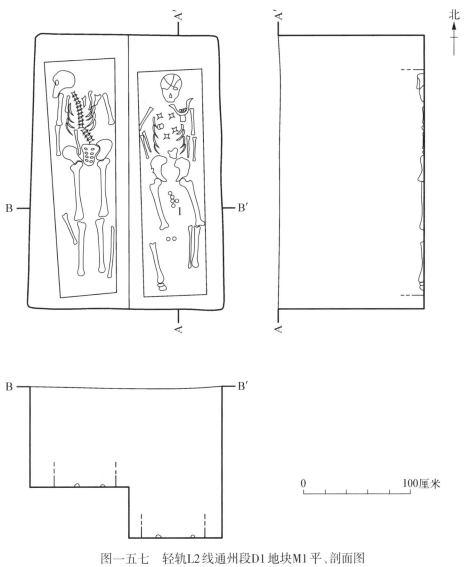

图一五七 轻轨L2线通州段D1地块M1平、剖面图

1. 铜钱

　　M2位于发掘区南部,方向5°,开口于①层下,向下打破生土层,平面呈长方形,竖穴土圹墓,南北向。墓口距地表0.5米,墓底距地表1.44~1.46米,墓圹南北长2.6~2.7米,东西宽1.7~1.8米。内填花土,土质松软。内置双棺,棺木已朽,东棺长2米,宽0.64~0.74米,残高0.16米,棺内骨架保存较差,头向北,面向南,仰身直肢葬,为男性;西棺长1.92米,宽0.56~0.74米,残高0.14米,棺内骨架保存较差,头向北,面向上,仰身直肢葬,为女性。随葬品有铜钱、铜簪(图一五八)。

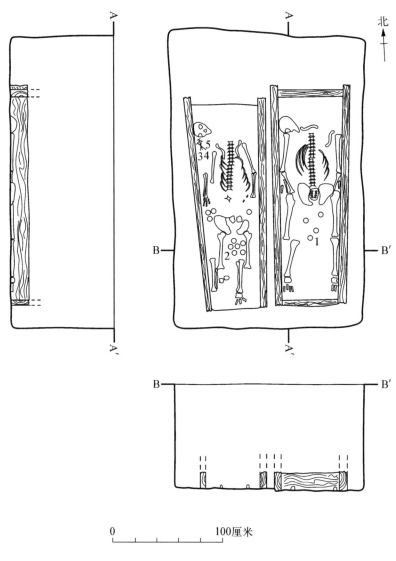

图一五八　轻轨L2线通州段D1地块M2平、剖面图

1.、2.铜钱　3~5.铜簪

M3位于发掘区的西部,北邻M2、南邻M3,方向335°,开口于①层下,向下打破生土层,平面呈长方形,竖穴土圹墓,南北向。墓口距地表0.5米,墓底距地表1米,墓圹南北长2.7米,东西宽1.5~2米。内填花土,土质松软。内置双棺,棺木已朽,东棺长1.9米,宽0.58~0.7米,残高0.4米,棺内骨架保存较完整,头向北,面向下,仰身直肢葬,为男性;西棺长1.76米,宽0.5~0.68米,残高0.4米,棺内骨架保存较完整,头向北,面向东,仰身直肢葬,为女性。随葬品有铜钱、铜簪、银发卡、银耳环(图一五九)。

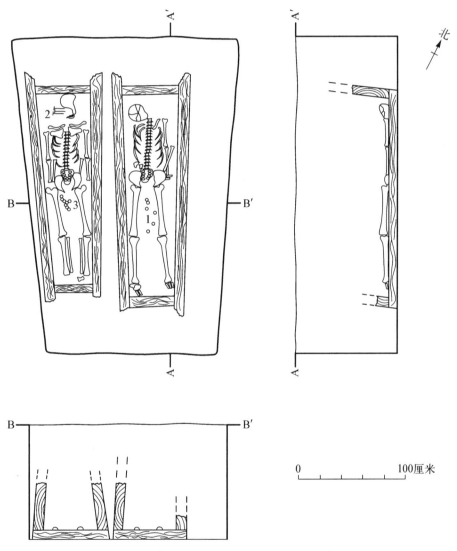

图一五九 轻轨L2线通州段D1地块M3平、剖面图

1、3.铜钱 2.铜簪

　　M5位于发掘区的东部,西邻M3、南邻M6,方向340°,开口于①层下,向下打破生土层,平面呈长方形,竖穴土圹墓,南北向。墓口距地表0.5米,墓底距地表1.2米,墓圹南北长2.8米,东西宽2~2.3米,内填花土,土质松软。内置双棺,棺木已朽,西棺长2.2米,宽0.45~0.6米,残高0.1米,棺内骨架保存较完整,头向北,面向西,仰身直肢葬,为男性;东棺长2.2米,宽0.45~0.6米,残高0.1米,棺内骨架保存较完整,头向北,面向下,仰身直肢葬,为女性。随葬品有铜簪、铜钱(图一六〇)。

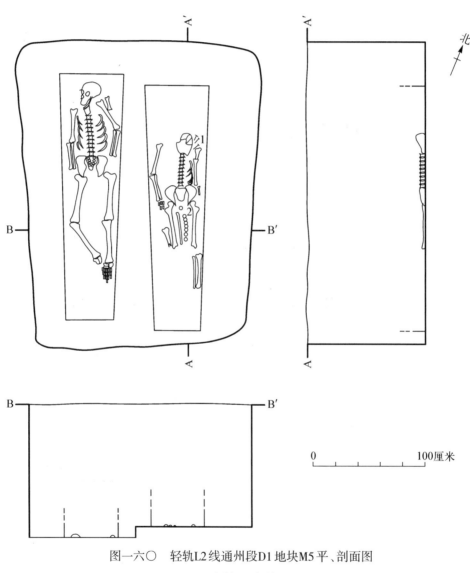

图一六〇　轻轨L2线通州段D1地块M5平、剖面图

1. 铜簪　2. 铜钱

一九、宋庄文化创意产业集聚区C地块遗址明清墓

宋庄文化创意产业集聚区C地块遗址发现的明清墓共39座,其中明墓3座、清墓36座[1]。

明代墓葬3座,编号分别为M51、M53、M58。

M51位于发掘区的北部,T4713探方的东南部,方向305°,东西向,开口于②层下,为长方形竖穴土圹合葬墓。墓口距地表2.2米,长2.6米,宽1.64~1.7米,墓底距墓口1.12~1.16米。内填花土,土质较松。内葬双棺,北棺长1.9米,宽0.54~0.58米,残高0.26米,棺内骨架保存较完整,头西足东,面向不清,仰身直肢葬;南棺长1.86米,宽0.54~0.58米,残高0.26米,棺内骨架保存较完整,头西足东,面向不清,仰身直肢葬。出土随葬品有铜钱、陶罐。

M53位于发掘区的北部,T4717探方的东北部,方向0°,南北向,开口于②层下,为长方形竖穴土圹合葬墓。墓口距地表2.2米,长2.66米,宽1.56~1.6米,墓底距墓口0.96~1.2米。内填花土,土质较松。内葬双棺,东棺长1.8米,宽0.48~0.64米,残高0.16米,棺内骨架保存较完整,头北足南,面向西,仰身直肢葬;西棺长1.72米,宽0.48~0.64米,残高0.16米,棺内骨架保存较完整,头北足南,面向东,仰身直肢葬。出土随葬品有铜钱。

M58位于发掘区的北部,T4918探方的东北部,南邻M59,方向45°,东北西南向,开口于②层下,为长方形竖穴土圹单棺墓。墓口距地表2.2米,长2.2米,宽0.86~0.9米,墓底距墓口0.75米。内填花土,土质疏松。内葬单棺,棺长1.82米,宽0.52~0.7米,残高0.1米,棺内骨架保存较差,头东北,足西南,面向下,仰身屈肢葬。出土随葬品有铜钱、半釉罐。

清代墓葬36座,编号分别为M12~ M35、M50、M52、M54~ M57、M59~ M64。以M14、M19为例。

M14位于发掘区的中南部,T1621探方的南部,东邻M13,南邻M12,方向0°,南北向,开口于②层下,为长方形竖穴土圹单棺墓。墓口距地表0.7米,长2.46米,宽1.08~1.2米,墓底距墓口0.5米。内填花土,土质疏松。内葬单棺,已朽。棺长1.8米,宽0.42~0.52米,残高0.2米。棺内骨架保存较完整,头北足南,面向东,仰身直肢葬。出土随葬品有半釉罐、青花瓷盏。

M19位于发掘区的南部,T1622探方的中部,东北邻M20,西邻M17,方向355°,南北向,开口于②层下,为长方形竖穴土圹合葬墓。墓口距地表0.7米,长2.3米,宽1.6~1.8米,墓底距墓口0.6米。内填花土,土质较松。内葬双棺,已朽。东棺长1.9米,宽0.48~0.6米,残高0.2米。棺内骨架保存较完整,头北足南,面向上,仰身直肢葬,为男性;西棺长1.64米,宽0.44~0.58米,残高0.1米。骨架保存较完整,头北足南,面向上,仰身直肢葬,为女性。出土随葬品有铜钱、铜簪、半釉罐。

二〇、其他明清墓[2]

董政家族墓地位于漷县镇尚武集村北,为明代刑部右侍郎董政家族墓地。墓地南向,面积约4 000平方米,墓呈“人”字形排列。南部神道中立有螭首方座碑一通,为大学士商辂撰。两侧立有石翁仲、马、羊等各一对。

---

[1] 北京市文物研究所:《通州区宋庄文化创意产业集聚区C地块一级开发项目考古发掘报告》,未刊。
[2] 北京市文物局编著:《北京文物地图集》,科学出版社,2009年。

岳正墓位于永乐店镇坚村北。岳正为明天顺、成化间政治家、书画家。墓南向,墓地面积2 400平方米。神道两侧立有石翁仲、马各一对。

李庄简家族墓地位于永乐店镇永乐店村西,为区文物保护单位。李伟(? ~1583),字世奇,封武清侯,谥庄简,葬京西八里庄。此墓地为其衣冠冢,当地俗称李良坟,《通州志》称李庄简墓。墓南向,面积约6 000平方米。神道两侧立有汉白玉质文武翁仲各二,骆驼、马各二、獬豸一。墓地于"文革"间被毁。石像已迁至西海子公园。

李卓吾墓位于新华街道西海子公园,为市文物保护单位。李卓吾原葬于通州城北门外马广村西迎福寺侧。万历四十年(1612年)立"李卓吾先生墓"碑一通。1953年迁葬于大悲林村南,刻有初迁碑记。1983年再迁葬于今址,刻有欧阳中石书写再迁碑记。墓坐北朝南,占地360平方米,砖冢内有遗骨,墓前碑楼内嵌万历四十年翰林修撰秣陵焦竑题碑,旁植松柏,前立有初迁碑记、重迁碑记及周扬题词"一代宗师"颂碑。

孙亨墓位于宋庄镇寨里村北,墓已毁,形制不详,出土墓志一块。平面呈方形,边长0.48、厚0.08米。志文首题:"皇明故应城伯孙公圹志",记述孙亨随燕王朱棣参与"靖难之役"事,"永乐二十一年(1423年)葬于通州寨里庄山之原"。

戚斌墓位于张家湾镇南火垡村东。戚斌为蒙古族人,其祖、父两代随明成祖朱棣征战有功,官正千户,戚斌袭职后于景泰元年(1450年)保卫北京之战中立功,升都指挥使、南京都督府前军都督佥事,天顺间卒。墓地面积、形制不详,墓前有墓碑二通,螭首龟趺,"文革"中碑身被砸碎。现存二龟趺,长1.6、宽0.8、高0.8米。

杭宗鲁墓位于台湖镇唐大庄村东,墓已毁,形制不详,出土墓志一合,方形,边长0.6、厚0.1米。盖篆:"明故承事郎杭翁之墓"。首题:"赐进士及第右春坊右中允侍皇太子讲读经筵讲官京口靳贵撰,征事郎中书舍人直内阁太原乔宗书,中宪大夫太常寺少卿云间张骏篆。"

徐金墓位于潞县镇潞县村北,墓已毁,形制不详,仅存墓碑一块,碑首残,方座。碑残高1.27、宽0.93、厚0.23米,座高0.80、宽1.08、厚0.58米,碑阳首题:"合葬墓表","经筵侍讲东宫侍班孙从度撰文",记述徐金夫妇尊长育幼等事。

焦亮墓位于宋庄镇岗子村西,墓已毁,存石虎头,其成化二年(1466年)立于东宁伯焦亮墓神道侧。"文革"间,神道碑与石像生砸毁殆尽,仅存石虎头一。艾叶青石质,残高0.48、厚0.34米。

五里店明墓位于永顺地区五里店村北西海子西街,为区文物保护单位。墓已毁,墓主不详,存汉白玉质文、武翁仲各一尊。立方座上,座高0.24、人身高3.25、宽1.19、厚0.79米。文官捧笏,武将按剑。艾叶青石雕马一对,立矮座上。座高0.17、马长2.98、高2.1、宽0.92米,脊背雕鞍。后移立西海子公园保护。

刘中敷墓位于潞城镇后屯村东口,墓已平毁,仅存冢前石供桌一张。汉白玉质,长1.87、宽0.94、高0.34米。桌面四缘浮雕缠枝牡丹纹饰,四角浮雕折枝牡丹纹,四立面纹饰同面纹,俱精美流畅。

于朝墓位于永顺地区岳庄小学校,墓已毁,形制不详,仅存顺治十六年(1659年)立墓碑一方,座佚。碑高1.92、宽0.82、厚0.21米。额题"永怀碑"。碑文首题:"皇清涿郡原任御马监太监讳朝龙江于公之墓”，记述于朝生平。

　　赵文麟家族墓地位于梨园地区小街村东，墓已毁，面积约6 000平方米。存赵文麟之父墓前石刻，清康熙二十年（1681年）建墓时置。有汉白玉碑4座，形制大小相同，螭首龟趺，通高4.5、宽1、厚0.3米。碑文满汉合璧，刻工精细。还有石翁仲、马、羊、虎、华表各一对。现大多就地深埋，小部分被凿毁，地面残存华表顶、香炉等。

　　王国俊墓位于梨园地区北三间房村西，墓已毁，形制不详，仅存康熙二十六年（1687年）立墓碑一通，身座一体，高2.48米。方首，额篆：“继往开来。”首题：“皇清诰封武德将军显考讳国俊德临王公之墓。”

　　谢尊光墓位于梨园地区魏家坟村中，墓已毁，形制不详，仅存雍正四年（1726年）立墓碑一通。碑身残缺，剥蚀严重。残高1.56、宽0.88、厚0.21米，方座高0.6、宽1.08、厚0.55米。碑文记述墓主生平，余姚邵鹏程撰文，通州胡廷瑾篆额，李聘书丹。

　　徐元梦墓位于宋庄镇管头村东口，为区文物保护单位。墓已毁，形制不详，仅存乾隆六年（1741年）秋立墓碑一通。螭首龟趺，通高4.68米，碑高3.6、宽1.12、厚0.44米，龟趺高0.88、长2.4、宽1.2米。碑文满汉合璧。为乾隆帝御笔，记述徐元梦的功绩及乾隆帝敬重怀念老臣之情。现移存于草寺村北。

　　汪云章墓位于永乐店镇大杨村西，墓已毁，存清雍正元年（1723年）二月巡视北城监察御史汪国弼为其父建墓所立碑，座佚，艾叶青石质，高1.14、宽1.1、厚0.4米。双勾篆额：“万古流芳”。碑身高2.07、宽0.96、厚0.32米，四框卷草，正中纵刻双勾楷书大字：“皇清诰赠中宪大夫巡视北城监察御史汪公字云章府君神道碑。”碑阴无字。

　　国柱墓位于梨园地区小街村南，为区文物保护单位。墓已毁，存清乾隆三十三年（1768年）四月立碑。艾叶青石质，螭首龟趺，龟趺长2.9、高1.02、厚1.2米。首高1.3、宽1.17、厚0.56米，题额左篆刻“圣旨曰”三字，右满文。碑身高2.46、宽1.09、厚0.45米，边框浮雕群龙祥云，满汉合璧，首题为：“皇清谕祭病故原驻云南楚姚镇总兵官国柱之灵曰。”后移立于梨园地区北杨洼村南。

　　肃迟墓位于台湖镇尖垡村，墓地已毁，形制不详，仅存乾隆三十九年（1774年）立墓碑一通。方首方座，碑高0.53、宽0.96、厚0.43米，碑身高1.15、宽0.48、厚0.18米。碑阳楷书：“皇清诰授文林郎壬辰科进士肃迟公墓。”

　　文孚墓位于梨园地区小街村南，墓已毁，存清道光二十一年（1841年）立谕祭文孚碑，汉白玉质，螭首龟趺，龟趺长2.9、高1.02、宽1.2米，龟背及座两侧各浮雕行龙与朵云。首高1.3、宽1.2、厚0.57米，题额阴刻右汉文“圣旨曰”三字，左满文。碑身高2.53、宽1.09、厚0.45米，四框雕群龙祥云，右刻祭文492字，无首题，碑文称赞文孚有“清慎持躬”之品才。两侧立面高浮雕升龙各一与海水江崖。今移立镇北杨洼村南。

　　奕绵园寝位于马驹桥镇西马各庄东北，为区文物保护单位，康熙帝第五代孙奕绵及其子孙墓。咸丰间始建，俗称黄带子坟。占地约200平方米，南向，人字形排列5座砖砌墓冢，“文革”间被毁。

　　惇勤亲王奕誴园寝位于宋庄镇北窑上村南。园寝面积约5 000平方米，俗称“五爷坟”。坐西朝东,东部为碑楼,内立谕祭碑一通,西有神桥一座,桥下有月河,围墙平面前方后圆,正东辟有大门三间,南北朝房各三间。后有享殿五间,旁有南北角门,享殿后为月台,月台上有砖砌墓冢一座。1933年,墓被盗掘。1945年,王府后裔将树木和地上建筑拆卖。1951年将墓冢拆除。地宫为石砌券顶,有前、后室,后室棺床上置棺椁三具。"文革"中,将地宫的石料和棺椁起出,谕祭碑被毁。

叶氏墓位于玉带河大街路南二中院内。其墓在中华人民共和国成立初期被毁,仅存道光十八年(1838年)立碑一通。艾叶青石质,螭首方座,通高2.78、宽0.78、厚0.21米。碑阳周边浮雕缠枝花,内纵刻楷书碑文,首题:"重修叶烈妇墓记。"通州知州李宣范撰并书。碑阴刻:"前明故民许绅之妻旌表烈妇叶氏墓。"

詹荣家族墓地位于潞城镇前榆林庄村南,墓已毁,形制不详,现存墓碑二方(座佚)。一为通州廪膳生詹荣墓志铭,咸丰三年(1853年)授业门人公立,高2.3、宽0.8、厚0.3米。碑文记述其勤俭课读诸生之功德。另一为诰授奉直大夫詹桂墓志铭,光绪十八年(1892年)五月立,高2.24、宽0.7、厚0.19米。碑文为国子监祭酒王文锦撰,优廪生张庆熙书丹,记述其生平及镇压捻军之事。

李直轩家族墓地位于漷县镇李辛庄村,墓已毁,形制不详,现存"文教碑"二方,墓碑一方,座均佚。一为丹樵李老夫子文教碑,同治七年(1868年)立,通高1.85、宽0.65、厚0.19米,通州知州原振钧撰,记述其修文庙、教授门人之事;一为云舫李老夫子文教碑,光绪三十三年(1907年)立,通高1.55、宽0.59、厚0.19米,记述其教育门人拥护变法维新之事;墓碑为通县恩贡生李直轩先生墓铭,1922年立,通高1.7、宽0.6、厚0.15米,记述其生平及艰苦授教门人之业绩,清拔贡生詹中撰书。三碑均凿蚀严重。

琉球国人墓地位于张家湾镇立禅庵村南。墓地葬有琉球国官员8人、官生5人。最早也是职位最高者为琉球国朝贡副使、正议大夫杨联桂,于康熙五十八年(1719年)在京病故;官生蔡宏训,在国子监研习汉学,雍正二年(1724年)亡故。最晚葬此地的陈情都通官王大业,于光绪十四年(1888年)亡故。墓前都立墓碑,后为土冢。其中王大业墓碑为石灰岩质,身座一体,高1.64、宽0.55、厚0.19米,方首横刻楷书额"琉球国"三字,碑身居中纵刻楷书:"陈情都通官王公大业墓"。"光绪十四年戊子十二月廿五日卒"等字分刻于碑阳两侧。碑造型与中国传统不同。现立于该镇唐小庄某村民房后。

2005年11月~12月,为了配合通州区六环路天然气、成品油及航空燃油管线工程基本建设的顺利进行,对地下文物进行保护,北京市文物研究所对该工程占地范围进行了考古勘探。其中在1标段碱厂村南段墓葬区发现3座清墓,2标段萧太后河南段墓葬区发现清代墓葬3座,2标段太玉园小区西段墓葬区发现清代墓葬2座,3标段通湖路北段墓葬区发现清代墓葬3座,3标段小庞村南段墓葬区发现清代墓葬4座[1]。

---

[1] 北京市文物研究所:《六环路天然气、成品油及航空燃油管线工程考古勘探报告》,载宋大川主编:《北京考古工作报告（2000~2009）》（通州卷）,上海古籍出版社,2011年。

　　新华大街明清墓发现于通州区科技大厦工程占地范围内。该工程位于通州区中西部。东邻通州区体校运动场,南邻新华东街,西邻新华北路,北邻天桥湾住宅小区。为配合通州区科技大厦工程建设,2006年12月~2007年1月,北京市文物研究所对通州区科技大厦工程占地范围进行了考古勘探,勘探面积约3.4万平方米,共发现各类遗迹9处,其中明清墓葬5座[1]。

　　通州马驹桥镇物流基地东区明清墓发现于通州马驹桥镇物流基地生活配套项目B地块(东区)土地一级开发项目占地范围内。该地块位于通州区西部,东邻后堰上村,南邻驸马庄,西邻南堤村,北邻凉水河。2011年5月31日至6月24日,为了配合通州马驹桥镇物流基地生活配套项目B地块(东区)土地一级开发项目建设,保护地下文物,北京市文物研究所对该项目用地进行了全面的考古勘探,实际勘探面积约191 810平方米,发现遗迹60处,其中初步推断明清墓葬41座,搬迁墓葬3座,近代墓葬1座,近代井7眼,坑8个[2]。

---

[1] 北京市文物研究所:《通州科技大厦工程考古勘探报告》,载宋大川主编:《北京考古工作报告(2000~2009)》(通州卷),上海古籍出版社,2011年。
[2] 北京市文物研究所:《通州马驹桥镇物流基地生活配套项目B地块(东区)土地一级开发项目考古发掘报告》,未刊。

第三章 其他遗存

第一节 夏商周时期其他遗存

一、中赵甫战国青铜器

中赵甫战国青铜器出土于通州中赵甫村，1981年12月，公社砖瓦厂工人在中赵甫村西一华里处取土时发现。经了解，这批青铜器出自一座中型葬墓，墓已被破坏，详情不明。与青铜器同出的有漆器，但部分青铜器和全部漆器已经散失，最后收集青铜器42件，包括豆、敦、鼎、匜、匕、勺、戈、剑、镞、削刀、车軎、马衔、带钩、器物环等。

青铜豆，造型雄伟奇诡，灵秀古朴，通高50.2、腹径18、底径14厘米。半圆腹，高柄圈足，腹上有二环耳，半圆形盖，上有三个倒置的蹄足形纽。盖部纹饰有涡纹、宽体蟠虺纹、大三角纹等，盖纽饰斜角云纹；器腹纹饰与盖部的基本相似，没有涡纹；柄部饰贝纹、蝉纹等；圈足饰变形夔纹（图版四三）。

青铜敦呈圆球形，通高21.5、腹径16.5厘米。器腹口有二环耳，器身有三个环足，盖上有三个环纽，足与环纽末端呈鸟喙形。器身与盖部纹饰基本相同，均饰大三角纹、变形蟠虺纹，盖顶中心饰涡纹，纽饰斜角云纹（图版四四）。

青铜鼎，3件。其一，通高23、口径22.4厘米。圆腹，圆底，附耳微向外撇，蹄足，盖中心有一环纽，外围三卧犀。腹部饰蟠螭纹，口沿外侧有凸棱一周，盖饰变形蟠螭纹（图版四五）。其二，通高18.4、口径17.5、腹径20.5厘米。深腹，圆底，蹄足，附耳微向外撇，盖上有三环纽。腹部饰蟠螭纹、变形夔纹，盖顶饰涡纹和斜角云纹，其他纹饰与腹部的相同。其三，通高15、口径14.5厘米。圆腹，圆底，环耳，高蹄足，盖顶有一环纽，外围三鸟首。腹上部有两周宽凹弦纹，其间饰蟠虺纹，其下饰垂叶纹，足跟饰兽面纹（图版四六）。

就其地理位置而言，中赵甫村处于战国时燕国的地理范围之内，其所出青铜器无论从形制或装饰艺术上一如龙湾屯出土的青铜器，具有战国燕文化青铜器的特征。综合考察这些器物的特征，中赵甫遗存的年代当属战国中晚期至战国晚期[1]。

中赵甫出土青铜器在器类组合、造型与纹饰方面都体现出战国时期燕国青铜器的独特性。

[1] 程长新：《中赵甫出土一组战国青铜器》，《考古》1985年第8期。

从器物组合来看,包括鼎、敦、豆、匕、勺、匜等有燕国青铜器特征又比较稳定、常见的器物组合;从种类来看,有酒器、食器、水器、兵器、车马器、装饰品等,其中豆、敦、鼎、匜、勺均为食器、酒器和水器,反映了燕国人重视饮食的社会风俗。形制方面,青铜豆的长柄形制是燕国青铜器的典型特点,青铜敦具有燕式铜敦的形制,青铜鼎的盖纽为燕国青铜器常见的三牺纽,这些都反映了燕国青铜器在形制方面的国别特点。纹饰方面,中赵甫出土青铜器还反映了东周时期燕国青铜器的纹饰特点,比较流行装饰东周时期青铜器上常见到的一些图案,如蟠虺纹、蟠螭纹、云纹等,特别流行东周以来铜器上常见到的绳纹,在铜器的腹、足、柄、套环、纽等部位上都有表现。

中赵甫出土青铜器反映出到了东周时期,周、商文化因素融合在一起,形成了具有独自特征的燕文化,体现在器物组合上,就是形成了以鼎、豆、壶、盘、匜为主的具有燕文化特征的、最基本的器物群。这正是战国时期燕国兴盛崛起并融合周、商文化进而形成燕文化在考古学上的反映[1]。

二、红果园战国刀币窖藏

红果园战国刀币窖藏位于永顺镇红果园村西。1966年2月,社员在红果园村西土岗平整土地,距岗顶约75厘米外发现一小土坑,内摆放刀币4层,纵横相错,重约15公斤,其中有尖首刀与"明"刀(图版四七),为战国时期燕国铸行的金属货币,现收藏于首都博物馆[2]。

第二节 汉代时期其他遗存

一、烧酒巷汉代钱币窖藏

烧酒巷钱币窖藏位于通州区张家湾镇烧酒巷村西,位于古运河(潞水)南岸。方形土坑,体积1.44立方米,坑口距地面0.3米,出土汉代"五铢"铜钱约1吨。年代为汉代[3]。

二、北仪阁汉代钱币窖藏

北仪阁钱币窖藏位于通州区张家湾镇北仪阁村南,方形砖坑,坑口距地面0.4米,出土汉代"五铢"钱数十公斤。年代为汉代[4]。

三、东石村钱币窖藏

东石村钱币窖藏位于台湖镇东石村西,1954年在开凿通惠北干渠工程中发现,均为"五铢"

[1] 杜迺松:《论东周燕国青铜器》,《文物春秋》1994年第2期。
[2] 北京市通州区文学艺术界联合会、北京市通州区文化委员会编:《通州文物志》,文化艺术出版社,2006年。
[3] 北京市文物局编著:《北京文物地图集》,科学出版社,2009年。
[4] 北京市文物局编著:《北京文物地图集》,科学出版社,2009年。

铜钱,约500公斤,被当时的乡政府卖与供销社收购站。窖藏形式不明[1]。

四、西定福庄钱币窖藏

西定福庄钱币窖藏位于张家湾镇西定福庄南、凉水河左堤岸处。1981年11月,张家湾公社农场专业队平整土地时,于地面下50厘米深处发现一方形土坑。方坑边长12、深1米,内藏汉代"五铢"铜钱约1吨。文物部门责成专业队妥善保管以待交公,但被当时负责人卖于供销社收购站[2]。年代为汉代。

第三节　晋唐时期其他遗存

一、梨园乡唐代墓志

1983年6月,在通州区梨园乡的北京土桥砖瓦厂小街村东南约300米处,发现一唐代砖室墓,但已被掘土机严重破坏,出土一合唐代孙如玉墓志铭。不久,在唐墓北面约100余米处又出土一方唐代孙封的墓志。

唐孙封墓志只有一方,盖、底合一,形制特殊,背则覆斗形,素面无文;面呈方形,边长61厘米,内线刻方格,每格刻一字。其首题为"唐故处士南阳公孙府君墓志铭并序。"据序文,孙封祖籍南阳,先辈定居潞县(今通州区)。其"性高尚闲,亦不言禄",大历十二年(777年)死于南阳行溏里别墅,葬于"潞城南潞城乡之平原"[3]。

二、吕元悦及夫人合祔墓志

吕元悦及夫人合祔墓志于2016年7月在北京城市副中心A7地块(通州区潞城镇后北营村)出土。墓志为青石质地。志高37.5、广37.5、厚5厘米。志文首题"大唐故东平吕府君夫人合祔墓志铭并序",计12行,行17~31字,总计320字。无书撰者。盖为盝顶,高37.5、广37.5、厚约6厘米。盖中为不规整的篆书"吕公之砳"四字,二行,行二字。其"砳"字为异体字,"言"字旁被写为"石"字旁,这在已出土的北京地区唐墓志中是首次出现。四坡刻有人身兽首十二生肖像,四角刻有牡丹花纹(图版四八、四九)。

据志文载,吕元悦"贞元五年正阳月十三日,终于招义乡北尹村",即他在唐德宗李适贞元五年(789年)正阳月(十月)十三日,逝世于唐幽州潞县招义乡的北尹村,即现在的北京通州区潞城镇后北营村,而后在第二年的正月(寅月)六日,被安葬在旧居的北面,即离自家庭院约百步远的地方。这里记载的幽州潞县"招义乡北尹村",是历史上首次出现的潞县乡名与村名,为研

[1] 北京市通州区文学艺术界联合会、北京市通州区文化委员会编:《通州文物志》,文化艺术出版社,2006年。
[2] 北京市通州区文学艺术界联合会、北京市通州区文化委员会编:《通州文物志》,文化艺术出版社,2006年。
[3] 周良:《通州窑厂村北齐长城遗址》,《北京文博》2004年第3期。

究通州的历史地理变迁提供了重要依据。志文所载的里坊名称及城外的乡、村之名,以及潮白河在唐时之名——白㵾(屿)河,都是史上首次发现。这为研究通州区的历史发展过程提供了翔实的第一手文字和实物资料(图版五〇)[1]。

第四节　辽金元时期其他遗存

一、东门外遗址(同铁器出土点)

1958年8月,考古工作者在通州东门外发现4件堆在一起的铁器,铁器出土点距地表约1.5米,地面上还分布着少量的陶片,大多是辽金时代的,其中还掺杂一些明、清时期的陶瓷片。在一处断崖上,还可看出包含有辽金时代的文化层,离地表1.3米左右。另外,还有已被破坏的辽金时代的灰坑。据此推测,此处可能是一处辽金时代的遗址[2]。

在遗址处发现的铁器有六錾釜、榜、镰、手铲。六錾釜高22、口径33.5厘米。平口窄唇,唇向外卷,腹外壁上端分置六錾,錾作长方形,圜底,底中央突出一脐,釜外壁尚保留有范模合口的痕迹。榜高12、宽19.2厘米。刃作弧形,上部有正方形深裤。镰长21厘米。刃作月牙形,有短柄,扁平,可接木柄。手铲长28、宽6厘米。铲头为抹角齐头,有深裤,与铲身呈直角。

二、李抟墓志

李抟墓志出土于徐辛庄乡葛渠村。李抟葬于大定十八年(1178年)五月,墓志盖题:"中宪大夫同知昌武军节度使李公墓志。"志文正书,存28行,649字。李抟字鹏□,通州人,皇统九年(1149年)登进士第,授官,后升任同知昌武军节度使兼许州管内观察使,卒于中都,享年57岁,葬于"通州潞县潞水乡之祖茔"[3]。

另据《通州文物志》记载,墓志艾叶青石制,正方形,边长78厘米。志盖呈覆斗形,有唐代志盖遗风,四坡刻有人身兽首十二肖像,四角刻牡丹花,正中平面纵刻楷书题额4行,行4字,为"中宪大夫同知昌武军节度使李公墓志",颇具柳风;志底正面纵刻小楷志文28行,满行28字,首题为"中宪大夫同知昌武军节度使李公墓志铭并序"。据志文记载,李抟少年力学而中进士,为县令清廉第一,做判官公正无私,凤夜在公,尽职尽责,政绩突出,是通州历史名人,然《金史》及方志无传,此可补之。此外志文告诉今人,在金朝时通州潞县北设有"潞水乡",以近潞水而名[4]。

[1] 鲁晓帆:《北京通州出土两方唐代墓志考释》(上),《收藏家》2017年第5期。
[2] 北京市文物工作队:《北京出土的辽、金时代铁器》,《考古》1963年第3期。
[3] 吴文、傅幸:《五十年北京地区发现的重要文字石刻》,《北京文博》2000年第1期。
[4] 北京市通州区文学艺术界联合会、北京市通州区文化委员会编:《通州文物志》,文化艺术出版社,2006年。

三、同知漕运司赵公去思碑

赵公去思碑原位于通州城中,元至正年间(1341~1367年)立。明洪武元年(1368年)燕山侯孙兴祖镇守通州督修城池时,将金元时期通州城内所立石刻全部推倒,用于砌城墙基础。1987年,通州城内建商业街,自通州旧城垣北端墙基处出土金元时石刻文物4件,其中有此碑。下部残缺少许,铭文不全。是碑艾叶青石制,残高280、宽90、厚27厘米。螭首尖额,额题铁线篆:"同知都漕运司事赵公去思碑",碑阳竖刻楷书铭文,首题:"同知都漕运司事赵公去思碑颂",前翰林待制兼国史院编修官春谷武元亨撰文,亚中大夫同知都漕运司事王钧撰额,将士郎都漕运司知事张台恭书丹。碑文主要记述了通州置漕运司的重要性和"赵公"如何尽责于漕运之事,是研究大运河史及北京经济发展史的重要史料[1]。

四、郑颉墓志

郑颉墓志出土于通州区天桥湾,现收藏于通州区文管所,墓主人名郑颉。该志无盖,志为青石质地,正方形,边长81厘米,周围线刻云纹。全志竖刻楷书27行,行33~44字,现存800余字,志首题:"辽国故太子中舍知永兴章愍宫提辖司事赐绯鱼袋荥阳郑公墓志铭并序。"撰文为其弟"右拾遗充史馆修撰应奉阁下文字"郑硕[2]。

五、金各庄钱币窖藏

金各庄钱币窖藏位于西集镇金各庄村西,是一处辽代钱币窖藏。1982年发现一大型灰陶罐,罐口距地面0.4米。罐高约0.9米,胎厚0.005米,侈口丰肩,收腹平底,口覆一陶盆,出土西汉"半两"、"五铢"、唐"开元通宝"与北宋铜钱约350公斤[3]。

六、西赵村钱币窖藏

西赵村钱币窖藏1985年发现于宋庄镇西赵村南口,是一处辽代钱币窖藏。发现时遗迹为一砖砌方坑,上口距地面1.2米,容积约0.125立方米。条砖草砌,上覆一块方砖。出土北宋铜钱约50公斤。品种齐全,版别较多,对子钱不少[4]。

七、大葛庄钱币窖藏

大葛庄钱币窖藏位于马驹桥镇大葛庄村北,1989年发现,是一处金代钱币窖藏。在一酱釉平底瓷罐内发现唐代、北宋、南宋铜钱25公斤[5]。

[1]周良:《通州今存石刻》,《北京文博》2001年3期。
[2]任秀侠:《辽郑颉墓志考》,《北京文博》2003年4期。
[3]北京市文物局编著:《北京文物地图集》,科学出版社,2009年。
[4]北京市文物局编著:《北京文物地图集》,科学出版社,2009年。
[5]北京市文物局编著:《北京文物地图集》,科学出版社,2009年。

八、司空小区钱币窖藏

司空小区钱币窖藏位于通州旧城北部司空小区,1985年发现,为北宋或辽代窖藏[1]。在一酱釉瓷罐内发现铜钱3 000多枚,多为北宋钱币,有36种年号,版别甚多。此外,还有五铢、货泉、乾德元宝、周元通宝、唐国通宝等汉、唐、五代时期铜钱。

九、南马庄窖藏

南马庄窖藏位于通州南马庄村,是金代窖藏。1985年在距地面1.3米处发现一小瓷罐,内藏铜钱。其中,有北宋铜钱66种,1 149枚,南宋高宗钱2枚、金大定通宝89枚,唐钱4种,188枚[2]。

一〇、新华街铜佛版出土点

铜佛版出土点位于新华街原花丝镶金嵌厂内,1973年时被发现。在距地表1.7米深处出土两块铜佛版和两件缸胎小罐。佛版长0.16、宽0.09米。一面铸小佛10行,每行10尊。另一面铸有把手,上刻四兽。两面均有铭文。一边铸:河东南路都僧录特授赐紫文妙大师□善广□;另一边铸:皇统岁次戊辰十一月日记平阳府李稀造[3]。

一一、金绿釉刻花瓷枕函

金绿釉刻花瓷枕函,1991年秋出土于梨园镇九棵树村。枕函平面呈长弧形,长39、宽26、高11厘米,身、盖合口严实,浑然一体。内底平坦,微示卧足,腹等高弧侈,直口平沿。盖口如身,圆肩弧敛,顶面缓斜。合之后高11.5、侧高12.5、前高9厘米[4]。

枕胎质疏松,白中闪粉,瓷性较低,薄厚一致。盖表施草绿厚釉,面刻花纹,分内外二区。边缘环刻一道弦纹,坡肩环刻数道弦纹,规整中又见潇洒。外区呈狭环,内刻牡丹散瓣;内区缓平开阔,刻有折枝牡丹,叶纹洗练,瓣纹繁缛。花纹呈墨绿色。面壁之内线刻毒蝎一只,肥身长尾,身之口部环刷一笔绿釉,前部靠近底处亦草刷一笔。其余均露胎,身之腰部、外底亦环刻数道弦纹,与盖之弦纹相呼应。

一二、元青釉狩猎纹碗

据《通州文物志》,1985年5月,永顺镇乔庄村一农民于村南坑北坡取土时,发现一座用沟纹砖砌筑的祭台,台上放置两件瓷碗,一大一小,碗内均有黑色腐殖质土。大者高10、口径18、足径6厘米。侈口,深腹,环底,圈足,造型端正大气,胎体厚重均匀。内外施粉青釉,色泽莹澈,脂润谐调,有细碎爪纹。内壁饰划纹,分三区;肩部一环阴文作界,上至口沿为一宽带,带内绘划远

[1] 北京市通州区文学艺术界联合会、北京市通州区文化委员会编:《通州文物志》,文化艺术出版社,2006年。
[2] 北京市通州区文学艺术界联合会、北京市通州区文化委员会编:《通州文物志》,文化艺术出版社,2006年。
[3] 北京市文物局编著:《北京文物地图集》,科学出版社,2009年。
[4] 周良:《通县出土金代绿釉刻花瓷枕函》,《北京文物报》1992年第6期。

景村野树木；下至裆部纵划隔扇门户9框栏，每框内各划刻人物上半身形象，有扛枪挑兔者，有骑马背剑者，有引马前行者，神态各异；另有3纵划人名，如"祭伯"等字；环底划有一环弦纹，内有三向蕉叶纹，且有一"十"字，纹饰生动有趣，反映了元代民间喜好狩猎之风俗。小者高4.5、口径11.5、足径4.1厘米。敛口，棱肩，收腹，环底，圈足。灰青釉，底与口沿露胎，无纹饰，亦元代遗物。二碗均为龙泉窑系产品，自南方运至[1]。

一三、元绿釉历史人物纹碗

据《通州文物志》，1984年6月，该碗出土于通州旧城南关一座沟纹砖墓内。高9.5、口径7、足径5.6厘米。直口，圆沿，深腹，圈足，造型周正厚重。遍施豆青釉，色泽凝润，有鱼子纹。足底露青白胎，质地坚细，音色清亮。内壁划刻纹饰，肩与平底外缘各有一道弦纹，其间划刻5位文人武士，有端坐案前专注读史册者，有披甲戴盔握弓而去者，各具情态。于人物间横刻"李白功名卷"、"真子"、"孔子"等文字。文图骈美，反映了元时士族的时尚。此碗系龙泉窑系产品[2]。

一四、元钧窑天青釉大碗

据《通州文物志》，1982年春，宋庄镇白庙村穆姓村民于村西南取土时发现一座砖室墓，墓内出土2碗。此碗高8.5、口径19.5、足径4.8厘米，口有残缺。敛口，圆沿，丰肩，收腹，圜底，小圈足，口沿内外施灰白釉，余内外皆饰天青釉，内腹壁有一抹紫霞色，有细碎开片，足露白胎。釉色淡雅且有紫霞[3]。

一五、圆纽联弧铭文铜镜

据《通州文物志》，1994年6月，该铜镜出土于今永顺镇小潞邑村北一座砖墓内。铜镜圆形，面径15.5、厚0.2厘米。面平，背心圆纽，纹分二区，纽座凸花瓣，外环单弦纹，再环内向联弧纹；外区均置4凸朵花，间铭文篆书"安家富贵"，外环一道凸棱，似为宋辽时制[4]。

一六、乳纽素面小铜镜

据《通州文物志》，1997年5月，该铜镜出土于宋庄镇菜园村南，伴出者还有9枚"太平通宝"铜钱。铜镜圆形，面径7、厚0.2厘米。铜镜完整，素面无纹，似是辽代制[5]。

[1] 北京市通州区文学艺术界联合会、北京市通州区文化委员会编：《通州文物志》，文化艺术出版社，2006年。
[2] 北京市通州区文学艺术界联合会、北京市通州区文化委员会编：《通州文物志》，文化艺术出版社，2006年。
[3] 北京市通州区文学艺术界联合会、北京市通州区文化委员会编：《通州文物志》，文化艺术出版社，2006年。
[4] 北京市通州区文学艺术界联合会、北京市通州区文化委员会编：《通州文物志》，文化艺术出版社，2006年。
[5] 北京市通州区文学艺术界联合会、北京市通州区文化委员会编：《通州文物志》，文化艺术出版社，2006年。

第五节　明清时期其他遗存[1]

一、下盐厂明代石权

下盐厂明代石权发现于张家湾镇皇木厂村南部。永乐年间朝廷于运河北端码头张家湾设立盐仓检校批验所，辖上、下盐厂。下盐厂位于通惠河入运河河口北侧，以利驳运。今遗石权三：其一花岗岩质，方体圆纽，边长 0.475 米，纽高 0.1 米，正立面楷书纵刻"昌延店"；其二青白石质，长方体，银锭形卧纽，长 0.62、宽 0.4、高 0.28 米，正立面楷书竖刻"德隆号"，右上角横刻"上口"，其下纵刻"张家湾"，均楷书；其三为汉白玉质，方体圆纽，边长 0.37、纽高 0.08 米，字已剥蚀。

二、郭庄明代瓷器窖藏

郭庄明代瓷器窖藏发现于潞县镇郭庄，1971 年发现，出土五彩盘 1 件、青花人物碗 1 件、青花盘 5 件。

三、永乐店明代瓷器窖藏

永乐店明代瓷器窖藏发现于永乐店镇永乐店村，1961 年发现，出土青花象耳瓶 2 件、青花加彩香筒 1 件、青花三足炉 1 件、珐华三彩器 2 件、三彩蜡台 2 件。

四、张家湾明代瓷器窖藏

张家湾明代瓷器窖藏发现于张家湾镇张家湾村，1970 年发现，出土青花龙凤纹六孔小瓶和黄釉暗花龙凤纹盘 1 件，同时伴出的还有水晶翠饰 2 件。

五、大稿村清代瓷器窖藏

大稿村清代瓷器窖藏发现于梨园镇大稿村，1996 年建房时发现。发现一乾隆官窑青花大鱼缸，上盖青石板，内有碗、盘等瓷器，并以沙土稳置，其中有乾隆官窑青花碗一对；缸外侧埋有瓶、罐等较大瓷器，多为晚清民窑制品，共计 190 余件。

---

[1] 北京市文物局编著：《北京文物地图集》，科学出版社，2009 年。

第四章　考古研究

第一节　汉代时期考古发现与研究

一、考古发现与发掘概述

通州区汉代考古发现成果主要包括城址的调查、墓葬及窑址的发掘清理等。

通州已发现的城址为汉代路县故城和东汉雍奴县故城,其中汉代路县故城位于潞城镇古城村[1],东汉雍奴县故城位于德仁务晾鹰台[2]。

通州区已发现的汉墓数量较多。通州区三次文物普查过程中先后发现了晾鹰台墓群、山岗子墓群、德仁务墓群、铺头汉墓、六合墓群、里二泗墓群、召里墓群、垛子墓群、坨堤墓群等[3],这些汉墓大多仅做了简单清理,墓葬资料不全。1983年5月,市文物局对德仁务墓群墓东墓进行了清理,墓葬封土东西长25、南北宽24、残高5米,为半地下砖室墓。南向,双墓道,共17室。墓壁皆一陡二伏相间砌法。墓道与甬道券顶,塞室四角攒尖顶,耳室盝顶。墓室、墓道均墁模印乳钉菱形图案方砖,耳室墁素面方砖[4]。1983年,永乐店农场畜牧场发现东汉砖砌多室墓,墓室顶部除侧室为船篷顶外,其他各室皆为盝顶。随葬器物均为陶器,有壶、碗、盘、仓、方案、楼、鸡、狗等。此类多室墓为北京地区首次发现[5]。

进入21世纪后,北京市文物研究所在配合通州城市建设过程中陆续发现数量不等的汉墓。2002年土桥村发现汉墓37座,其中竖穴土坑墓10座、砖室墓27座[6]。2004年2~3月,西环南路发现东汉时期墓葬8座,其中砖室墓5座、竖穴土坑墓3座[7]。2006年,潞城镇霍屯村武

[1] 北京市文物局编著:《北京文物地图集》,科学出版社,2009年;《北京城市副中心的金名片——通州汉代路县故城遗址考古发掘取得重大收获》,《中国文物报》2017年2月28日。

[2] 韩嘉谷:《通县晾鹰台为东汉雍奴县故城东门旧址考》,《北京文博》2000年第4期。

[3] 北京市文物局编著:《北京文物地图集》,科学出版社,2009年;北京市通州区文学艺术界联合会、北京市通州区文化委员会编:《通州文物志》,文化艺术出版社,2006年。

[4] 北京市文物局编著:《北京文物地图集》,科学出版社,2009年;北京市通州区文学艺术界联合会、北京市通州区文化委员会编:《通州文物志》,文化艺术出版社,2006年。

[5] 王武钰:《北京通县、房山等地汉墓》,《中国考古学年鉴(1984年)》,文物出版社,1985年。

[6] 北京市文物研究所:《北京地铁土桥车辆段墓葬、窑址发掘报告》,载宋大川主编:《北京考古工作报告(2000~2009)》(平谷、通州、顺义卷),上海古籍出版社,2011年。

[7] 北京市文物研究所编著:《北京亦庄考古发掘报告(2003~2005年)》,科学出版社,2009年。

夷花园月季园发现汉代砖室墓10座,墓葬由墓道、墓门、甬道等部分组成,平面多呈"甲"字形或"中"字形,建有斜坡状墓道,依墓葬形制可分为单室墓、双室墓、多室墓三种类型。根据墓葬形制及随葬器物判断,墓葬年代应在东汉中晚期[1]。2005年11~12月,六环路天然气、成品油及航空燃油管线沿线发现汉墓7座[2]。2009年12月~2010年1月,通州区宋庄文化创意产业集聚区发现汉墓3座。2010年12月~2011年3月,通州区运河核心区建设过程中发现汉墓2座[3]。2011年8~9月,通州砖厂村发现汉墓5座[4]。2012年12月~2013年4月,通州区运河核心区5号地发现汉墓24座[5]。2013年3~5月,宋庄文化创意产业集聚区C地块发现汉墓20座[6]。2016年,北京市文物研究所在潞城镇古城村、胡各庄等地发现大量战国—汉魏时期的墓葬,类型丰富,包括土坑墓、砖室墓、瓮棺葬、瓦室墓等。砖室墓的数量众多,形制多样,可分为单室、双室、多室墓,最多的墓室达8个。砖室墓以单墓道为主,仅有少数墓葬无墓道或为双墓道。墓葬以南北方向居多。砖室墓中出土的随葬品较为丰富,有陶器、铜器、铁器、铅器、骨器等。骨器之中,有一套算筹,可分为长、短两种,每根筹棍两端齐整,粗细大致均匀,是北京地区考古中首次出土的算筹实物。其中在胡各庄村发现62座汉代瓮棺葬,均为竖穴土圹,瓮棺均横向放置其内,均为南北向。儿童瓮棺葬的葬具以夹云母红陶和泥质灰陶器为主,器形有釜、瓮、罐等[7]。

通州区已发现的汉代遗存还有4处窑址和4处钱币窖藏。2002年,土桥村发现汉代窑址3座[8]。2006年,潞城镇霍屯村武夷花园月季园遗址发现汉代窑址1座[9]。2009年12月~2010年1月,通州区宋庄文化创意产业集聚区发现汉代窑址1座[10]。2012年7~8月,通州砖厂村发现汉代窑址5座[11]。4处钱币窖藏分别为:烧酒巷钱币窖藏出土汉代"五铢"铜钱约1吨;北仪阁钱币窖藏出土汉代"五铢"钱数十公斤[12];东石村钱币窖藏发现"五铢"铜钱约500公斤[13];西定福庄钱币窖藏发现汉代"五铢"铜钱约1吨[14]。

[1]北京市文物研究所:《北京市通州区武夷花园二期项目遗址考古发掘报告》,载宋大川主编:《北京考古(第二辑)》,北京燕山出版社,2008年。
[2]北京市文物研究所:《六环路天然气、成品油及航空燃油管线工程考古勘探报告》,载宋大川主编:《北京考古工作报告(2000~2009)》(平谷、通州、顺义卷),上海古籍出版社,2011年。
[3]北京市文物研究所:《通州区运河核心区Ⅴ-01、Ⅴ-02、Ⅳ-02、Ⅳ-03、Ⅳ-05、Ⅳ-08、Ⅳ-09地块考古发掘报告》,未刊。
[4]北京市文物研究所:《通州砖厂村地块土地一级开发项目考古发掘报告》,未刊。
[5]北京市文物研究所:《通州区运河核心区5号地块二期项目Ⅲ-01至13、Ⅳ01、04、06、07、10、11地块考古发掘报告》,未刊。
[6]北京市文物研究所:《通州区宋庄文化创意产业集聚区C地块一级开发项目考古发掘报告》,未刊。
[7]《北京城市副中心的金名片——通州汉代路县故城遗址考古发掘取得重大收获》,《中国文物报》2017年2月28日。
[8]北京市文物研究所:《北京地铁土桥车辆段墓葬、窑址发掘报告》,载宋大川主编:《北京考古工作报告(2000~2009)》(平谷、通州、顺义卷),上海古籍出版社,2011年。
[9]北京市文物研究所:《北京市通州区武夷花园二期项目遗址考古发掘报告》,载宋大川主编:《北京考古(第二辑)》,北京燕山出版社,2008年。
[10]北京市文物研究所:《通州区宋庄文化创意产业集聚区土地一级开发定向安置房项目考古发掘工作报告》,未刊。
[11]北京市文物研究所:《通州砖厂村地块土地一级开发项目(C区)考古发掘报告》,未刊。
[12]北京市文物局编著:《北京文物地图集》,科学出版社,2009年。
[13]北京市通州区文学艺术界联合会、北京市通州区文化委员会编:《通州文物志》,文化艺术出版社,2006年。
[14]北京市通州区文学艺术界联合会、北京市通州区文化委员会编:《通州文物志》,文化艺术出版社,2006年。

二、考古研究现状

通州区汉代遗址及墓葬的研究较为薄弱,区内汉代遗址与墓葬资料的整理和公布极为有限,制约了通州区汉代考古研究工作的深入开展。

韩嘉谷根据文献资料及考古资料判断德仁务为东汉雍奴县故城,西汉时期雍奴县故城位于今武清县大宫城,到北魏时期,雍奴县故城则为武清县丘古庄古城[1]。永乐店汉墓为汉代的砖砌多室墓,墓室顶部除侧室为船篷顶外,其他各室皆为盝顶,这样的多室墓在北京是首次发现[2]。通州区武夷花园遗址发现汉代墓葬10座、汉代古窑址1处,《北京市通州区武夷花园二期项目遗址考古发掘报告》详细介绍了该遗址各时期的遗存,指出北京地区带有前、后室的砖券墓出现在东汉中期,此次发掘清理的10座砖室墓形制是东汉或稍晚时期常见的墓葬形制。墓葬平面多呈"甲"字形或"中"字形,建有斜坡状墓道。单室、双室和多室墓与平谷、顺义、房山等地区发现的砖室墓形制相同或相近。从随葬器物来看,墓葬出土的随葬品皆具有明显的东汉中晚期的特点,出土的杯、盘、奁、灶、仓、井、动物俑等与北京怀柔城北汉墓、平谷汉墓、顺义临河汉墓、房山岩上汉墓中出土的同类型器物形制相同或相近。其中,杯、盘、奁是东汉晚期常见的随葬器物,人俑、动物俑在东汉晚期已很盛行。在北京地区,圆头陶灶出现在东汉中期,方头陶灶出现在东汉晚期。墓中出土铜钱均为东汉五铢。故该批墓葬年代应在东汉中晚期[3]。西环南路发现的汉代墓葬中M7平面呈椭圆形,该墓葬为儿童瓮棺葬,直壁平底,葬具由两个夹云母红褐陶釜组成,两口相对。类似的瓮棺墓在北京怀柔城北曾有发现。砖室墓中平面形状均呈长方形,其中3座单室墓属于小型墓葬,随葬品较少,其形制与随葬品特征和北京昌平白浮、半截塔村等地的汉代单室砖墓一致。1座双室墓属于中型墓葬,随葬品较丰富,有铜钱、陶盘、陶豆、棺钉、铜耳环、条砖、鞍形器、陶勺、陶盘、方砖,其形制特征与北京怀柔城北、顺义田各庄等地发现的双室墓一致[4]。

此外,北京市文物研究所在配合基建所作考古发掘工作的基础上,对部分汉墓的发掘资料进行了整理,公布了部分发掘报告,如《北京地铁土桥车辆段墓葬、窑址发掘报告》[5]。

[1] 韩嘉谷:《通县晾鹰台为东汉雍奴县故称东门旧址考》,《北京文博》2000年第4期。

[2] 王武钰:《北京通县、房山等地汉墓》,《中国考古学年鉴(1984年)》,文物出版社,1985年。

[3] 北京市文物研究所:《北京市通州区武夷花园二期项目遗址考古发掘报告》,载宋大川主编:《北京考古(第二辑)》,北京燕山出版社,2008年;张智勇、刘风亮、郑旭生:《通州区武夷花园两汉和清代墓葬》,《中国考古学年鉴(2007年)》,文物出版社,2008年;张智勇、刘风亮、郑旭生:《北京通州发掘两汉和清代墓葬》,《中国文物报》2006年12月22日。

[4] 北京市文物研究所:《北京市经济开发区西环南路考古发掘报告》,载宋大川主编:《北京考古工作报告(2000~2009)》(亦庄卷),上海古籍出版社,2011年。

[5] 北京市文物研究所:《北京地铁土桥车辆段墓葬、窑址发掘报告》,载宋大川主编:《北京考古工作报告(2000~2009)》(平谷、通州、顺义卷),上海古籍出版社,2011年。

第二节 晋唐时期考古发现与研究

一、考古发现与发掘概述

通州区已发现的晋唐时期遗存数量较少，主要包括北齐长城遗址、窑址及墓葬。

通州境内北齐长城遗址位于通州永顺地区南关村一带。该段长城始建于北齐天保八年（557年），今通州境内长约30里。现通州境内仅存窑厂村一段土岗，呈西北—东南走向，长约150米，基宽约15、残高4米[1]。

通州区内发现唐代窑址18座。2007年8~9月，通胡大街附近发现隋唐时期烧制砖瓦的窑址1座，窑址平面呈"甲"字形，由操作间、火门、通风道和出渣口、火膛、窑室及窑床、排烟道组成[2]。2009年8月，通州区马驹桥物流基地D01地块发现唐代窑址1座，平面呈不规则形，坐北朝南，由操作间、窑门、火膛和窑室四部分组成[3]。2009年12月，通州区马驹桥物流基地E-04地块发现唐代窑址11座，均为半地穴式，根据烧窑排烟系统构造的不同，可分为烟道型和烟室型两类，其中烟道型5座、烟室型4座，另2座窑址排烟系统被严重破坏，结构不清，未分型。窑址内多出土砖、瓦等建筑材料，陶、瓷质的生活用具数量较少。因该区域仅发现1座唐墓，故发掘者推断窑址或为墓地的附属品，或与附近的聚落遗址或尚未发现的墓葬有关[4]。2012年5~6月，轻轨L2线通州段D1地块发现唐代窑址1座[5]。2013年3~5月，通州区宋庄文化创意产业集聚C地块发现唐代窑址4座[6]。

通州区内已发现的晋唐时期墓葬已不少。潞城镇召里村西北发现汉至西晋时期砖室墓4座，张家湾镇坨堤村北发现唐墓4座。1965年，徐辛庄镇大庞村发现唐代砖室墓1座，出土墓志一合，为唐正议大夫高行晖与夫人合葬墓。1972年9月，通州土桥砖瓦厂内发现一座唐代单室砖墓，出土瓷质诗盒、诗碗，双耳陶罐与铜勺、铁熨斗等。1983年5月，于家务乡东垡村东北约200米处王家坨下发现唐墓1座。1983年6月，梨园镇小街村东发现唐代砖室墓1座。1991年，宋庄镇平家疃村东南发现唐代砖室墓5座。[7] 2004年2~3月，西环南路发现唐墓1座[8]。2006年10~11月，通州武夷时代二期工程（月季园住宅小区）发现唐墓1座[9]。2010年5~6月，北京

［1］北京市文物局编著：《北京文物地图集》，科学出版社，2009年。

［2］北京市文物研究所：《北京新城基业发展有限公司文物考古发掘报告》，载宋大川主编：《北京考古工作报告（2000~2009）》（平谷、通州、顺义卷），上海古籍出版社，2011年。

［3］北京市文物研究所：《通州区马驹桥物流基地D01地块项目考古发掘报告》，载宋大川主编：《北京考古工作报告（2000~2009）》（平谷、通州、顺义卷），上海古籍出版社，2010年。

［4］郭力展：《北京马驹桥物流基地E-04地块发掘简报》，《文物春秋》2010年第5期。

［5］北京市文物研究所：《轻轨L2线通州段次渠站、垡渠南站、亦庄火车站土地一级开发项目D1地块考古发掘报告》，未刊。

［6］北京市文物研究所：《通州区宋庄文化创意产业集聚C地块一级开发项目考古发掘报告》，未刊。

［7］北京市文物局编著：《北京文物地图集》，科学出版社，2009年。北京市通州区文学艺术界联合会、北京市通州区文化委员会编：《通州文物志》，文化艺术出版社，2006年。

［8］北京市文物研究所编著：《北京亦庄考古发掘报告（2003~2005年）》，科学出版社，2009年。

［9］北京市文物研究所：《北京市通州区武夷花园二期项目遗址考古发掘报告》，载宋大川主编：《北京考古（第二辑）》，北京燕山出版社，2008年。

荣丰科技物流仓储项目占地范围发现唐墓2座[1]。2009年12月,通州区马驹桥物流基地E-04地块发现唐墓1座,平面近"刀"形,为砖砌单室墓,由墓道、墓门、墓室组成,出土长方形带銙、方圆形銙尾、带扣、圭首形带銙等铜饰4件。发掘者根据墓葬形制及出土器物推断,该墓年代为唐前中期[2]。2012年6~7月,轻轨L2线通州段B4地块发现唐代砖室墓5座,墓道均为斜坡状,墓室有弧边方形、圆形和长方形三种,墓室内棺床占据一半或大部分空间。出土陶器、瓷器、铜器、铁器等随葬品28件。出土的三彩鸭形盉以唐代特征为主,发掘者据此推断墓葬的年代应该在唐末辽初时期[3]。2010年12月~2011年3月,通州区运河核心区发现唐墓1座。该墓早期被严重盗扰,出土墓志表明墓主人为唐长庆四年幽州武清县主簿[4]。2012年12月~2013年4月,通州区运河核心区5号地块发现唐墓4座[5]。2013年3~5月,通州区宋庄文化创意产业集聚C地块发现唐墓2座[6]。2016年,北京市文物研究所在潞城镇古城村、胡各庄等地发现唐墓97座,其中古城村南约600米处,发现唐成宗开成二年(837年)幽州潞县丞艾演墓,出土墓志一方[7]。潞城镇后北营村发现吕元悦及夫人合袝墓志[8]。

　　此外,1983年6月,在梨园乡北京土桥砖瓦厂小街村东南发现唐代孙如玉、孙封墓志[9]。

二、考古研究现状

　　通州区已发现的晋唐时期的遗存数量较少,正式公布的考古资料更是极为有限,制约了通州区晋唐考古研究工作的深入开展。

　　周良的《通州窑厂村北齐长城遗址》详细介绍了梨园乡小街村东南出土的唐代孙如玉、孙封墓志,同时结合文献资料考证通州区内确有北齐所修的长城[10]。鲁晓帆的《北京通州出土两方唐代墓志考释》(上、下)公布了通州出土的吕元悦及夫人合袝墓志及艾演墓志录文,并对两方唐代墓志内容进行了考释。作者分析了墓主吕元悦及夫人的家世、生平及子孙概况。他指出,墓志中吕元悦及夫人葬地"唐幽州潞县招义乡的北尹村",即现在的北京通州区潞城镇后北营村。幽州潞县"招义乡北尹村"是历史上首次出现的潞县乡名与村名,为研究通州的历史地理变迁提供了重要依据。另外,作者指出志文中的"白碘"河即"白屿"河,是指现今的(潮)白河,认为北魏郦道元《水经注》所载流经潞县的河流鲍秋水,在唐时被称为白碘(屿)河,辽代以后才被称为(潮)白河。此墓志对研究唐代幽州历史,特别是潞县的地理变迁、河流名称的演变过程都提供

[1]北京市文物研究所:《北京荣丰科技物流仓储项目考古发掘报告》,未刊。
[2]郭力展:《北京马驹桥物流基地E-04地块发掘简报》,《文物春秋》2010年第5期。
[3]北京市文物研究所:《北京通州次渠唐金墓发掘简报》,《文物春秋》2015年第1期。
[4]北京市文物研究所:《通州区运河核心区Ⅴ-01、Ⅴ-02、Ⅳ-02、Ⅳ-03、Ⅳ-05、Ⅳ-08、Ⅳ-09地块考古发掘报告》,未刊。
[5]北京市文物研究所:《通州区运河核心区5号地块二期项目Ⅲ-01至13、Ⅳ 01、04、06、07、10、11地块考古发掘报告》,未刊。
[6]北京市文物研究所:《通州区宋庄文化创意产业集聚C地块一级开发项目考古发掘报告》,未刊。
[7]《北京城市副中心的金名片——通州汉代路县故城遗址考古发掘取得重大收获》,《中国文物报》2017年2月28日。
[8]鲁晓帆:《北京通州出土两方唐代墓志考释》(上、下),《收藏家》2017年第5期、第6期。
[9]周良:《通州窑厂村北齐长城遗址》,《北京文博》2004年第3期。
[10]周良:《通州窑厂村北齐长城遗址》,《北京文博》2004年第3期。

了可靠的文字资料。艾演墓志记载了墓主的家族世系、职官及家庭情况,其中志文中艾演"卜宅于潞县甄升乡古潞城南一里平原成坟",明确指出汉代"路县"县治的具体方位,为确定汉代路县古城遗址的准确地点提供了最好的实物佐证。两方墓志中出现的"招义乡"、"甄升乡"、"通衢坊"则补充了唐幽州潞县城外的乡村之名和潞县城中的里坊之名[1]。

　　通州区内早期发现的唐代墓葬多为调查所得,未经正式发掘,墓葬资料不详。21世纪后配合基本建设发现的唐代窑址及墓葬资料多藏于北京市文物研究所,部分资料尚未刊布。《北京市通州区武夷花园二期项目遗址考古发掘报告》详细描述了该遗址发现的唐代墓葬,但该墓葬因被严重破坏,墓葬的整体情况不详。作者认为从残存部分来看,其墓葬形制与北京地区以往发现的唐代墓葬有别,但从墓葬中出土的随葬器物看,带双系、饼形足的瓷罐及附双耳的铁炉在以往唐代墓葬中亦有发现[2]。郭力展的《北京马驹桥物流基地E-04地块发掘简报》全面公布了该地块发现的唐代墓葬和部分唐代窑址资料。此次发掘的唐墓为刀形墓,而在以往北京地区唐代砖室墓的考古发现中,以竖穴土坑墓、船形墓、圆形墓、长圆形墓为多见,刀形墓仅有零星的发现,且数量很少。琉璃河的3座唐墓中,M2的墓室为长方形,与本次发现的唐墓墓室形制一致,并且这4座墓葬的墓道均位于墓室南端的偏东一侧,都为斜坡底;但是琉璃河发现的唐墓有棺床,而此次发掘的却无棺床,即墓主人直接躺在铺地砖上,只是4座墓的墓主人均位于墓室西侧,面向均向西,说明在墓葬形制上二者既有相似性,也存在部分差异。在出土器物上,本次出土的长方形带銙、方圆形尾銙、圭首形带銙,与琉璃河、亦庄唐墓出土的器物类似,同时与辽宁朝阳唐贞观十七年(643年)蔡须达墓出土的类似,亦与河北蔚县榆涧唐墓(唐前期偏晚)所出的相似。由此推知,这座墓的年代应为唐前中期。对于发现的唐代窑址,作者认为通常情况下,窑址和墓葬共存于同一遗址中,则窑址的功能大多是为墓葬的营建服务,或为墓葬烧制其建造所需的砖,或烧制随葬器物。但是此次发掘仅发现一座唐代墓葬,因此推测这批唐代窑址的用途一方面是墓地的附属品,另一方面可能与附近的聚落遗址或尚未发现的墓葬有关[3]。《北京通州次渠唐金墓发掘简报》公布了轻轨L2线次渠段B4地块发现的唐墓资料,详细描述了墓葬形制结构与出土器物。发掘者认为此次发掘的唐墓的墓道均为斜坡状,墓室有弧边方形、圆形和长方形三种,棺床占据墓室一半或大部分空间,与密云大唐庄、大兴北程庄、亦庄地区、朝阳生物院小区、昌平旧县唐墓形制多有类似,为北京地区常见形制。其中M4、M5、M7、M9分布较为集中,应属同一家族。随葬品方面,M4发现的三彩鸭形盂是北京地区唐、辽考古中首次发现,对墓葬断代有重要参考作用。三彩鸭形盂的胎体为白色,吸水率较高,色彩以黄、绿为主;由于烧制温度较低,釉色多有脱落而露出胎体,胎体表面也有层层脱落的颗粒状物质,因此推测为明器。通过综合对比分析并结合三彩鸭形盂,发现其唐、辽的特征均有体现,但是以唐代特征为主,因此推测这批墓葬的年代应该在唐末辽初[4]。

————————

[1] 鲁晓帆:《北京通州出土两方唐代墓志考释》(上、下),《收藏家》2017年第5期、第6期。
[2] 北京市文物研究所:《北京市通州区武夷花园二期项目遗址考古发掘报告》,载宋大川主编:《北京考古(第二辑)》,北京燕山出版社,2008年。
[3] 郭力展:《北京马驹桥物流基地E-04地块发掘简报》,《文物春秋》2010年第5期。
[4] 北京市文物研究所:《北京通州次渠唐金墓发掘简报》,《文物春秋》2015年第1期。

第三节　辽金元时期考古发现与研究

一、考古发现与发掘概述

辽金元时期，因地处辽南京、金中都和元大都近郊，通州地位日渐重要。金天德三年（1511年）海陵王决定迁都燕京，因潞县为这一地区的漕运孔道，取"漕运通济"之义改称"通州"。金代通州的始置和命名在其发展史上是具有划时代意义的大事，标志着它作为京东水陆门户和运河北源头地位的兴起和确立。

通州区已发现的辽金元时期遗存数量较多，种类丰富，包括城址、运河遗址、宗教遗迹、窑址、墓葬及其他遗存。

辽代时皇室每年春季至潞县南境的延芳淀进行弋猎活动，为了加强行政管理和方便春猎活动，辽圣宗太平年间（1021~1031年）于潞县故霍村镇筑城置县，因县城在潮河之南，取县名曰潮阴，并析潞县南境为其辖土。1981年，《北京历史地图集》编辑组的同志在今通州南部牛堡屯乡的"大北关"、"小北关"、"前南关"、"后南关"四地调查，发现一处历史时期聚落遗址，散布着许多辽金元时代的砖瓦碎块和瓷片，参照附近地名和有关文献记载，最终确认此地为辽潮阴县故城址[1]。

通州还有部分与大运河相关的遗址，如张家湾镇定福庄南发现大运河故道、台湖镇口子村至张家湾镇张湾村发现萧太后运粮河、新华街道女师胡同1号发现漕运司署。

宗教遗迹为辽塔地宫石函。1988年12月，宋庄电信局后院施工中发现辽塔地宫，平面呈圆形，直径约5米，宫内置青砂岩质棺形子母石函，石函四面刻有生肖。经考证地宫为辽圣宗统和末期至开泰年间所造，所葬之人疑为尼姑[2]。

零星发现的窑址有：2002年，土桥村发现辽代窑址1处[3]；2009年12月，马驹桥物流基地E-04地块发现辽金窑址1座，平面呈"吕"字形，南北向，由操作间、窑门、窑室（火膛、窑床）组成[4]；2010年1月，通州区宋庄文化创意产业集聚区发现辽金窑址1座[5]。此外，2010年12月~2011年3月，通州区运河核心区发现辽金古井2眼[6]。

通州区已发现的辽金元时期墓葬主要有：1975年三间房发现2座金代石椁墓，均为火葬，其中一号墓出土墓志一合，墓主人为石宗璧。发掘者根据二号墓骨灰中发现银簪、坠饰等器物

［1］尹钧科：《北京的地名与古代遗迹探寻》，《北京文博》1996年第2期。

［2］周良、姚景民：《通县出土罕见辽塔地宫石函》，《北京文物报》1989年第6期。

［3］北京市文物研究所：《北京地铁土桥车辆段墓葬、窑址发掘报告》，载宋大川主编：《北京考古工作报告（2000~2009）》（平谷、通州、顺义卷），上海古籍出版社，2011年。

［4］郭力展：《北京马驹桥物流基地E-04地块发掘简报》，《文物春秋》2010年第5期。

［5］北京市文物研究所：《通州区宋庄文化创意产业集聚区土地一级开发定向安置房项目考古发掘工作报告》，未刊。

［6］北京市文物研究所：《通州区运河核心区Ⅴ-01、Ⅴ-02、Ⅳ-02、Ⅳ-03、Ⅳ-05、Ⅳ-08、Ⅳ-09地块考古发掘报告》，未刊。

推测二号墓主应为女性[1]。1978年4月，唐大庄发现金代墓葬1座，墓葬形制不详，出土带有"鼎砚铭"的澄泥陶砚[2]。1985年，城关镇五里店西发现史氏墓，墓已毁，形制不详，出土史氏墓志一方[3]。1993年，北苑街道帅府园胡同西口发现金代石椁墓，出土仲良墓志一方[4]。潞县镇南屯村南发现一处金代墓地，曾发现几座砖室墓[5]。1996年4月，通州新城内斗子营胡同东口南侧发现辽墓1座。宋庄镇后夏公庄东发现一处元代墓地。潞县镇南阳村南发现元代大兴府尹郭汝梅墓。西集镇郎府村西发现26座元代砖室墓，出土白釉褐彩瓷罐、盘与黑釉瓷碗、鸡腿瓶、灰陶罐及铜镜等器物[6]。2005年，六环路天然气、成品油及航空燃油管线通州段沿线发现辽金墓6座[7]。2006年，京津磁悬浮铁路通州段沿线发现辽金墓葬10座，均为竖穴土圹砖室墓，墓葬用材普通，随葬品简单，据此推断当为平民墓[8]。2012年，轻轨L2线通州段发现部分辽金时期墓葬，其中B3地块发现金代砖室墓1座，平面呈圆形，由墓道、墓门、墓室组成，墓室内装饰砖雕仿木结构的门与窗，出土泥质灰陶明器17件[9]；B1地块发现辽金时期砖室墓1座[10]；B5地块发现辽金墓葬2座[11]。2013年4月，通州区运河核心区5号地块发现辽金墓13座[12]。2013年3~5月，通州区宋庄文化创意产业集聚区C地块发现辽金墓5座[13]。2016年，北京市文物研究所在潞城镇古城村、胡各庄等地发现辽金墓葬28座、元代墓葬4座[14]。

通州发现的辽金时期窖藏包括：1958年8月，通州东门外发现一处辽金时期遗址，发现六鋬釜、耪、镰、手铲等铁器[15]。1973年，新华街原花丝镶金嵌厂内发现铜佛版[16]。1982年，西集镇金各庄村西发现1处辽代钱币窖藏，1985年宋庄镇西赵村南口发现1处辽代钱币窖藏，1989年马驹桥镇大葛庄村北发现1处金代钱币窖藏[17]。1985年通州旧城北部司空小区发现北宋或辽代窖藏，1985年潞县镇南马庄村发现金代窖藏，1985年5月永顺镇乔庄村发现元青釉狩猎纹碗，1984年6月通州旧城南关出土元绿釉历史人物纹碗，1982年春宋庄镇白庙村出土元钧窑天青

[1] 刘精义、张先得：《北京市通县金代墓葬发掘简报》，《文物》1977年第11期。
[2] 鲁琪：《通县唐大庄出土金代陶砚》，《文物》1981年第8期。
[3] 周良：《通州今存石刻》，《北京文博》2001年第3期。
[4] 周良：《通县发现金代石椁墓》，《北京文物报》1993年第10期。
[5] 北京市文物局编著：《北京文物地图集》，科学出版社，2009年。
[6] 北京市文物局编著：《北京文物地图集》，科学出版社，2009年。
[7] 北京市文物研究所：《六环路天然气、成品油及航空燃油管线工程考古勘探报告》，载宋大川主编：《北京考古工作报告（2000~2009）》（平谷、通州、顺义卷），上海古籍出版社，2011年。
[8] 北京市文物研究所：《京津磁悬浮铁路工程考古发掘报告》，载宋大川主编：《北京考古工作报告（2000~2009）》（平谷、通州、顺义卷），上海古籍出版社，2011年。
[9] 北京市文物研究所：《北京通州次渠唐金墓发掘简报》，《文物春秋》2015年第1期。
[10] 北京市文物研究所：《轻轨L2线通州段次渠站、垡渠南站、亦庄火车站土地一级开发项目B1地块考古发掘报告》，未刊。
[11] 北京市文物研究所：《轻轨L2线通州段次渠站、垡渠南站、亦庄火车站（B5地块）土地一级开发项目考古发掘报告》，未刊。
[12] 北京市文物研究所：《通州区运河核心区5号地块二期项目Ⅲ-01至13、Ⅳ 01、04、06、07、10、11地块考古发掘报告》，未刊。
[13] 北京市文物研究所：《通州区宋庄文化创意产业集聚区C地块一级开发项目考古发掘报告》，未刊。
[14]《北京城市副中心的金名片——通州汉代路县故城遗址考古发掘取得重大收获》，《中国文物报》2017年2月28日。
[15] 北京市文物工作队：《北京出土的辽、金时代铁器》，《考古》1963年第3期。
[16] 北京市文物局编著：《北京文物地图集》，科学出版社，2009年。
[17] 北京市文物局编著：《北京文物地图集》，科学出版社，2009年。

釉大碗2只,1994年6月永顺镇小潞邑村北出土圆纽联弧铭文铜镜,1997年5月,宋庄镇菜园村南出土乳纽素面小铜镜及9枚"太平通宝"铜钱[1]。1991年梨园镇九棵树村出土金绿釉刻花瓷枕函[2]。

通州出土的辽金时期墓志有:徐辛庄乡葛渠村出土辽同知昌武军节度使兼许州管内观察使李抟墓志[3],通州区天桥湾出土郑颉墓志[4],通州城区发现元代同知漕运司赵公去思碑[5]。

二、考古研究现状

东门外遗址为1958年调查时发现,未经发掘,有关学者根据此处的文化层及灰坑遗迹推测此处可能是一处辽金时代的遗址[6]。通州辽塔地宫遗址于1988年发现并做了清理,经有关学者考证,此塔地宫为辽圣宗统和末期至开泰年间所造,所葬之人似为尼姑。该塔出土的石函极为精美,"是北京地区独见的刻有生肖、四灵的辽代石函,历史、艺术价值很高"[7]。

土桥遗址发现辽代窑址1处、辽代墓葬2座、宋代墓葬1座,《北京地铁土桥车辆段墓葬、窑址发掘报告》详细描述了各类遗存[8]。配合基建发掘的辽金时期窑址及水井遗址均有发掘报告,但详细资料尚未公开刊发。

三间房金墓于1975年发掘,清理出2座石椁墓,均为火葬,其中一座墓主人是石宗璧墓,已有《北京市通县金代墓葬发掘简报》[9]发表。发掘者根据二号墓骨灰中发现银簪、坠饰等器物推测,墓主应为女性。石椁形制与一号墓相同,所出瓷器与一号墓瓷器大体相同,二号墓主人似为石宗璧的家属。根据志文,该女姓克石烈氏。根据文献记载,克石烈氏是金代统治阶级中的重要氏族之一,由此推断,二号墓主人应为女真贵族。唐大庄金墓未经发掘,墓地出土了一些文物,曾有学者专门撰写《通县唐大庄出土金代陶砚》[10]一文对该墓出土的陶砚进行分析,指出"鼎砚铭"是在制成坯子时用木刻打印的,其别号"见海若"三字戳子,由于打印次数较多,字迹都已模糊。澄泥砚在唐代开始制作,最初出于山西绛州。据说用绢袋装上汾河泥,加以漂洗,澄得细泥,烧制而成。此处出土澄泥陶砚是将河泥淘澄得极细后烧制而成的。

仲良墓于1993年发现。该墓为石棺墓,出土了一些器物,《通县发现金代石棺墓》一文对石棺和出土器物进行了描述,并分析了死者所处时代,指出志文并未写明死者是金代人,然根据《金史》《历代职官表》所载考证,保义校尉为正九品武官阶,自金代始设,元代承袭,明清取消;

[1] 北京市通州区文学艺术界联合会、北京市通州区文化委员会编:《通州文物志》,文化艺术出版社,2006年。
[2] 周良:《通县出土金代绿釉刻花瓷枕函》,《北京文物报》1992年第6期。
[3] 吴文、傅幸:《五十年北京地区发现的重要文字石刻》,《北京文博》2000年第1期。
[4] 任秀侠:《辽郑颉墓志考》,《北京文博》2003年第4期。
[5] 周良:《通州今存石刻》,《北京文博》2001年第3期。
[6] 北京市文物工作队:《北京出土的辽、金时代铁器》,《考古》1963年第3期。
[7] 周良、姚景民:《通县出土罕见辽塔地宫石函》,《北京文物报》1989年第6期。
[8] 北京市文物研究所:《北京地铁土桥车辆段墓葬、窑址发掘报告》,见宋大川主编:《北京考古工作报告(2000~2009)》(平谷、通州、顺义卷),上海古籍出版社,2011年。
[9] 刘精义、张先得:《北京市通县金代墓葬发掘简报》,《文物》1977年第11期。
[10] 鲁琪:《通县唐大庄出土金代陶砚》,《文物》1981年第8期。

又金代太府监内设酒坊使,从八品,而元以后此官已无,可见仲良为金代人无疑;还指出该墓未见一枚铜钱,说明死者在海陵王正隆二年之前改葬,因为当时金朝还未曾铸造货币,而是以物交易,故没有本国铜钱随葬[1]。

武夷花园遗址辽金墓发现于武夷花园遗址。武夷花园遗址共发掘辽金时期墓葬1座,《通州武夷时代二期工程(月季园住宅小区)考古发掘报告》[2]对辽金墓葬进行了详细描述。

京津磁悬浮铁路工程墓群共发现辽金墓10座,均为竖穴土圹砖室墓,按墓室平面分类,有椭圆形2座、长方形7座、梯形1座。按有无墓道来分,带墓道的5座,不带墓道的5座。这些墓葬用材普通,随葬品简单,据此推断当为平民墓[3]。

《北京通州次渠唐金墓发掘简报》公布了轻轨L2线次渠段B3地块发现的1座金墓资料,详细描述了墓葬的形制结构与出土器物。该墓平面呈圆形,由墓道、墓门、墓室组成,出土随葬品17件,均为泥质灰陶明器,表面均涂有白色颜料,个别器物还涂有红色颜料。发掘者认为该金墓的墓葬形制和部分出土器物与大兴小营、华能热电厂金代墓葬类似。就墓葬形制而言,圆形单室砖墓的年代多在辽末金初,即为金前期最主要的墓葬形制,是辽代乃至北朝以来北方民族考古学文化的一种延续。墓葬出土器物均为陶制明器,是北京地区金代墓葬随葬器物的普遍特点[4]。

元墓仅发现3处,其中两处即后夏公庄墓群和郎府墓群明确发现有砖室墓。3处元墓均未经发掘,但出土的一些随葬品仍具有研究价值,如郎府墓群出土的白釉褐彩瓷罐、盘与黑釉瓷碗、鸡腿瓶、灰陶罐及铜镜等;后夏公庄墓群出土的黑釉双系大口瓷罐、白釉褐彩纹瓷碗以及四系黑釉汲水瓶等,对研究元代随葬品有一定价值。郭府尹墓发现的石翁仲对研究元代墓葬仪仗制度有一定意义。

《辽郑颉墓志考》[5]一文,结合历史文献和已发表的相关墓志材料,对郑颉墓志做了初步考释,并对辽代幽燕地区豪族间的关系做了进一步的考察;指出志文中涉及的人名、官职、世系、地名对研究辽史和北京史具有重要意义。此外,有学者发表《通州今存石刻》[6]一文,对通州地区发现的所有石刻,包括墓碑、志等进行了梳理,并进行了一些初步的研究,如指出1988年于通州新华街南侧电信局出土的辽塔地宫石函是北京地区独见的刻有生肖、四灵的辽代石函,历史、艺术价值很高;史氏墓志表明早在金代,北京地区就已经实行死后火化,且形成地方民俗,为研究火化制度的历史提供了可靠的证据等。

关于武夷花园遗址水井,发掘者根据井内堆积及包含物并结合井的结构特点分析,井应为

[1] 周良:《通县发现金代石椁墓》,《北京文物报》1993年第10期。
[2] 北京市文物研究所:《通州武夷时代二期工程(月季园住宅小区)考古发掘报告》,载宋大川主编:《北京考古工作报告(2000~2009)》(平谷、通州、顺义卷),上海古籍出版社,2011年。
[3] 北京市文物研究所:《京津磁悬浮铁路工程考古发掘报告》,载宋大川主编:《北京考古工作报告(2000~2009)》(平谷、通州、顺义卷),上海古籍出版社,2011年。
[4] 北京市文物研究所:《北京通州次渠唐金墓发掘简报》,《文物春秋》2015年第1期。
[5] 任秀侠:《辽郑颉墓志考》,《北京文博》2003年第4期。
[6] 周良:《通州今存石刻》,《北京文博》2001年第3期。

辽金以后饮用水井,并延续至清代时期[1]。对通州区运河核心区发现的水井,发掘者根据地层关系,判断其中的两口属于辽金时期,另一座属于清代[2]。

第四节　明清时期考古发现与研究

一、考古发现概述

明清时期,通州享有"北京水上门户"和"漕运仓储重地"的盛誉,并发展为繁荣的商业城市。通州区明清时期考古发现成果主要包括遗址和墓葬。

通州区历次文物普查中发现了漷县故城、通州故城、潞河驿码头遗址及皇木厂遗址[3]。2011年,北京市文物研究所在配合通州区运河核心区建设中发现明清时期古河道、古路遗迹及通州古城墙遗迹的东北角楼和北部城墙及瓮城,出土大量明清时期瓷片[4]。此外,北京市文物研究所在配合通州区运河核心区开发建设过程中还发现部分清代房址及明清时期窑址[5]。

2005年,为配合通州清真寺及张家湾南城门复建,北京市文物研究所对这两处遗址进行了发掘清理[6]。2006年12月~2007年6月,为配合京津高速公路第二通道公路建设,北京市文物研究所在王各庄村东部发现清代陶窑2座[7]。2006年8~9月,北京市文物研究所在配合北京经济技术开发区东部新区经海路四、五标段工程建设过程中发现明清墓5座、明清时期井2眼[8]。

通州区已发现的明清时期墓葬数量较多。20世纪50至90年代,通州区历次文物普查中发现大量明清时期墓葬,如董政家族墓地、岳正墓、李庄简家族墓地、李卓吾墓、孙亨墓、戚斌墓、杭宗鲁墓、徐金墓、焦亮墓、五里店明墓、刘中敷墓、于朝墓、赵文麟家族墓地、王国俊墓、谢尊光墓、徐元梦墓、汪云章墓、国柱墓、肃迟墓、琉球国人墓地。这些墓葬大多已遭破坏,墓葬形制及

[1] 北京市文物研究所:《北京市通州区武夷花园二期项目遗址考古发掘报告》,载宋大川主编:《北京考古(第二辑)》,北京燕山出版社,2008年。
[2] 北京市文物研究所:《通州区运河核心区Ⅴ-01、Ⅴ-02、Ⅳ-02、Ⅳ-03、Ⅳ-05、Ⅳ-08、Ⅳ-09地块考古发掘完工报告》,未刊。
[3] 北京市文物局编著:《北京文物地图集》,科学出版社,2009年。
[4] 北京市文物研究所:《通州区运河核心区Ⅸ-01至Ⅸ-04地块古河道考古发掘报告》,《通州运河核心区Ⅴ-06古城墙遗址考古发掘报告》,未刊。
[5] 北京市文物研究所:《通州区运河核心区Ⅴ-01、Ⅴ-02、Ⅳ-02、Ⅳ-03、Ⅳ-05、Ⅳ-08、Ⅳ-09地块考古发掘报告》,《通州区运河核心区5号地块二期项目Ⅲ-01至13、Ⅳ01、04、06、07、10、11地块考古发掘报告》,未刊。
[6] 北京市文物研究所:《清真寺部分遗址考古发掘完工报告》《张家湾城南城门考古发掘报告》,载宋大川主编:《北京考古工作报告(2000~2009)》(建筑遗址卷),上海古籍出版社,2011年。
[7] 北京市文物研究所:《京津高速第二通道公路工程考古发掘报告》,载宋大川主编:《北京考古工作报告(2000~2009)》(通州卷),上海古籍出版社,2011年。
[8] 北京市文物研究所:《北京经济技术开发区东部新区经海路四、五标段工程考古勘探报告》《北京经济技术开发区东部新区经海路四、五标段工程考古发掘报告》,载宋大川主编:《北京考古工作报告(2000~2009)》(亦庄卷),上海古籍出版社,2011年。

随葬器物等均不明，部分仅残留墓志或墓碑[1]。

进入21世纪后，北京市文物研究所在配合通州区开发建设中发现并清理了部分明清时期墓葬。2004年，马驹桥镇凉水河北岸西环南路发现明墓3座、清墓1座[2]。2005年，六环路天然气、六环路成品油及航空燃油管线通州段发现清墓10座，其中1标段碱厂村南段发现清墓3座，2标段萧太后河南段发现清墓3座，2标段太玉园小区西段发现清墓2座，3标段通湖路北段清墓3座，3标段小庞村南段发现清墓4座[3]。2006年，京津铁路通州区半截河段、王各庄段和十八里店段发现明清墓葬13座[4]。2006年11月，通州区月季园住宅小区发现清墓2座[5]。2006年12月~2007年1月，通州区新华大街发现明清墓5座[6]。2007年7~11月，大稿村发现明清时期墓葬8座[7]。2007年8月至9月，新城基业项目占地范围内发现明墓6座，清墓14座[8]。2008年9月，梨园镇魏家坟发现明清墓葬50座[9]。2009年7~8月，梨园镇半壁店旧村发现明代砖室明堂2座、墓葬22座，清代墓葬29座[10]。2009年8~10月，通州区郑庄北部发现明清墓190座[11]。2009年12月~2010年1月，宋庄镇东南部发现清代墓葬36座[12]。2010年5~6月，马驹桥镇东南部发现清代墓葬3座[13]。2011年5~6月，通州马驹桥镇物流基地生活配套项目B地块（东区）发现明清墓葬41座[14]。2011年11~12月，通州马驹桥镇物流基地生活配套项目B地块（西区）发现清代墓葬243座[15]。2012年7~8月，通州砖厂村地块土地一级开发项目（C区）发现明

[1] 北京市文物局编著：《北京文物地图集》，科学出版社，2009年。
[2] 北京市文物研究所编著：《北京亦庄考古发掘报告（2003~2005年）》，科学出版社，2009年。
[3] 北京市文物研究所：《六环路天然气、成品油及航空燃油管线工程考古勘探报告》，载宋大川主编：《北京考古工作报告（2000~2009）》（通州卷），上海古籍出版社，2011年。
[4] 北京市文物研究所：《京津磁悬浮铁路工程考古发掘报告》，载宋大川主编：《北京考古工作报告（2000~2009）》（平谷、通州、顺义卷），上海古籍出版社，2011年。
[5] 北京市文物研究所：《通州区武夷时代二期工程（月季园住宅小区）考古发掘报告》，载宋大川主编：《北京考古工作报告（2000~2009）》（平谷、通州、顺义卷），上海古籍出版社，2011年。
[6] 北京市文物研究所：《通州科技大厦工程考古勘探报告》，载宋大川主编：《北京考古工作报告（2000~2009）》（通州卷），上海古籍出版社，2011年。
[7] 北京市文物研究所：《北京市通州区半壁店中佰龙住宅区工程考古发掘完工报告》，载宋大川主编：《北京考古工作报告（2000~2009）》（平谷、通州、顺义卷），上海古籍出版社，2011年；北京市文物研究所：《北京市通州区大稿村明清墓葬发掘简报》，《北京文博》2010年第1期。
[8] 北京市文物研究所：《北京新城基业发展有限公司文物考古发掘报告》，载宋大川主编：《北京考古工作报告（2000~2009）》（平谷、通州、顺义卷），上海古籍出版社，2011年；北京市文物研究所：《通州新城基业项目墓葬发掘简报》，《北京文博》2009年第1期。
[9] 北京市文物研究所：《通州梨园久居雅园A区工程考古发掘完工报告》，载宋大川主编：《北京考古工作报告（2000~2009）》（平谷、通州、顺义卷），上海古籍出版社，2011年。
[10] 北京市文物研究所：《通州区梨园镇半壁店旧村地块土地一级开发项目考古勘探报告》，载宋大川主编：《北京考古工作报告（2000~2009）》（平谷、通州、顺义卷），上海古籍出版社，2011年；北京市文物研究所：《北京市通州区梨园镇半壁店旧村明清墓葬发掘简报》，《北京文博》2013年第4期。
[11] 北京市文物研究所：《北京市第8代薄膜晶体管液晶显示器件项目工程考古发掘报告》，载宋大川主编：《北京考古工作报告（2000~2009）》（平谷、通州、顺义卷），上海古籍出版社，2011年。
[12] 北京市文物研究所：《通州区宋庄文化创意产业集聚区土地一级开发定向安置房项目考古发掘工作报告》，未刊。
[13] 北京市文物研究所：《北京荣丰科技物流仓储项目考古发掘报告》，未刊。
[14] 北京市文物研究所：《通州马驹桥镇物流基地生活配套项目B地块（东区）土地一级开发项目考古发掘报告》，未刊。
[15] 北京市文物研究所：《通州马驹桥镇物流基地生活配套项目B地块（西区）土地一级开发项目考古发掘报告》，未刊。

清墓葬3座[1]。2012年6~8月,轻轨L2线通州段次渠站、堠渠南站、亦庄火车站土地一级开发项目占地范围内发现大量清代墓葬,其中B2地块发现清代墓葬38座[2],B4地块发现清代墓葬6座[3],B5地块发现清代墓葬35座[4],B3地块发现清代墓葬7座[5],B1地块发现清代竖穴土圹墓19座[6],C1地块发现清代墓葬15座[7],D1地块发现清代墓葬6座[8]。2013年3~5月,通州区宋庄C地块发现明墓3座、清墓36座[9]。2014年3月,通州新城0803-015A地块发现明代墓葬4座,清代墓葬8座[10]。2016年,北京市文物研究所在潞城镇古城村、胡各庄等地发现明清墓葬143座[11]。

通州区发现的其他明清遗存有4处。张家湾镇皇木厂村旧址南部出土3个明代石权;1961年永乐店镇永乐店村发现明代瓷器窖藏,出土青花象耳瓶2件、青花加彩香筒1件、青花三足炉1件、珐华三彩器2件、三彩蜡台2件。同年,漷县镇郭庄发现明代瓷器窖藏,出土五彩盘1件、青花人物碗1件、青花盘5件。1970年,张家湾镇张家湾村发现明代瓷器窖藏,出土青花龙凤纹六孔小瓶1件、黄釉暗花龙凤纹盘1件,同时伴出的还有水晶翠饰2件。1996年,梨园镇大稿村发现清代瓷器窖藏,出土晚清民窑制品,共计190余件[12]。

二、考古研究现状

通州区内明清遗址及墓葬的考古学研究较为薄弱,早期发现的遗址及墓葬大多为历次文物普查过程中发现,仅进行了初步的考古学调查与研究。21世纪后正式发掘的明清遗址及墓葬的资料公布较为有限,制约了明清时期考古研究的进一步深入。

遗址研究方面,北京市文物研究所对通州清真寺部分遗址和张家湾城南城门遗址进行了考古发掘,随后相继整理公布发掘资料,先后发表了《清真寺部分遗址考古发掘完工报告》《张家湾城南城门考古发掘报告》[13]。报告对发掘的建筑遗迹进行了详细的描述,同时根据清理出的建筑基础的形制、建筑方法和建筑用料对遗址的年代进行了分析,为古建的复原

[1] 北京市文物研究所:《通州砖厂村地块土地一级开发项目(C区)考古发掘报告》,未刊。
[2] 北京市文物研究所:《轻轨L2线通州段次渠站、堠渠南站、亦庄火车站土地一级开发项目B2地块考古发掘报告》,未刊。
[3] 北京市文物研究所:《北京通州次渠唐金墓发掘简报》,《文物春秋》2015年第1期。
[4] 北京市文物研究所:《轻轨L2线通州段次渠站、堠渠南站、亦庄火车站(B5地块)土地一级开发项目考古发掘报告》,未刊。
[5] 北京市文物研究所:《北京通州次渠唐金墓发掘简报》,《文物春秋》2015年第1期。
[6] 北京市文物研究所:《轻轨L2线通州段次渠站、堠渠南站、亦庄火车站土地一级开发项目B1地块考古发掘报告》,未刊。
[7] 北京市文物研究所:《轻轨L2线通州段次渠站、堠渠南站、亦庄火车站(C1地块)土地一级开发项目考古发掘报告》,未刊。
[8] 北京市文物研究所:《轻轨L2线通州段次渠站、堠渠南站、亦庄火车站土地一级开发项目D1地块考古发掘报告》,未刊。
[9] 北京市文物研究所:《通州区宋庄文化创意产业集聚区C地块一级开发项目考古发掘报告》,未刊。
[10] 北京市文物研究所:《通州新城0803-015A地块明清墓葬发掘简报》,《北京文博》2015年第3期。
[11] 《北京城市副中心的金名片——通州汉代路县故城遗址考古发掘取得重大收获》,《中国文物报》2017年2月28日。
[12] 北京市文物局著:《北京文物地图集》,科学出版社,2009年;北京市通州区文学艺术界联合会、北京市通州区文化委员会编:《通州文物志》,文化艺术出版社,2006年。
[13] 北京市文物研究所:《清真寺部分遗址考古发掘完工报告》《张家湾城南城门考古发掘报告》,载宋大川主编:《北京考古工作报告(2000~2009)》(通州卷),上海古籍出版社,2011年。

及遗址的保护提供了重要依据。根据发掘工作中出土的陶器和瓷片推断,通州区运河核心区IX-01至IX-04地块古河道的使用年代应为元明清时期,废弃于清晚期。据包含物推测,东部古路第三层形成于元时期,一、二层形成于明清时期。在此次古河道、古路的发掘中出土的元明清时期的大量瓷片及陶片佐证了古河道两岸在元明清时期的昌盛。目前,还有部分明清窑址的资料尚未公布[1]。

墓葬研究方面,北京市文物研究所将其2000年至2009年在通州区开展的各项考古勘探、发掘工作的全部资料公开发表,出版了《北京考古工作报告(2000~2009)》(通州卷),为通州区明清墓葬的研究提供了重要资料。《北京市通州区大稿村明清墓葬发掘简报》全面介绍了通州区中佰龙住宅区工程占地范围内发现的8座明清墓葬,并对墓葬年代进行了分析,作者认为从墓葬中出土的带年号的铜钱来看,8座墓葬的年代历明末到清代晚期,但鉴于其他地区有的清代早期的墓葬也出土明末铜钱,而且在明清换代之际的一般小型土坑墓葬中,随葬陶瓷器形制多有类似之处,故此仅依铜钱断为明代的M6、M7两座墓葬,其年代下限或许可以进入清初。这8座墓葬均为竖穴土坑墓,形制较为简单,与北京海淀区、延庆县等地发现的同时期墓葬存在较多的相似之处,出土随葬器物类别较为丰富,其中还不乏做工精美的金银饰品。这批明清墓葬的发掘,进一步丰富了北京地区明清考古的内容,为我们深入了解本地区明清时期丧葬习俗及相关社会发展状况等提供了珍贵的实物资料[2]。《通州新城基业项目墓葬发掘简报》介绍了新城基业项目占地区域内发现明清墓葬的发掘情况,并详细描述了典型墓例和出土器物。27座明清墓葬均为竖穴土圹墓,南北向或东西向排列,依据内葬人数多寡,可分为单人葬墓、双人合葬墓、三人合葬墓及迁葬墓等几种类型。作者认为竖穴土圹木棺(椁)的墓葬形制是北京地区明清时期墓葬常见形制。釉陶罐、银簪等器物是北京地区明清时期墓葬中常出器物,与北京地区其他明清墓葬的出土的同类器物形制基本相同,墓葬出土数量较多的铜钱中万历通宝、天启通宝、崇祯通宝为明代晚期铜钱,顺治通宝、康熙通宝、雍正通宝为清代早期铜钱,综合墓葬形制方面,此批墓葬应属于明代晚期至清代早期这一阶段[3]。《北京市通州区武夷花园二期项目遗址考古发掘报告》介绍了通州区武夷时代二期工程(月季园住宅小区)发现的2座清代墓葬,均为长方形竖穴土坑墓,是北京地区清代墓葬的常见形式。作者认为随葬器物中釉陶罐、青瓷罐、银簪、铜簪均与北京奥运场馆清理的清代墓葬中出土的同类器物形制相同或相近。葬具为木棺,底部铺置白灰、木炭块用以防潮。结合所出铜钱均为"乾隆通宝"推断,两座墓葬年代为清前期[4]。《北京市通州区梨园镇半壁店旧村明清墓葬发掘简报》介绍了梨园镇半壁店旧村发现的明代砖室明堂和明清墓葬,作者据崔学谙的《明清砖穴综述》,认为此次发现的两座六角龟形砖室结构不是墓葬,而是明堂,其中明堂M27出土

[1] 北京市文物研究所:《通州区运河核心区IX-01至IX-04地块古河道考古发掘报告》,未刊。
[2] 北京市文物研究所:《北京市通州区大稿村明清墓葬发掘简报》,《北京文博》2010年第1期。
[3] 北京市文物研究所:《通州新城基业项目墓葬发掘简报》,《北京文博》2009年第1期。
[4] 北京市文物研究所:《北京市通州区武夷花园二期项目遗址考古发掘报告》,载宋大川主编:《北京考古(第二辑)》,北京燕山出版社,2008年。

墓志方砖上的字迹已经不能辨识，仅根据其周围墓葬均为明代墓葬推测其时代为明代。明堂M34出土了具有明代中期典型特征的青花松竹梅石纹碗，由此判断其时代为明代中晚期[1]。《通州新城0803-015A地块明清墓葬发掘简报》公布了通州新城0803-015A地块发现的明清墓葬，作者认为此次发掘的明清墓葬均为土圹竖穴墓，为北京明清时期墓葬的常见形制。单人葬、双人合葬及多人合葬为常见埋葬形式。墓葬中木质葬具腐朽程度不一，人骨多数能够保留，葬式以仰身直肢葬为主，此外还有少量仰身屈肢、侧身屈肢葬。随葬品中，墓主人的头部前方通常放置釉陶罐或瓷罐1件，棺内则随葬时人通常佩戴的饰件。本次发掘墓葬所出釉陶罐、瓷罐及银头簪等与北京奥运场馆、丰台王佐等墓葬所出同类器相同或相近，均为北京明清时期墓葬常见器类。墓葬中所出铜钱除本朝铜钱外，还有唐代铜钱及种类不一的宋代铜钱，这也是明清时期墓葬的重要特点[2]。

---

［1］北京市文物研究所：《北京市通州区梨园镇半壁店旧村明清墓葬发掘简报》，《北京文博》2013年第4期。

［2］北京市文物研究所：《通州新城0803-015A地块明清墓葬发掘简报》，《北京文博》2015年第3期。

附 录

一、通州区文保单位的保护范围及建控地带

（一）育女校教士楼、百友楼旧址

批次：第七批划定文保单位的保护范围及建控地带

保护范围：即文物建筑本身。

建设控制地带：Ⅰ类：东至通州二中东围墙。南至百友楼南墙向南32米。西至图书馆楼西墙向西35米。北至百友楼西北角向北24米沿玉带河大街的平行线。Ⅳ类：① 东至通州二中东围墙。南至Ⅰ类建控北界。西至Ⅰ类建控区西界北延长线。北至玉带河大街规划道路南红线。② 东至通州二中东围墙。南至南侧规划道路北红线。西至Ⅰ类建控西界南延长线。北至Ⅰ类建控南界。

（二）通州清真寺

批次：第七批划定文保单位的保护范围及建控地带

保护范围：通州清真寺四至现状围墙。

建设控制地带：Ⅱ类：① 东至保护范围西边界。南至马家胡同北边界。西至新华南大街规划道路东红线。北至回民胡同规划道路南红线。② 东至清真寺保护范围东界向东30米。南至马家胡同北边界。西至清真寺保护范围东界。北至回民胡同规划道路南红线。

二、通州区地下文物埋藏区

（一）通州东垡地下文物埋藏区

通州东垡地下文物埋藏区为1993年北京市公布的第一批地下文物埋藏区，埋藏区面积1.2万平方米，位于通县渠头乡东垡村。埋藏区范围：东、南、西、北至东垡村中现状台地土坎。1966年至1976年期间，该埋藏区曾出土铜鼎、兵器；1984年又出土硬灰陶瓶、罐及马镫。

（二）通州里二泗地下文物埋藏区

通州里二泗地下文物埋藏区为1995年北京市公布的第二批地下文物埋藏区，埋藏区面积为120万平方米，位于张家湾镇里二泗村南。埋藏区范围：东至里二泗村东来福食品厂西围墙及其南北延长线；南至现状姚辛庄村南迄西侧的水渠；西至烧酒巷村东现状路北至里二泗村外沿及村西主路。该地区有大型汉代砖室墓群。曾清理发掘多座汉墓，出土文物有灰陶器等。现该地区尚存东西横列3座大型汉代砖室墓，据史料记载为"循良三冢"，具有重要的考古价值。

（三）通州区菜园村地下文物埋藏区

通州区菜园村地下文物埋藏区为2000年北京市公布的第三批地下文物埋藏区,埋藏区面积20万平方米,位于通州区宋庄镇菜园村。埋藏区范围:东界:翟减渠;南界:堡辛庄至小邓各庄路;西界:菜园村西水渠;北界:菜园村西与村东水渠之间的街道。在此区域内曾出土有新石器时代的石斧、战国时期青铜器等遗物。该区是一处人类早期遗址埋藏区。

（四）通州区小街地下文物埋藏区

通州区小街地下文物埋藏区为2000年北京市公布的第三批地下文物埋藏区,埋藏区面积16．5万平方米,位于通州区梨园镇小街南。埋藏区范围:东界:现状小路;南界:现状小路;西界:京津公路至大高丽庄路;北界:京津公路。在此区域内曾出土清乾隆、道光时期的碑刻及明清时期墓葬。该区是一处明、清时期的墓葬埋藏区。

（五）通州区坨堤村地下文物埋藏区

通州区坨堤村地下文物埋藏区为2011年北京市公布的第四批地下文物埋藏区,埋藏区面积3.8万平方米,位于通州区张家湾镇坨堤村西北。埋藏区范围:东界:坨堤小学东墙外30米处南北延长线;南界:坨堤小学南门外现状路;西界:坨堤小学西院墙外50米南北延长线;北界:天津入京古道(已成河)。该区域曾发现汉、唐砖室墓葬多座。

（六）通州区南屯村地下文物埋藏区

通州区南屯村地下文物埋藏区为2011年北京市公布的第四批地下文物埋藏区,埋藏区面积13.74万平方米,位于通州区潞县镇南屯村南。埋藏区范围:东界:西距南北向马路100米处的南北延长线;南界:现状田间小路;西界:现状田间小路;北界:南屯村南口外水塘南岸。该区域曾发现金、元砖室墓葬多座,出有六鹤纹铜镜、黑釉梅瓶等遗物。

遗址图版

图版一　菜园遗址出土石斧

图版二　菜园遗址出土石铲

图版三　菜园遗址出土石凿

图版四　菜园遗址出土石研磨器

图版五　菜园遗址出土灰褐陶鬲

图版六　路县故城城内的道路遗存

图版七　路县故城南城壕局部（由东向西）

图版八　路县故城出土汉代铜镞

图版九　路县故城出土山云纹半瓦当

图版一〇　路县故城出土汉代陶纺轮

图版一一　路县故城出土大泉五十

图版一二　土桥遗址M7

图版一三　土桥遗址M13

图版一四　土桥遗址M13出土器物

图版一五　土桥遗址M2

图版一六　土桥遗址M11

图版一七　土桥遗址M39（由东向西）

图版一八　土桥遗址M39墓底

图版一九　土桥遗址M40（由东向西）

图版二〇　土桥遗址M40墓底

图版二一　武夷花园月季园汉代墓葬全景

图版二二　通州马驹桥物流基地D-01地块项目

图版二三　通州马驹桥物流基地D-01地块项目M1

图版二四　通州马驹桥物流基地D-01地块项目M2

图版二五　通州马驹桥物流基地D-01地块项目M3

图版二六　通州马驹桥物流基地D-01地块项目M4

图版二七　通州马驹桥物流基地D-01地块项目M5

图版二八　通州马驹桥物流基地D-01地块项目M6

图版二九　土桥遗址M18

图版三〇　土桥遗址M27

图版三一　通州清真寺遗址邦克楼局部

图版三二　通州清真寺遗址邦克楼与夹墙门基础

图版三三　通州清真寺遗址沐浴房

图版三四　通州清真寺遗址更衣室与沐浴房

墓 葬 图 版

图版一　西环南路墓葬区 M6 出土铁斧

图版二　西环南路墓葬区 M6 出土陶鬲

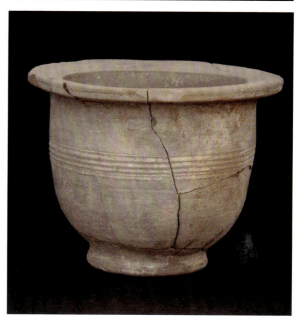

图版三　西环南路墓葬区 M6 出土陶簋

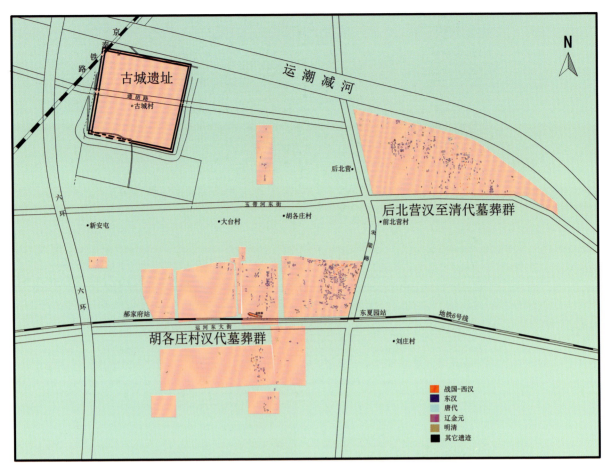

图版四　路县故城与周边古代墓葬群空间位置示意图

图版六　路县故城遗址出土铜镜

图版五　路县故城遗址出土陶壶

图版七　路县故城遗址出土铜印章

图版八　路县故城遗址出土算筹

图版九　胡各庄墓葬群发掘局部

图版一〇　胡各庄瓮棺葬M111　　　　　　　图版一一　胡各庄瓮棺葬M161

图版一二　胡各庄墓葬群出土汉代陶纺轮

彩版一三　荣丰科技物流仓储项目M1

图版一四　荣丰科技物流仓储项目M2

图版一五　轻轨L2线通州段B4地块M4墓室俯视

图版一六　轻轨L2线通州段B4地块M5墓室俯视

图版一七　路县故城遗址唐代墓葬

图版一八　唐代艾演墓志盖

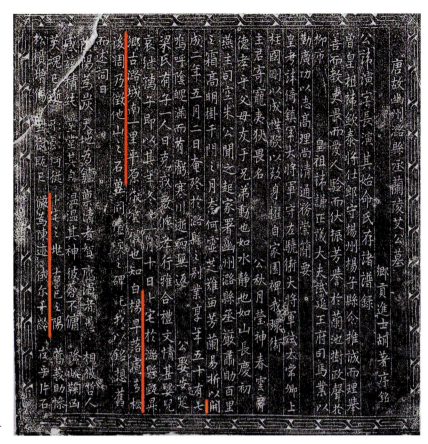

图版一九　唐代艾演墓志拓片

图版二〇　大稿村M7全景

图版二一　大稿村M5出土铜饰

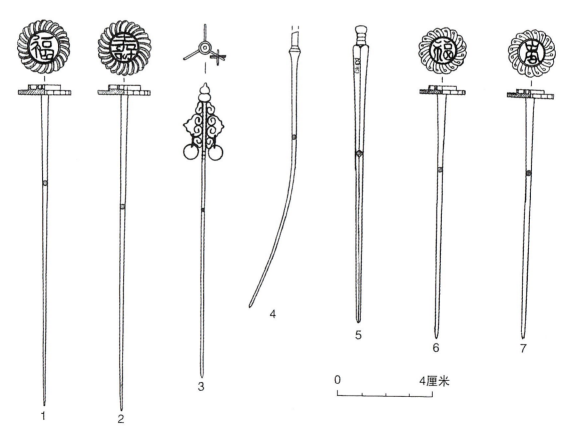

图版二二　大稿村M5出土银簪

1. M4:5　2. M4:4　3. M4:2　4. M5:2　5. M5:5　6. M5:6　7. M5:7

图版二三　大稿村M8出土包金银荷花瓣　　　　　图版二四　大稿村M8出土包金银押发

图版二五　梨园魏家坟明清墓群M2

图版二六　梨园魏家坟明清墓群M49

图版二七　半壁店旧村明清墓群M27

图版二八　半壁店旧村明清墓群M27
出土瑞兽葡萄纹铜镜

图版二九　半壁店旧村明清墓群M27
出土铁犁铧

图版三一　半壁店旧村明清墓群M39

图版三〇　半壁店旧村明清墓群M27
出土石砚台

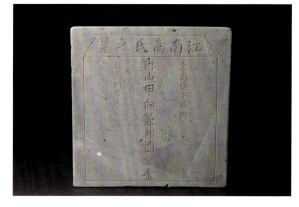

图版三二　半壁店旧村明清墓群M39
出土墓志方砖

图版三三　半壁店旧村明清墓群M44出土黑釉瓷罐

图版三四　半壁店旧村明清墓群M44出土半釉瓷罐

图版三五　半壁店旧村明清墓群M44出土白釉瓷罐

图版三六　郑庄明清墓群（一）

图版三七　郑庄明清墓群（二）

图版三八　郑庄明清墓群M37

图版三九　郑庄明清墓群M50

图版四〇　郑庄明清墓群M28

图版四一　荣丰科技物流仓储项目M3

图版四四　中赵甫出土青铜敦

图版四二　荣丰科技物流仓储项目M4

图版四三　中赵甫出土青铜豆

图版四五　中赵甫出土青铜三牺鼎

图版四〇　郑庄明清墓群M28

图版四一　荣丰科技物流仓储项目M3

图版四四　中赵甫出土青铜敦

图版四二　荣丰科技物流仓储项目M4

图版四三　中赵甫出土青铜豆

图版四五　中赵甫出土青铜三牺鼎

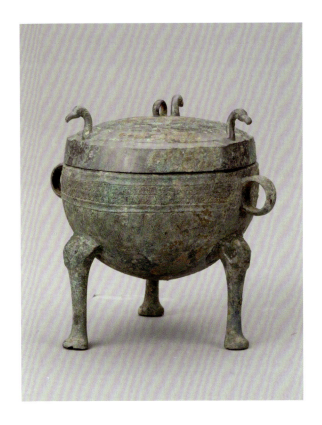

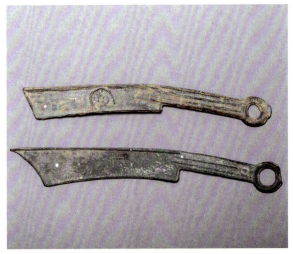

图版四七　永顺镇红果园村出土明刀

图版四六　中赵甫出土青铜鼎

图版四八　唐吕元悦及夫人合祔墓志

图版四九　唐吕元悦及夫人合祔墓志盖拓片

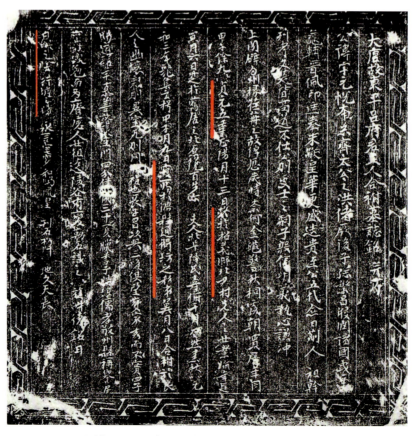

图版五〇　唐吕元悦及夫人合祔墓志拓片